儿童的眼睛，儿童的情感，儿童的心理，构筑了我的内心世界。

是的，正是儿童、童心给了我智慧。

我想说，爱会产生智慧，爱与智慧改变人生。

——李吉林

——荣获 2018 年度"中国好教育烛光奖"

中国好教育
The Best Education Of China
2018

荣誉证书

李吉林：

　　荣获2018年度"中国好教育·烛光奖"荣誉称号，特发此证，

以资鼓励。

中国互联网新闻中心

二〇一八年十二月

读童话 说童话 想童话

·教育家成长丛书·

李吉林
与情境教育

LIJILIN YU QINGJING JIAOYU

中国教育报刊社·人民教育家研究院 组编

李吉林 著

北京师范大学出版集团
BEIJING NORMAL UNIVERSITY PUBLISHING GROUP
北京师范大学出版社

图书在版编目（CIP）数据

李吉林与情境教育/李吉林著；中国教育报刊社人民教育家研究院组编. —北京：北京师范大学出版社，2019.1（2023.3 重印）
（教育家成长丛书）
ISBN 978-7-303-19133-8

Ⅰ.①李…　Ⅱ.①李…②中…　Ⅲ.①小学语文课－教学研究
Ⅳ.G623.202

中国版本图书馆 CIP 数据核字（2015）第 134889 号

图 书 意 见 反 馈	gaozhifk@bnupg.com　010-58805079
营 销 中 心 电 话	010-58802135　010-58802786
北师大出版社教师教育分社微信公众号	京师教师教育

出版发行：北京师范大学出版社　www.bnup.com
　　　　　北京市西城区新街口外大街 12-3 号
　　　　　邮政编码：100088
印　　刷：唐山玺诚印务有限公司
经　　销：全国新华书店
开　　本：787 mm×1092 mm　1/16
印　　张：24
字　　数：400 千字
版　　次：2019 年 1 月第 1 版
印　　次：2023 年 3 月第 5 次印刷
定　　价：60.00 元

策划编辑：倪　花	责任编辑：鲍红玉
美术编辑：焦　丽	装帧设计：焦　丽
责任校对：段立超	责任印制：马　洁

教育家成长丛书

编委会名单

总 序

　　教育是国家发展的基石，教师是基石的奠基者。古人云："国将兴，必贵师而重傅。"兴国必先强教，强教必先重师。党中央、国务院高度重视教师队伍建设。2013 年教师节，习近平总书记在给全国广大教师的慰问信中指出："百年大计，教育为本。教师是立教之本、兴教之源，承担着让每个孩子健康成长、办好人民满意教育的重任。"2014 年，在第 30 个教师节前夕，习总书记到北京师范大学视察并发表重要讲话，指出："一个人遇到好老师是人生的幸运，一个学校拥有好老师是学校的光荣，一个民族源源不断涌现出一批又一批好老师则是民族的希望。"《国家中长期教育改革和发展规划纲要（2010—2020 年）》也明确提出，"有好的教师，才有好的教育"，要"努力造就一支师德高尚、业务精湛、结构合理、充满活力的高素质专业化教师队伍"。"倡导教育家办学"，要创造有利条件，鼓励教师和校长在实践中大胆探索，创新教育思想、教育模式和教育方法，形成教学特色和办学风格，造就一批教育家。"两个一百年"奋斗目标的实现、中华民族伟大复兴中国梦的实现，归根结底要靠人才、靠教育，而支撑起教育光荣梦想的，是千百万的教师。

　　时代呼唤好老师。有一流的教师，才有一流的教育；有一流的教育，才有一流的国家。出名师、育英才、成伟业，是时代赋予我们教育战线的神圣使命。"所谓大学者，非谓有大楼之谓也，有大师之谓也。"好学校、好教育的最重要标准，就是要有好老师。一所学校、一个地区，乃至一个国家，如果教师有理想、有爱心、有学识、有高超的教育艺术，那么即使硬件设施有些简陋，家长、学生也会心向往之。教师是中国梦的奠基者。教师的重要使命，就是为每个孩子播种梦想、点燃梦想，并帮助他们实现梦想。每一间平凡的教室，每一节朴实的课，都不仅是知识的传递，而且是人类文明精神的接续、人生梦想的起航。正是有亿万个孩子梦想的放飞、绽放，中国梦才更加光彩夺目。如果说中国梦最坚实的土壤是学校，那么教师就是最伟大的"筑梦师"，他们用默默无闻、孜孜不倦的智慧劳动，让每一颗年轻的心灵都与中国梦激情相拥。

倡导教育家办学，造就一批好老师，首先要尊重、珍惜我们的本土智慧、本土创造。教育家不是凭空产生的，而是扎根于自己的民族文化土壤，同时吸收人类文明成果，从而创造出独特而生动的教育实践、教育智慧和教育文明。五千年源远流长的中华文明，不但形成了有我们民族特色的教育理论体系，而且涌现出了千千万万优秀的教育家，有被推崇为"大成至圣先师""万世师表"的孔子，有"匹夫而为百世师，一言而为天下法"的韩愈，有"捧着一颗心来，不带半根草去"的人民教育家陶行知，等等。改革开放40年来，随着教育改革的不断深入，教育战线涌现出了一大批杰出教师。他们痴情于教育事业，坚守理想信念和教育良知，在三尺讲台上默默耕耘、刻苦钻研，同时以敢为天下先的精神大胆创新，不断进取、不断超越，形成了各具特色的教育思想和教学风格。正是他们的成功探索和实践，创造了具有中国风格的教育经验，丰富了具有中国特色的教育理论宝库。原由教育部师范教育司组织编写，现由中国教育报刊社人民教育家研究院组织编写的"教育家成长丛书"，就是要向这些宝贵的本土创造性的教育经验致敬。

当前，教育领域综合改革正在深入推进，考试招生制度改革的大幕已经拉开，立德树人、培育和践行社会主义核心价值观成为大中小学教育的头等任务。可以预见，中国教育将发生深刻的变革，将从"中国制造"向"中国创造"转变。"没有革命的理论，就没有革命的运动。"没有适合中国土壤、具有中国智慧的教育理论，就不可能为未来的中国教育改革提供有效的指导。我们的教育要向"中国创造"飞跃，

必然要首先创造属于我们自己的教育理论，而不是"言必称希腊"或者老是贩卖欧美的教育理论。170 多年前，美国思想家、诗人爱默生发表了著名演说《美国学者》，号召美国知识界："我们依赖旁人的日子，我们师从他国的长期学徒期时代即将结束。在我们周围，有成百上千万的青年正在走向生活，他们不能老是依赖外国学识的残余来获得营养。"由此，美国迈入精神立国阶段。

如今，我们也面临与爱默生同样的情形。随着我国 GDP 已从世界第二向第一迈进，我们要自觉养成强烈的"中国意识"，独立的中国文化品格，并由此去环视世界，去改造本土实践，去创造属于我们自己的精神养料——这在教育界显得尤为紧迫。"教育家成长丛书"，旨在把我们本土教育实践中蕴含的中国智慧提炼出来，从而形成具有时代意义的中国特色的教育话语体系，再以此去观照、引领、改造中国的教育实践，为伟大的教育改革提供经验、理论支持，也为未来的教育家提供丰富、可资借鉴的精神养料。

让我们为中国教育的伟大未来一起努力吧！

2018 年 3 月 9 日

前 言

　　见证着中国基础教育半个世纪的春华秋实，代表着中国基础教育教学成果的最高成就——"首届基础教育国家级教学成果奖"，闪耀着李吉林、窦桂梅、吴正宪、张思明、洪宗礼、唐江澎、邱学华、于永正、孙双金、薄俊生、龚春燕等一大批优秀教师的名字。而上述这些教师杰出代表恰恰都是《人民教育》"名师人生"栏目中最受读者喜爱的名师，都是"教育家成长丛书"的作者。

　　"教育家成长丛书"（以下简称"丛书"），是在第 20 个教师节前夕，为了研究、总结、宣传和推广我国众多优秀中小学教师的先进教育思想和鲜活宝贵的教育教学经验，培养造就一大批德才兼备的优秀教师和杰出的教育家，促进教师队伍整体素质的提高，根据教育部党组安排，由师范教育司组织编写的一套凝聚着一大批教育家成长智慧的大型教育丛书。

　　"丛书"自 2006 年问世以来，不但得到国务院和教育部领导同志的高度重视，而且先后印刷多次尚不能满足广大读者的需求。这其中的奥秘何在？

　　当你翻开"丛书"，每一部著作都讲述着一位教育家成长的故事。这些著作主要从"成长历程""思想概述""课堂实录"和"社会反响"等方面全景式反映其教育思想、教育智慧、专业精神和专业人格的形成过程与教学实践过程。这是教育家成长的基本素质所在。

　　当你沿着教育家成长的足迹走近他们的时候，你会融入这些带有"草根色彩"、扎根中华教育实践大地、充满田野芳香的真实感人的教育故事中。

当你从"丛书"中，从这些当年和自己一样的普通教师，成长为今天受人尊敬的教育家的成长过程中受到启迪，当你触摸着自己的心，把学生的成长和祖国的未来紧紧连在一起的时候，你会真切地感受到教育家离我们并不遥远。

当你用整个身心蘸着自己的生活积累去品味"丛书"中的每一部著作的"成长历程"时，在一位位名师不断学习、不断超越自我、不断超越学科教学的求索足迹中，你会读懂"教育是事业，其意义在于奉献"的丰富内涵。

当你研读"丛书"中的每一部著作的"思想概述"，和每一位名师展开心灵对话的时候，都会深深地感受到，一名教师对教育独立的理解与执着的追求有多么重要。从一名普通的教师成长为受人尊敬的教育家的过程中，你会读懂"教育是科学，其价值在于求真"的深刻含义。透过"丛书"，你会看到一代代教师用爱与智慧塑造民族未来的教育理想。

随着我们从"知识核心时代"走向"核心素养时代"，教师教育教学活动的视野已拓展到人的生存与发展的方方面面。教师要结合自己的教学实践去感悟"教育理念是指导教育行为的思想观念和精神追求"，应该把爱化为自己的教育行为，让爱充盈课堂，触摸到一个个灵动的生命，让爱产生智慧，让爱与智慧在学生心中留下岁月抹不去的美好回忆，让教育者和受教育者都感受到教育的幸福。这是"丛书"给我们的启示，也是每位教师应有的胸怀和视野。

时代呼唤教育家。为了进一步把我们本土教育实践中蕴含的中国智慧提炼出来，从而形成具有时代意义的中国特色的教育话语体系，以此去观照、引领、创新中国的教育实践并在更大范围加以推广，"丛书"将由中国教育报刊社人民教育家研究院继续组织编写，希望能够在更广大教师的心田中播种教育家成长的智慧，从而出更多的名师，育更多的英才，成就中华民族复兴的伟业。这是时代赋予广大教育工作者的神圣使命。如果广大教师能在每位教育家成长、探索教育智慧的过程中受到启迪，形成自己的教育智慧，则实现了我们编辑这套"丛书"的初衷。

"教育家成长丛书"

编委会

2018 年 3 月

目 录
CONTENTS

李吉林与情境教育

[成长的故事]

[我心中的儿童教育]

我和学生在课堂里

思想索引

［权威评价］

［附　录］

成长的故事

人生的道路，并不总是平坦的，从某种意义上讲，"成功"往往和"曲折"联系在一起。

一、贫穷也是一笔财富

我出身贫寒，父亲是个会看金银成色的人。记得五岁那年，一个严寒的冬日，天色阴晦，北风呜咽，低矮的小屋里，久病不起的父亲奄奄一息。父亲冰冷的手死死地攥着我的小手，湿润的双眼在凹陷的眼眶中恋恋地望着我，断断续续地对母亲说："吉儿天资聪敏，是天赐给我们的女儿，无论多穷多难，要给孩子……上……上学……"这是父亲留下的最后一句话。这句话里凝聚着多少永别的辛酸，又饱含着多少绝望中的希望。这句临终遗言深深地烙在母亲干枯的心田里，也印在我那没有欢乐的幼小的心灵上。

父亲死后，我们母女相依为命，在艰难的生活中挣扎，可母亲还是想方设法让我上了学。母亲在困境中挺直腰板，竭力承担家庭重压的坚强也深深地影响着我。我记得她常说的一句话：人穷志不能短，天塌下来靠自己顶着，别让人小瞧了我们孤儿寡母！正是她的坚韧、勤劳、抗争的品格无声地感染着我，鞭策着我，使我从小就不服输、不怕难，也并不因为自己是个女孩子就甘心落于人后。

我的童年有辛酸，也有欢乐。我的父亲、叔叔都是戏迷。父亲还是不错的票友。我从小在他们的熏陶下，对艺术有一种朦朦胧胧的爱。京剧总是让观众带着想象去欣赏。不知道为什么，我幼小的脑袋里常常充满着对从未见过的世界的幻想。小时候，我家住的房子又矮又小，石灰粉的墙壁，不少已经脱落。当我独自躺在床上时，我会呆呆地望着那斑驳的墙壁，想象着小屋里没有的世界：一个和尚披着袈裟飘向我，那宽大的袖子里藏着什么呢？一棵长满果子的大树，许多小鸟正向它飞来，回到自己的家……这正像茅盾先生《天窗》中的主人公，努力地从天窗中的一块蓝天，想象外面的世界。

破损的墙壁上贴着母亲为我买的一张西洋年画。画上是一个小女孩，骑着一匹大白马，脚上穿着一双高帮的靴子，沿着花丛正向前走。我看着、想着：她骑着马儿到哪儿去呢？经过花丛，前面大概就是一间精致的小屋，小屋里一定有架风琴，

小时候的我

等着她去弹奏。自从我在幼儿园认识了风琴，它就成了我儿时希冀的奢侈之物。我又想那双靴子一定挺结实，倘若我穿上了它，奶奶就不必眯着老花眼为我纳鞋底了。啊，穷孩子也会向往美好的生活。这虽然是瞬间的、虚幻的，但感觉是真切的。

小时候，我没有洋娃娃，没有布狗熊，更没有"汽车"、积木。记得过年的时候，叔父给我买了一个小拨浪鼓，圆圆的鼓面上画着红圈圈，两边的细绳子系着两个小鼓槌，只要转着鼓柄，就"拨浪拨浪"地响起来。那情景就像一个扎着辫子的小姑娘在跳舞给我看。春天来了，我和邻居家的孩子用一张正方形的厚纸，插上两根芦苇，做成一只土制的风筝，奔到空地上，跟着摇摇摆摆上天的风筝，我们欢跳不已。最难忘的是，母亲给我买过一只万花筒，圆圆的筒子裹着蓝底红花的纸，上面有一个小圆孔。只要举起它，眯起一只眼，手一转动，啊，就看到一幅想象不到的精彩的画，再一转，又是一幅，层出不穷。在我眼里，那简直是摘下的星空，是无数用珍珠嵌起来的矮人国宫殿，是诚实的孩子用老人给的斧子劈开的宝石山……我真是爱不释手呀。那小小的万花筒曾勾起我多少奇妙而美丽的幻想。

现在想起来，造物主是公正的。它把想象的翅膀不分贫富贵贱，同样赋予了所有的孩子。许多年之后，在我探索小学语文情境教学的过程中，童年成长起来的艺术兴趣和不可遏制的想象力使我获益匪浅。而我特别珍视的是家境贫寒带给我的一笔宝贵的精神财富。

大自然是穷孩子最钟情的天地，因为大自然最公平，它不因为贫富而对孩子厚此薄彼；大自然也最慷慨，它不需要购买，它无私地把它所有的美丽和乐趣都给了我这样的穷孩子。冷漠的现实也催逼着穷孩子快快长大。春天是野菜长势最盛的季节。放学回来，我常常提着小篮子和几个小伙伴一起到河边、田埂挖野菜。小小年纪，我已经知道，枸杞新冒出来的头最嫩，而荠菜开出了小白花就老了；马兰头一长一大片，不必一根一根地摘，可以一把一把地采；野苋菜则要小心地一片一片地摘，要不就要被尖尖的刺划着手。太阳落到山的背后了，晚霞送我们回家。吃晚饭的时候，端上我摘来的鲜嫩的野菜，看着母亲的微笑，我心里萌生了一种能做小帮

母亲的哺育

手的快乐。

　　上到小学五年级，母亲再也无法让我读下去。也是那样的一个寒冬，母亲求亲戚、拜熟人，梦想能找到帮助我们的热心人，可得到的却是失望和更大的悲哀。母亲看着即将辍学的我，痛苦地把我紧紧地抱在怀里，冰凉的泪水，一滴滴地落在我的脸颊上……

　　1949年的春天来得特别早。正月初五，天刚拂晓，欢庆的锣鼓敲开了家家户户的大门，我拉着母亲走上大街。一支穿着灰色军装的队伍，浩浩荡荡地进了城，许多人站在路旁，望着这支从来没见过的军队。队伍里许多只手向我挥动，战士们唱起"解放区的天是明朗的天，解放区的人民好喜欢……"许多人抑制不住热烈的情绪，簇拥着队伍向前走去。不知人群里谁喊起来了："是新四军进城了！解放了！"啊，解放了！南通解放了，我和母亲也解放了！我靠着人民政府的救济和学校给予的人民助学金，上了中学。我终于又能继续读书了。

　　我以出色的成绩念完初中，在人生的第一个十字路口，我选择了读师范。就这样，我考进了南通女子师范学校。我一心想减轻母亲的负担，想早一点给母亲带来安定的生活。我在女子师范学校快毕业了，那年国家正处于发展时期，同学们都可以报考大学，我作为一名成绩优秀的学生，又何尝不想迈进高等学府的门槛呢？但

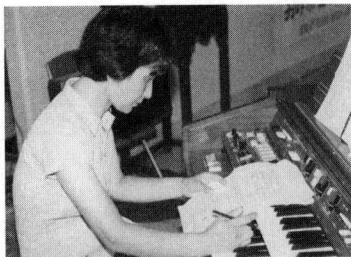

工 作

是，我迟迟未去报名。班主任几次三番来动员我，认为我不上大学太可惜。我想到母亲含辛茹苦，这么多年就期盼着我师范毕业，挑起家庭生活的担子。为了母亲，在大学与小学之间，我选择了小学，放弃了一个可以接受高等教育的难得机会、一个自己可以深造的机会。教数学的吴老校长说："你工作了，每月工资大概是 28 元。你和母亲的生活也够了。"

二、我选择了小学

1956 年，在同学们纷纷走进大学的时候，我走进了小学。我终于能挣钱了，能养活母亲了！在放弃上大学的同时，我尝到了作为女儿履行责任的一种快乐。

当然，挣钱绝不是我生活的目的。我虽不敢有远大的抱负，但心里一直对自己说：当老师，就得当好老师，当孩子喜欢的老师。

那是初秋的一个早晨，还是一身学生装的我，到女师一附（即现在的南通师范第二附属小学）报到，老校长用慈祥的目光打量了我一番，笑着说："还是一个中学生嘛！你是女师的高才生，毕业成绩 22 门课都是 5 分，学校就决定让你教六年级。"这可是一副不轻的担子！

我被校长分到六（四）班担任班主任，教语文和音乐。开学前，我就把教案背得滚瓜烂熟，连走路也美美地念着，想象着自己和孩子们第一次见面时的表情和喜悦。第二天，我满怀美好的情感走进教室。当时 18 岁的我，也就比班上的孩子大几岁。他们用新奇的目光看着我，接着是一阵小声的议论，目光里充满了疑惑。在孩子的眼里，他们感觉不到我这个当老师的威严，而我，装也装不起来，红扑扑的圆脸上明明白白地写着：我喜欢你们。班上闹了好一阵，我十分狼狈。夜深人静，我想到自己的同学正在大学里快乐地学习，无忧无虑。那才是少女的青春年华，我是多么地向往，辛酸的泪水簌簌而下。面对工作的困境，我思量着，既然自己已做了这样的选择，又何必后悔呢？生活的道路铺在脚下，总不能裹足不前，我懂得眼泪

是不能改变一个人的命运的。女性的自尊让我抬起头。我干脆把行李搬进学校，早起晚睡，把课准备得很充分。课间，我勇敢地走到孩子们中间，和他们一起做游戏，一起唱歌跳舞，帮他们排练节目，和他们一起转"巨人步"，我甚至和男孩子们踢足球。冬天的课间，我接过他们手中的毽子，踢给他们看。我能踢出许多花式，而且一连几十个，孩子们兴奋地在一旁为我数数。上课时，我更是想出许多办法吸引他们，尽力把课上得生动、有趣。孩子们心中是有一杆秤的，渐渐地他们觉得这小老师还不错，开始喜欢我了，喜欢上我的课了。转眼间，他们快升中学了。那年作文的题目是《我的班主任》。他们中很多人写了我，而且考的成绩还不错。有的孩子还悄悄地送给我照片，作为留念。这算是孩子们对我一年辛劳的最高奖赏，我真的体会到了"亲其师而信其道"的教育效应。

走进南通师范第二附属小学校门

经过一年的奋斗，我终于向前迈了一步。我深感在学校读书时候的"高分"并不能简单地换取工作的"高分"，教师的工作是没有现成的公式可套的。我没有用教师的"威严"压服学生，而是用爱，用真挚的爱去沟通、融合他们。我曾经写过一篇散文，描述了这一段经历，散文的题目是《学生给我上的第一课》。

在做好工作的同时，我开始了进修。我借来了大学中文系的教材，在学校小楼上苦读。年轻人贪睡，但是我命令自己每天五点半起床，坐在学校的荷花池边，诵读唐诗宋词，走近郭沫若、普希金、泰戈尔、海涅、席勒……然后在学校操场上做操、跑步。为了锻炼自己的意志和体格，我开始了洗冷水浴的锻炼。学校有口井，但是我不用温和的井水，而是用厨房大缸里的凉水。记得那年冬天寒流来了，气温降到零下 10 摄氏度。为了战胜自我，我照样去打冷水，洗完澡，盆边上的水都结冰了。一场大雪后，我用小桶捧上一桶雪，任冰雪在身上融化，那真是冷到骨头里去了，比什么缸里的水都冷，但是咬咬牙，就过去了。我洗冷水浴坚持了好几年，直到生第一个孩子时才停止。

这给我一个很好的启示：人的肉体能战胜寒冷，人的意志更可以让自己走出困境。每天锻炼完身体，我就坐在学校荷花池边背诵诗歌，晚上坐在灯下备课、读书，规定自己每天读书三小时。我现在可以骄傲地说，我的大学在小学！

两年后，我作为南通市代表到省里参加排球比赛。由于我是中等身材，国家跳伞队要调我去跳伞。回到市里，我由于表演《采茶扑蝶》中的傻大姐而闻名，市歌舞团刚成立，又想调我去歌舞团。后来一所中学也想调我去。无论是打开美丽的大伞，从蓝天上跳下，还是在灯光闪烁的舞台上一显身手，这对 20 岁的年轻人来说都是很有诱惑力的。在这广阔的蓝天和迷人的舞台以及中学和小学之间，我仍然选择了小学。一个人不必这山望着那山高。那年从省里赛完球回来，我的人事关系已经不在小学了。可能大家都没想到，我为自己不能进小学，竟然在家哭着不肯吃饭。我母亲，一个家庭妇女，竟然为这事大胆地去了市委机关。宣传部一位姓顾的部长接待了她。母亲说明我的心愿，求了苦情，我才又回到小学，回到二附小。执着是教师必须要有的品质，我坚信自己的选择是正确的。

因为对小学教育工作的热爱，我刻苦钻研业务，很快崭露头角。我经常对外开课，每次都受到好评。不久，我被借到省教育厅编写教学参考书。当时，南通就两名教师参加，一名是中学的范伯群（后来成为国内著名文学评论家，现代文学研究专家，苏州大学教授），还有一名就是我。我如饥似渴地学习，到了南京，我一下子接触到全省那么多知名的专家、学者和教师，心里的高兴劲儿别提了。我向他们虚心请教，向他们借来书籍，在南京期间我利用一切可以利用的时间拼命读书。在南京编书的两个学期里，大城市的繁华，并没有使我这个 20 岁刚出头的姑娘动心。我没有闲情去逛街，每天晚上和星期天都在房间里读书，连看电影都怕浪费时间，以

至范伯群先生笑话我说："你快成时间的奴隶了!"现在回忆起来,工作后这一段时间里的刻苦自学,为我后来搞情境教学的实验打下了重要的基础。

三、似风中瘦竹

在南京编书,我工作格外积极、认真。1962年,市里又让我参加全省小学语文教学座谈会,成为与会者中最年轻的代表。在会上,大家敬仰的教育家、教育厅厅长又是省委宣传部部长的吴天石先生,听了我的发言十分赞赏,让《江苏教育》杂志社的编辑找我,把发言的内容写下来,在杂志上发表。后来,吴天石先生来南通,还特地嘱咐南通市委书记:"你们南通有位年轻的优秀教师,要好好培养。"从1958年到1966年的这八年里,为了教课、为了学生,我不知开了多少"夜车",放弃了多少个假日。谁能想到,八年辛苦换来的是"文化大革命"对我这个年仅28岁的女教师的无情摧残。全校大礼堂里就是我一个人的大字报,说我是"小学里的反动学术权威""黑线人物",种的是"黑试验田"。为了躲避灾难,我忍痛把日记本、备课笔记烧了。看着多年凝结的心血化为灰烬,我不知有多么伤心。我百思不得其解:我对工作一片赤诚,为什么生活会这样残酷地打击我?学校这么大,竟放不下一张平稳的课桌!学校不能上课了,到处都是大字报、批斗会,校园里硝烟弥漫。"两间余一卒,荷戟独彷徨",鲁迅先生的这两句诗,正切合我当时的心境。很长时间里,我不知道出路何在,我不知道能不能再站在讲台上。面对那些稚气而充满求知渴望的眼睛,我不知道我所钟爱的小学语文,能不能继续成为我的职业、我的事业、我的精神家园。外面是枪声和"极左"高调的喧嚣,而我内心是极度的苦闷和惶恐。

百无聊赖中,为了打发日子,我学起了缝纫机,学裁剪、学做衣服,觉得从此没有了奔头。一向乐观向上的我,整日忧心忡忡、无精打采。岁月流去,青春消逝。我猛地发现一种颓废的心绪在悄悄滋生,我发现自己开始沉沦。啊,沉沦,意味着什么?意味着倒退,意味着毁灭!有一天我翻读高尔基的作品《童年》,我被其中的一段话吸引住了:"我并不期待别人的救助,也不指望有什么偶然的幸运,我的意志变得逐渐顽强起来,生活条件越来越困难,我就觉得自个儿越加坚定,甚至越加聪明了。我很小的时候就已经了解,人是在不断反抗周围环境中成长起来的。"我反复地读这段话，越读越觉得这仿佛是高尔基特意为此情此境下的我写的。是啊！人不能选择命运，但可以选择与命运抗争。

这句话使我在黑暗中看到一丝光亮。我心想，难道女性如此脆弱？事实上，女性为了父母、为了丈夫、为了孩子，往往牺牲自我而易于落伍。我一直告诫自己，女人切不可碌碌无为，而如今这样，不正是既庸庸碌碌，又无所作为吗？当然，我也深知，在那凄风苦雨中，在那黑白颠倒的年代里，要有所作为是不可能的。但总不能荒芜，即使把自己看成一棵寂寞的小草，在石头下，也要从石缝中曲曲折折地生长起来。虽不能有事业的成功，但至少给自己一个充实的精神世界。在沉沦与奋发之间，我毅然走向奋发。我又开始了我的苦读，每天晚上我坐在灯下看鲁迅先生的杂文，边看边摘录。鲁迅先生面对残酷的敌人毫不畏惧，他用犀利的笔，写出一篇篇声讨敌人的檄文。他的呐喊也震撼了我的心灵，我不再彷徨，我像鲁迅先生笔下园中的枣树那样直立向上，我从鲁迅先生的作品中汲取了一种不屈的力量，它支撑着我的精神世界。

那年，我被调到农村小学去"改造世界观"。那个冬天，我很少看到太阳，不是雨就是雪，冷雪打在脸上，更是凄苦悲凉。多少天，我踏着泥泞的小路向离家很远的钟秀小学走去。有一日，我边走边想竟然迷了路，走到河边，学校就在对岸，不知道怎么走过去。我咽下眼泪，心想，如今我是一个乡村女教师，我应该认真教好农民的孩子。后来尽管我又回到二附小，可头还是很难抬起。工宣队进驻学校，"左"的思潮仍然统治着学校。但我用我的工作、我的言行告诉世人，女性即使在逆境中也依然是强者。我照样认真地教孩子，照样除了把课本教好，还编写补充教材。

在 1972 年邓小平同志主持工作的那一段时间，领导又让我上公开课了。但是那天来听课的人很多，教室根本坐不下，工宣队对我说："那你干脆就在操场上算了。"虽然我已多年不开课了，但我毫不示弱地说："我不是文艺轻骑兵，我必须在课堂上上课。"工宣队面对蜂拥的听课者，只得借了附近房产公司的礼堂让我去上课。课上得很成功，我终于赢回了一个女教师应有的尊严。我脚踏实地、兢兢业业。任务下来了，不管是要我写文章，还是开课，我都全力以赴。哪怕开"夜车"，甚至通宵达旦，我一定做到高质量地完成任务。我用事实再一次告诉人们：我李吉林就是好样的！不是可以随便欺辱的！

而要做到这一点，对于当时的我来说，是多么地不容易。我上有老，下有小，爱人也多次受到冲击，被关在学校的牛棚里。我既是母亲的女儿，又是两个孩子的

母亲，还是受迫害的丈夫的妻子，我承受着经济的、政治的双重压力。一点微薄的工资要支撑这个家，但是我又不肯让人知道自己的贫寒。记得那时候，冬天到了，我用两件旧衬衣，絮上棉花，让孩子穿上新花棉袄，外面做一件新罩衣。手表买不起，自行车没有，但是表面看上去，日子似乎还可以。所以，我的孩子从小养成不花零用钱的习惯，我自己到现在也保持着俭朴生活的习惯。

四、天高任鸟飞

人们都说受过严寒的摧残，更懂得春天的温暖。这是千真万确的。1976 年，"四人帮"被打倒了，我又"解放"了，我又可以带着无拘无束的人格力量走上讲台，我从来没有感到这样扬眉吐气。

党的十一届三中全会以后，邓小平同志给我们带来了教育的春天。那年我正好40 岁。我是一个懂得珍惜幸福的人。1978 年，我被评为江苏省第一批特级教师，算是其中很年轻的人，但也已到不惑之年。我家里人说："40 岁当特级教师，你后半辈子别想清闲了！"我想，人到这个世上来，就要干一番事业，不是为了享清福。我已经"闲"了十年，今后决不再闲了。

在那明媚的日子里，我有一种"天高任鸟飞，海阔凭鱼跃"的感觉。我带着一种崇高的使命感，投身于教育改革的潮流中。20 年的教学经验告诉我，小学语文里面大有学问。小学语文教材情文并茂，不仅可以给学生打好祖国语言文字的基本功，而且可以塑造孩子的心灵。那时候，人民教育出版社的小学语文新教材发下来了。我一看，编得真好呀！一扫"文化大革命"中"假、大、空"、极"左"的一套，选文优美新颖，语文训练的材料丰富，形式新颖独特，而且还充满童趣！这套教材吸引了我，也激发了我的教改热情。我想，要把这新教材教好，老的教法一定得改革。我决心从一年级开始搞清楚整个小学语文的来龙去脉，跟踪下去，完成小学阶段的全部教学改革探索。于是，从 1978 年开始，我放弃了我熟悉的中高年级的语文教学，放弃了我儿子所在班级的教学，从一年级上学期教起，改革也从这儿开始。

对教一年级，我没有经验。但是正因为没有经验，我就很少受陈规老套的束缚。面对低年级语文教学"单调、呆板、低效"的弊端，我焦急万分。在我急于从改革中找出路的时候，我幸运地遇到了中学英语老师蒋兆一先生。谈着谈着，他谈起了英语教学中的情境教学法和功能教学法，并告诉我这一期的《中小学外语教学》杂志中就有相关文章的介绍。

第二天，我就迫不及待地到市教研室借来这期杂志，一口气把它读完了。我的第一感觉就是：在外语里通过情境的创设，让孩子学习词汇，进行句式的训练，生动有趣、非常轻松。于是我产生一个想法，能不能把外语的情境教学，移植到汉语的小学语文教学中来？

这个问题提出以后，我进一步思考它的可行性。我想到曾经读过的语言学：语言文字是一种工具，是人们交流思维、交流情感的工具。我想，外语和汉语既然都是工具，那两者必有共性。我再联想到我们的生活。在我们具体的生活中，不管是中国的孩子，还是外国的孩子，他们开始学习语言，都是在情境中学习的。孩子的第一声"妈妈"，是"妈妈"的这个形象多少次出现在他面前，然后大人教他"妈妈"的发音，他渐渐地便学会叫"妈妈"了。所有的语言都是在具体的生活情境中学习的。我想，这就是两者的相通之处。这是由它们的本质属性决定的。既然外语、汉语在本质上是相同的，那么情境教学就不仅可以是外语教学的方法，同样也可以成为中国孩子学习母语的生动场景。

当时我做了这样初步的分析，用现在的话来讲，还算不上提出问题后的"理论假设"，只是非常粗浅的、不规范的分析或思考。但是，我也至少做了些分析与思考。在那时的条件和我个人的局限下，只能这样"土法上马"了！但正是这种"土"让情境教学走进了我们中国小学语文的教学。

开始，我仅仅做局部的尝试——只在阅读课上留下5分钟进行片段的语言训练。第一次是我教《小马过河》。课文是一篇童话，里面有几个角色：老马、小马、松鼠、老牛。课文生动地描写了这些童话角色的对话，描写它们说话的神情动作。我想通过创设情境，让学生在描述中运用提示语。

我真想不到，孩子们这么欢迎情境的创设。孩子们的语言活动热烈地进行着，思维非常活跃，词语的检索快速地运转着。我真是开心呀！

我把试验继续下去，觉得情境不仅为儿童语言的发展提供了非常好的场景，而且在情境中，教师和学生的关系也非常融洽。我感觉到，情境激起了孩子们热烈的情绪。在语言活动中，他们的情感在起作用。我开始朦胧地意识到，儿童语言的发

展有情感伴随该多好啊。

　　我思忖着，这一段试验，我创设的情境有什么共同的特点？我粗粗地分析一下：一是创设的情境是儿童生活中经历过的，他们觉得特别亲切；二是情境与课文语言相连，他们就有词儿去描绘，这就非常顺当而且很自然地促使儿童运用课文语言。

　　在这个过程中，我特别感谢我们老祖宗为我们留下的丰富的、宝贵的文化遗产——一千多年前刘勰写的《文心雕龙》以及近代学者王国维写的《人间词话》。它们把我带到一个精彩的、迷人的境界中。为了给孩子提供作文题材，我独自一人在夜半起床，在黎明来到之前赶到北濠桥，看日出的景象；为了让孩子感悟野花不要浇水、不要人施肥的无穷的生命力，我到田埂、桥头一一寻找，认识野花；为了让孩子们观察老黄牛，大夏天我骑着车在乡间的小路上、小河边寻找老黄牛，直至中午顶着烈日回家。我整个身心都沉浸其中，自己的心和自己的情都和孩子们交融在一起。后来《人民日报》头版"实干家"专栏，发表了题为《用心血催开智慧花朵的李吉林》的文章。十年的实践与研究终于形成了情境教学的理论框架，使情境教学成为我们民族的以"情景交融"为主要特色的教学模式，收到很好的教学效果。学生不仅语文学好了，在思想道德、智力开发以及审美情趣方面也都得到了发展。二年级的时候，我们班上的学生就出了一本《小学生观察日记》，由江苏人民出版社正式出版。那是1980年的春天，一个大出版社为一个班的小学生出版习作的集子，在当时不能不说是绝无仅有的。书出版以后，我把书发到孩子们手中，他们捧着、看着，一个个禁不住手舞足蹈，成就感充溢心头。他们在刹那间觉得自己长大了许多、能干了许多。当时稿酬不丰，每个小作者可以拿到五元钱稿费，我帮他们一人买一双白球鞋当作纪念。孩子们把鞋子穿在脚上，幸福无比，也自豪无比！孩子们开心极了，我们开了一个《我们的作品发表了》的主题班会。此后，孩子们习作的积极性更是被推向一个新的高潮。孩子们的创造热情需要得到肯定，成就感是孩子们发展的加速器。内在的驱动力日渐形

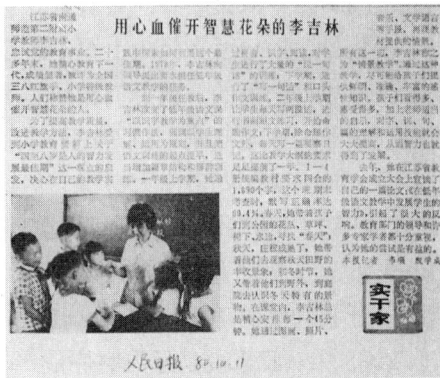

《人民日报》1980 年的报道

第一轮实验班学生《观察日记》封面

成，不断有孩子的作品在报纸上、刊物上发表。在那儿童刊物还不太多的年月里，我班学生就有 70 多篇习作发表，其中有三位同学分别在《小学生作文》《小溪流》《中国少年报》举办的全国作文比赛中获一等奖。他们的名字至今我还记着，那是许焰、马知路和宋伟。

也就是在那一年，因为情境教学的效果逐渐产生了影响，新华社记者闻讯来到学校。他们听老校长介绍说，我们二年级学生的作文比三年级的学生写得还好。他们听了为之诧异而兴奋，便说："我们当然相信校长的话一定是实事求是的。不过从记者的职业习惯讲，耳听为虚，眼见为实。我们商量一下，准备明天请李老师班的学生和三年级班的学生一起进行一次作文考试，用事实来说话。"

我心里一怔。新华社记者采访，怎么要考试？考什么题目？我一无所知，心里难免有些紧张。

他们和蔼地对我说："李老师不必紧张，让学生试一试。"

第二天，学校安排了我们班的学生和三年级的学生坐在一个大考场里，由记者出题、监考，我只是站在一旁看着。

一位姓韦的记者在黑板上写了"小鸡"两个字。不用说，这就是考题。

教室里静悄悄的，孩子们稍作思考，便埋头写起来。过了 35 分钟，我看见我班上的曹阳第一个站起来，把写的作文交给记者叔叔。另一位姓殷的记者看了以后，向我会心地一笑，并伸出大拇指。他这大拇指一伸，我随之松了一口气。记者通过测试、比较，确认我们班上小朋友的作文的确比三年级的孩子写得好。不久，《人民日报》发表了我班上学生的三篇作文，还加了"编者按"。大报纸刊登小学生的作文，真让我和我的学生们兴奋不已。

1983 年对我来说是经受磨炼最严峻的一年，也是进行了五年的第一轮实验到了检验的时候。我的实验班学生要毕业了，要考初中，用操碎心来形容我当时的心境，毫不过分。那年我的儿子要考高中，我的女儿要考大学。这五年并非一帆风顺，由

于正处在改革开放的最初阶段，习惯势力的
禁锢在所难免；也有人不理解，怀疑、妒
忌，甚至刁难。我在工作中遇到的困难、承
受的压力真不小。甚至有领导对我说："李
吉林，你文章写得好，课上得不错，就看你
的学生考得怎么样了。"我真是如履薄冰。

　　但是，孩子们很争气。我们实验班是五
年制，要参加全区六年制学生的统考，虽是
少学一年，但考出了大大优于六年制学生的

实验班学生作文上了《人民日报》

成绩：合格率 100％，93.5％的学生达到优秀、优良，作文优秀率是城区小学平均
比例的 12 倍之多，阅读优秀率也是区的 4.6 倍。全班 43 人，33 人考取了重点中
学，打破了南通市小升初的最高纪录，作文成绩普遍比一般班级平均高 10 分。我以
事实证明，情境教学是一条先进的、高效的教学途径。

　　许多人都为我松了一口气，说："李吉林终于过关了！"

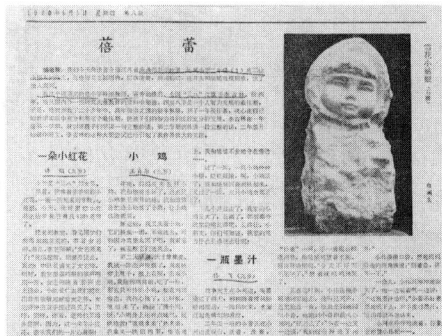

五、近水楼台先得月

　　在第一轮实验期间，我在向书本学习的同时，也虚心向专家、教授们学习。那
是 1980 年的春天，实验班学生正上二年级。这时从上海来了一个教育参观团，他们
点名要听我的课。参观团里的组成人员很不一般。其中有首批特级教师，我们慕名
已久的袁瑢老师、倪谷音老师、顾家璋老师；有华东师大附小的陈先墀校长；还有
我们意想不到的高校教授们。尤其令我高兴的是，在《光明日报》发表《发展儿童
智力》文章的"三女将"也来了，她们是恽昭世老师、柴崇英老师、谢淑贞老师，
以及华东师大的卢寄萍老师、吴玉如老师；还有虹口区教育学院的老师，上海教育
出版社的总编。他们知名度都很高。上海教育界一下子来了这么多知名的特级教师、
专家、教授，对于我们小小的南通来讲，对于我们这样一所小学来讲，真是前所未
有的。我掂出了其中的分量！

　　根据上海参观团来南通的日程，他们在学校参观 3 天。我以向上海名师汇报的

心态，上了5节课：阅读课《小白花》教学全过程三节，口头作文——《一瓶墨汁》一节和作文评讲——《精彩的马戏》一节。

《小白花》这篇课文描写的是1976年周恩来总理去世的时候，首都人民在清明节这一天到天安门广场去悼念的情景。课文内容很感人，引起了我的共鸣。要让二年级的孩子体会首都人民对周总理强烈而真挚的爱，不是简单的提问、讲解可以做到的。怎么让孩子有一种真切感呢？怎么把孩子带到那个情境中去呢？我选用首都人民在天安门广场悼念周总理的一组黑白放大照片，用音乐的渲染，结合自己的语言描绘，把孩子们带到课文中描写的天安门广场，带到首都人民纪念周总理的那个情境中去，以加深儿童情感的体验，理解课文语言。这是我第一次把音乐引进小学语文的课堂，也是第一次在阅读教学中通过创设情境，进行审美教育的尝试。事实证明，教学效果非常好，很感人。我自己哭了，孩子们也哭了，连听课的上海的老师、专家们也都禁不住流泪了！整个教学过程一共上了三节课，都很成功。

《一瓶墨汁》口头作文课是实验班尝试的一种习作方式。虽说是口头，实际上是培养孩子们通过口头语说出书面语言。因为一二年级的孩子认字数量不多，写字速度慢，口头作文既可以抓紧儿童语言发展最敏锐的阶段，促使口头语言向书面语言的发展，同时又可不受识字少、写字慢的限制。当时我的思想非常明确，为书面表达做好必要的准备，大胆尝试进行情境性的口头作文。这次口头作文的题材来自生活的真实情境，是班上小朋友中发生的故事。

上课的时候，我先用简笔画勾画了故事发生地点的场景：小河、大树、远山、落日，然后请两位当事的小朋友到教室前面来演示，引导孩子们想象现场发生的情景，让学生观察着、想象着、体验着、描述着。

主人公演示一段，孩子们就口头描述一段，最后再连贯地复述。大家情绪高涨，我和孩子们都一起进入了那真实的生活情境，加上愉悦的心情，孩子的语言表达做到了准确、鲜明而生动。这一节观察情境的口头作文课，在当时确实是别开生面的。后来，《人民教育》发表了我的《口头作文初探》一文。

第三课是作文评讲《精彩的马戏》。在实验班作文方面，我的主张是"提早起步"，二年级就开始作文。这在当时可算是一个突破常规的做法。小学二年级是一个人智力发展最佳期（4~8岁）的后半期，是儿童的语言逐渐由简单句到复杂句、由口头语到书面语过渡的重要发展期。这一时期，若是用很长时间，按部就班地从

"握拐杖"学拼音到一个一个字孤立地识字念写，再到学词学句、阅读，然后到三年级写作文，起点太低、起步太晚、费时太多。语文能力的训练起步太迟，必然会抑制学生的发展。因为待学生读完小学二年级，已是八九岁的儿童，读完小学已是十二三岁，这就错过了儿童语言发展和智力发展的最佳期。日本教育家木村久一说："儿童的能力，如果不在其发达期给予发展的机会，就会一个一个地枯死，其结果，就发生儿童可能能力的递减现象。"针对以往低年级语文教学起点低、起步迟、不利于儿童发展的事实，我决心勇敢地打破它。因此，我及早地从整体上训练儿童的语言。这不仅是必要的，而且是完全可能的。

这五节课的背后都有我理性思考的支撑。再说连续开五节课，就我个人来说也是第一次。阅读、作文和评讲三种不同的课型，语文课的课型都开全了，我担子虽重，但当时还是 40 岁刚出头的人，有的是精力，生得逢时，有的是劲头。一旦课上起来，我也忘掉一切，真是全身心地投入其中，与孩子们对话，与他们同喜同悲。课堂上充分显示了孩子们进入情境后的忘我和高涨的情绪，我与孩子们常常进入一种沸腾的状态。

上海名师对我的课给予了很高的评价。他们的到来，使我足足开心了好一阵。我心里踏实了，前面的路也宽了。

现在回想起来，上海名师的到来，最大的收获就是让我能够比较早地接触学术界。因为，南通地处江北，信息相对比较闭塞，加之我在小学，更难接触学术界，更不要说走进学术界了。后来我特地到上海去拜访恽老师、谢老师、卢老师、吴老师（柴老师后来去国外一直没机会见到），她们都非常热情地接待我。在和她们的交谈中，我获得了关于教育教学的新信息和前沿的动态，这些对我这个上下求索的人来说是多么的难能可贵！这是关在小城小屋子里读书读不到的，是最鲜活的思想和学术动态。而且通过恽老师，我还认识了吴立岗老师。他是搞"作文

与杜殿坤、吴立岗合影

素描"的，又是杜殿坤老师的学生，对情境教学很感兴趣。他主动表示："情境教学很有道理。"他的赞同当时就让我感到，情境教学又多了一个专家的支持。

杜殿坤老师是华东师范大学比较教育研究所的研究员，是苏联教育丛书很出色的翻译家。实验初期，他给了我很多鼓励和指导。每当看到我实验工作的发展，他总是非常欣喜。他不仅给我许多具体的指导，而且帮助我结识知名的专家、学者，还特地把我介绍给华东师大的刘佛年校长。

记得有一次，华东师大的老师告诉我教育部要刘校长为培养中国自己的教育家亲自带研究生。当时他选中了顾泠沅先生（现任上海市教科院副院长）和我：一个中学，一个小学；一个教数学，一个教语文。根据刘校长的意见，他准备让我先读他的硕士，继而读他的博士。这对我来说，真是喜从天降的机遇。杜老师、华东师大的翟慧文教授、上海师大的恽昭世、吴立岗教授都为我庆幸。名单上报后，根据教育部研究生司法规条文，读研究生必须是 45 岁以下、大学本科毕业，而我一是年近半百，二是中师学历。

刘校长虽亲自过问、推荐，但是法规毕竟是法规，最终未能如愿。我当然很失望，失去了一个深造的机会，一个可数年亲耳聆听刘佛年先生教诲的机会。对顾泠沅先生读完刘佛年先生的博士，我只能是羡慕不已。后来刘佛年先生安慰我、激励我，想方设法为我创设学习条件，让华东师范大学聘请我为兼职研究员。刘佛年先生说："这样你就可以享受华东师大丰富的图书信息资料了。"当我拿到华东师大的聘书时，我心中充满了对刘佛年先生的感激和崇敬。我深深感受到一个大学者对实际工作者拳拳的关爱，也从中领悟到一个小学教师应该何等地珍爱一切可以学习的机会和时间。

此后，我仍然不断地得到刘佛年先生的指导与激励。当我的论文在全国获奖时，他的夫人王老师转告我："佛年说你的文风很好，他很欣赏你。"在心中暗喜的同时，我仔细思量着，我的文风好在哪儿？在和王老师的交谈中我了解到：刘佛年先生认为我的文章中没有深奥的名词术语，内容比较实在，文笔比较平实但又有点美感。刘佛年先生的评价让我客观地评价自己的文笔，进而概括出自己的写作经验，使自己对自己文字的一种感觉，逐渐变成一种比较稳定的风格。我后来的文章之所以比较受老师的欢迎，这是原因之一。

一个大学校长，一个在国内甚至国际上享有盛名、备受人们尊敬的大学者，对一

个小学教师如此关爱，我想这绝对不是仅仅为了我个人。刘佛年先生在其间流露的是他内心对实际工作者的挚爱。他是多么希望实际工作者能从理论和实践的结合上，来实现自我飞跃，极大地提高第一线教师的素质。

现在回想起来，上海教育改革的大旗在全国最早举起。著名教育家吕型伟先生先进的教育思想、上海教师率先改革的行为，以及后来上海市教委张民生副主任的相关举措，对一江之隔的我影响甚大。我从中得到很大的启示和鞭策，真可谓"近水楼台先得月"。所以，我内心对上海教育充满了感情。

在教实验班的五年里，我边实践边总结。我心想，写论文专著的应是大学教授专家们，小学老师能行吗？但转念一想：自己又何必自卑呢？生活需要勇

《情境教学实验与研究》封面

气，改革需要自信！我终于走上理论与实践相结合的道路。那时候写文章，也不知道什么评职称，只是觉得工作做一段，就应该总结，是一种责任。为了写这些文章，我连春节都不休息。夏天，家里没有电风扇，我就拿一个小凳子，坐到门口有风的地方写；冬天脚冷就用一只玻璃瓶灌了热水放到盒子里暖脚。这样写出来的文章陆续在报刊上发表，还在国家级报刊《人民教育》《教育研究》《人民日报》《光明日报》发表。不久，我就出了专著。学生毕业后，我又进行了系统的总结，写成了《情境教学实验与研究》一书。这本书当时获得了教育部首届教育科学优秀成果一等奖，接着又获得了新闻出版署教育优秀图书一等奖。我自己也进入了学术界，当选为中国教育学会副会长，全国小学语文研究会副理事长兼学术委员会主任，中央教科所、华东师大先后聘我为兼职研究员。在政治上，我的地位也提高了。我当选为江苏省人大常委会常委、全国人大代表。更没想到的是，我在第七届全国人大连续五年当选为大会主席团成员。一个小学女教师在庄严的主席台上，见到了邓小平同志、江泽民同志等国家领导人，还参政议政，参与选举国家领导人。这使我联想到去日本的一次访问。我到了13个单位，从大学、中学到小学、幼儿园，除了一位幼儿园园长是妇女外，其他均没有妇女在学校领导层占有一席地位。中国的妇女获得了如此彻底的解放，享有这么高的荣誉，这使我倍感生活在社会主义中国，妇女是多么自由和幸福啊。

和大师对话（右刘佛年）

在成就和荣誉面前，许多人都劝我见好就收，然而我总想到新的高度、想永远在前面，我更懂得自尊、自强不息。这些年，我虽是当了祖母和外婆的人，但为了孩子素质的全面发展，我又将情境教学拓展为情境教育，为我国素质教育的推行，提供一种有效的教育模式。

第一轮实验结束两年后，已经到了20世纪80年代中期。整体改革如火如荼，但我总觉得一个小学教师在一所小学进行整体改革真是力所不能及，我为此焦虑万分，心里沉甸甸的。我到武汉参加中国教育学会召开的学术会议，特地拜访了到会的北京师范大学的顾明远教授，向他请教情境教学该如何继续发展。顾明远先生热情地鼓励我："情境教学的前景是很好的，情境教学不仅可以用在语文教学，在国外理科和数学教学中也创设情境。你应该充满信心地去做。"第二年，我和王秀芳校长一起到上海宝山参加全国教育整体改革会议。会上，刘佛年校长和杜殿坤老师都做了发言，给予我很大的启发。刘佛年先生亲切地对我说："整体改革是一个相对的概念，你可以在全校搞，也可以在你的年级里搞，甚至在你这个班，和你的数学教师两个人一起搞。"他的话，一下子打消了我原来关于整体改革的畏难情绪：整体改革并不是可望而不可即的庞然大物呀！我当时非常清楚地意识到，教育本身就应该是整体的，因此，毫无疑问，运用情境教学来进行全校的整体改革是完全可能的。情境教学就在国际国内教育不断变革的大背景下，合乎逻辑地向情境教育拓展。

就这样，由小学语文情境教学发轫的，我一人实验的、单科的教学改革，扩展到整个年级，最后是整个学校。全体教师参与的、整体改革的实验，轰轰烈烈地开展起来了。这时已经到了20世纪90年代。很难用三言两语说清楚情境教育的实验和研究有过多少发现的喜悦，有过多少遇挫的苦恼，有过多少跋涉前进的疲劳苦累，有过多少收获成果的欢欣甘甜。

六、暖融融的厚爱

情境教育的发展离不开领导和专家的支持。令我难忘的是 1996 年的冬天，"全国情境教学—情境教育学术研讨会"在我们学校隆重召开。这次会议是由中央教科所和江苏省教委联合主办的。会议准备阶段，我向全国许多知名的教育专家、学者发了邀请函。到了 12 月 11 日那天，北京邀请的贵宾全部来了。他们是国家教委副主任柳斌，中央教科所滕纯、潘仲茗等三位新老所长，中央教科所实验研究中心主任田慧生（现任中国教育科学研究院院长），对情境教育情有独钟的心理学专家、中央教科所研究员伍棠棣，还有北京师范大学著名的教学论专家王策三教授。王策三教授是位深居简出的大专家，但这次研讨会他也来了，和他同行的有北师大教授、教学论专家裴娣娜，天津师

江苏省教育委员会文件

苏教基（1998）71号

关于建立江苏情境教育研究所的批复

南通市教委：

你委《关于建立江苏情境教育研究所的请示》（通教发〔1998〕98号）收悉。

南通师范学校附属第二小学李吉林老师在长期教学、教育工作中创立的"情境教学—情境教育"（以下简称"情境教育"）的理论和方法，在我省乃至全国都有很大影响，是教育部所肯定的实施素质教育的有效途径。

多年来南通市委、市政府和教育行政部门对"情境教育"的研究和推广工作十分重视，做了大量的工作，取得了显著效果。最近，省政府领导对深入研究和推广情境教育作了重要指示，要求进一步完善"情境教育"的理论、推广"情境教育"方法。

为了深入研究并完善"情境教育"的理论、全面总结和推广已有的成功经验、扩大现有实验规模和范围，加快小学

第 1 页

成立研究所批复

范大学教授、小学语文研究专家田本娜（她腿骨折了，硬是让她的老伴诗人闵人先生搀扶着她来了），北京大学哲学系著名教授王东先生（他的母亲、全国小语会理事长高惠莹教授因病不能外出，便委托她的儿子携带长篇论文来参加研讨会），人民教育出版社社长马樟根先生，小语室主任、小学语文教学专家崔峦先生，《教育研究》新老三位主编夏宝棠先生、连瑞庆先生、高宝立先生，《人民教育》总编刘堂江先生。他母亲还昏迷在医院，但他还是走出病房，匆匆赶到南通，开了一天会又赶回北京。与他同行的还有《人民教育》刘然主任，《光明日报》记者王劲松女士，《中国教育报》主编刘应曾先生，基教部主任张玉文女士……他们都来到南通参加研讨会。

上海、南京、杭州等地的专家、学者也相继到来：华东师范大学课程论专家钟启泉教授，上海教科院顾泠沅副院长，上海师大恽昭世教授、梅仲逊教授，南京师

1996 年会议现场

教师基本功表演

范大学副校长、情感教育专家朱小蔓教授，教学论专家郝京华博士，心理学专家郭亨杰教授，华南师大现代教育技术专家桑新民教授，杭州大学著名教学论专家张定璋、董远骞教授。张定璋老师已经 70 多岁高龄，患心脏病，刚刚安装了心脏起搏器，也风尘仆仆地赶来参加会议。让老先生们一路劳顿，我内心既感激又不安。省里的领导，当时省教委主任王湛与相关领导也全都来了。

这真是中国教育学术界的一次盛会！领导、专家们很多都放下手头上的工作赶来，走进我这个小学一线教师的实验场。多少年来，他们不仅在我艰难起步、摸索阶段给予我最有力的支持与鼓励，而且一直关心着情境教学、情境教育的探索和发展。正是他们让我在困境中见到了美好的前景，让我充满信心和勇气，没有停步地毅然前行。

70 多位贵客，从国家教委、中央教科所领导、省市各级教育行政官员、全国教育理论界的资深专家、学者，到 300 多位来自各地的教师代表以及年轻的博士，大

柳斌为情境教育题字

家在二附小童话楼里欢聚一堂，到处洋溢着热情和喜气。尤其是柳斌副主任出现在会场上时，大家更为之欢欣鼓舞。当时就有人热烈地谈论着：一个国家教委副主任，走进小小的南通城，走进小学，来参加一个小学教师教育实验的研讨会议，这在中国的教育史上恐怕是不多见的。

简短的开幕式之后，我开始汇报《为全面提高儿童素质探索一条有效途径》。这是一篇长达4万多字的长篇报告。我以一贯的朴实文风，非常坦诚地描述了自己18年来从情境教学到情境教育的探索历程，如实地讲述了整个实验的真实面貌和自己最真切的感受、体悟。

下午，先由学校青年教师进行教学基本功展示，然后请柳斌副主任讲话。那天，市里也来了很多老师，大家都为柳斌副主任能来到一所小学参加这么一个研讨会而感动，童话楼的大礼堂里座无虚席。

柳斌副主任首先对研讨会的召开表示祝贺，他说："我觉得'全国情境教学—情境教育学术研讨会'的召开是一件喜事，对于基础教育界来说也是一件大事，是一件令人鼓舞的事情。它对于我们国家的小学语文教学乃至对于整个中小学的教育改革，都将产生重大而深刻的影响。"

柳斌副主任把情境教育放在国家教育改革的大背景之下来评价，针对应试教育的诸多弊端和无情的事实，充分肯定了情境教学、情境教育，并给予了极高的评价。他认为情境教学、情境教育是实施素质教育的重要途径。

柳斌副主任还谈到："情境教学之所以获得很高的评价，在于它既是丰富的实践经验的总结，又符合语文教学的规律、思维发展的规律和育人的规律。"他指出：

"情境教学除了把知识性、工具性结合起来，使字词句篇、听说读写的训练统一

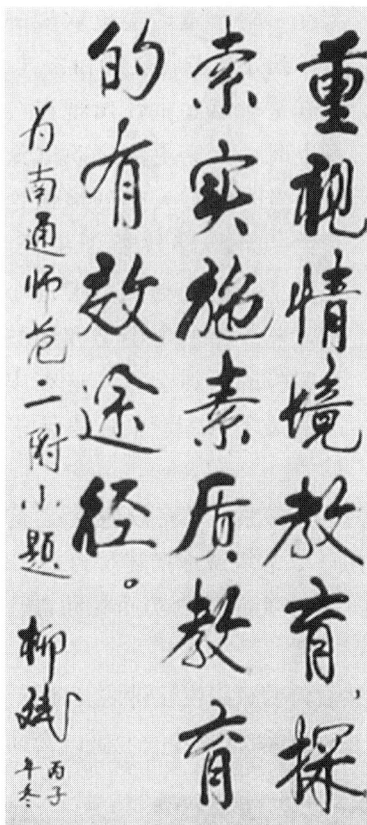

重视情境教育，探索实施素质教育的有效途径。

为南通师范二附小题

柳斌

丙子年冬

柳斌题字

在情境中之外，还要求重视语文的文化性。因为，语文课中讲到的很多的'情'和'境'，都深深地打上了中华民族文化的烙印。情境教学以语言文字既是思想的载体、信息的载体，也是文化的载体为依据，要求凭借教材的内容创设情境，引导学生通过情绪的体验感受到中华民族优秀文化的熏陶，从而获得民族文化精神和民族审美感情。情境教学把因'应试'而被淡化了的中华民族的道德规范、情感、意志、情操等文化要素重新确定为语文教学的有机构成，使儿童的兴趣、特长、志向、态度、价值、目标这些人的素质的重要方面，在教学中占据了应有的位置。这样就使语文教学达到了一个新的更高的境界……"

"情境教育正是在这方面表现了自己的巨大魅力和优势。情境教学强调以'思'为核心，在创造的乐趣中协同大脑两半球的作用，通过形真、情切、意远、理蕴的特点，巧妙地把儿童的认识活动与情感活动结合起来，解决了长期以来因注重认知忽视情感而带来的逻辑思维与形象思维不能协同发展的问题，有效地提高了学生的思维品质。"

"'育人以法'是重要的，'育人以智'也是重要的，但如果离开了'育人以情'，那么'法'和'智'都很难收到理想的效果。把德育、智育、美育融会于情境之中，在教学生学会求知的过程当中使学生学会做人，是情境教育最大的一个特色。我认为，教育是充满感情、充满爱的事业，没有感情的教育是苍白无力的教育。单纯的知识传授不能造就一代有理想、有道德、有文化、有纪律的健全的国民……"

"我觉得情境教育的可贵之处正是在于它以'情'为纽带，在审美体验的乐趣中去培养学生爱祖国、爱人民、爱科学、爱劳动、爱社会主义的精神情操，为孩子做一个堂堂正正的中国人打下坚实的品德、情感、意志的基础。情境教

育给予学生的不仅仅是生动活泼的、新鲜的知识，而且是一个健康的、丰富的精神世界。"……

柳斌副主任在高度评价情境教育后，表示了美好的祝愿："情境教学—情境教育根植于中国的大地，是有中国特色的，而且对于解决目前中国基础教育存在的一些问题是有效的。情境教育的好处是把教材教活了，把课教活了，把孩子们教活了，把教学过程的育人功能充分地体现出来了。因此，情境教学—情境教育是对素质教育的一种有效的探索。我觉得应当高度地评价情境教育，并祝愿它在全国各地开花结果。"

柳斌副主任极具激情的报告，深入浅出，既有高度又有深度，大家聆听着他的讲话，会场里不时爆发出阵阵掌声。

会议的第三天进入了专家研讨阶段。70多位专家围坐在童话楼大厅里，从各自的研究领域，如教育哲学、教育原理、教学论、德育、教育实验、心理学、文学理论诸多方面，从不同角度对情境教学—情境教育展开了积极的对话、讨论和交流，分析了情境教学—情境教育的内涵，并进行了十分热烈而中肯的评价。

下面摘录几段专家的发言。

李吉林老师倡导的"情境教学从语文教学改革入手，探索出了把认知活动和情感活动结合起来的教学模式。20世纪90年代，这一教学模式合乎逻辑地发展为情境教育。在教育教学过程中的种种生动经验及其体现出的思想恰恰是对当代人类教育中困惑和危机的回应，具有鲜明的时代性"。"其实践操作对小学教育有极大的普适性，其观念思想对高等教育、成人教育如何实施素质教育也极富启发意义。"

——朱小蔓

"情境教学—情境教育的思想内涵是丰富而深刻的，操作方法是具体而有效的。它无论在语文教学改革，还是在情境课程的开发上都有诸多建树。""它突破和超越了理性至上、知识本位的教育传统……成功地解决了长期以来学生素质发展中认知与情感、逻辑思维与形象思维、动脑与动手等发展不协调、不平衡的问题，为素质教育的成功实施做出了可贵贡献。"

——田慧生

"情境教学使教学活动艺术化，为教学艺术认识论的探索，做了开拓而又扎实的工作。""情境教学更具特色之处，还在于它对教材中固有的隐含着的历史经验获得活动过程的还原、展开、重演、再现，其主要着眼点和着力点，放在情感和艺术方面。""若与苏联维列鲁学派和西方皮亚杰、布鲁纳等人的活动学说相比较，也有它特殊的优越之处。"

——王策三

"李吉林同志长达 18 年的情境教学—情境教育实验，作为一个有特色的中国教育实验，在研究方法上同样为我们提供了一个可资借鉴的范式，这是一个有中国特色的教育实验研究范式。"

"李吉林的过人之处在于，她不仅自己充满探究精神，而且能激发学生的探究精神，使学生经常保持着一股积极探究的内动力。"

——郭亨杰

"在教学过程中，通过艺术途径影响学生的情感发生，是李吉林老师的一大'发明'。艺术原本就是人的情意活动的结晶，它源于生活又高于生活，因而往往比现实情境、真实事物更具感染力。"

——郝京华

柳斌副主任及专家的评价既给了我极大的鼓舞，又使我明确了继续向前的方向。

七、喜从天降

1998 年夏天，为实施"科教兴国"的战略，党中央国务院统一安排了党和国家领导人接见科学家与优秀教师代表活动，并召开座谈会倾听大家的意见。我有幸收到中央发来的邀请函赴京。

8 月 10 日，我们乘车去北戴河。出发时外面下着小雨，可当我们到达北戴河时，外面却是阳光灿烂，好像天气也欢迎我们这一群来自祖国东西南北中的客人。

在北戴河海边

我们下榻在国务院的疗养处，院内树木繁茂，紫薇花满树开着串串的、艳艳的花儿，一幢幢不高的红顶屋就掩映在红花绿树丛中。空气是那样的清新，大海就在眼前。每到清晨和傍晚，大家都不约而同地来到海边漫步。会游泳的代表，都可以在规定的区域内畅游一番。

大海总是令我神往的。我喜欢小河，喜欢长江，更喜欢大海。青岛的海、大连的海、厦门的海我都见过。看到这里的海更让我心旷神怡。每天清晨，我第一件事就是站在窗口眺望大海。傍晚，像大家一样，漫步在海边，有时坐在海边，凝神地看着一排排海浪卷向岸边，溅起白色的泡沫，连同夜晚的阵阵涛声，都引起我深深的思索和美妙的联想。我真是进入情境了！

在北戴河休假 10 天后，我们按原计划回到北京。喜讯传来，8 月 21 日下午，中央领导要接见全体代表，大家欣喜若狂。有的代表在京城特意买了新衣服，不少代表都特地去理了发，带着一种特别庄重而真挚的情感，热切地等待着那个美好时刻的到来。

21 日下午，我们乘车去人民大会堂。我们站在安排好的位置上，等待着中央领导人的到来。3 点 30 分，中共中央政治局常委以及中央其他一些主要领导都来了！此时此刻，我们只有用热烈的掌声和发自内心的微笑来表达我们的激动和喜悦。我的位置在中间，与站在我们对面的中央领导，只有一米之遥。咫尺之内，我将一位位中央领导看得清清楚楚。七届全国人大，我是主席团成员。坐在自己的位置上，我只能远远地看着国家领导人进场。而这次面对面地看得分明，看得真切！

1998年8月21日，在我个人历史上留下了最为幸福和光荣的一章。这光荣属于我，也属于全国的小学老师。

江总书记亲切地问："大家都来了吗？"

陈至立部长回答："都来了。大学的来了，中学的来了，小学的也来了！"

江总书记笑容满面地说："我看当小学老师不比当大学校长简单，我们的人才就是首先从小学培养出来的。"

然后，江总书记谈到，今年的水灾之大、时间之长是空前的，他因此推迟去俄罗斯和日本的访问。接着，江总书记十分高兴地说，这次大家在北戴河，边休假边切磋，这是孔子早就提倡的——要在无拘无束中探索，这是最容易出思想的。

江总书记的讲话激起一片热烈的掌声。此时此刻，大家站在指定的位置，内心兴奋不已。国家领导人坐定后，摄影师非常娴熟地拍下这历史的镜头。第二天，这张照片被各大报纸在头版头条刊登，我也将这历史的画卷作为珍藏。合影后是座谈会。中央书记处书记曾庆红同志主持了座谈会，他说："你们是党中央、国务院邀请至北戴河休假的。""你们是两千多万科教工作者的杰出代表，是受到大家尊重的。你们要转达党中央、国务院对广大科教工作者的亲切问候和敬意。"

接着是7位代表发言，有科学院和工程院院士、北大教授王选等三位科学家的发言，然后是中国科学院院士、博士生导师卢柯教授，北京四中校长邱济岳，以及我，分别代表大、中、小学老师发言，还有一位职业教育代表发言，然后便是李岚清副总理就科教兴国战略，迎接21世纪的机遇和挑战发表讲话。

8月22日，我怀着满心的喜悦、一腔的热情，也怀着一种崇高的使命感离京回到江苏，回到了南京。省政府、省教委热烈欢迎我回家！因为，江苏教育战线去的就我一个人，真是荣幸万分。

我传达了中央的精神，谈了自己的感受，也提出了我的建议。我说："情境教育正在深入向前发展，特别希望我们江苏能成立情境教育研究所。"

王珉副省长当即表态说："我看，江苏可以成立一个情境教育研究机构，最好还要成立一个情境教育培训基地。"又望着我特别亲切地说："李老师要帮我们培养更

多的青年教师，希望你能干到 70 岁。"听了他的话，我喜出望外，真是北戴河带回的好运呀！情境教育得到从国务院到省政府、教育厅的高度重视。之后，省教委积极策划、筹划建所的工作。

不久，省里发布了文件，成立江苏情境教育研究所，市教委管理，我担任所长。王珉副省长接受了我们的邀请，特地从南京赶到南通，来到我们学校，为我们"江苏情境教育研究所"揭牌。

我们的情境教育研究所就在 1998 年，这难忘的一年、幸福的一年诞生了！她为情境教育的深入发展创造了新的机遇，如今我们不仅主持国家课题，还建起了"李吉林情境教育网站"（www. qjjy. cn），每日有很高的点击率。小小的研究所自诞生之日起，就一直受到领导、专家和老师的关注与厚爱，我真是既感激又兴奋。

在情境教学—情境教育 20 多年的探索与实践里，课程改革很自然地凸显出来了。从核心的学科课程、主题性大单元综合课程到幼小衔接的过渡课程和野外教育课程，我们的改革不断地发展、完善。就在"十五"期间，在国际国内基础教育课程改革成为教育改革的主流，课程开发呈现多元化的趋势下，我虽早过花甲之年，但仍怀着对教育的赤诚和永不泯灭的志趣，申报了"情境课程的开发和研究"课题。这一课题被立项为全国教育科学规划"十五"重点课题。

可以说，从走上工作岗位以来，我就一直在做着永远也做不完的课题，那就是一切为了儿童的发展。

是的，情境教学—情境教育的改革探索赶上了一个好时代，遇到了一位又一位好领导、好专家，集结了一批志同道合的好同事、好伙伴。在一次推广我教改经验的会议上，当时的市教委主任吟诵了杜甫的诗句——"黄四娘家花满蹊，千朵万朵压枝低"，然后意味深长地说："李吉林的教改真经要让更多的学校、更多的教师取到。希望李老师能带出一批弟子，使教改园地出现'千朵万朵压枝低'的喜人景象。"他提出的，正是我在实验探索的同时必须进行的两项工作，一是成果的推广，二是青年教师的培养。

　　说到成果推广，我由衷地感谢各级教育行政部门。早在 20 世纪 80 年代中期，我的第一轮实验结束后，南通市教育局先后组织了四次专题会议，在全市推广我的实验。江苏省教委也多次发文，在全省推广情境教学。由省到各个市都成立了"推

带青年教师到农村讲学

广李吉林教改经验领导小组"，全省实验点上千个。1990 年，国家教委向全国推广八个教改项目，小学语文情境教学便是其中之一。我和我的弟子们经常利用假期，到各地为老师们介绍情境教学，上观摩课，有时还深入农村，去实验点和老师们一块儿设计教案。记得有一次，在河南开会，我没能和全国小语会的代表们一起去洛阳赏国色天香的牡丹，而是应邀到信阳给老师们去做报告。车子出发后大雨滂沱，我们冒大雨按时到达会场，迎接我们的是全体教师长时间的起立鼓掌。同样地，在泰安开会，我没有登泰山，而是应邀给实验点的老师上示范课。"会当凌绝顶，一览众山小"，这样身临其境的情怀，至今仍是我一个美好的憧憬。

　　在情境教学实验成果的整个推广工作中，最让我感动的是淮阴市。淮阴市的推广工作从市一级到县一级，又从县一级到乡镇一级，直到村小；从局里到教研室，到各市县教研员，他们都做了大量的工作，先后举办了 28 期培训班，召开了 47 次专题研讨会，举行了难以计数的乡镇、县、市多层次会课活动，还定期召开推广工

作经验的交流会。淮阴是苏北的一个经济欠发达市。情境教学在苏北农村生根成长，更让我感到情境教学在基础教育中的普遍意义。我也被苏北地区朴实的教师为推广工作甘愿吃苦受累的精神深深感动。

随着情境教学向情境教育的拓展，我在学校领导的支持下，把教育科研与教师培训结合起来。教育科研需要年轻人，年轻人需要通过教育科研提升自己。从 1979 年开始，学校曾让我带过两个年轻人，一个是吴云霞，后来当上了南通师范第二附属小学的副校长；一个是施建平，后被评为江苏省最年轻的特级教师。学校的年轻教师，非常羡慕他俩的成长，一个个要求成为我的徒弟。从实验发展与教师的意愿来看，教师们的想法和学校领导的意图不谋而合。1990 年春天，青年教师培训中心在学校成立了。在成立大会上，我鼓励青年教师在青年培训中心勤奋学习，切磋教艺，发挥聪明才智，在珠媚园（我校花园名）里长成一片林。后来，我为他们自办刊物题写的名字便是《珠媚林》，寄托着我心中美好的祝愿。

既然挑起了青年培训中心辅导员的担子，我就真心实意地对青年人提要求、下任务。我让他们每人制订一份"个人成长计划"，分"教学基本功、教学艺术、教育理论、教育科研"四大块，并对他们进行辅导和演示。我引导青年人珍惜时间，叮嘱他们切不可虚度年华。寒暑假，我总要给他们布置作业，其中就有写毛笔字、钢笔字，画简笔画，做读书卡，写论文等。我还根据年轻人的特点，和他们一起到郊外，放眼浩荡的长江，于江边抒怀。在长江边的亭子里，我们举行别开生面的"野外读书会"，交流读书心得。这也算是青年培训中心的"情境"辅导吧。

在青年培训中心，年轻人迅速地成长起来了。他们多人多次到全国各地上情境教学的示范课和讲学。在时代的激流中，他们奋力向上，像雨后的春笋拔节般地往上长，我只有羡慕和欣慰。

八、诗情画意没有穷尽

回顾近半个世纪走过的路，蓦然觉得自己是最幸福的——每日和这世界上最纯真、最可爱的人生活在一起，自己的工作就是为这些小花和小树浇水、施肥，让他们快快长大，诗情画意没有穷尽。在儿童的世界里，我们不断地编织着美丽的童话和小诗。你说它伟大，教的却是小孩；你说它渺小，它却影响一个人长大后的几十年。生活在儿童世界里的幸福感，无与伦比。

在儿童的世界里，我在爱孩子中，渐渐长大了。我把这种爱，升华成自己的理念，又把它细化成自己的行为。

快乐的课间

虽然我仍像孩子那样容易动情，然而，我的情感深沉了。在理性的支撑下，我的情感稳定了、执着了。我看山看水，小学最美，儿童最让我爱恋。从此，我像农民一般忠实地守着自己的园地，不断地耕耘、不断地播种、不断地收获。泥土般的气息，稻谷似的芳香，仿佛又有清粼粼的河水流淌，让我享受着田园诗人般的纯净与甜美。

在儿童的世界里，在爱孩子中，我长大了。我是一个播种者，也是一个收获者：思想的、情感的、事业的……我懂得了一个老师的责任。我常常想，一个语文老师不仅要让孩子学好语文，还得给他们一个丰富的精神世界，让他们从小懂得热爱自己的祖国；懂得除了自己外，还有许多人；懂得给他人带来快乐；有一颗善良的心，崇尚美好、憎恶丑陋。我深知这其中的许多品质，是在纯真的孩提时期就应该开始培养的，而又完全可以在孩子学习祖国语言文化的过程中去渗透、去影响、去强化。

我深知小学语文教学应该是"人的教育"的重要的一个部分，这样的语文教学，正是几十年来我一直追求的一种完美境界。只是昔日朦胧，今日清晰，以至急切罢了。

小学语文把我带到了一个美好的境界中，我也通过小学语文教学把孩子们带到了宽阔而多姿多彩的空间里。我的情感与课文作者共鸣，我的心与孩子相通。情境教学—情境教育—情境课程，正是在对孩子、对自己终身从事的事业的爱中，在对小学语文、小学教育日益加深的感悟中，在一心想着让孩子发展得早一点、好一点、全面一点、充分一点的强烈的愿望中，产生和发展起来的。倘若忘掉了孩子，那是任你怎样苦思冥想也想不出来的。多少次、多少回，我把孩子带入课文描写的情境，课文语言在情境中有了形象、有了生命、有了汉字语言最讲究的神韵。我

课间活动把身体练得棒棒的

和孩子们常常沉浸其中，甚至忘我了、陶醉了。

课间，我常常会久久地看着他们。他们不停地奔跑着、叫喊着、欢笑着，脸上挂着汗珠，头上冒着腾腾的热气。下雨天，他们故意在水洼里跑来跑去，我真担心泥水浸湿孩子们的鞋袜，但他们却若无其事地任水花溅湿裤管。冬天哪儿有冰凌，哪儿有积雪，哪儿就有小手在捧呀、捏呀。我看见冰雪从他们的手里挂下了水滴。他们呵着气，冻得小手发红，但仍不舍得轻易扔掉。我知道，这就是孩子！他们是校园里的主角。因为有了他们，才有学校，校园里才有笑脸、笑声、笑语，才让你不断感受到不可遏制的勃勃的生命力，让你不断地聆听着最动听、最富生趣的交响乐，而蹦跳的音符就是儿童生命的火花、智慧的火花。

我的心和孩子们的心贴得更近了。情境教育的"缩短心理距离"正是在这一次又一次真实的感受中提炼出来的。这使我很自然地想到郭沫若在《女神》中写的诗句：我寻求到"那与我的燃烧点相等的人"，"把他们的心弦拨动，把他们的智光点燃吧"！

我虽然仍像孩子那样喜欢无拘无束，但是我却有了意志，能管住自己了。我年

轻时原本喜欢打球，排球、羽毛球、乒乓球都喜欢！甚至一个人拿着篮球在雨中投篮，也挺潇洒的。"球，快乐的精灵"！渐渐地，我忙起来了，要看的书多起来了，因为我深知一个小学的实际工作者的薄弱之处，便是缺少理论。我懂得了一个小学老师应该自觉地走理论与实践相结合的道路。我想到了就去做。我学会了放弃，学

冬天的快乐

会了做减法。我几乎不打球了。寒暑假，我婉言谢绝一次次的邀请和疗养，利用这相对集中的空余时间读书，文学的、心理学的、教育学的、美学的、教学论的书，中国的、外国的书，甚至古代的书，我总尽力去读。我只恨自己读得少。我随时做一些读书笔记，边读边想如何让书上的理论活起来，为我所用。一以贯之的认真态度，伴随着这种真挚情感的实践，我有了许多感受、认识、主张和思想，于是我就拿起笔去写，写随笔、写散文、写经验、写论文，也写了专著。这些成果后来在全国得了很多奖，然而这都不是我的初衷。我觉得通过概括、通过写，把零乱的思路、浅表的认识，变得条理化、清晰了、深刻了。当然，说起来容易，做起来确实不是那么简单。除了"文化大革命"前的 10 篇文章以外，我之后写了近 300 篇论文、随笔，出版了 8 本专著，但这都不是 40 岁以前写的，更多的是在 50 岁以后写的。我作为女儿、作为妻子、作为母亲，当然现在又作为奶奶和外婆，家庭中的多种角色加在一起的责任和负担足够一个女人承受的，这时需要的就是意志。我的个人经历

手　稿

告诉我，情感会产生信念，会转化成意志。我有勇气拒绝当校长，推掉当全国小学语文研究会的理事长，换届时主动向组织提出不再担任江苏省人大常委会的委员。我想，我的时间属于孩子，属于小学教育。

正是出于对儿童的爱，我不怕吃苦、不怕麻烦。意志使我体验到作为人的一种力量。我觉得意志会使情感持续、稳定、强化。我想，心理学上可能并不这样写，情感与意志是人心理的两大区域，其实在一个人的内心世界里，两者却是难以一分为二的，它们是互动的、相互影响的。

眼下，我已是年过花甲的人了，不要说儿童，就是青年、中年，我都沾不到边了，岁月已经无情地把我推到了老人的行列。但是，我感觉我的心仍然是年轻的，我真正领悟到什么叫"赤子之心"。我总感觉世界还是那样地美好，一切都是那么新鲜，仿佛是第一次看到。

我仍然像孩子一样，怀着强烈的求知欲望，什么都想知道，什么都想学。"学习的革命""建构主义"的丛书，科学精神与人文主义结合的新论，有关课程的书、脑科学的书，我都想学。连中国"神舟"号上天，什么时候载人，我都关心。美国哥伦比亚号为什么会失事？俄罗斯太平号又怎能准确地在预定地点解体、降落？世界这么大，新知识如浪潮般向我涌来。我永远只能抓一点芝麻，因为大西瓜是搬不动了。但能抓一点芝麻，总比两手空空要好得多。我十分警惕老人的封闭，封闭就停滞，停滞就萎缩。只要像孩子那样，憧憬着未来，敞开自己的心怀，便能不断地呼吸到新的空气、吮吸到新的营养，而这一切都是教孩子所必需的。

我仍然像儿童一样，常常睁大眼睛看着这个多彩的世界，用儿童的心灵去感受、去体验，心里想着许多问题。我外出坐在车上从田边驶过，看着田野里开着黄花的向日葵，看着同样开着黄花的丝瓜、南瓜、西瓜、黄瓜，又想到麦子、稻子成熟了，都是金黄色的，这是为什么呢？多少回没有想出答案。有一次似乎顿悟了，啊，莫非它们都是太阳的孩子！太阳用金色的阳光给人类和世界万物带来温暖和光明，又用它的金色哺育了瓜果谷黍，奉献给人类。

儿童的眼睛、儿童的情感、儿童的心理，构筑了我的内心世界。是的，正是儿童，是童心，给了我智慧。我想说：爱会产生智慧，爱与智慧改变人生。

我爱儿童，一辈子爱。如今我已不是儿童，但似儿童，我只不过是个长大的儿童。我多么喜欢自己永远像儿童！因为我是他们的老师和朋友！

九、母亲的谚语式家教，让我受用终身

我五岁时，父亲病逝，永远地离开了我们，丢下了母亲和我。父亲最后的嘱托，让母亲为我操心了大半辈子，生活的艰难，更是可想而知。

在母亲节即将到来的时候，我无限怀念、无限感激母亲，她的谚语式的家教，让我终身受益、永铭心中。

谚语印入童年

小时候，我的母亲不止一次地对我说："孩子，人穷志不穷，人家就是有个金人儿，你看也不要看。"母亲还告诉我："有的人，不教自成人；有的人，教了就成人；还有的人，教死了也成不了人。"母亲的话，我不仅听懂了，而且永远地记住了"人往高处走，水往低处流"。现在，我作为一名教育工作者，更是理解了母亲的教育，

它是培养我自尊的人格教育。在母亲的教诲下，一个穷孩子的自尊、一个小学教师的自尊，在我成长的历程中逐渐形成。我深感，母亲的自尊教育，不仅引领我立志，而且引领我成人，支撑了我的精神世界，给予了我无形的力量。

我渐渐地长大，母亲又常常嘱咐我，一个人从小品行要端正。记得她曾经给我讲《放羊的孩子》，"狼来了"的故事情节久远地留在我的记忆中。母亲还跟我说，"要想人不知，除非己莫为""白天不做亏心事，夜半敲门心不惊"。这些通俗的民间谚语，让我从小依稀懂得做人要堂堂正正。直到现在，无论是介绍经验，还是写文章，我很自然地做到说真话、写真言，对人真心真意，做真人。加上母亲常说的"受人之托，忠人之事"，我在生活中形成了对人、对工作、对自己负责任的态度。

小学二年级时，我开始练写毛笔字，母亲又提醒我"三天打鱼，两天晒网"是不行的，做事要有恒心。这些只言片语深深影响了我，我做功课从不马虎。而且从上学到后来探究情境教育、做课题、写专著，无论何时遇到障碍，我都不会望而却步、半途而废。

"小学里读大学"

1956 年，我师范毕业，考虑到赡养母亲，在同学们纷纷走进大学的时候，我毅然走进了小学。穷孩子的自尊，让我非常自觉地在"小学里读大学"，下决心搬到学校住宿，以便挤出更多的时间自学。独处时，我总会想起小时候母亲给我讲的"匡衡凿壁借光""头悬梁，锥刺股"的古人苦读的故事。这些故事的影响，形成了我自我约束的意志力，让我在 60 来年的小学教师的生涯中始终坚持"终身乐学"。也正因为如此，我才有可能在情境教育的探索实践中进行理论研究。

记得母亲还给我讲过"孟母三迁"的故事，这让我从另一侧面体谅到母亲教子的苦心。有了这样的认识，我就易于理解、易于接受母亲的教育了。更没想到的是，在情境教育探索的过程中，我不止一次地联想到，"孟母三迁"实际上就是优选孩子成长的环境，生动、具体地表明了情境教育中运用的"环境与人的行为一致性"的哲学原理，这让我加深了理解、丰富了自己的感受。

在那场民族的浩劫中，我作为修正主义的黑苗子"挨整了"。一下子乌云遮天，年轻的我难以承受。母亲总是安慰我"天无绝人之路""天从人愿"，让我在挫折中对生活有了信心。

谚语开启"寻根之旅"

改革开放后，我投入改革的大潮中。渐渐地，我有了收获——情境教育一步步向前发展，国家给了我很多荣誉。当时母亲已年迈，看我出名了，仍不忘教诲我。她郑重地告诫我"人不知己过，牛不知力大""君子之过，如同日月""人言可畏"，让我懂得在顺风顺水中如何对待成绩，自觉地检点自己。母亲还说"宰相肚里能撑船""饱汉子不知饿汉子饥"，要我加强自我修养，对人要有同情心。母亲特别嘱咐我，人不可忘恩，记住"人情大似债"，还说"小人得志乱猖狂"。我记着母亲的话，直至现在，一个个帮助过我的专家、领导和老师，我都记在心上。而且，我在一次次取得成绩、获得各种荣誉后，仍然像平常一样，在成绩面前绝不沾沾自喜，"不做小人"。我深感，一个人懂得感恩，就绝不会妄自尊大。感恩的意识丰富了我，我必然会谦虚谨慎，这让我总能做到脚踏实地向前迈步，从不夸大个人的作用，良好的道德观渐渐地渗透到我的精神世界。

前些年，我在资料上读到中国教育从20世纪20年代开始学日本，后引进欧美教育思想，到20世纪50年代全盘照搬苏联教育，表明中国教育必须走自己的路，这让我联想到小时候母亲给我讲的岳飞"精忠报国"的故事，这个故事播下了我心中爱国家至上的种子。我深知，中国的教育之路，必须由中国教师自己去走。我不断地从民族文化经典"意境说"中吸纳理论滋养，渐渐地，我找到了"根"，使情境教育打上了民族文化的印记。

岁月已无情地把我推到老人的行列里，时代的使命感更为迫切，我很自然地联想到母亲曾常说的"年怕中秋，月怕半"，做什么都得抓紧时间。尤其是母亲当年对自己说的"牛拴在桩上一样地老"更是提醒了我，我心想：我现在也成了"老牛"，何必拴在桩上终日无所事事呢？不如继续推磨、耕田。所以，我每天仍然照常到学校上班，集中全部精力，在几十年情境教育实践研究的基础上进行深度研究。回顾古稀之年后的这十年里，我给自己粗略地算了一下，先后出版了两部（四本）专著，在《教育研究》发表四篇论文，可以说是情境教育理论研究的代表作。天道酬勤，没想到这两部专著和一篇论文分别在全国获三个大奖。专著和论文都从不同的角度阐述了情境教育吸纳一千多年民族文化的理论滋养，创造性地应用于当代的儿童教育，构建了"中国式儿童情境学习范式"，探索出儿童快

乐、高效学习的一条路径。其中,《情境教育三部曲》将在世界著名出版公司——斯普林格出版,在国际上传播。我欣喜地感到,自己在中国教育的路上又前进了一步,我感受到作为教师的人生价值,感受到工作的快乐、创造的快乐。对此,母亲的教诲功不可没。

我心中的儿童教育

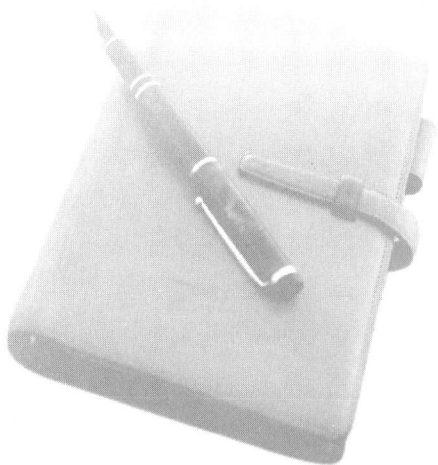

一、从"弊端"中提出问题

快半个世纪了，我对小学语文教学情有独钟，我追求着我心中的小学语文教学的理想境界。我常常想，小学语文虽小犹深，课本虽薄但内容丰富，对小学生的影响是极其深远的。但是在课堂的现实中，并非如此。在"课上分析＋课后练习"的灌输式教学的误导下，语言的"准确、鲜明、生动"看不到了，文章的意蕴也被冲淡了，支离破碎的阅读代替了思考与欣赏交融的阅读理解。孩子们端坐在课堂上，往往是听老师讲语文，40分钟究竟得到了什么呢？对母语与生俱来的亲近，不知不觉变成对她的疏远、陌生乃至厌倦。

我站在儿童学习语文的角度，无数次地思考语文教学的现状，对她的价值与意义，思索着、探寻着。

语文不仅是交流和思维的工具，语文还负载着人类丰富的文化，语文本身就是最为重要的文化。一个民族的诸多信息，无论是它的历史、它的风俗、它的性格，还是它的精神，都浓缩凝聚在它的语言和文字中。民族与语言，水乳交融、密不可分。在这个意义上，法国小说家都德借他的小说《最后一课》中语文教师韩麦尔先生之口，说出这样一段极为深刻的话："亡了国当了奴隶的人民，只要牢牢记住他们的语言，就好像拿着一把打开监狱大门的钥匙。"我们的事业要求建设者与接班人为我们的国家、民族努力，他身上流淌的血，应该"澎湃着中华的声音"，对民族文化的认同、对民族精神的坚守是一致的。很难设想，一个从小没能对语文学习保持热情的人，一个没有真正习得母语文化精髓的人，一个因为应试教育而对语文学习毫无兴趣、漫不经心的人，会对民族的这把"钥匙"产生归属感、亲近感、认同感和真挚的爱。而失却了这种感情和爱，再大的树也是无本之木，更不可能成为祖国建设的栋梁。那将多么令人惋惜和痛心！

我常常赞叹祖国语言的精练、传神，充满卓越的表现力和奇瑰的色彩；我常常诵读名家名篇，作家的那种不能自已的感动和激动情感深深地感染着我；我也常常对著名作品中那种精湛的结构、富有感染力的表达钦佩不已。在教这些名篇的时候，我感觉到孩子们的兴奋，同时我在感受着美，享受着美。我不止一次地获得孩子们学语文的成功带给教师的成就感以及幸福体验。是的，每当我看到通过我的劳动，孩子们的口头表达从磕磕绊绊到流畅顺捷、孩子们的文字表达从不通顺到文通字顺，甚至逐渐成熟到可以发表的水平，我内心的喜悦是难以言表的。然而，一个语文教师，倘若陷入应试的泥潭而无能为力时，他（她）就仿佛戴上了枷锁，那么，充满灵性的祖国语言文字在他（她）的教学里就会异化为莫名的怪物。教和学同时成了苦役，不仅孩子疲惫、烦躁、厌恶，同时教师也是这种身心状态。看着那么充满灵气的孩子被应试语文销蚀着、束缚着，我相信，教师内心的感受一定是痛苦而又无奈的。

　　1976 年，我已近不惑之年。是的，经过了"文化大革命"的"洗礼"，我更"无惑"了。阴霾已散，雨后天晴，蓝天更为晴朗，小鸟又能展翅。我真没想到，我还可以重新无拘无束地走上讲台，可以说真话、吐真情。我贪婪地呼吸着暴风雨后清新的空气，小花、小草，周围一切美好的场景，我仿佛久违了，扬眉吐气之感油然而生。我振奋，我想呼唤，我想放歌，我仿佛再生了一般！

　　我无比珍惜这劫后余生的年月。

　　1978 年暑假，我走进了一年级的教室，看着孩子们的圆脸，真像是来到花草丛

和时光老人赛跑

中，那么美、那么清新、那么生气勃勃。我自己也仿佛一下子回到 10 年前，身心都年轻了许多。接触一年级的教学实践，我真切地感受到刚入学的孩子强烈的求知欲望。这些小花、小草，真是要让他们喝足养料，快快乐乐地长大呀！

我一开始教汉语拼音，听同年级的老师们说，汉语拼音开始一课教一个字母。我心想，那可怎么教呀？既然不懂，就不能装懂。我便去听隔壁班上老师的课，她教得很细很细，一个字母反复地指导发音，孩子练习发音，鹦鹉学舌般地跟着念。因为内容太少，又单调，就有孩子东张西望，甚至回头来瞧瞧我，小手不住地玩弄着什么。这给我的第一感觉便是一年级的语文教学太单调、内容太单一了，仅汉语拼音就要教两个月。也就是说，60 天的语文课，反复拼读字母符号。那么，想识字的孩子就识不到字。教学手段就是黑板＋粉笔。识字就是识字，掌握字的音形义，会读会写，会默会用，这就是识字教学的全部内容。因为简单就显得单调，因为单调当然就枯燥无味。它对孩子的发展来说，是滞后的，而不是超前的。学生的发展必然受到影响。他们的好奇心、求知欲，无法得到满足。满怀美好憧憬的孩子，对上学失望了。当时的我，真是内心燃着一团火，那颗心吐出来定然是滚烫滚烫的。我恨不得一下子从"旧框子"里跳出一个崭新的小学语文。

我想，语文教学既然是单调的，那就要丰富它；既然使孩子失望了，那就得想办法满足他们。我没教过一年级，这是我的短处，但是也正因为没有教过一年级，就没有陈规老套的束缚。我就能从高年级学生的发展来看一年级应该为孩子打下怎样的基础。

我清楚地看到"单调、呆板、低效"是当时小学语文教学的弊端。"弊端"必然是教学发展的障碍，是桎梏。我对自己说：有志改革者，应该大胆地切中时弊，跨越它。虽然人们还多少有些心有余悸，然而我想风中的竹虽然瘦弱，但是再大的风雨也只不过是摆动几下；石缝里的小芽虽然细小，天寒地冻，大地回春后，仍然会向着蓝天曲曲折折地长出来，抬起头迎接春天。竹子和小草我都喜欢，它们自身的韧劲是打不倒的。在我的内心，我便是瘦竹，我就是小草，平实而根深。只要没有冷眼和诬蔑，我就心满意足。

因此，应该说，我的小学语文情境教育的探索，它的起步是从"不满"开始的。

二、"意境说"让我豁然开朗

当时这种急于改革的真切、热切、急切的心理状态，令我终日沉浸在对教学工作的思考中，我苦苦求索。路在脚下，究竟怎么走？在小学语文教学中，儿童发展究竟有什么规律？我当时就像孩子一样，强烈的求知欲望使我的心平静不下来。我渴望学到新的东西，努力突破传统的条条框框，让孩子们挣脱束缚。

我开始了自己的小学语文情境教学的探索。这一步一迈开，就是27年之久。虽然是深一脚、浅一脚，但我始终是往前的。

试验处于萌芽期，只是做一个局部的尝试。那只是在阅读课上留下5分钟进行片段的语言训练。第一次是我教《小马过河》。课文是一篇童话，里面有几个角色：老马、小马、松鼠、老牛，课文生动地描写了这些童话角色的对话，描写它们说话的神情动作。我想通过创设情境，让学生在描述中运用提示语。那天，我班刚巧获得卫生红旗，我就请班上年龄最小的吴洲表演。

我小声地对吴洲说："吴洲，今天班上得红旗，你高兴吗？"他点点头。我又接着说："那你就告诉大家这个好消息，非常高兴地告诉大家，蹦蹦跳跳地跑进教室，最好说两遍，好吗？"

可爱的小吴洲一边跑着、笑着，报告好消息。接着，我要孩子们把吴洲的神情、动作、报告的内容说一说。结果看了吴洲的表演，大家开心极了。因为在那时候，小学语文教学课堂上有孩子这样的表演，那真是新鲜绝顶的事！孩子们兴奋不已，争先恐后地要发言。

我真想不到，孩子们是这么欢迎创设的情境。孩子们的语言活动热烈地进行着，他们的思维非常活跃，词语的检索快速地运转着。我真是兴奋不已。

通过这一段时间的摸索，可以说把外语的情境教学移植到汉语的小学语文教学中来是成功的。但是我并没有停留在此，我从外语的情境教学很自然地联系到中国古代文论的"意境说"。

我自己一直是比较喜欢诗歌的。年轻时，我住在学校，每天清晨坐在学校荷花池边，沐浴着朝霞，背诵唐诗宋词，走进郭沫若、艾青、闻一多，走进普希金、泰

戈尔、海涅、席勒……中国的、外国的作品，古代的、现代的作品。我从王国维的《人间词话》里知道了"境界说"，从这里又找到了刘勰的《文心雕龙》。我感觉这是我们中国古代文艺理论的经典，是精髓所在。我读了以后就觉得"意境说"博大精深，比外语的情境教学更为丰富、更有深度，也更有品位。

我深知中国古诗词是中国古代文化里的一笔宝贵的文学遗产，是璀璨的明珠。我们古代的诗人为什么能够写出这么多脍炙人口的作品呢？我以为，诗人首先是在情境中，正因为人在情境中才萌发情感，即所谓境中生情。在情感的驱动下，诗人浮想联翩，情动而辞发，从而写下了动人的诗篇，甚至是流芳百世的作品。这就是刘勰所说的"情以物迁，辞以情发"。尽管小学作文远远不是诗人作诗、作家写作，但是，同样需要情感。何况我们的儿童又富有激情呢！于是，我想，小学作文大可通过创设情境、带入情境，为学生提供作文题材，突破当时小学语文教学的难点。我想古人的"诗论"可以影响、丰富今天的"作文论"。

"意境说"让我豁然开朗，我从中悟出了"客观外物""人的情感"与"人的语言"乃至思维活动之间的辩证关系，从而迈出了改革作文教学的关键一步。同时，我阅读了苏霍姆林斯基谈观察的言论，它也证实了我的想法。虽是从古人那儿习得，但仍然有现代气息。"生活的外延有多大，语文的外延就有多大"。和一切人类文化一样，语文来源于生活。不错，学校的一切文化科目，都来源于生活，而语文与生活的关系，应该说是最为密切、最为直接、最为广泛的。生活中处处有语文，时时有语文。人猿揖别后，语言和文字成了人类区别于动物的重要标志。试想，假如生活中没有了话语、没有了文字，那还叫人类社会吗？从生活中来的语文，应该回到生活中去。儿童学习语文，固然大多是在课堂上，但他们不能远离生活学语文。除了课堂应从校内扩大至校外，即便在教室里，生活的春风也应该吹拂进来，让语文带着生活的盎然春意。

我选择大自然作为典型的场景。大自然真是位好老师。孩子的天性就是亲近大自然，人本来就是大自然之子。我们当老师的，应该把孩子带到大自然当中去！大自然中那青山绿水、茫茫田野、绿树红花、小桥流水、鸟叫蝉鸣，都是可以和孩子对话的。那初升的朝阳、落日的余晖、璀璨的明星、蒙蒙的细雨、飘飞的雪花，都是令孩子神思飞扬、流连忘返的。那种美感，那种美的形态中的逻辑，真是一本读不完的教科书。

于是，我迈开双脚，或骑上自行车，独自一人到田野、小河边去寻找我心目中的理想场景。

在孩子每次观察之前，我都会先到实地去考察。我首先考虑的是以怎样的外物去影响儿童的情感，这就得优选场景。为了优选，我从学校北边的田野、小沟渠到光孝塔、城南的公园桥畔、濠河岸边……这些地方都留下了我的足迹。那一畦一畦的田埂，那一块一块的农田、一个一个的塑料大棚，那小河边一丛一丛的野花，不止一次地吸引着我，我伫立一旁或弯腰细看，端详着、琢磨着。有一次为了寻找"秋天田野"的典型场景，我走在大桥上，太阳映红了西天，而当我回来的时候，月亮已经从东边升起。我自己快乐地想着，太阳送我去乡下，月亮迎我回城里。在这样的情境中，我与大自然贴得这么近。我常常从北走到南，乐此不疲。

又有一回，结合"植物单元"教学，我把自己编写的《补充阅读》中的一篇散文《多美呀，野花》介绍给学生，我想让他们感受这些花草，感受这些小生命内在的美。我真的觉得人们对于野花是漫不经心的，而野花顽强的生命力却是惊人的。现在我还记得那篇文章诗一般的语言："野花是很多的，野花是很小的，野花是很美的……"我决定把孩子们带入这美丽的野花世界。然而，笼统的观察是不大容易动情的。于是我照样迈开双脚，在小河边、田埂上寻找野花，采集野花，认识野花，去向种草药的专家请教那些野花怪异而动听的名字，那可真新鲜。在这些野花里，最能唤起孩子快乐和想象的当然要数蒲公英。我终于在老城墙脚下找到一丛蒲公英，她们仰着圆脸，张开金色的花瓣，而更感神秘的是那蒲公英结的籽，那么轻、那么柔，一粒一粒，团团地粘在一起。而正是这种轻柔，使它飞起来。我真担心一阵风来，把这一团种子吹散，待孩子们来时看不到这圆圆的、柔美的种子。

我优选了场景和观察对象，也优选了时间、优选了观察程序。第二天一大早，我把孩子们带到野外，野花沾着露水，用孩子们的话来说："小露珠给野花戴上了珍珠项链，在阳光下晶亮而圆润。"我和孩子们一起背诵着"野花是很多的，野花是很小的，野花是很美的……""假如广漠的田野没有这些野花夹杂在芦苇中，微笑在田边地头，又将是何等的单调与寂寞？"我招呼着孩子们："那我们去寻找吧。它们是大地真正的孩子，你们可以采集。"于是，孩子们像蜂蝶似地飞向野花丛中，兴致勃勃地挑选着、采集着。不多一会儿，他们又纷纷拥到我的面前，要我告诉他们野花的名字。

"李老师，这开着小白花的野花叫什么名字？"

"这你都不知道？这是荠菜花儿。"

"李老师，你看这野花开着蓝色的小花朵，像一个个小铃铛，这又叫什么名字？"

"噢，它有一个很有趣的名字，叫'婆婆纳'。"

"这野花呢？"

"这野花，你看花儿粉红粉红的，它的叶边、叶茎都是紫红的，它有一个好听的名字，叫'紫苇'。"

几个孩子齐声重复着我的话："哦，紫苇，真怪好听的！"

一个文静的小姑娘，轻轻地来到我身边，拿着一把草，她说："这小草上开的白花，怎么像小麦穗儿？"

我接过它说："你看这麦穗上的小白花，这么小、这么轻，风一来它马上就知道了，人们给它取了个特别好记的名字，叫知风草。"

又有许多孩子接二连三地拿来几种野花，我真有点捉襟见肘，答不上来了。我就巧妙地回答："这就叫不知名的野花吧！"手中一束束野花的形，耳边一个个野花的名，让孩子们兴奋不已。不知道在什么时候，他们好像爱上了野花，神秘地看着野花、描述着野花。

情境应该是连续的，而且应该一个比一个更丰富、更生动，似乎也应该有特写、有高潮。

接着，我对孩子们大声喊："那边还有更美的野花！"孩子们马上快步跟上。

我们一起来到蒲公英花丛边，有的孩子已经知道这叫蒲公英。我让他们按"花—茎—叶"的顺序观察，并结合描述，认识花籽。按事先预设的观察程序，我轻轻地采下一朵结籽的蒲公英，像孩子似地攀上土丘，吹起蒲公英的种子。那毛茸茸的种子飘飘

想象的翅膀展开了

放 飞 理 想

悠悠地像苇絮般乘着春风向河那边飞去……"它们飞向哪儿去了，你们希望它们飞向哪儿……"联想展开了，想象的翅膀插上了，孩子们也鼓起小腮帮，吹起蒲公英的种子。此时此刻，童年的幻想，也随着这种子飞向远方。此情此境，仿佛让一张木刻上的小姑娘走出了画框，一下子变成了许多的小女孩、小男孩，一起吹起了理想的种子……

孩子学了许地山先生的《落花生》，我想应该让他们学习写一篇略含哲理的小品。于是，我就想到"牛"。我记得那天天气挺热，我草帽一戴，骑上了车，到田野里找牛去了。走了很多的路，我在田野里竟然一头老黄牛也没找着。我想，老黄牛找不着，老水牛也行呀。老黄牛会耕地，老水牛会推磨呀！我又沿着小河走，我瞪大眼睛望着向前延伸的河面，结果一头老水牛也没找着。最终，我赶到了奶牛场。烈日当头，20分钟的路程让我汗流浃背。一进门，我看到一头一头黑花斑的花白大奶牛。我走到它们身边，那大眼睛是那样的温驯，使我非常感动。它们慢慢地咀嚼着山芋藤、玉米秆、草，吃得很差。于是，我想到鲁迅先生讲的：牛吃的是草，挤出的是奶、是血。我感到奶牛本身就蕴含着哲理，我为自己选择的题材而暗自高兴！第二天，我就带孩子们赶在挤奶前去观察奶牛。结果孩子们都写出了自己的真情实

感，写出了牛的富有哲理的品格。生动的语言像泉水一样从他们心中流淌出来，鲜活的生活激发了鲜活的语言。

当然，学生最终是社会的人，他们必须了解社会，他们的习作也应该去反映自己对社会生活中的人和事的认识与感受，去表达他们的情感与态度。因此，在中高年级，我便引导孩子们去观察社会生活中的场景和人物的活动。这与今天《语文课程标准》中要求低年段观察大自然，中年段观察大自然、观察社会的要求相符。

观察社会生活，我总是选取社会生活的光明面，选择那些美好的人和事，让孩子们在了解社会的过程中，受到社会健康风尚的熏陶感染。因为，我总想用"美"去占据儿童的心灵，用"美"去滋润他们的心田，从而引发他们对一切美好事情的爱，进而去崇尚美、追求美。有了"美"的铺垫，再让孩子们认识"丑"，孩子们就会因为爱美而鄙视"丑"，进而憎恶"丑"。再说，我们要培养孩子热爱生活，那正是因为生活美好，才会热爱。所以，我常常也像孩子那样睁大眼睛看着周围世界发生的事儿，甚至像小兔那样常常竖着耳朵注意听周围的动静，进而去优选。

放学后，我带孩子们去观察交警工作的繁忙情景：大车小车疾驰而去，人来车往，川流不息。在感受交警叔叔辛劳的同时，孩子们也看到了城市的繁荣与兴旺。随后，我带孩子们到老街走一走、看一看。老街狭窄的街道，石头铺成的凹凹凸凸的道路，路两边低矮破旧的店铺，与新开辟的宽阔的大马路、新建的高楼大厦、琳琅满目的商店、穿梭来往的各式车辆形成鲜明的对比。这就用事实告诉孩子们，小城变样了，变得繁荣了，日子过好了，变得方便了。我还带他们去观察过船闸。那一艘艘大驳船、帆船，排着长队穿过船闸，开往长江。那边的船闸关上，船开出去了，这边的闸门又开了。由长江驶进的船又开进内河。孩子们看到一艘艘装满水泥、黄沙等货物的船开进了南通城，这生动的场景会引起孩子们多少思考与想象啊！我也把生活带进课堂，我请来劳动模范、科学家、艺术家，让他们讲他们的生活……让孩子们感受平凡的人不平凡的人生情怀，让他们感悟、交流。将生活情境在课堂再现，成为情境教学的重要途径。"以周围世界为源泉"是我小学语文教改探索——情境教学的操作五要义之一。这一操作定义的最初胚胎，就是我心中要让语文回到生活中去的萌动。

我深感这是观察，是体验，更是人文精神的熏陶，鲜活的生活画面嵌入了儿童精神世界的屏幕。当我把儿童带入有意创设的或优选的、富有美感的情境中时，我发现学生情绪热烈，兴致勃勃地去观察、去体验客观情境，在情感的驱动下，想象、思维积极展开，进而激起表达动机，且达到"不容自遏地说""情动而辞发"的境界。这就使儿童在学习语言的初级阶段，词语伴随着形象，带着情感色彩进入他们的意识。这些词储存在他们大脑的词语仓库里，是那样地活跃，可谓"呼之欲出"。儿童作文由"难"变"易"，由"苦"变"甜"。儿童的思维能力、创造能力、情感素养也同时得到了意想不到的发展。

那是智慧的启迪，是语言的学习，而且是美的享受。从这里，孩子们一步步地去认识世界、体验世界、描绘世界。这充分说明，情感会开发潜在的智能。

"意境说"让我获益匪浅，它引领、支撑着我走出崭新的又具有民族特色的中国式的小学语文教改之路。优化的"情境"如美丽的朝霞笼罩着我心爱的小学语文教学。

三、美是教育的磁石

情境教学在起步阶段可真谓摸着石头过河，凭着感觉走。在第一阶段的"运用情境，进行片断语言训练"以及第二阶段的"带入情境，为学生提供作文题材"都取得明显效果后，我又想，下一步我该怎么走呢？

循循善诱

作文已经迈出了可喜的一步，我很自然地就想到了阅读教学该怎么办？情境的创设给作文教学带来生机的现实，孩子们的作文水平迅速提高的效果，都给我很大的启发和鼓舞。我反思着，原因何在呢？我想，其中一条重要的原因就是我为孩子们提供的作文题材，都是优选的、富有美感的、意境广远的场景。我多少次带孩子们跨出学校的大门，到小

河边、田埂上、树丛中、公园里，去寻觅、去感受。我和孩子们一起去寻找春姑娘的笑脸；到小河边观察小蝌蚪；秋夜看明月从天边升起；下雪了，我和孩子们一起堆雪人、打雪仗，踏雪去寻梅，去欣赏松、竹、梅岁寒三友的风姿……大自然的这些美景我都带孩子们观察过、欣赏过；社会生活中那些美好的人和事，社会生活光明美好的场景，我也都带孩子们感受过。我带领孩子们投入大自然的怀抱，打开了社会生活的画卷，真切地感受到大自然的无限美感、社会生活的丰富多彩。我感悟到，正因为我优选的，或者人为优化的情境的"美"，使孩子流连忘返、沉浸其中。那个看月亮的晚上，快九点了，孩子们嚷着要再看一会儿、再玩一会儿，大家都不肯走。观察野花的时候，他们痴痴地看着我和他们一起吹起的蒲公英的种子，飘飘悠悠地飞到了小河的那边。蓝天、白云、毛茸茸的会飞的野花的种子和那清清的小河，似乎都让他们领略到情境的诗情画意……于是，我脑海中跳出一句话：美的魅力无穷！那么，美的作文教学成功了，阅读教学让它美起来，不也同样可以走向成功?! 再说，小学语文的一篇篇课文是作家蘸着情感的水写成的美的人、美的事、美的景、美的物。小学语文本身就是美的。于是，我提出"运用情境教学，培养审美能力"的设想，由此来改革阅读教学。

语言本身是美的，刚刚能识字读书的儿童，拿到老师发下来的新书，首先打开来看的，往往是语文课本。我想，这除了一种亲近母语的情结外（已经化为人的潜意识、本能了），恐怕更多的是从书中寻觅那些能满足审美冲动的美文故事。是的，读着"弯弯的月儿小小的船，小小的船两头尖，我在小小的船里坐，只看见闪闪的星星蓝蓝的天"，闭上眼睛，你真的仿佛置身于琼楼玉宇的月宫中，周围是灿烂的星辰，美得令人陶醉；读《小英雄雨来》，那种为小英雄可能遇难的担心，为小英雄机智脱险而长舒的一口气，都使你的心随着故事情节的跌宕而起伏；《凡卡》的不幸让你感受到悲剧美；《猴子捞月亮》的憨趣让你领略到喜剧美。自然万象、大千社会，都在语文中得到淋漓尽致的表现。语文，培养和发展着儿童的美感。当他们真正欣赏到课文之美，他们的情绪是高昂的，他们的心灵是纯净的。我常常从他们无瑕的眼神中感受到这一切，他们愉悦、兴奋以至忘我。这时候，学语文是那么的美好和幸福。

我清楚地知道，教材中的这些美文，是以语言为中介、以抽象的符号呈现教学画面的，而单纯的符号会使教学索然无味。实际上，语文教学的美育意义不仅能从

"教美的语文"中获得，还应该在"美美地教语文"的过程中获得。这就是说，教师教语文的教学设计呈现方式应该是美的，教语文的教学语言应该是美的，教语文的教学情感应该是美的，语文老师的教学仪态同样应该是美的。当然，这种美并不是华丽、时尚的美，而是纯净、质朴的美。语文教学中进行审美教育真可以把语文之美发挥到极致，这是一种极高的教学境界。这正是我追求的美的语文教学，也是我探索小学语文情境教学的一个重要的推动力。

因此，如何使教材蕴含的美再现在孩子的面前，显得十分有必要。接着我又想，创设美的教学情境，进行阅读教学，其途径是什么呢？我从孩子们喜爱艺术这一现象出发进一步思考——喜欢艺术的又何止是孩子呢！无论是文化人，还是普通劳动者，他们都喜爱艺术。孩子们为什么喜欢画画，喜欢唱歌，喜欢舞蹈，喜欢看戏、演戏？不正是因为这些艺术活动都蕴含着美，展现着美吗？不正是因为美能带给孩子们快乐吗？真正的艺术，不就是通过完美的艺术形象，抒发艺术家强烈的爱和憎，让观众在获得审美愉悦的同时，心灵受到一种震动，感受到一种力量吗？

而我们的小学语文教学，几乎每一篇课文都向孩子们展示了生活中的美，有形有情。从宽泛的意义上讲，每一篇课文本身就是文学作品。文学与艺术就是有着剪不断、理还乱的渊源。因此，让艺术走进课堂，走进语文教学，并不牵强附会。于是，这么多的想法和尝试，我用一句话把它明明白白地说出来，那就是："让艺术走进语文教学。"艺术是形象的，艺术是美的，艺术是有情的。当然，我们的课堂不是舞台、不是画室，不能把舞台艺术、绘画艺术硬搬进课堂。艺术与教育毕竟是两个不同的范畴，然而两者却是相通的。教育应该利用艺术，将艺术引进教育，使教育成为学习者主动的、乐于参与的活动。经过一番琢磨，根据艺术与教育两者的特点，在小学阅读中，我把艺术的直观与语言描绘结合起来创设情境，再现课文描写的情境，从而找到了在阅读教学中进行审美教育的重要途径。苏联教育家苏霍姆林斯基说得好，教育"如果没有美，没有艺术，那是不可思议的。如果你会演奏某一种乐器，那么你作为一个教育者就占有许多优势；如果你身上有一点哪怕很小的音乐天才的火花，那么你在教育上就是国王，就是主宰者"。

"让艺术走进语文教学"怎么具体化呢？

我首先想到了图画，用图画来再现情境。课文本身就是有情有景的，我们用图画的目的是使课文内容以形象的方式呈现在孩子们的面前。图画的再现使课文形象

一下子鲜明起来。这就符合儿童对形象易于接受、易于理解的认识特点。

接着，我很自然地想到音乐、戏剧这些艺术的手段。我懂得音乐是没有国界的。它凭着它特有的节奏、旋律，用另一种大家都可以感受、可以理解的语言诉说着什么。而戏剧因为有人物、有情节，那是用形象在给观众说故事。当然，我也没忘记生活的真实情境，即"以生活画面展示情境""以实物去演示情境"。

一段时间的探索后，积累丰富了、感受深了，我就梳理、归类，进而总结。终于，我概括出了创设情境的六条途径：

（一）以生活展示情境

（二）以实物演示情境

（三）以图画再现情境

（四）以音乐渲染情境

（五）以表演体会情境

（六）以语言描绘情境

在创设情境中，我还常常把图画、音乐和表演等几种手段结合使用，或音乐与图画结合，或图画与表演结合，或图画、音乐、表演三者结合以丰富情境。

在探索中，我又发现艺术虽是直观的，但是要运用它创设一种情境，必须要有教师语言的描述，去引起儿童的注意，引领儿童感受情境的美，体验情境中的"情"，启发儿童积极的思维活动。因此，在把儿童带入情境时，教师的语言是十分重要的。第一，教师的语言必须是明白易懂的，要有可知性；第二，教师的语言要有启发性；第三，教师的语言要有感染力。这样，孩子既明白你说什么，又受到启发，与你的情感产生共鸣。这

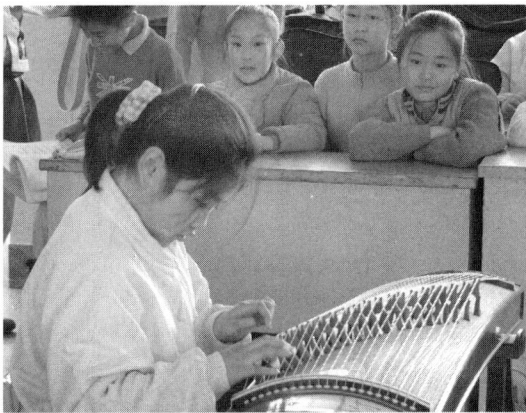

与小伙伴分享音乐的快乐

不仅对儿童的认知，而且对儿童的情感会起到支配、调节、暗示的作用。教师的措辞、语气、语调在很大程度上表现了教师情感的示范性和传导性。在实践中，我逐渐摸索到艺术与教师主导性语言的关系。

当我将平时逐渐积累的艺术的感悟和体验融进我的小学语文教学，发挥到课堂中时，我的学生们是那样地兴奋、那样地投入。常常有这样的情形发生：当下课铃响起，我按时宣布下课时，孩子们仍沉浸在语文审美的愉悦中，他们会央求我："李老师，再上一会儿课吧！我们不下课！"

这样，情境教学又向前迈进了一步——不仅在阅读教学中开始新的探索，同时又可就阅读教学对学生进行审美能力的培养展开研究。我意识到这是一个具有学术价值的课题，美既可以成为教学的手段，又是教育的目的，因为孩子们喜欢美，孩子们应该懂得美，进而崇尚美。

无论是将课程资源的开发扩展到校外，扩展到大自然中，扩展到社会中，让生活的情境活生生地展现在孩子们面前，还是把模拟的生活情境在课堂上展现；无论是借助音乐的旋律、绘画的线条色彩，艺术地将情境再现在孩子们面前，还是通过让孩子们扮演各种角色，戏剧化地将自己融进情境中；也无论是通过教师绘声绘色的语言描摹，让美的形象活跃在孩子们的脑海中……总之，富有美感的情境让儿童

我们也是社会的一员

的语文学习变得生动、有趣、可感、可亲。孩子们"情动而辞发"，境现而思扬，课堂"活"起来了，学生"活"起来了，我和孩子们的心情也美起来了。这生动地表明：美是教育的磁石，美使小学语文变得精彩，也使学生和教师的生命变得精彩。

实践表明，小学语文教学从某种意义上讲，是一种审美教育，儿童是审美的主体，情境成了审美客体，整个语文活动就是一个审美活动。从感知美、理解美，到表达美的过程，我觉得这些都是日积月累地做出来、悟出来的！

四、一切为了儿童的发展

1980 年的秋天，上海师大谢淑贞老师请我参加她主持的由全国教育工会教育实验小组在上海举行的学术活动，给上海老师做报告。

会议报到那天，我在休息厅里，有幸见到了华东师范大学比较教育研究所的杜殿坤教授和中央教科所的胡克英研究员。

杜老师微笑着说："我看到你的文章很高兴，你应该形成自己的小学语文教学体系。"

这是我想也不敢想的事。我只是想自己的语文教学让孩子们学得生动活泼，学得非常有趣，教学质量高就很好了。我自己也没想过写多少文章、要出书呀！我有的是满腔的热情，有的是使不完的劲儿，我就是想干，纯粹是一种简单的心理。胡克英老师似乎看出我的惊讶而缺乏自信的心理，连忙接着说："是的，我们看了你的文章，你的试验搞得很不错，有突破。你应该有自己的教学体系，以至理论体系。"

杜老师更明确地说："它的目的就是为了学生的一般发展。"

"目的就是为了学生的一般发展。"我在心里默默地重复着。这是我第一次听到如此清晰而印象又如此深刻的一句话。

现在我很懊恼当时没有笔录或用录音机把两位大师的话记下来，但给我的感觉就是：我遇到了恩师，他们给我极大的鼓励，使我看到更加广阔的前景。

此后我每年都到上海去，接触比较多的是恽昭世老师，接着就去拜访杜殿坤教授。杜老师总是微笑着接待我，没有多少寒暄，很快进入主题。有时他索性解下手表，就像给我上课一样。他总会关心地问我："这一段做得怎么样？"我便扼要地谈一谈，说完便听他的指导。开始我只是用心地听，凭脑子记，回到住所追记下来。后来和杜老师熟了，我索性就打开本子，把他讲的内容随时记录下来。杜老师真是诲人不倦呀！尽管我们萍水相逢，但是他对来自第一线的老师，如此热情地帮助，真令我感激不已。这些我终身难忘。他总是及时肯定我研究的方向是对的，符合教育规律。他总是非常强调儿童的发展，儿童的"一般发展"，儿童的"特殊发展"。所以在那个时候，我逐渐形成了一个理念，那就是"一切为了儿童的发展"。我的情境教育的坐标也随之鲜明地确立起来了，并指导我将情境教学发展成为一种"发展性的教学"。

我的儿童观也随之逐渐明确起来。每个人都是从儿童过来的，但是并不等于每个人都真正了解儿童。别人可以不了解儿童，但小学老师不可以，因为小学老师几乎天天都在和儿童打交道，工作的对象就是儿童。如果我们不了解儿童，不能走进儿童的心灵世界，我们就无法出色地完成教育教学的任务，无法去塑造儿童的心灵。

20世纪曾有一次诺贝尔奖得主与众多的科学家、艺术家的聚会。一位记者问一位科学家：你认为哪一个实验室对你的事业最有帮助？这位科学家回答：是幼儿园。他说，正是在幼儿园，他学会了洗手等卫生习惯，学会了别人的东西不要拿，自己的玩具要和其他小朋友一起玩。这些儿童时代的细微的事情是日后科学家贡献人类的素质的基础。这些属于儿童的教育，这些贴近儿童的教育，科学家牢牢地记住了，记了一辈子。这样的教育没有空洞地说大道理，没有不切实际地盲目拔高，它是那样平常，那样"低矮"，正和儿童们一般高，但又是那样的真实、那样的有效。

而我们的初等教育常常忘却了我们教育的对象是儿童，教育内容成人化，教育方法也往往表现为成人化。教育缺乏儿童能够接受、愿意接受的情境。鲜明生动的形象不见了，剩下的就是空洞的概念。说教和训斥即便对于成人的教育也未必是好的方法，但却常常施加在儿童身上。简单化的教育方法不能为儿童所接受，儿童的心理自然就会产生拒斥。这样的情况发生的次数多了，就会"培养"出儿童的逆反心理和行为。常听到教师这样感叹教育的失败：现在的孩子可真难教啊！的确，儿童教育不是一件轻松、容易事情。但是，我要问：我们真正懂儿童了吗？苏霍姆林斯基认为：教师很重要的一个教育素养就是懂得研究儿童的方法。没有这一素养，我们就无法走进儿童的心灵世界，我们不知道他们在想什么，他们需要什么、不需要什么，他们亲近什么、排斥什么。他们一旦做错了事，内心是怎样地焦急、畏惧、

企盼、希冀。如果我们把自己当作一个儿童，用他们的眼睛去观察、用他们的大脑去思考，我们就可能找到打开他们心锁的钥匙，我们就能把教育的甘露真正地淋洒到他们的心田。

我的整个教师生涯，并不是一开始就先知先觉地拥有正确的儿童观的。说来惭愧，刚走上教师岗位，我有在讲台上被顽皮的儿童弄得眼泪都掉下来的经历，深感"儿童是一本难读好的书"。我的老校长语重心长地对我说，了解儿童可不是一件容易的事啊，要和他们像亲人一样地相处，要爱他们，把他们当作自己的弟弟、妹妹。那时候我还年轻，可不就是孩子们的姐姐？随着我年龄的增长，我把我的学生当作自己的儿女、孙儿孙女。我一直忘不了老校长的教诲。我已是当祖母的人了，可我的心还是儿童般的。在教育教学的不断积累中，我确立了自己的儿童观，并且基于这样的儿童观，坚持不懈地走着情境教学—情境教育的教改之路。

具体来说有如下三方面。

（一）儿童是稚嫩而丰富的生命体

从生命的高度看儿童，首先是看到生命的珍贵。生命对于每个人来说只有一次，而儿童的生命由于它的娇嫩，就更需要人们去珍爱、去呵护。我们还应看到儿童生命的丰富多彩。儿童绝不仅仅是一个认知体，他们的小脑袋里充满着神奇的幻想、想象，他们的情感丰富，他们是"情感的王子"。他们活泼好动，浑身仿佛有使不完的劲。他们有着穷根究底的好奇和探索欲望，他们有着对明天的憧憬和祝愿。我们的学校教育能不能满足他们如此丰富的生命需求，能不能关切地眷顾他们生命的每一声热切的呼喊？要做到这一点，教师首先就要发现他们生命的丰富性，继而用我们的努力使他们生命的丰富性最大限度地呈现出来，发展下去。

儿童没有成人世界的矜持做作，他们纯净不矫情、真实不虚伪。他们充满了自然性和亲和力。我们应该尽可能地延长他们这种本真童心的生命长度，让他们尽可能多地生活在他们自己的儿童世界里，让他们尽情地享受天真烂漫的儿童游戏所带给他们的快乐。明代教育家王阳明曾说："大抵童子之情，乐嬉游而惮拘检，如草木之始萌芽，舒畅之则条达，摧挠之则衰萎。今教童子，必使其趋向鼓舞，心中喜悦，则其进自不能已。"（《传习录》）我想，没有一个教师是愿意看到儿童生命的"萧索"与"枯槁"的。

一切为了儿童的发展

（二）儿童处于感性活跃的时期

无论是传统的封建教育，还是工业化、信息化以来的现代教育，我们对知识的传授总是注重间接经验、符号化、理性化。我们把发展儿童的抽象能力看得很重，恨不得把儿童一口喂成一个理性的"胖子"。对于这一点，卢梭早就十分痛切地指出："在儿童的心力未发达以前，是不应当扰乱他的心灵的。正好似你在盲人面前送上火炬，盲人是看不见的；同理，儿童心智未开，他也不能经过种种繁复的观念而跨入理性所难于探寻的途径，这种途径纵令智慧最发达的人也是难以探寻到的呢。"卢梭还说，"儿童处于理性的睡眠期"，"感觉经验是构成儿童思想的原料"。（卢梭《爱弥儿》）的确，儿童总是运用他们的感觉来把握和亲近世界的。他们喜欢亲眼看一看，亲耳听一听，亲手摸一摸，亲自试一试。他们对于形状的敏感、色彩的敏感、声音的敏感、气味的敏感，绝对超过成人。春天悄然来到，是孩子们最早发现的，他们会欢快、雀跃地来告诉我，"李老师，柳枝上吐出了嫩嫩的、浅绿的小芽芽了"，"李老师，桃花开了，是五个花瓣儿"。冬天下雪了，他们便再也不能安静地坐在教室，他们渴望的眼睛看着窗外的雪景，那些小脑袋里该装着多少与雪游戏的念头呀。只要下课铃一响，他们会一个个冲出教室，狂奔进飞舞的雪花中，感受那雪的晶莹、雪的纯洁、雪的松软、雪的轻盈。语汇一个个地从他们的词语小仓库里蹦出来，那

么有色彩、有味道、有生命、有感情。我们要努力为他们的感性，打开一扇扇认识世界的明亮的窗户。

（三）儿童有着可以无限开发的潜力

国际上有研究表明：人的潜力开发有着无限广阔的前景。目前，人类实现的潜力在全部的可能潜力中只是冰山的一角。而儿童时期的潜力开发意义最大，因为这个时候不去激活儿童的潜力，那么，它将进入深睡状态。当到了成人期再去开发，其难度将大大超过童年期。这是因为人在生长发育中，从童年到少年再到青年，是最有活力、精力最充沛的时候。而脑科学的研究早就告诉我们，在儿童时期，人的大脑发育的绝大部分已经完成。

因此，我们决不可以低估儿童的潜力。在儿童时期，充分地挖掘他们的潜力，使之从沉睡状态走向苏醒，把可能的力量变成现实的力量，是教育的任务。在中华民族特别需要创新意识、创新精神、创新能力的今天，充分相信儿童潜力的无限可能性，充分发掘儿童潜力的无限丰富性，让儿童的潜力形成他们的多元智能结构，为他们对世界万事万物的准确认识和将来生产实践活动的操作能力打下基础，这该是多么有意义的事情。

潜力的开发实际上就是激活。因为，这潜力不是外加于儿童身上的，而是儿童与生俱来的，只不过它在未开发之前，处于沉睡状态罢了。要激活儿童的潜力，作为教育者来讲，就要充分调动儿童学习的积极性；就要努力地将儿童的兴趣、注意、感受、情绪、情感、意志等各种心理因素都调动起来，使之处于活跃的状态，来共同参与学习活动；就要使儿童的左右大脑处于协调兴奋状态，起到互补共振的作用；就要使学习活动与儿童的生活世界发生紧密的联系，使他们在亲切而真实的学习中享受快乐；就要增强他们学习的感受性、愉悦性，使他们学习的理性压力尽量减弱，把学习和审美结合起来，以美启智，从而使智力的精神活动进入沸腾的、自由的状态。

综上所述，儿童无论是作为稚嫩的生命体，还是处于感性活跃时期，都有着巨大的潜力，都告诉我们，在学习活动中，儿童必须是主体。可以说，没有儿童主动地、愉悦地、积极地参与教学过程，就没有儿童主体意识的发挥和主体自由的体验；关爱他们的生命、丰富他们的感知、发展他们的智能，就只能是一句空话。

因此，教学活动理应顺应儿童发展的规律，点燃他们智慧的火花，滋润他们情感的幼芽，让他们显示各自的聪明才智和潜在的力量，从中获得认识的快乐、创造的快乐、道德向上的快乐、成功的快乐。儿童置身在优化的情境中，他们在"真""情""美""思"的综合作用下，学习的主动性充分地发挥出来。他们思维的活跃，表达力的强势，连我都感到吃惊。在这样的情况下，儿童的潜力开发能够达到最大值，是一点儿也用不着怀疑的。

儿童，在我的心目中有着至高无上的地位。因此，我常常情不自禁地用儿童的眼睛去看、用儿童的心去体会，自己如同"长大的儿童"。当我走进了儿童的世界，我觉得自己也仿佛和儿童一样，渴望去接受那么多自己还不熟悉的、新鲜的、充满了吸引力的事物；觉得自己也和儿童一样，喜欢在纯真的天地里无拘无束、纵情驰骋自己的想象，去幻想人世间的奇迹；甚至盼望着自己再重新长大，童心永远憧憬着未来，和千万老师一起用情感与智慧让儿童快快长大、幸福成长。

因此，我在1986年写的《情境教学实验与研究》一书中，很自然地把"情境教学与儿童发展的关系"作为一章进行阐述，其内容包括情境教学与语言学习、情境教学与具体形象思维、情境教学与抽象逻辑思维、情境教学与创造性思维、情境教学与审美教育诸方面。

儿童发展理念的形成，使我的文章有了一定的高度和新意。此后，杜老师还把苏联的合作教育、和谐教育介绍给我。他翻译后还没有发表的译稿首先就寄给了我，使我可以最快地得到最新的国外教改的前沿信息。

有一次杜老师特地对我讲："最近我们学报上介绍了一篇关于'场论'的文章，你可以找来读读。"后来，我从《华东师范大学学报》上找到了这篇文章。读后我觉得内容挺深的，但又觉得它挺有意义。朦胧中，"场论"像播种机一样在我思想的园地里播下了种子。此后，我十分关心"场论"的相关资料。数年后，我通过阅读相关资料，感悟到我在课堂上创设的情境，在师生情感交融中的这种"有我之境"，实际上就是一个"场"。我1986年写的《情境教学实验与研究》中就谈到："创设的情境本身的丰富美感、鲜明形象，伴以教师情感的抒发、沉浸，以激起儿童的情绪，使儿童纯真的情感参与学习活动。这样，在运用情境教学的过程中，儿童不光是靠耳朵听、靠眼睛看教师的演示，而且以教师的情去拨动儿童的心弦，促使他们用'心眼'去学习。这样，主客观的一致，智力、非智力因素的和谐，使整个情境成为

一个多向折射的心理场。儿童置身于这样特定的心理场中，对具体情境的感受、领会，一般又要比所接受的语言更加丰富深入，常常会处于'未尽之意'中。这种整体和谐的情境，必然带来儿童知识、能力及心理品质的协同发展的令人愉快的效果，从而保证语文教学任务的全面完成。"

在这样的认识基础上，又经过后来整整十年的研究，我在实践中进一步感悟"场论"。到1996年，我提出情境教育基本原理之一的"心理场整合原理"，即情境教育利用心理场，"使儿童的生活空间不再是一个自然状态下的生活空间"，儿童进入人为优化的情境，其力度、真切感和美感，都足以影响儿童的心理世界，进而很自然地形成一种向着教师创

认真读书研究

设情境目标推进的"力"，在顿悟中改变认知结构乃至心理结构。

情境教育始终把教育与儿童的发展统一起来。我提出的"着眼发展，着力基础"，正是情境教育这一思想最明确的体现。这种发展观正是在杜殿坤老师的启发下，结合我自己的探索，逐渐形成的。能得到杜老师的指导，我觉得很幸运，所以我的第一本专著《情境教学实验与研究》是请杜殿坤老师给我写的序。这本书先后四次印刷，当再次出版的时候，他又给我写了第二篇序。今天，我重读杜老师的序时，我心中充满着对他的怀念和感激，如果他还活着该多好。下面是杜老师两次写的序。

序（一）

特级教师李吉林同志工作在教学第一线，而她同时又在坚持不懈地进行教育科学研究，这件事本身就是应该大力提倡的。我们要提高师资质量，"在职研究"是一条既经济又可行的途径。问题只在于教育行政部门是否给予支持和鼓励。教育科研部门给予帮助和指导，报刊、出版界给予发表作品的机会，果能

如此，则将有一大批优秀教师以至新的教育家脱颖而出。

李吉林同志提出的情境教学，我最初是在五六年前从报刊上读到的。当时，我还不大理解它的特征。后来几年，我陆续读到李吉林同志的论文，特别是她的小学生发表在报刊上的许多小作品，才觉得她的教学是确有实效的。我也曾有机会去听她的课，听她的"徒弟"的课，给我的印象是课上得生动活泼，能促进儿童的语言和思维的发展，特别是能促进儿童的情感、意志和品德的发展。这时，我的认识深化了一步，觉得她的情境教学在开发情、意方面的确有了突破。在人们普遍强调智力发展的时候，李吉林同志同时强调所谓非智力领域的发展，这就比较地接近于全面性的发展，或称"一般发展"。教育理论研究已经证明，把"特殊发展"和"一般发展"有机地融合起来，是会收到意想不到的良好效果的。李吉林同志的探索方向正是这样的。

至于怎样概括她在教育实践和教育研究中的这些心得、体会，我觉得用"情境教学"这个概念是可以的。单就字面来说，任何成功的教育都离不开一个"情"字，否则就成了无"情"的教育，成了赤裸裸的知识传授，而后者正是所谓传统教育最大的弊端之所在。进一步说，"情境"这个概念，带有教育者有意识地为儿童心理的全面发展创设一种最佳场合的意思。至此，这个概念的内涵就比较充实了。而更重要的是作者经过长期实践，提出了一套具体的教学方法和方式，来有力地支持她的理论概括。可以说，"情境教学"已经到了承认它的时候了。

当然，李吉林同志的实践和理论的探索还正在继续、深化。我相信，只要作者继续抱着锲而不舍的精神，在理论和实践的结合上达到新的高度，那么，一种新的教学理论或者新的教学流派终究会出现在我国教育科研的百花园里。

序（二）

李吉林同志在小学教育第一线工作了三十多年，她热爱教育事业，热爱儿童，把整个心灵献给了孩子。这种奉献精神在今天尤其是值得倡导的。一个人一旦选择了教师职业，就要准备好把自己的全部追求跟儿童的喜怒哀乐紧紧地联系在一起，为儿童的成功、进步和健康成长而感到欢乐和幸福，为儿童的挫折、反复和遭受不良影响而感到痛苦、焦虑和不安。儿童的欢乐就是教师的欢

乐，儿童的不幸就是教师的不幸，这就是人民教师的苦乐观。

　　我是语文教学的门外汉，读了李吉林同志的《情境教学实验与研究》，第一个也是最深刻的印象就是：如果她不是出于对儿童的真挚的热爱，是写不出这样的著作的。这本书的字里行间，无不流露出作者深厚的情感。她为儿童学习语文的长时低效而苦恼。她对一切不利于儿童身心健康发展的教育观念和教学方法采取毫不妥协的态度，她从几十年语文教学的经验中总结出"情境教学"的主张。她矢志不移，把在语文教学中如何创设情境、创设哪些情境，硬是一条条地写出来了。她这样孜孜以求的目的，是要儿童学得生动活泼而富有成效，使儿童在德、智、体、美诸方面得到全面和谐的发展。她的教学目标没有错，教学手段符合小学生学习语文的基本规律，教学效果是明显而稳定的——这就是结论。

　　在《情境教学实验与研究》这本书里，李吉林概括情境教学的四大特点，即"形真""情深""意远"和"理寓其中"。据我个人的理解，前两条要求——"形真"和"情深"是与小学生的形象思维占优势和"情绪性高"（克鲁普斯卡娅语）相呼应的。小学语文教材已经是书面语，带有抽象性，正如维果茨基所说："书面言语是口头言语的代数学。"在小学低年级，根据儿童的年龄特点和心理发展阶段，有必要从抽象回到具体，教师要用各种手段创造栩栩如生的场景和画面，使儿童有身临其境的真切体验，这样才能使教材接近儿童的生活，从而调动他们感知教材的兴趣和需要，激发他们的学习动机。

　　后两条要求——"意远"和"理寓其中"主要是诉诸学生的理性认识的，即教师要诱导学生"明意"和"知理"，进入作者写作要达到的"意境"和理解课文蕴含的"哲理"，调动学生的道德感、理智感和审美感。这要求在学生的思想中把感知和表象整体化，把情绪和体验上升到对人格和品质的认识，即从具体上升到抽象，从感性上升到理性。

　　在本书出版后的这几年里，李吉林同志的教学思想有了新的进展。她以"运用情境"这一基本发现作为出发点，试图不仅解决语文教学中的问题，而且解决其他学科教学中的问题；不仅解决智育的问题，而且解决德育和美育的问题。

　　众所周知，人的德、智、体、美诸方面的发展始终是一个整体的过程。人的认知过程也始终伴随着情感领域的活动。学生所学的各门学科的知识和能力，也始终是互相渗透和相互迁移的。我们在语文教学中找到了"创设情境"这个突破口，我相信在其他学科、其他各"育"中也能把情境教学的基本原理加以创造性地运用，从而为我国的教育理论和教育实践做出新的贡献。

杜殿坤于华东师大，1992年6月改写

在1996年12月由中央教科所和江苏省教委联合举办的"全国'情境教学—情境教育'学术研讨会"上，我在报告实验情况时，满怀感激之情提到杜殿坤老师对我的指导和帮助，说着说着，热泪不禁夺眶而出。虽然恩师已逝，学术界也不知道这些情节，但是作为一个教师，同时是一个教育科学的研究者，必须是一个诚实的人。我要让来自全国各地的专家学者知道杜殿坤老师除了他的译作，还曾为一个第一线的小学老师进行的、现在在全国形成广泛影响的教育流派留下了他奠基的一笔。

五、反思产生顿悟

我非常习惯于思考。给孩子们上课，尽管每一次都精心设计了方案，但不到上课，我是不会停止对它的思考的。在去学校的路上，在清晨的操场边，或是在下课时面对那些可爱的孩子的时候，我都会不断地思考。我也有勇气去否定自己，还常常为自己忽然产生的灵感而兴奋不已。

在情境教学向前发展的过程中，我总喜欢回过头去看，带着情感，带着对儿童、对教育发自内心的热爱，去回味、体验，其间渗透着理性的思考。通过反思，我发现第一阶段运用情境进行片段语言训练，第二阶段带入情境提供作文题材，第三阶段创设情境进行阅读教学，虽然是一个阶段一个阶段地摸索，一个局部一个局部地去认识，但这些都不是单一的、孤立的，而是相互联系的，每一个阶段都包含着儿童发展的各方面的要素。至此我顿觉，儿童的发展是整体的。

这时，我开始接触到马克思关于人的全面发展的观点，同时看到四川教科院查有良先生（他同时是中央教科所兼职研究员）介绍的"系统论""信息论""控制论"的有关著作。这些论述在当时令我耳目一新。我如饥似渴地学习，一边看一边做阅读笔记，很快就将它和马克思关于人的全面发展的观点，以及"场论"联系起来。

在这些理论的启发下，我的脑海里突然跳出一种概念，我觉得我所创设的这个情境就是一个心理场。在这个心理场里，教师的语言作用于儿童的心理，儿童的反馈又会作用于教师的心理。学生与学生之间，师生与教材之间是一个多向折射的"心理场"。于是，我产生了一种新的设想：情境教学是可以促进儿童整体发展的。情境的创设必然对儿童的知识、能力、智慧、情感和意志带来全面的影响。

1982年秋天，当我的实验班升入四年级的时候，我尝试着把"系统论"和"场论"融合起来，将其运用到自己的情境教学中来。四年多来，无数次的教学实践，使情境教学积累了大量鲜活的实例。那沸腾的教学场景，孩子们在其中热烈饱满的精神状态，都促使我进行深层的思考：儿童发展的要素到底是什么呢？情境教学促进儿童发展的要素是什么呢？对此，我必须做出回答。为了回答这个问题，我认为必须从探索的实际出发，而不是去照搬现成的论述。情境教学是崭新的，是具有我们中国文化特点的教育。因此，它的概括应该具有自己的个性。于是，教学中一次次精心的设计、一个个鲜活的教学场景都涌现在我的眼前，我不断地提取、扬弃。用我自己的话来说，就是一个"悟"字。作为一个实际工作者，要把自己在实际工作中的种种心得，上升为规律性的认识，这确实要有一个"悟"的过程。情境教学一步步地发展，就是一次次反思的结果。我在反思中产生顿悟，情境教学在反思中发展。一个实际工作者需要反思，没有反思就没有顿悟；没有顿悟，也就没有概括。常言说要扬长避短，而我对自己说，要"扬长补短"。实践多、有经验，这是我们的长处；而理论匮乏、不善概括，这就是我们的短处。这个"短"不能护，不能避，要"补"，要不断用理论充实自己，把自己的实践与理论结合起来，在实践中自觉地反思、总结，提炼出新的理论。

于是，我向自己提出问题：在优化的情境中，儿童是怎么获得发展的？促进儿童发展的要素究竟是什么？杜殿坤教授也向我提出这个问题。我说情境教学是立体的，是作用于儿童心理的。那么，究竟是什么要素促进了儿童的发展呢？我就在原来第一篇论文的基础上，进一步发展，进一步充实。经过归纳、演绎，我写了《从整体着眼　促进儿童发展》一文，提出"运用情境教学促进儿童整体发展"的新思路，总结出情境教学促进儿童发展的五条要素。应该说，这"五要素"是在1978年第一篇论文中提出的观点的基础上发展起来的。到此，我觉得自己又提升了一步，情境教学不再是平面的，情境教学站起来了！

我将情境教学促进儿童发展的五要素概括为以下几条。

第一条：以培养兴趣为前提，诱发主动性
第二条：以指导观察为基础，强化感受性
第三条：以发展思维为核心，着眼创造性
第四条：以激发情感为动因，渗透教育性
第五条：以训练语言为手段，贯穿实践性

（一）以培养兴趣为前提，诱发主动性

对培养学生的学习兴趣这一问题，我很早就意识到了。在 1978 年我的第一篇论文《在小学低年级语文教学中怎样发展儿童的智力》中，我就已经提出，"以培养学生学习兴趣为前提"。但那个时候我还没有进行非常深入的研究，更多的是凭着自己的直觉和敏感。到了 1982 年，情境教学已经进行了将近四年的时间，我觉得，我感受多了，认识也随之加深。我开始有意识地关注学生学习兴趣的发展。通过情境的创设，我把课上得"好懂，有趣，有一定难度"，设法把学生带入一个可理解而又需努力、有障碍而又可以逾越的境界，这最容易激起儿童的求知欲和好奇心。

这就给我一个启示：孩子爱学和不爱学，40 分钟的效率大不一样。孩子一旦对学习产生了兴趣，学习对他们来讲，就不是一种负担，而是一种乐趣，他们就会主动地投入其中。

孩子们的学习兴趣被激起，用他们在课堂上反映出来的那种热烈的场景，那种沸腾的状态是最能说明的。我们实验班孩子最突出的一点就是学习劲头高涨，思想非常活跃。上课时，他们积极地发表意见，一双双小手几乎要举到我的面前，一个个急切地喊着："我说！""我说！"下了课，他们又会围着我还要说："李老师，我还没说呢！""李老师，你还没请到我！"然后，会有孩子叫唤："我们排队！排队！"一直等到我依次听他们把一个个在课堂上没来得及发表的意见说完了，他们才心满意足地离开。看着这情景，我心里特别能感觉到孩子们的求知欲得到满足的快乐。他们终于有了陈述的机会，把自己内心的想法表达出来了，告诉李老师了。李老师听到了，他们很高兴，这又显露出孩子们总是有一种表现自我，同时又希望得到认同、得到尊重的心理。孩子们的兴趣极大地提高了他们学习的主动性。如果今天我要教

《采树种》了，孩子们就会找来树种：宝塔似的松树种、小弹子似的冬青树种……很多很多，放在桌上准备上课；假如我今天要教《雷达》了，孩子们就会事先去看有关雷达的书，然后把书带来……

这些现象都促使我去思考，为什么孩子们这么有兴趣？兴趣又带来了什么呢？我感觉到，在我们的课堂上，儿童全身心地投入了学习活动，那么主动积极地参与，这正是情境教学通过情境的创设，情感伴随着他们的认知的结果。其间有儿童求知欲、好奇心的满足。他们内心的舒坦、快乐，自我表现的需求，激起了他们浓厚的学习兴趣，而兴趣又带来了他们的主动参与，带来了他们学习的主动性。他们爱学、乐学、主动学。学习的兴趣形成了学习的动机。学生学得主动，才能使他们享受到学习的快乐，也才能获得事半功倍的学习效益。

由此，我想到古今中外，无数科学家、艺术家，一切有成就的人，他们对待自己的工作之所以能持之以恒、百折不挠地进行钻研，甚至达到了入迷的境地，其共同原因，不就是他们对自己的事业有着浓烈的兴趣吗？因为有了兴趣，才会入迷；入了迷必然会勤奋，会产生毅力，最终达到忘我。"天才就是强烈的兴趣和顽强地入迷"。可见，培养孩子从小爱学习的兴趣，将使他们终身受用不尽。

我继而想到，培养兴趣正是情境教学促进学生发展的第一要素，它应该是儿童发展的"前提"，它极大地诱发了学生学习的主动性。因为，一切教育的目的最终是为了学生的发展。学生的发展是一个自主能动的过程，如果没有学生的主动性，就很难有充分的发展。至此，我概括出情境教学促进儿童发展的第一条，也是首要一条要素为：以培养兴趣为前提，诱发主动性。有了这样的认识后，我做起来心中更有数了，进而在实践中就有了自己总结出的理论的支撑。

情境教学培养儿童的兴趣，不仅是前面提到的把课上得"好懂、有趣，但又有一定的难度""激发他们的好奇心和求知欲"，在运用情境教学对学生进行审美教育的探索中，我还发现，富有美感的情境能激起学生对学习内容的喜爱。因为美的魅力，他们的注意力被吸引过来，他们的思维、想象都会情不自禁地投入其中。我心里总记着"儿童是天生的鉴赏家"，富有美感的教学情境吸引着他们在其中自由徜徉。

在这个过程中，我更深切地认识到，师生之间的人际情境，对儿童兴趣的培养起着不可忽视的作用。情境教学创设的情境，师生真情交融，老师和学生之间亲和融洽，充满民主的氛围，都影响着儿童的学习兴趣。老师关注每一个学生的发展，期待着每一个学生都能从学习中获得乐趣；学生在教师倾注真情的悉心关注下，产生积极向上的情感倾向，爱学、乐学。这让我猛然意识到，儿童的兴趣是和人格的形成紧密地联系在一起的。这与我1978年提出的对兴趣的认识相比，有了一定的发展。以往我们认为培养儿童的兴趣就是让儿童觉得有趣、好玩，现在我觉得，这还是很浅表的，没有触及兴趣更深层的含义。培养学生的兴趣，不仅仅是让学生觉得有趣、好玩，让他们在玩中学，学得有趣、学得有劲，关键是要学生对学习形成一种发自内心的情感倾向，而这种情感倾向不是与生俱来的，需要老师用情感去激励，诱发儿童学习的主动性，让儿童瞬间的好奇心和求知的欲望，转化为持久的学习兴趣。这就必须培养他们的自信心，树立他们的自尊感。也就是说，兴趣的培养首先应该建立在对儿童人格的尊重，建立在平等的师生关系的基础上。老师用自己的真情去爱学生、尊重学生，在人格的提升中，巩固、强化他们对学习的兴趣；学习的兴趣得到培养，学生感觉到自己的成长和发展，反过来又会积极地影响他们人格的形成。

从1978年提出培养兴趣到此，四年多的实践，进一步证实了在优化的情境中，可以激发儿童的兴趣，而培养兴趣正是促进儿童发展的前提。它可以极大地诱发儿童学习的主动性，持续强化他们的学习兴趣，使他们深切地体验到学习的快乐。作为他们的老师，我也在其中分享着他们的快乐。

（二）以指导观察为基础，强化感受性

儿童的学习兴趣诱发了主动性，他们又是怎么去学习、怎么去认识这个世界的呢？在和孩子天长日久的相处中，我知道世界对于儿童来说，是形象的、新奇的，是活生生的，儿童也正是通过形象去认识世界的。我记得一年级的时候，我们班的一个孩子，她妈妈告诉我，有一天他儿子兴冲冲地跑回家说："妈妈，我到操场后面去找春天，看到很多野花开了，我找到了春天！"多好呀，春天在孩子的眼睛里是形象的，他从一朵小小的野花的开放，就看到了整个春天。事实上，儿童对知识的学习、对世界的认识都是伴随着形象的。但是，我们多少年来的传统教育，却使儿童的学习变成了一种抽象的、符号化的应答。在这种状态下，儿童是学不好的。只有伴随形象，他们在学习中才能获得生动的感受。

　　儿童的认知怎么伴随形象，使他们获得具体的感受呢？我自己在进行情境教学探索时，非常注意指导儿童观察。在此过程中，我比较强烈地感到，观察是儿童认识世界的重要途径。

看得真细呀

　　观察可以逐渐培养儿童留心周围事物的习惯，这是一种促进儿童自身发展的很重要的要素。当然，这是需要悉心培养的。我总是注意引导、鼓励儿童自己去认识周围的世界。我常常对孩子们说："用你们的眼睛去看啊！用你们的耳朵去倾听啊！"但要真的让孩子们做到这一点，还有一个引导、培养的过程。记得孩子们升到二年级时，有一天，我到农村去讲课。那天早晨起来，我站在田埂上，看见田野上弥漫着大雾，像笼罩着轻纱似的。我想，接下来要学习课文《初冬》，文章写的就是雾中和雾后的景象，不知道班上的孩子们有没有观察。第二天回到学校，我就问他们："昨天下雾了，我们班上有哪些小朋友观察了雾？"很多孩子都举了手，我很高兴，连忙表扬了观察雾的孩子。这就让孩子们知道，李老师是很喜欢小朋友观察的，在李老师的眼里，喜欢观察的孩子是非常棒的。此后，孩子们就开始注意观察一些自然现象。又有一次，晚上下冰雹，打在房顶上"吧嗒吧嗒"地响。我就马上打开堂屋的门，走到院子里。我一看，那冰雹在地上蹦跳着，"吧嗒吧嗒"欢快得很呢！第二天，我到学校里，又问孩子们："昨天晚上下的是不是雨？"学生说："不是，下的是冰珠！"我说："你们怎么知道的？有没有观察？"

孩子们说："我先在屋子里，听那声音就不像下雨，就跑出去观察。""我还从地上捡起冰珠，把冰珠放在手心里，看着它慢慢地变小，最后全融化了。"这样的提示和即时的了解，非常有效地培养了孩子们对观察的兴趣，渐渐地让孩子们和大自然贴近了。观察真是儿童认识世界的一个窗口，孩子们通过这个窗口，睁大好奇的眼睛看世界。

指导儿童观察大自然，我概括出"选择美的事物""逐步增加观察""拓宽想象空间"三个要点。为了强化感受，我有计划地结合作文教学，将"指导观察—发展思维—训练语言—陶冶情操"结合起来进行。

生活中蕴藏着丰富的美的因素，我有意识地引导儿童到生活中去寻求美。无论是大自然的画面，还是社会生活的场景，那些富有美感的客体会带着鲜明的形象和画面，有声有色地进入儿童的意识，并直接影响儿童语文能力的提高和心理品质的发展。

在课堂上，我同样注意结合课文内容有意识地指导儿童观察。当生动有趣的情境呈现、展示在孩子们面前的时候，他们首先去看、去听，进而走进情境、感受情境。儿童的视觉、听觉、运动觉就在这不断的有指导的兴奋中，在儿童感官可塑性极大的时候变得敏锐、完善起来。这同样会直接促进儿童的直觉和悟性的提高。

大量的实践让我认识到，情境教学恰恰符合儿童的这种认知特点和认识规律：通过形象去认识世界，用感受去把握世界。

事实还表明：观察发展了儿童的想象力。因为，观察所得为他们组合新形象提供了感性的材料，积累了多姿多彩的映象。

为了让儿童想象的翅膀能在一个自由的天地间翱翔，在观察中我注意选取那些粗略的客体，为儿童的想象留一些空间。远方的群山，变化的云霞，模糊的雾景，飘忽的叶子，高飞的鸟雀儿童以至那刚破土的小苗等意象广远的事物，由此而想象开去。

观察，为儿童的想象提供了感性的材料，观察得越多，越可能形成更多的心理映象。他们也才可以在现实的土壤上展开想象，想象才能丰富、奇特。想象把他们带到一个神奇而广阔的世界，在儿童想象的世界里，世间万物都有着和他们一样的情感，都可以对话。

我深深地感到，观察力是儿童发展的重要方面，无论是做科学家、文学家、医

生，还是做能工巧匠、普通劳动者，都需要一双具有敏锐观察力的眼睛。对于生活来讲，也需要一双审美的眼睛。观察力的形成，不仅是儿童求知的需要，而且对他们以后的工作以及生活质量的提高，同样是非常重要的。

现在新课标提出"培养儿童对生活的热爱"，那我们应该怎样去培养儿童对生活的热爱呢？这么一个很高的目标，该如何去实现呢？我觉得在那些年的情境教学实验当中，把儿童带入情境、走进大自然、走向社会，孩子们在观察中去体验、去感受、去思维、去想象，确确实实就觉得大自然是美好的，社会是美好的，世界是美好的，孩子们对这个世界有了丰富的感受。如果让孩子们闭上眼睛，一说大自然，他们的眼前一定会出现那些他们曾经观察过的灿烂的小花、繁盛的树木、弯弯的小河……一个个美丽而连续的画面。

观察，强化了儿童的"感受性"，这在现在是毋庸置疑的。但1982年，当我提出"感受性"的时候，心里还是不踏实的。因为，当时我在所读的书籍里面都没有见到过。但凭着多年的教学实践，以及一位教师的直觉和敏感，我觉得，"感受性"确实是存在的，而且对儿童发展的作用是不可低估的。所以发展要素的第二条，我就提出了"以指导观察为基础，强化感受性"。

几年下来，我就如何指导儿童观察，进行了总结、梳理，概括出了三条原则：①选取鲜明的感知目标；②安排好观察的顺序；③设计好启发性的导语。

在大量的观察实践中，儿童的眼睛看到了美好的、鲜活的场景，儿童的感受是真切的，想象是丰富的，表述是生动的，甚至是精彩的。这一切让我认识到，以指导观察为基础，强化感受性，是情境教学促进学生发展的又一要素。

在指导儿童观察的过程中，我还深深地感悟到，教师自己是否能用儿童的眼睛去看世界，用童心去感受，也是非常关键的。我曾不止一次地和青年教师说过："当班主任需要母爱，当语文老师需要童心。"因为，观察是孩子认识世界的一个窗口，这个窗户是打开，还是关上，就在于我们教师了。大人常常对大千世界熟视无睹，因为熟视无睹，也就无动于衷。但作为一名小学教师，我做不到也不应该对周围的世界无动于衷。我很习惯用儿童的眼睛去看，用儿童的耳朵去听，地上的一只蚂蚁、一片落叶，路边的一朵小花，我都很自然地看在眼里。这样，我和孩子的心便贴得很近，和他们一样感受到了生活的美丽和丰富多彩。这当中，我自己好像也重新认识了这个世界。用儿童的眼睛看世界，世界永远都是新鲜的。

（三）以发展思维为核心，着眼创造性

情境教学经过将近四年的探索，我认识到，发展儿童的思维不仅是重点，而且是一个核心问题。因为，无论是认知的活动还是情感的活动，都离不开儿童的思维活动。思维是儿童发展的核心。

情境教学所提出的"发展"的内涵，并不局限于智力的发展，它以全面提高儿童素质为目标，包括知识、能力、智力以及情感意志等心理品质的整体和谐发展，其核心为发展思维力，尤其是思维的创造性。

早在 20 世纪 70 年代末，我便在第一篇论文中明确提到小学阶段是人的潜在智慧发展的最佳时期，儿童的可能能力如果不在这时期发展、不被唤醒，就难以再发展了，最后便像灿烂的火花得不到氧的供给而泯灭。因此，我认为，不失时机地在儿童学习和运用祖国语言文字的过程中，发展儿童潜在的智慧是一项特殊的任务。小学语文内涵丰富，非常有利于儿童具体形象思维、抽象逻辑思维和创造思维的发展。

但儿童的发展，并不是在教学中任其自然地"随手拈来"，而是有意识、有目的地进行的。在课堂上，因为情境的优化，儿童热烈的情绪甚至到达沸腾状态，儿童的思维也处于最佳状态。他们积极思考、主动思考，从而迸发出一个又一个令人欣喜的智慧的火花，并燃烧、升腾，从而产生逾越"障碍"的力量，进而越过"障碍"，获得成功的快乐。儿童的情感活动参与了认知活动，这种最佳的心理驱动，正是挖掘儿童潜在能力的重要通道。概括起来，情境教学正是通过儿童在学习祖国语言，包括词语的学习、修辞手法的运用、篇章的训练以及创造性表述、想象性作文的写作方面，也就是在儿童学习和运用祖国语言文字的过程中，发展儿童的思维，培养儿童的创造性。

1. 在词的理解和运用中，可以培养儿童思维的准确性

我感到"词"在发展思维中具有重要作用。词，具有极大的概括性。所谓运用语言，从某种意义上来说，就是词的组合与运用。从人的思维活动来说，它的基本过程，就是运用一个个的词进行分析、综合、判断、推理。因此，我摒弃了常规的词语解释，让孩子们在情境中学习、理解、运用词语，让他们第一次感知就能获得鲜明的印象，对词获得亲切的感受、准确的概念，为思维准确地打下基础。这样，

词语就有了形象、有了色彩、有了生命，就能够沁入儿童的心田。

概括起来，实验班是在理解课文、认识世界中理解词，在描述课文情境、描述观察情境中运用词的。即通过周围世界的形象，在具体情境中体会词的内涵和细微的差异以及情感色彩，又借助已学的词帮助儿童认识、表述周围世界，儿童思维的准确性才能在词的教学中逐步发展起来。

事实证明，这样的词语教学，是符合儿童学习语言的规律的。

2. 引导运用修辞手法，能丰富儿童思维的形象性

儿童的思维总是伴随着形象，儿童的思维天生就具有形象性的特点。在他们的眼里，山呀、水呀、花呀、树呀，一切都是有生命的。这对于他们学好语文来说，十分有利。在常用的比喻、拟人、联想、夸张、排比等修辞手法里，小学生接触较多的要数比喻、拟人两种修辞手法。两者都可以有效地激起儿童的想象，能够促进儿童形象思维的发展，使他们的语言更加生动、形象。但修辞手法的教学，并不是简单地教给儿童修辞手法的知识，而是把修辞手法的运用和语言的训练结合起来，在情境中运用，在情境中巩固、内化。这样，修辞手法对于儿童来讲，就不是一种外在的技能，而成了他认识世界、描述世界的一种方式，一种内在的需要和能力。

例如，我带孩子去农村拔萝卜，来到萝卜地，有的萝卜露出一点红色的块根，

农　家　乐

我连忙指给孩子看，并启发他们描绘："你们猜，地下的萝卜想做什么？"孩子们争着要告诉我："我知道，它大概在泥土里太闷了，想出来透透新鲜空气。"有的还补充说："它好像在对我说，'请帮助我出来吧！'"拟人的手法用上了，思维活跃了，劳动的积极性高涨起来了，说着，孩子们迫不及待地去拔萝卜。拔出了萝卜，我就让孩子们一个个举起"萝卜娃娃"，看蓝天、看田野，向农民伯伯表示感谢。在《萝卜娃娃看到了田野》的观察说话里，全班所有的孩子都用上了拟人手法，不少人还用上了比喻。他们把自己对农村绿色田野的感受、对农民伯伯的爱，迁移到萝卜身上。可以想象，当孩子们进行这一拟人化的说话训练时，脑子里会涌现出多少生动的形象啊！

恰当地引导学生运用拟人、比喻、排比等修辞手法，有效地激起了儿童的想象，并促使他们由此事物联想到其他事物，形象思维得以进一步发展。他们不仅语言文字练扎实了，思维也活跃起来了。

3. 进行篇章训练，发展思维的逻辑性

在发展儿童形象思维的基础上，教师必须注意向抽象逻辑思维的过渡。我常琢磨，如何在语文教学中进行呢？反思阅读教学的篇章训练：为课文厘清层次结构、表达顺序，把握课文的主要内容梗概及中心意思等，都渗透着逻辑性，包含着分析综合、抽象概括等思维活动。加强篇章的训练使发展思维的逻辑性得以落实，并成为培养学生语文能力的重要环节和发展抽象思维的极好手段。因此，实验班结合教材特点，切实进行篇章训练。中年级篇章的训练是初步的，着重"理顺序，弄清课文先写的什么，后写的什么"。思维的逻辑性，首先是建立在思维条理性的基础上，无序的思维是不可能具有逻辑性的。这是思维具有逻辑性的第一步。到高年级，则在此基础上提高要求，引导儿童通过"厘清表达顺序，概括大意""厘清思路，分清层次"或"把握中心，区分主次"，从而引导学生学会学习，培养学生在阅读中学会阅读，有意识地训练他们思维的条理性，提高抽象概括的能力。

在篇章的训练中，有意识地训练学生的逻辑思维是完全可能的。这也让我感悟到：小学生的逻辑思维训练，往往是通过篇章的训练，将课文内在的逻辑关系结合形象进行的。

4. 在想象性作业中，发展思维的创造性

在词的理解和运用、修辞手法的运用及篇章的训练中，我都着力发展儿童的思

维，其着眼点是什么呢？毫无疑问，那就是创造性。长期的第一线教育教学工作的实践，让我看到，儿童潜在的智慧是惊人的。儿童的智慧要开发出来，必须在早期就进行。大量生理和心理研究表明，儿童具有潜在的智慧，但如果这种可能的能力不在早期发展，就会产生递减现象。情境教学"境界广远"的特点，让我有可能在教学中特别强调想象的重要性，特别注重培养学生的想象力。

　　想象力是一种富有创造性的认识能力，真正的创造是想象的结果。有计划地设计、安排想象性作业，对开发儿童的潜能、发展儿童的创造能力是十分有效的。于是，我结合阅读教学、作文教学，进行了很多拓展儿童思维空间、想象空间的语言实践活动，让孩子带着想象去阅读，在阅读中想象；带着想象去习作，又在习作中展开想象，有意识地积极发展学生的想象力。

　　在阅读教学中，我让学生改变人称、改变处所、改变结构、改变体裁、补充情节等，进行创造性的复述。

　　在作文教学中，我提倡进行想象性作文，并通过观察、想象、自编童话，来拓展儿童思维的空间，着眼儿童思维创造性的早期培养。在第一轮实验班五年的教学中，我引导儿童进行了一系列有趣的想象性作文。一年级口头作文《春姑娘的大柳筐》《冬爷爷的礼物》；二年级在指导儿童观察小鸭后，想象一只鸭子离开鸭群后可能发生的种种遭遇，写《小鸭子的奇遇》以及《萝卜娃娃看到了田野》《菜花儿比赛》；中高年级又先后写了《我是一棵蒲公英》《我在想象性摄影活动中》以及《理想的中队长》《假如卖火柴的小女孩来到我们中间》等想象性作文，组合成一个个鲜活甚至是奇特的新形象。

　　在想象性作文中，儿童带着欢愉的心情，兴致勃勃地写出了一篇篇打破格局的、属于自己的童话和故事。在这些新颖有趣的想象性语言训练中，儿童不仅陶冶了情操，而且感受到了创造的愉快。

　　现在，当我读新的《语文课程标准》，看到其中提出"在发展语言能力的同时，发展思维能力，激发想象力和创造潜能"，并在各个年级的要求中，从阅读到习作，都突出了"想象"的时候，我回过头来看看情境教学在20世纪80年代初的探索，我越加觉得，情境教学以发展思维为重点，着眼创造性，不仅符合儿童的语言学习规律，也符合儿童的思维发展规律，显示了情境教学扎根于实践的生命力。

　　多少年来，我站在讲台上，每日面对一个个生龙活虎的学生，望着那一双双明亮的眼睛，我总觉得这里面蕴藏着无穷的智慧。老师需要点燃它，而不是泯灭它。于是，我总是想方设法，让全体学生积极动脑筋、迅捷动脑筋、喜欢动脑筋，努力做到以"活"促"实"，"实"中见"活"。有人说，我把"孩子教聪明了"，我说："孩子本来就是聪明的，理应把他们教得更聪明。"我的指导思想就是：着眼发展，着力基础。

（四）以激发情感为动因，渗透教育性

我在第一篇论文中总结出四条经验，中心词分别是"兴趣""观察""思维"和"训练"。那时，虽然情感始终蕴含于我的教学实践中，但对于情感这一要素的认识，我还不十分清晰。就像"情境教学"的诞生一样，是从朦胧到日渐清晰、逐渐生成的。

不过，语文教学在让儿童学习祖国语言文字的同时，还应该进行思想道德的教育。这一学科的任务，当时我在思想上还是很明确的，而且是努力去完成的，自认为是挺自觉的。我始终认为，一位语文教师应该塑造儿童的心灵，让他们的精神世界丰富而美好。也只有做到这一点，一位语文教师的劳动才是有价值的。所以，我对古人的"文以载道"，以至后来的"文道统一"或"文道结合"，都很赞成。文中必有"道"，应以"道"育人。这些看来似乎古老而传统的想法，对于我在语文教学中要发展儿童的情感意志想法的产生，在某种程度上奠定了思想基础。我觉得自己内心的想法与时代的呼唤是十分合拍的。

那时候，我常常想，什么是孩子？孩子就是人成长过程中的一个特殊的年龄阶段。它是一段十分宝贵的，对未来充满各种美妙的甚至奇特幻想的迅速发展期。一句话，孩子是为他的一生奠基的、正在长大的人。作为他们的老师，我常常会想到他们怎么长大、怎么长得很好、长大以后又会怎么样、我们的教育怎么去积极地影响他们的精神世界？也就是说，语文的教育性是不可忽略的，应该渗透其中。那些年代，阅读教学由于长期以来受凯洛夫教育思想的影响，注重认知，忽视情感。所谓"谈话法"，往往以一个一个问题串连教学过程。加上"左"的思想影响，课堂上架空分析，离开课文谈感想，孩子说空话、说假话、说大话，作文教学程式化、概念化。由于教育缺乏情感因素，激不起儿童的情绪，产生不了内心体验，致使语文教学中的思想道德教育收效甚微。忽略了"道"，便抽去了"文"的生命与灵魂，就

成了单纯孤零零的语文知识教学。没有了血肉，语言的感情色彩，语言细微的差别、丰富的语感，便黯然失色了。这样，语文教学便不可能达到预期的目的。

实践告诉我，因为情感的作用，语文教学可以极大地丰富儿童的精神世界。通过语文教学来育人，进行人文启蒙，给孩子道德和审美的熏陶是完全可以做到的。但是它不是靠哪一课可以完成的，它必须日积月累，必须靠"渗透"。这里，我特别用上"渗透"这个词：以情感为动因，渗透教育性。我认为，这正体现了对儿童进行情感教育的内在规律和特点。所谓渗透，就像滴水穿石，一点一点地渗透到儿童的心灵中去，天长日久，自然会影响儿童的精神世界。教育的渗透靠什么？靠情感的激发。我们就要通过情境中那些有血有肉的形象，那些声情并茂的场景，那些震撼人心的氛围，去打开孩子们的心扉，去感染孩子们的心灵。

随着情境教学实验的深入，我渐渐发现，无论在课堂上，还是在学生的作文中，情感都起着非常重要的作用。学生在学习语文时，有没有情感伴随，效果是大不一样的。我自己无数次面对、融入这样的教学现场。所以，在思索和回答情境教学发展要素的时候，我想，最突出的一条就是情感。情感作为儿童发展的动因，是无可辩驳的。这是我在过去的归纳中没有清楚认识到的。情境教学正是以激发学生的情感为主要特点，构建其理论框架。学生从感受形象出发，以教师的真情实感激发学生学习的情绪及情感，这种热烈的情绪让学生获得丰富的审美感和高尚的道德感体验，受到熏陶感染，进而产生一种内驱力，使学习成为儿童心灵的需求。

我当了几十年的小学语文教师，深切地感到小学语文作为一门人文性很强的学科，需要语文教师具有更高的情感素养。对课文中描写的人物、景物、事件的态度，显露出教师情感世界的倾向。

教师的情感往往可以引起学生感情上的共鸣。学生的情感，是在认识对象的过程中产生的。教材中的形象、教师的情感，都可以成为学生认识的对象。在让学生感受形象的过程中，教师的情感对学生的内心体验、情感的诱发起着非常重要的示范作用。我觉得教材中可敬、可爱的人物连同课文描写的美的景、美的物，其形象都在我的眼前，都是栩栩如生的。无论是卖火柴的小女孩，还是小英雄雨来；无论是不顾生命拯救自己孩子的麻雀，还是长脚的爬山虎；也无论是长白山的林海，还是光怪陆离的海底世界……都走进了我的情感世界，都是活在我心上的。我自己很动情，于是，孩子们和我一起进入课文描写的情境。对那些描写穷孩子悲惨遭遇的课文，我倾注了自己的同情与关注，甚至联想到自己童年生活的辛酸。教师这样的情感世界必然会震撼孩子幼小的心灵。事实上，每堂语文课，语文教师在传递教材情感的同时，都在敞开自己的心怀，都在传导自己的真情实感，表白自己的人生哲学。所谓"传情"，就是这么一点一滴地渗透、一次一次地感染的。教师的真情如同火种，可以点燃孩子情感的火苗。

情感的作用不仅加深了孩子对课文内容、课文语言的感受，而且激起了孩子表达的欲望。孩子竭力地想去表述自己内心的感受。及时引导他们表达真情实感，不仅可以加深他们的情感体验，而且使情感蕴含的理念变得明确起来。

在这方面，我的"以形生情""以情激情""以辞抒情"，应该说还是做得很有成效的。

作为语文教师，我一方面想方设法让孩子学好语文，另一方面通过课文教学去影响孩子的心灵。我不断地思忖着：在课堂上，孩子常常因为情境的创设激情洋溢。那么，情境教学究竟是怎么引起孩子与教材情感的共鸣的呢？虽然我不搞心理学，但是我必须弄明白儿童情感的生成和发展，其心理历程是怎样的。我尚不能从广义的一般性的规律上去阐述，在这里我只能以自己最钟爱的小学语文教学为例，梳理出学生"入情"→"动情"→"移情"→"抒情"的过程，在此做粗浅的阐述。

1. 在初读课文激发动机中入情

要让儿童的情感伴随着学习活动，这有一个过程，其间包含着儿童的心理进程。它首先需要启动。当我走进课堂，教学新课时，我仿佛觉得自己来到一条清澈的小河边，那样的明亮、清新。我从新课开始，如同送过一阵"微风"，让孩子情感的小河水荡漾起来，对新课的学习，形成一种期盼的欲望、关注的心理。为此，我常常从课文中选取一个美好的场景、一个或几个角色鲜明的形象、一个引人入胜的结局来组织我的导语。

我总是做好一切准备，包括情感的酝酿。我早早地来到教室。从上课一开始，我就注意渲染一种与教材相一致的氛围，小心地拨动儿童心灵的情弦，非常有意识地让教材蕴含的情感与儿童的情感活动相连接、相沟通。可以说，"情感为纽带"在上课之始就牵拉启动了。小学语文课本中有各种题材、各种文体的课文，教师应根据教材各自的特点，让学生在初读课文时就入情，即所谓"披文而入情"。其实，学生此时对教材内容的入情，也是学习动机的形成。这已激起的动机本身，便是一种

兴趣是最好的老师

期待欲，期待着故事如何发生、如何一步步发展。学生也因为入情，而进入积极的学习状态。

2. 在感受课文描写的形象中动情

"入情"是说"情"的萌生。儿童的情感总是处于运动的状态，可以是"生成—发展—稳定"，也可以是"生成—淡化—泯灭"。在初读课文学生入情后，教师需倍加珍视、把握学生情感活动的脉搏，使其随着教学过程的推进而得到强化。

儿童在学习语文的过程中，怎么会从"入情"到"动情"呢？儿童情感的产生是与儿童的认识紧密联系在一起的。具体来说，在学习语文的过程中，儿童的情感是与他们对教材的认识相连的，而作者的情感是寄寓于他描绘的对象之中的。那么，重要的一环，就是让学生去认识、去感受教材中寄寓的情感的形象。因为，儿童正是通过形象去认识世界的，没有形象的感受，就没有情感的产生。所以，我主张的"强化感受，淡化分析"的道理也在此。文学巨匠巴尔扎克就说过："作家必须看见所要描写的对象。"我们也可以说：小学语文教师必须让他的学生看见课文中描写的形象。

在引导儿童从初读进入"细读"的过程中，我总是想方设法，用富有感染力的语言去描绘，用艺术的直观让学生仿佛看到了，也仿佛听到了，使学生整个心灵都感受到了。通过情境的创设，我在学生眼前再现语文描写的一个个栩栩如生的形象：从童话角色、寓言形象、故事中的主人公，乃至常识课文中那海底世界里光怪陆离的奇异景象、宇宙天体的运转、月食的形成、太阳的火热……结合课文语言，学生都感受到了。而感受输送的兴奋是弥散的，这种"仿佛听见""仿佛看见"虽不甚分明，却是动态中的、活生生的，更为丰富，也更为贴近儿童，而且留有宽广的想象余地，令人心驰而神往，激起儿童极大的兴奋，打动了他们的心。心动情也动，这种内心情感的发展，驱动着儿童全身心地投入教学过程中来，并沉浸其中。

3. 在领悟课文语言的神韵中移情

当儿童在感受课文形象为之动情时，情感趋向高涨。教师从孩子的面部表情、从朗读的声调、从发言的描述中，能敏锐地觉察到情感的浪花正在孩子心头涌动，这是教学成功的契机，应牢牢把握，并顺势将教学过程推进，从细读进入精读。当然，这里并无明显的界限，常常是即时进行的。所谓"精读"即是读课文精彩片断、词句，读出其神韵。中国的语文教学，历来讲究领悟语言的神韵，这是由汉语言本身丰富的神采所决定的。学生在前阶段的细读中，往往顾及情节的发展变化，顾及不到语言较深的内涵。到精读阶段，大脑皮层的优势兴奋中心，开始转向文本的语言，在教师的引导和本身情感的驱动下，学生会全神贯注地注意那些深浸着作者情感的词句，其间寄托作者的情感、意愿，乃至整个心灵。因此，在精读读出语感神韵时，教师要引导学生更深地理解语言，感悟教材语言的形象和色彩，从而使学生被激起的情感得以深化。在学生动情之时，教师随即引入课文中的传神之笔进行欣赏。

在领悟课文语言神韵时，教师要将学生的情感移入课文描写的对象上。这虽是儿童一种情不自禁的情感流向，但是需要外力强化，具体操作即通过语感教学进行：借助比较区别、借助想象展开、借助语言媒介，从语言的内涵、形象及情感色彩，让学生进一步体验作家的情感、意愿。在深深为之感动时，孩子的朗读、孩子的答语明显地表明，孩子在动情之中，情感已不知不觉地移到课文描写的对象身上了。即所谓"我他同一"，达到身临其境的境界，使情感弥散而趋于稳定。

长期的教学实践，使我深感学生的入情、动情、移情、抒情的情感涌动的流程，最终引起情感共鸣，达到"人文性"和"工具性"的统一。学生在学习语文的同时，丰富了精神世界。

长久以来，我所追求的小学语文教学的境界，不仅仅是让学生识字、学词、学

句、学篇章，而且力求使学生在学习祖国语言文字的过程中，培养他们作为人的高尚的情感，使其潜在的智慧得到启迪。这是我多少年以来一直梦寐以求的一种境界。在情境教学探索的过程中，我看到，我所追求的这种境界已经开始成为现实。我感到，情感在儿童学习语文的过程中，不仅是手段，同时也是育人的目的所在。通过情感，我们可以丰富儿童的精神世界。那个世界是美的，是灵动的，是人文的，是宽阔的。由此，我对情感的认识日益深刻起来。

老师是儿童的学习伙伴

（五）以训练语言为手段，贯穿实践性

儿童发展必须凭借手段，而且手段必须充分体现学科的特点。既然语文具有工具性的特点，就应该以语言训练为手段，但绝非以习题式的训练为手段。这一点我在 1978 年写的论文里已提到过。但是经过四年的情境教学的探索之后，我对"训练"有了新的认识：就是训练语言与儿童的生活相连、与儿童的思维发展结合起来，并以感知为媒介，否则训练就成了背离儿童心灵世界、做单纯符号式的习题。因此，在探索中，我往往利用儿童已被激起的热烈情绪，进行语言训练。这对我而言，是一个认识的飞跃。

1. 突出以体会语感为目的的基础训练

记得叶圣陶先生曾经说过："一字未宜忽，语语悟其神。"读画，要能悟出其中的神韵；读书，更要悟出文章中传神的字字语语。而对文章神韵的敏锐的感受，便是语感。

语感是对语言文字最丰富的了解。抓住语感，便抓住了语言最本质的东西。阅读教学中，对学生读写能力的培养，对儿童思维的发展、想象的丰富以至情感的陶冶，主要是通过语感教学进行的。苏霍姆林斯基也一再强调："学校里应当有一种高度的言语素养，有一种对词的高度敏感的气氛。"他建议教师："你们要培养儿童对词的感情色彩的敏感性。你们要使学生像对待音乐那样对待词的音响。形象地说，学生应当成为'词的音乐家'，珍视词的正确、纯洁和优美。"在实验班组织学生精读时，我非常注意对教材语言的形象、节奏、气势以及感情色彩的推敲和品味。

语感的训练是通过咀嚼词语获得的真知。学生对语言的敏感和鉴赏，常常就在一词一句的比较、推敲中有所领悟、有所提高，并逐渐在他们的表达中反映出来。

这样，学生就在情境中体验，在体验中、比较中、朗读中体会语感。因为，要培养儿童的语感，只有让他们自己去体会、去感觉。这种体会语感的基本功，无论对他们阅读领略作品的精彩之处，还是表达自己的真情实感，都是非常有益的。而且孩子语言的鉴赏能力也就会在体会语感的训练中逐渐培养起来。

2. 加强以应用为目的的整体训练

无论什么工具，要掌握就得靠运用，通过运用由生疏到熟练。教师再精湛的讲解也是无法替代运用的。根据语文学科的特点，教师要注意加强以应用为目的的整体训练。因为，语言文字本身的应用就带有鲜明的整体性：要说、要写、要听、要读，不可能是一个字一个词，而是整段、整篇的。

我常常想，教师可讲可不讲的则应不讲；可问可不问的，则应不问，留出时间来让学生自己动脑、动手，诵读课文、两耳听读，将课文语言输入大脑记忆仓库。显然，读的训练是整体的，不仅要认字、要理解词句，还要抓住主要内容、要体会情感，包括对语言的欣赏。阅读是在阅读中学会的。读多了，课文中规范化的语言，就在不知不觉中，逐渐成为学生口头语言或书面语言的一部分。当然，读书必求理解。我十分注意在学生读前、读中、读后，用最简洁、最经济的办法，扣紧课文精华所在加以指点，引导推敲，并不断肯定、鼓励。

　　阅读是人一辈子的事，今天阅读课上的语文学习，归根结底是为了让儿童学会阅读、喜欢阅读，这是生活应用的需要，而不是为了考试。所以，我常常根据语言在生活中应用的种种形式，在阅读教学中有意识、有计划地分步训练，精读、略读、默读、朗读以及速读、跳读、猜读……或浏览，或摘抄，较快也较为准确地获取信息。读后又有要求，或说大意，或说要领，或描述细节，或做创造性复述。这些都是整体的，也是一种为明天的准备。为了提高学生语文的整体素养，我还经常引导他们到生活的情境中去综合应用，在生活的语言实践中学习祖国的语言文字。

　　书面语言的训练也要注重语言的整体性：一年级第一学期的"说一句话"，第二学期的"每日写一句话"，二、三年级让学生每天观察周围世界，写百十来字的观察日记。三年下来，全班每个学生的情境写话、观察日记都可做到书写工整、语句通顺、条理清楚。由于写的内容又与学生的实际感受紧密相连，他们写作的兴趣也随之培养起来。他们写的日记、短文都很生动，颇富儿童的情趣。四年级、五年级的"情境短文""情境作文""想象作文""纪实作文"，孩子们每天睁着好奇的眼睛，留心周围世界的美和它的变化，写出自己对周围世界的认识和思考。我还十分注重对学生写应用文的训练，结合课文或儿童的生活，让他们写便条，写书信，写读后感，写黑板报稿、广播稿、小报道、实验小报告这些生活中常用到的文体，进行有意识、有计划的训练。五年来，以上这些整体训练的次数可达 500 次左右。这么多的练习，分散在每天进行，平均一天也没有一次。关键是要先做减法，减去不必要的负担，减去低效甚至无效的练习，学生才有可能、有时间和精力去承受有效的训练。

　　我的观点是读得多一点，练得精一点，多读多写，读中学写。其实，这都是我们传统语文教学的精华所在。"多读多写""读写结合"，是行之有效的，是符合规律的。既然是符合规律的，我们就要传承，"为我所用"。倘若读不能教给写，那么到作文指导上，学生作文怎么自己命题、怎么确定中心、怎么选材？学生势必无所应对而倍感吃力。我曾经写过一篇《作文的功夫在课外》的随笔，谈到必须在阅读课上学习作文，让学生做到"有话可说""有话要说""有话会说"，以至"有话能说好"，让学生的感受有办法从心底里流淌出来。

　　"听说"也不可忽视，尤其是"说"。在当代社会，人与人之间的交流，许多是通过口头进行的。因此，结合课文内容，我还让学生做各种形式的语言训练，让学生担当小记者、讲解员、广播员、裁判员、老师、家长等儿童感到十分亲切的角色，当然也可以是富有童话色彩的角色，让他们带着饱满的情绪，做描述性、说明性、评判性、辩论性的语言训练，这也都是整体的一段一段的说。学生在语言发展的黄金时期，在当众发言顾忌最少的年龄阶段大胆地训练，效果往往是令人满意的。

3. 注意结合以感知为媒介的语言训练

语言的特殊性质决定了儿童学习语言必须与对世界的认识结合起来，需要丰富语言的资源，需要拓展儿童的视野，需要激活形象，进行思维与想象，把观察、思维与语言三者融为一体进行训练。

我想，这就是"源"的问题，即思维的对象，也可以作为语言的材料。毫无疑问，儿童的悟性都是通过感觉实现的。记得大教育家夸美纽斯说过："在感觉中没有的东西，在理智中也不会有。"儿童凭借他们的感官在认识周围世界的过程中，获得思维和语言的源泉。因此，我设计的语言训练努力与其源泉沟通，媒介便是儿童的感知。在儿童感知客观事物或进入美好的情境时，儿童的思维便有了直接的基础。在这种以感知为媒介的思维活动、语言训练中，儿童一般表现得主动而积极。例如，教学《要是你在野外迷了路》时，我课前让孩子观察并比较朝南、向北大树枝叶的稠密与稀疏。在课堂上，当教到第三节"要是碰上阴雨天，大树也会来帮忙……"时，我首先考虑的是丰富儿童的感知，让他们回忆观察所见的情境，并生动地描绘情境："一个阴雨天，雏鹰旅行队的小胖迷了路，太阳躲在云里，怎么办？……"接着请学生分别扮演迷路的小胖和大树公公。大树公公头戴一个绿色的高高的头饰，向南而立。头饰南半边插着稠密的树枝，北半边插着稀疏的树枝。孩子们一见欣喜若狂，不知不觉进入了情境，仿佛自己就是迷了路的小孩，仔细观察大树公公，请大树公公帮忙。大树公公不仅做了明确的回答，还提出了"为什么我的枝叶南面稠、北面稀？"老师随即出示 AB 两种句式：

A："因为＿＿＿＿＿＿＿，所以＿＿＿＿＿＿＿。"
B："＿＿＿＿＿＿＿是因为＿＿＿＿＿＿＿。"

生动的情境启动了孩子的思维，使之领悟了其中因与果的逻辑关系，也很自然地进行因果关系的句式训练。"稠—稀""稠密—稀疏"，反义词训练也不费气力地进行了。这种训练是思维的训练，也是语言的训练，而且有感知做媒介，孩子便产生

了表达的动机，这样就可以伴随情感进行训练。情感的作用使训练往往达到意想不到的效果。在此过程中，我还特别注意充分地激发、利用儿童的情感，使之主动地练、高高兴兴地练。

这一阶段的探索与第一篇论文中所提的语言训练比起来又有了发展。我将大量的语言实践活动以各种生动的形式贯穿在整个教学的过程中，我提出："以训练语言为手段，贯穿实践性。"这个"贯穿"，就是在整个教学过程中自始至终。只有自始至终，学生才能真正地学好母语。

无论是以体会语感为目的的基础训练、以应用为目的的整体训练，还是以感知为媒介的语言训练，我总是注意有利于学生思维的发展，目的鲜明地促进学生思维的发展。因为，语言文字本身不是孤立存在的符号，而是与社会，与人的思想、情感、智慧紧密地联系在一起的。忽视了思维的发展，语言训练则是浅表的。

在语言训练中，我概括出三个要点：

第一，从模仿开始。
第二，注意创造性。
第三，培养独立性。

如果现在有人问我：你心中的小学语文教学是什么样的？我会滔滔不绝：我心中的语文教学，是让我引领孩子们一起快乐地学习祖国的语言文字，一起欣赏母语的美丽曼妙；一起与大师对话，与英雄、与值得孩子敬和爱的人物亲近、交往，一起领悟、汲取人类崇高的思想、道德、品格，让他们在学习祖国文字的过程中受到人文精神的熏陶感染；一起去祖国各地、异国他乡"旅游"，欣赏祖国的锦绣山河、各国的人文景观，感受大自然的无限生机和美感，以至天体之奥妙，从"小语文"里看到"大世界"。简言之，我想在孩子们打下扎实的语言文字的基础的过程中，启迪孩子们潜在的智慧，陶冶孩子们的情感和意志。这一切，便是我的追求。小学语文课堂就成了我和孩子们的家园、知识的苑圃和精神的世界。在这里，孩子们可以享受习得母语的幸福、心灵不断成长的幸福。而我则享受到育人的幸福，自己精神得到充实的幸福，经历了美的教育历程的幸福……

六、改革没有尽头

（一）全面丰收的喜悦

在孩子们中间

第一轮实验进行了五年，这五年并非一帆风顺。由于当时正处于改革开放的最初阶段，习惯势力的禁锢总是难免的。对于教学改革，有人不理解，有人怀疑，甚至也有人妒忌、刁难。我在工作中遇到的困难，承受的压力是可想而知的。然而，我最终还是把实验坚持下来了。五年的实验，我没有一分钱的课题费，补充教材是我自己刻蜡纸印制的；需要教具，我自己找材料动手做；需要演示实物，或借或自己掏钱买……我心甘情愿地、快快乐乐地做着这一切，没有任何人勉强我、催促我。也正因为自己付出了劳动，倾注了情感，所以每一次成功后，我便获得了更多的快乐。

1983 年，第一轮实验接近尾声，实验班的孩子们升到五年级，他们很快就要毕业升入中学了，检验成果的时刻也随之来临。

从一年级到五年级（当时我们学校的学制是五年制），我和孩子们朝夕相处，带着他们拔过萝卜，找过野花，数过古塔檐下的铃铛，看过中秋的月亮从天边升起。我们还一起倾听护城河那轻柔的水声，领略长江那波澜的壮阔……五年了，他们一个个已经从刚入学时七八岁的样子长成大孩子了。他们的知识多了，视野宽了，情

感、智慧的幼芽是那样自由而幸福地生长着，而且以后还会这样一直不可遏制地成长。我向教育局领导提出：能不能让实验班的学生不分班直接升入中学，以便跟踪。我的建议，有人赞成，当然也有人反对。社会的压力也挺大，是参加统考还是不参加统考，教育局迟迟没有定夺，我的心总是悬着。直到 4 月底，在距离升学考试仅剩下一个多月的时候，教育局通知学校：李吉林实验班参加全市统考。

这真可谓剑拔弩张。有人说，这是对李吉林的严峻考验。同年级的老师都替我紧张、着急，她们都从心底里希望我能过了这一关。

1983 年的夏天，是令人难忘的。对于我学生的统考，我虽然心理压力比较大，但并不是完全不踏实的。我非常清楚我的学生，他们的语文基础确实经得起检验。平时默写，错误率很低，几乎都是 98%～99% 的正确率，阅读能力也很强。我不仅在课堂上培养他们的阅读能力，通过自编的《补充阅读》提供更多的阅读材料，还特别鼓励他们课外阅读。孩子们读的课外书很多，作文也写得不错。

在这最后的关键时刻，我照样把自己的复习内容、作文题目毫无保留地告诉同年级的教师，因为我觉得这也是对一个教师的心灵、人品的检验。有教师说："我没想到，这种时候，你还把作文题目毫无保留地告诉同年级的教师！"我坦然地等待着即将涌来的巨浪，坚信自己不会在奔腾的涌浪中沉没。

最后的考试到了，不久成绩也出来了。在这酷热难当的盛夏，我和我的学生却尝到了丰收的快乐，我们班学生的成绩打破了纪录！五年制的学生和兄弟学校六年制的学生一起考试，班上 43 个人考入省重点中学的就有 33 个人，其他 10 个孩子也考上了实验中学。这个成绩不仅使我，也使许多关心我的人心上的石头落了地。

教育局为了全面考察实验班学生的语文质量，决定再进行各项语文能力的测试。单项、综合加起来一共有 10 项。合格率 100%，其中 51.1% 的学生达优秀。所有的考务人员最后的结论都是："李吉林班的学生不怕考！"

优异的毕业考试成绩从一个侧面证实了实验的成功，证实了情境教学效果的显著。从某种意义上说，这场考试让我过了"关"。当时，市委负责文教的副书记遇到我，说了一句话："李吉林，你终于过关了。"因为传统观念的影响，考试成绩往往比任何一堂课，任何一个学术报告、任何一篇论文、一本专著，包括学生的实际能力，都更容易使人信服。

此后的一年，根据教育局领导的意见，学校没有给我排课，让我将整个五年的实验进行总结。我独自一人每天在办公室，想啊，写啊，写啊，想啊，一个人回顾了情境教学五年的探索历程，终于写成了《情境教学实验与研究》（后由四川教育出版社出版）。在这本书中，我阐述了情境教学的特点、原则与儿童发展的关系，以及情境教学在识字教学、阅读教学、作文教学中的实际操作。我想在这本书里告诉广大的同行们，怎么运用情境教学教语文，怎么运用情境教学促进儿童的发展。

耕耘的收获

1989年年底，又从北京传来喜讯，我的专著《情境教学实验与研究》在国家教委举办的首届全国教育优秀成果评比中获得一等奖。这一年，我51岁。回顾实验之初，那时我刚步入不惑之年。40岁，我被评为江苏省特级教师，家人说："40岁做特级教师，你后半辈子没有好日子过了。"但我不顾家人的提醒，执意开始了情境教学的探索。现在年届半百，情境教学的实验取得了成功，得到多方赞誉，自己发表了一百多篇文章，学术著作也在全国评比中获奖，政治上党和国家也给了很高的荣誉，更重要的是，我看到了学生在情境教学实验中的确获得了充分的发展。我由衷地感到了全面丰收的喜悦，那是属于播种者的快乐。

亲友、同事、家人在为我高兴的同时，都好心劝我："能干到这样，很不容易

了！现在该见好就收啦！"家里人也许更多是担心我的身体："吃了大半辈子的苦了，该歇歇了！"他们的苦心相劝我完全理解，令我十分感动。1978年，当我开始情境教学探索的时候，没有荣誉和对成果的追求，只是觉着压抑得太久了，得扬眉吐气一下。于是，我仅仅凭着一股子热情，想着怎样才能把握小学语文教学的规律，怎样让儿童得到生动活泼的发展，做一点切实的工作，对"文化大革命"中被浪费的光阴做一点弥补。那五年我真是用"一天等于二十年"的干劲全身心投入的。亲友的劝告我没有表示反对，心里也想歇歇劲儿，但是我总觉得人应该懂得珍惜，闲着又该多无聊。自己忙惯了，要我歇下来还真是不习惯。再说，十年的实验历程，让我感到情境教学是符合儿童发展规律的，有着广阔的发展前景。应该说，我当时也没做多少斟酌、做什么选择，还是像过去的日子一样，天天上班，天天想着学生，找事干。这种情绪状态，用"欲罢不能"来形容，是最确切不过的了。

（二）灿烂的前景召唤着我

回顾第一轮的实验，我几乎都是凭着一股热情，边做边思量，边思量着边做。现在，第二轮实验开始了。这一次是一年级7个班协同"作战"。在这个阶段，我虽然没有直接明确地提出整体改革的方案，但主题是很明确的。那就是从单班单科走向一个年级的整体改革。从全国范围来讲，我已经觉察到，改革已从单科向整体改革发展，并开始在个别大城市启动。我想这一轮改革我们应该充分利用第一轮五年实验的经验积累，并加以改进、完善。所以，对于第二轮实验，我是有一定的理性认识的。

我当时的想法是，情境教学突破了教学手段、教学方法的陈规，新的一轮实验应该从教学内容的改革上下功夫。因为受"系统论"思想的影响，我明白了"结构决定功能"的原理，所以我很快从优化结构着手，来提高语文教学的效益。我想，小学语文有了生动的形式，又有了充实的内容，肯定能在更大的范围内提高质量。我心中挺有把握，对新一轮的实验充满了信心。与此同时，我又想到从幼儿园到小学坡度太陡，低幼衔接是个问题，也应该在第二轮实验里得到解决。

春天我便去了幼儿园，亲自给幼儿园的小朋友教汉语拼音。我从一些资料获悉，学前教育阶段是学习语言的黄金期，幼儿对语言特别敏感，进行相关的语言教育效果是最佳的，所以国际上有些幼儿园教第二语言。我心想，我们的国情虽然暂时还

荣誉和责任连在一起

不可能在幼儿园开设第二语言，但学点汉语拼音总是可行的。再说，我在幼儿园的调查发现，幼儿园大班室内学习时间每天含有语言、数学知识的学习仅是一节30分钟课，其余基本上是各种室内外活动。这样的课程对于大班（下）的孩子来说，与他们与日俱增的求知欲相差甚远，而与进入小学后的密集的课程安排，落差又太大。显然，学前教育与小学教育之间是一个陡坡。无论从幼儿学习语言的效果来看，还是从幼儿为进入小学生活做必要的准备考虑，在幼儿园大班第二学期学习汉语拼音都完全是合理的、恰当的。只是汉语拼音教学要以做游戏、讲故事、念儿歌这些生动活泼的形式为主，使幼儿在玩中学。我在轻松活跃的氛围中给幼儿园孩子教汉语拼音，每周两节，每节30分钟，孩子们都感到新鲜有趣。

这一学期，我在幼儿园上了32节课。孩子们认识了声母、单韵母、复韵母（除前鼻音、后鼻音外），会拼读，但不学写。这次尝试，我觉得最大的好处是孩子一进小学，他们就可以凭借汉语拼音这个拐棍识字、阅读，甚至写话。这一下子改变了启蒙教育起步阶段单纯进行汉语拼音教学的单调而枯燥的格局。于是，第二轮实验一开始，我就开设了过渡课。要开设过渡课，就要全面安排各科教学，很自然，这次使改革跳出了语文学科。

20世纪80年代中期，世界教育改革的趋势开始明显地从科学化向情感化、人

文化的方向发展。人文主义的思潮已经打开教育改革更宽敞、更符合人的发展的大门。从国内来讲，教育改革尤其是整体改革，形势已经锐不可当，各地都行动起来了，一场场关于整体改革的学术报告、交流活动也相继展开，到处都呈现出生机勃勃的景象。作为一个改革的积极分子，我聆听时代发展的脚步，关注整个改革的大局，非常渴望自己在整体改革大潮的奔腾中得到新的发展。

　　我回顾了以往实验的历程，包括已经进行的整体改革的尝试，开始重新思考。这一次，对于整个实验，我有了通盘的考虑。我思量着，情境教学实验的初衷，是因为看到了小学语文教学中的诸多弊端而进行的。而这一轮探索与实验的目的是什么呢？究竟是为谁改革？我一下子咬定：为了"儿童"，为了促进儿童的整体发展。多少个夜晚，我在灯下不停地写，不停地画，苦思冥想：一方面，既然是整体改革，就要超越语文学科，通过各个学科的协同作用促进儿童的整体发展；另一方面，整体改革不仅仅是我一个人单枪匹马的探索，语文学科其他老师和其他学科的老师也要融入进来，怎么让他们便于操作？我反思着1982年概括出的促进儿童发展的五条要素，渐渐发现"以培养兴趣为前提，诱发主动性""以指导观察为基础，强化感受性""以发展思维为核心，着眼创造性""以激发情感为动因，渗透教育性""以训练语言为手段，贯穿实践性"五条要素，不也是其他学科促进儿童发展的要素吗？我试问自己：哪一个学科不要"诱发主动性，强化感受性"？哪一个学科不要"着眼创造性，渗透教育性"？……我肯定地回答了自己提出的问题，答案是各学科无一例外。只是把最后一条"以训练语言为手段"，改为"以训练学科能力为手段"，这样各科老师就都可以理解、可以操作了。我顿觉整体改革的路一下子拓宽了、清晰了。我得出结论："五要素"符合儿童的心理特点和发展规律，具有普遍意义。情境教学不仅仅属于小学语文教学，它同样可以属于整个小学教育。它必然会为儿童素质的全面发展开拓出一条有效的路径。

　　想到这儿，我真想喊出声来：情境教学的"学"有可能改成"育"字了！因为它属于整个小学教育。

（三）我的小学教育观逐渐形成

　　现在新课程标准中提及的关于儿童主体性、创新品质、实践能力的问题，这些我早在20世纪80年代就已作为情境教学促进儿童发展的要素提出了。20世纪90

年代，"五要素"又发展为情境教育的"五原则"。我内心感到非常欣慰。我们在"情境教学—情境教育"的探索过程中的感悟和做法与新课标相吻合，实验的大方向始终是正确的。这是因为我们"一切从儿童出发"概括出的理论，在实践中顺势发展起来，又在实践中得到确认。

经过长达十年之久的实践与研究，我对小学教育的认识一步步明确了，也日渐深刻了。

1. 小学教育是为了儿童全面发展的教育

在与孩子们打交道的漫长岁月中，在小学教育岗位近半个世纪的艰难探索中，我越来越感到儿童的全面发展，仅仅用"德、智、体"来概括是非常不够的。事实上，对于后来方针的表述，又有人认为应该添加一个"美育"，还有人认为应该再添加一个"劳育"，"全面"仿佛是没有边沿的。总之，小学教育是为了儿童个性的充分发展，这是千真万确的。

和实验班的孩子在一起

在多年的教育实践中，我对儿童的全面发展有如下的思考。

（1）全面发展的教育是身心同时得到发展的教育。

全面发展的教育无疑是健康的教育。健康有两个指标，一个是身体的，一个是心理的。小学教育的对象正是长身体的儿童，对身体的养护源于对生命的尊重，把

那些幼小的、娇嫩的生命当作"掌上之宝"，应该是每一个小学教师必须具有的慈母之心。我以为，学校的体育工作，不仅仅是体育教师的事，不仅仅体现在一周几节体育课和课外体育活动上。体育的任务应该落实在每个教师的工作中。我教语文，包括指导孩子的坐姿、视力的保护，都觉得是自己教育教学工作不可缺少的一环。我的情境教育系统中"开辟野外课堂"，让孩子到大自然中去活动，在很大程度上也是从儿童的身体发育需要出发的。而对于儿童心理的发育，除了必须重视认识心理外，对于道德心理、审美心理，同样必须重视。真、善、美的事物是人类文明的结晶。通过科学求真、道德求善、审美求美，实现心灵之塑造，这就是教师的职责。

（2）全面发展的教育是促进儿童知情意行协调发展的教育。

我不赞成纯认知的教育，这并不意味着鄙薄认知甚至否定认知。儿童的成长需要知识，但不能仅满足于获得知识，还要将知识内化为他们的认识能力；不仅是"记住"书本上的符号，还要把这些符号与鲜活的生活联系起来认识知识的"价值"；不仅要"学会"，还要"会学"——在不断丰富自己的知识积累的过程中，寻求并掌握规律和方法，从中找到打开藏有未知的知识经验的智慧之门。总之，我们追求的应该是认知的激活而不是僵化，是认知的主宰而不是奴仆。儿童应该怀着热情探寻新知，而不应该对知识顶礼膜拜。

在重视儿童认识发展的同时，我们必须重视儿童情感的发展。七情六欲伴随着人的始终，情感更应该贯穿整个教育的始终。这不仅因为情感是人的认识发展的动力机制、人的行为选择的评价机制、人类生存的适应机制、人的生命的享用机制、人的意志形成的催化剂（参阅朱小蔓《情感教育论纲》，南京大学出版社，1993年10月第1版），还因为情感本身就是人的生存和发展的需要。著名教育家蔡元培先生曾说："人人都有感情，但并非都有伟大而高尚的行为。这是由于感情推动力的薄弱。"（《蔡元培先生全集》，台湾商务印书馆，1979年版）他认为，对于感情推动力的"转薄为厚""转弱为强"，其中有个"陶养"教育的问题。然而，现代教育一旦走入唯理主义的怪圈，就必然出现重理性知识的传授，轻感情体验的积累；重概念、逻辑，轻情绪、感受。结果呢，这样的教育终究会把孩子培养成尽管知识丰富，但缺乏感动之心、挚爱之心、尊崇之心、关怀之心的人。苏联教育家苏霍姆林斯基说过："薄情就会产生冷漠，冷漠会产生自私自利，而自私自利则是残酷无情之源。"（苏霍姆林斯基《帕夫雷什中学》）要让儿童从小就得到良好的情感熏陶，小学教育责无旁贷。我探索多年的情境教学—情境教育，着力在"情"上下功夫，尤其是孩子对家乡的爱、对祖国的爱、对亲人的爱、对大自然的爱等。这些美好而高尚的情感都必须从小培养。我常常记着一句话，也常常和孩子们诵读："我们是中国人——我们爱自己的祖国。"孩子从小心中有了这样的爱，就会努力用自己的言语和行为去表达这样的爱，那么对未成年人的教育也就有了重要的铺垫。当然，儿童的意志力也必须从小锻铸，不然怎么经受风雨、迈过坎坷？怎么堂堂正正做人，光明磊落行事，肩负起振兴国家民族、建设美好明天的重任呢？而行为的培养、践行的实施，也要"从娃娃抓起"。对于儿童的实践活动，儿童知情意行的全面发展，首先要落实在小学教育的每个学科教学中。我始终认为，校园的天地太小了，要把孩子们带出课堂、带出学校，投身广阔天地，开辟野外课堂，使儿童在情境中认知、在情境中冶情炼意、在情境中充分发展他们的实践愿望和能力。我看着他们健康地成长，内心感到无比的欣慰。

（3）小学教育促使全体儿童的发展。

儿童生活在集体中，教师应该教会他们集体认同意识、团队精神和融入大众的能力，使他们从小养成社会公认、人人恪守的伦理道德习惯，掌握课程标准要求的知识技能。在这些最基本的要求上，整齐均衡的要求并没有错。但是，儿童的整体、全面发展绝不是每个人都仿佛从一个模子中浇铸出来，教育也绝不是工业流水线，制造标准件。我认为，全面发展的教育还应该有一个含义，承认儿童的差异，让全体儿童在自己原有的基础上、在与生俱来的禀赋条件上获得尽可能大的发展。正好比万紫千红才体现春光无限的全面特征，如果只有一种色彩，没有了差异性，也就没有了春天的绚丽多彩。

指导学生观察

就智能的发展而言，多元智能理论告诉人们，人的智力不只是智商测试。多元智能理论的创立者霍华德·加德纳（Howard Gardner）这样说："事实上，我认为七种智能同等重要。然而，我们的社会今天将语言和数学逻辑智能置于最重要的位置，大部分智能测试都建立在这样的基础上。如果你的

语言和数学很好，你的智商测试和 SAT 的成绩一定很高，从而可以进入一所名牌大学就读。但当你离开学校，是否仍然能有良好的表现，往往在很大程度上取决于你是否拥有和能否运用除此之外的一些智能。"（《多元智能》，新华出版社，1999 年 10 月第 1 版）遗憾的是，我们许多教师的确十分重视甚至只重视儿童的语言和数学逻辑智能。这两种智能强的孩子被认为是好孩子，而差的孩子则往往遭到另眼看待，甚至训斥。这里除了必须端正儿童观外，还必须端正智能观。其实，如果我们留心一下，就会发现那些语言智能、数学逻辑智能不太好的孩子，他们的空间智能、音乐智能、身体运动智能、人际关系智能和自我认识智能并不差，甚至有的还很突出。我们应该尊重儿童的"智能个性"，帮助他们发展"个性智能"。事实上，只有承认差异，尊重个性，每个孩子才能得到充分的发展。

儿童成长的快乐

　　除了智能个性以外，情感和意志的发展，在不同的孩子身上也呈现出不同的个性。情感力和意志力的单一并非好事。在成人社会里，有的人激情充沛，有的人柔情似水；有的人特立独行，有的人亲和兼容；有的人崇尚坚持，有的人懂得放弃；有的人谦虚谨慎，有的人傲骨铮铮；有的人心细如发，有的人大刀阔斧……这些都与他们从小个性的形成与发展是分不开的。秉持各种生活方式、生活态度，表现各种性格特征的人群，构成了我们丰富多彩的社会人生。只要是对个体的幸福有利、对社会的进步有利，个性纷呈绝不是坏事。而在小学阶段，儿童的个性正处于极为重要的生长期。扼杀个性，也许就扼杀了儿童的明天。我在教实验班二年级的时候，班上插进来一个留过两次级的学生。他的自卑感已经到了极为严重的地步。我想，要使他抬起头来，用对所有孩子的一般要求来对待他是不行的，要使他的语文、数学成绩跟齐班上的多数孩子是不现实，也是没有必要的。我留心他身上的个性特征，发现他心地善良，为人热心。从他写的错别字连篇的观察日记中，我发现，他对奶奶特别孝顺。平时，他与班上同学相处，处处让着人。我还发现，每逢班级劳动，他干得特别起劲，满头大汗都顾不得擦。这些"特别"表明他并不比别的孩子差。他的交往智能、自我认识智能，不是有很强的地方吗？我有意识地在这些方面在全班表扬他，给他创造展示强项的机会。同时，针对他的语文、数学较差的情况，加强对他的个别辅导。我的期望值定得不高：让他赶上班上的中下水平。结果，他的语文、数学成绩慢慢跟上来了。在一次省电教馆拍我公开课实录时，他还主动举手发言，纠正一位同学回答问题中的一处用词的不当。那一堂课，是他的一个飞跃。我知道，从此以后，他的自信心会越来越强。情境教育主张关爱每一个孩子，重视并研究每一个儿童，对每一个儿童的发展都不轻言放弃。要知道，你今天放弃的只是一个工作对象，而你的放弃指不定就会耽误一个人、一个家庭明天的幸福。一言以蔽之：教育是为了全体儿童的发展。

2. 小学教育不但为儿童明天的幸福做准备，同时也是给予儿童现实幸福的教育

多少年来，人们信奉并恪守着这样的观念：学海无涯，以苦作舟。孩子时下在学校里勤奋苦读，为的是将来出息成人。所谓"吃得苦中苦，方为人上人"。十年寒窗能熬能耐，是因为始终企望着"金榜题名"。学校教育呢，也清晰地把目标指向未来。许多小学曾贴出过这样的标语：不仅要为孩子的六年着想，更要为孩子的六十年着想。许多教师常这样语重心长地告诫学生：你现在不好好学习，将来怎么可能有出息？是的，学校教育为了孩子的明天，这是天经地义的。但从严格意义上说，教育也是今天的需要。我们的孩子，每日走进学校，参与教学过程，从他们的内心来讲，不仅仅是为明天的辉煌做准备，而且也是今天的童年精神生活的需要。儿童作为一个人，他的童年是人生的最初阶段。他们纯真、无虑、可塑，因而他们可以获得更多、吸收得更快。"教学活动从更高的境界来说，同样应该是童年生活的享受。让学生享受到人生最初阶段的属于儿童的欢乐，而绝不是'劳役'，更不是'苦役'。'为了你明天的幸福，你今天就得吃苦'这类天经地义的训话，现在看来似乎不能讲得那么理直气壮了。"（参阅李吉林：《一个值得倡导的教学原则：美感性》，

载《人民教育》，1998 年第 4 期）

当时我说上述这段话时，心中满怀着对儿童的感情，甚至是基于对今天儿童负担过重而失去童年快乐的忧虑。我觉得中国科举制度虽早已废除，但盘踞在人们心中的科举的残余影响却始终未曾消失。为了明天的"幸福"，千千万万的儿童从踏进小学的第一天，就注定开始了今天的"苦役"。我隐约觉得，应试教育与科举文化的影响是紧密联系的。而这一切，都和现代先进的教育观念、教育制度格格不入，也和我们的培养目标格格不入。

回忆我们每个人背起书包去上小学的第一天，那是怀着一颗怎样的喜悦之心、憧憬之心走进学校、走进课堂？学校呢，也为儿童准备了各个科目的教学，自然的、人文的、科学的、艺术的，那些都是人类文明的结晶。学科殿堂里本有着美妙神奇、对孩子有着巨大吸引力的无穷珍宝，还准备了丰富多彩的各种活动：科技制作、体育锻炼、文艺娱乐……应有尽有，更不必说各种校园文化节、春游秋游。学校生活给予孩子现实的幸福体验，是完全可能的。要把这种可能变成现实，那就要还学科教学生活的、情境的、本真的面貌，给课余活动足够的时间、空间，需要老师们精心地投入设计和组织。当然，其中也包括老师对儿童的教育，这种教育应该是充满着情感的教育。在儿童的眼里，"教师是一切美好的化身和可资仿效的榜样"（凯洛夫语）。他们从老师身上感受到的亲切的关怀、睿智的讲授、情感充盈的感染力及美丽的仪表和心灵，都会转化为他们的一种温暖的情感体验。这种体验在当时便是倍感幸福的，同时又会伴随他们一生，在他们日后走上社会，碰到形形色色的人和事，遇到人生遭际的酸甜苦辣时发生效用，支持他们走过人生旅途。

小学的学习生活长达六年，是所有学生学习阶段中时间最长的（初中和高中加起来才抵得上小学阶段）。而且这六年是儿童生命中拔节生长最为欢欣的六年，是最充满活力，也最充满向往和甜蜜的梦想的六年。如果这六年的学校生活在他们身上并不那么明丽，并不那么响亮，并不那么甘甜，甚至有些压抑、有些低沉、有些苦涩，那么这种消极的学校生活体验会不会在他们幼小的心中慢慢沉淀，最后沉积为一种消极的人生观？消极的人生观肯定不会给学生的未来带来幸福，这是毫无疑问的。这么看来，在学校生活中失却了幸福欢乐的童年，加在他们身上的是无奈、疲乏、郁闷和失望，那么企望他们有美好幸福的未来，究竟靠不靠得住，还真要打个大大的问号。

　　给予儿童学校生活现实的幸福，并不是可以轻易地实现的。教师除了要端正和厘清教育态度和观念外，还必须经过自己创造性的教学活动，在教与学的互动、生成、转换中使学生享受教育的快乐。我探索的小学语文情境教学起初正是为了解放儿童，让儿童摆脱应试语文的桎梏，让儿童学得愉快。当情境教学发展到情境教育，在儿童学校生活的方方面面创设智、美、趣的教育教学情境时，孩子们的情绪是那么高昂，活动的主体意识、自觉性是那么强烈，他们的创造性也得到了很好的发挥。无论是各科教学的情境创设，无论是学校德育、管理中的情境运用，还是校园内、外的活动课程中的模拟生活情境和真实生活情境，都为孩子们打开了一个新鲜同时又是他们熟悉的感性天地。在这个天地里，他们的智慧和品质都健康地生长着。精心创设的、优化了的情境所产生的教育影响，带给儿童现实的幸福，也为他们奠基着未来的幸福。

　　我的小学教育观引导着我去探索情境教育，去构建它的适宜儿童成长的童真模式。

七、围绕一个"情"字去构建

（一）向思想品德课延伸

　　从全体儿童个性充分发展的角度构想，又从学校管理操作层面上思考，1990 年4 月，我悉心策划了实验方案，主题定为"着眼发展，着力基础，情境教育促进儿童素质全面发展"。

　　方案从"课题的提出""课题目标""课题的理论思考""课题的范围""实验的主要措施与时间安排""学校管理的对策"等方面做了全面的安排。方案既定即开始实施，首先向相邻学科——思想品德课延伸。

　　长期以来，我们的思想品德课都是抽象的、概念的，教师习惯于把道德观念灌输给孩子。这样的道德教育必然是缺乏实效性的。在思想品德课中，儿童道德理念的建立、道德行为的形成，需要情感参与才能做到动之以情、晓之以理呀！我想完全可以通过创设德育情境，把儿童带入其中。生动、感人的情境，必然会激发儿童

和班华教授研讨德育

的道德情感，而道德教育的内容则镶嵌在这多姿多彩的大背景中，儿童无所顾忌，毫无逆反地在其间活动。我想，既然强调激发道德情感，那就离不开儿童对形象的感受，于是我们根据教材的特点和教育的需要，优选手段，或图画再现，或音乐渲染，或角色表演，或多媒体的视听，或生活展示，形象地再现教材内容所表现的情景、所讲述的故事和阐述的道理，让学生通过他们的感官与心灵去感受、去体验、去对话、去理解，让学生充分感知思想品德教育的内容。在此情此境中，情与理交融在一起，道德教育产生了实效。

这一阶段的探索，有两点我很明确：一是道德教育必须有情感伴随；二是道德教育要从儿童身边做起。没有情感的铺垫，远离儿童生活的道德教育只能导致大而空。道德情境教育使长期以来抽象的"说教式"的思想品德课变得活泼、有血有肉。

情境教学向思想品德课延伸实验的成功，推动了其他各科实验的开展。音、体、美等学科由于本身具有丰富的形象性，使我们比较顺利地迈开情境教育新的一步。

我非常珍惜老师们潜在的智慧，一扇门一把锁，我把情境教育的钥匙交给年轻人，让他们去打开各学科通往情境教育之门。那把钥匙就是体现情境教育的"五要素"：诱发主动性、强化感受性、着眼创造性、渗透教育性、贯穿实践性——这是共性的。同时，老师还要把握好开锁的要领，那就是"两个特点，一个目标"。两个特点就是"学科的特点＋儿童的特点"，一个目标就是"儿童的发展"。把钥匙交到老师的手上，他（她）就是那手执小木屋、小金屋金钥匙的人。他们就很自信，自信让他们自强不息。各科教师满怀着热情，不仅是热情，还带着快乐纷纷卷进来了。

走进各科教学的教室，可以看到老师们都非常投入，图画、音乐、表演这些创设情境的生动手段都被老师们用起来了。目睹课堂上全新的景象，我深感情境教育让各科的课堂教学亮起来了，课堂教学生动形象、有情有趣。情境教育受到孩子们的普遍欢迎。当时，我把音、体、美情境教育概括为三句话，即以"情"激"趣"，以"美"悦心，把发展想象与学科技巧的训练密切结合起来。在后来的学科情境课程中，则更突出了"美"，让儿童感受音乐的美、绘画的美、体育的美。正像鲁迅先生所说的那样，"音美以感耳""形美以感目"，从而在此过程中进行审美教育，培养学生对艺术、体育的热爱。艺术素养是一个人的素养的重要组成部分，因为它会影响人的情感与道德教育。

情境教育的实验与研究，为音、体、美学科教师施展才能开辟了新的天地。他们一个个变得更加能干，更加智慧，也更加多情。青春的活动，艺术的才华，科研的气息，使他们在情境教育的实验中，不断塑造自我、发展自我。在多少次研究课的设计讨论中，大家畅所欲言；在一次又一次的教案修改中，他们都有勇气否定原来的设计。课堂上他们的微笑，他们的目光，他们的语言、仪态，他们与儿童的亲密无间，都会让你意识到，孩子在成长，青年教师在发展。我置身于这样生气勃勃的情境中，觉得自己也仿佛平添了生命的活力，变得年轻了许多。这是天时、地利、人和的另一种感受。我觉得我在学生和教师群体中成熟。啊！校园是肥沃的土壤，自己是小树，小树就能长大；自己是种花的人，就能看到花儿盛开。教育科研的园地是一个催人向上、促人启智的多彩的世界。

（二）数学是难攻的堡垒

在试图将情境教学向数学学科拓展的时候，数学却像一座难攻的堡垒，让我感到非常棘手。数学与有着丰富形象、蕴含着情感的语文相比，显得抽象多了。那么多的概念和符号，对小学生来讲，似乎难以捉摸。

数学需不需要情境？如何在数学教学中创设情境？数学情境教学和语文情境教学有什么相同和不同之处？……一个个难题，预示着数学情境教学必定需要较长时间的摸索。

学校里年轻的数学老师蕴藏着极大的改革热情和智慧，他们被语文情境教学的魅力所吸引，并羡慕我在语文学科带的徒弟，因而也希望我收他们做徒弟。他们又热忱地表示："李老师，你就不肯收我们数学老师做徒弟？"我说："我不懂数学，怎能'好为人师'呢！数学的研究全靠你们啦！"听了这句话，周伟老师失望而又恳切地说："李老师，你以后千万不要说你不懂数学！"虽然是简短的一句话，却让我觉着了它的分量，我从中感觉到数学老师在数学学科中搞情境教育对我寄予希望。我说我懂数学还是不懂数学，对他们的探索的信心有着直接影响，

我怎能说不懂呢！我连忙改口说："没事，不懂我就向你们学，学了就能懂。"他们听了都高兴地笑起来。我这个数学的门外汉就这样被这群可爱的年轻人的热情和诚恳感动了，开始了对数学情境教育的探索和思考。虽然数学情境教育究竟该怎么去做，我一时半会儿心里还没数，但是我相信它总是会成功的。我有了信心，大家也就有信心了。

数学老师们行动起来了，他们首先主动地把语文情境教学的那些方法、手段，搬到了数学教学中去了。一天，数学老师喊我去听三年级的《认识长方形和正方形》一课。看得出来，老师很费了一番脑筋，用图画创设了一个"小兔盖房子"的情境，黑板上的挂图上画着的一座房子是正方形的，砌房子的砖块是长方形的，开的窗户是正方形，屋顶的烟囱也是长方形，小兔子的房子都给安排上了长方形和正方形，企图让孩子在童话的情趣中，在小兔子的房子中认识长方形和正方形。

我一边看着，一边想着，我非常客观地认为，小兔盖房子虽然有很多有趣的故事情节，但是长方形、正方形都在小兔的房子上，感知目标就不那么鲜明。正方形和长方形的差异孩子也一下难以辨明，于是我觉得不是很恰切。如果仅仅是把语文情境教学中那些创设情境的手段照搬过来，未必能很好地体现数学学科的特点。我一方面从保护老师们积极性的角度，表扬了他们大胆的尝试和创新；另一方面，我又十分警惕千万不能因为害怕情境教学不能在数学中得到拓展而牵强附会。科学的东西还是要实事求是，生搬硬套不是好办法。这次尝试让我领悟到，情境教育在其他各科的拓展，一定要遵循这门学科自身的规律，而不能削足适履。那么数学学科自身有怎样的规律呢？

我思考着：语文源于生活，数学不也是源于生活吗？因为生活或生产的需要，才产生了数学。但是，我早已发现，现实的数学是远离孩子生活的，是抽象而无法捉摸的，而且也过于烦琐。许多的数学术语，把原来不复杂的小学数学搞复杂了。孩子觉得数学难而无趣，也是很自然的事。因此，我想数学的情境教育应该从摒弃它的弊端着手，即怎么让数学走进儿童的生活，让儿童亲近数学。这么一想，我觉得数学运用情境的思路开阔了许多。

四年级的顾文彬老师是一个很聪明、机灵的小伙子，他很热情地接受新事物。不久，他准备执教《长方体表面积的计算》。过去教学长方体的表面积计算，首先出示一个标准的长方体的模型，让学生认识长方体的棱、面，再揭示长方体表面积的计算公式。教材上也就仅仅一个长方体的图形，教学内容显得单调、枯燥，与学生的生活似乎毫不相干，学生按部就班地从图形到公式一步一步地学，没有探究、没有兴趣。该怎么把课备出新意，让学生乐于学习，乐于探究呢？正在这时，学校刚好举行"爱书周"，各班都要做图书箱，建立图书角。那天，我经过总务处，无意间看到一只一只新的图书箱。我心一动，一下子就想到了《长方体表面积的计算》，兴奋极了：长方体不就在孩子身边吗？

　　我马上找到小顾老师，把他领来看图书箱，小顾毕竟是聪明人，一看就明白了，兴奋地说："好，有办法了！"随即，我又找了图书馆的老师，向他了解全校一共要多少图书箱。紧接着，我就和数学老师开始备课。我们从学生的生活出发，创设了在"爱书周"里做图书箱的情境。上课了，图书箱展现在孩子们眼前，顾老师让学生担当角色做总务处的教师，让他们计算给学校 36 个班配备图书箱要多少木板。孩子们被带到一个和他们自己生活相通的情境中来学习、认识长方体的表面积。而且学生霎时变成了总务主任，成了学校的当家人，真是新奇有趣。因为生活的需要，他们去研究身边的数学问题，"总务主任"用尺亲自测量一个图书箱长多少、宽多少、高多少，数据有了，再计算图书箱的表面积又是多少？制作一个需要多少面积的木板？学校那么多班级，又需要多少？在直接源于生活的情境中，学生很快就弄明白了长方体的表面积计算公式，又巧妙地将这个知识运用到生活中去。这节课上得很成功，孩子们始终兴趣盎然。

　　我从这一节课的成功想开去，感悟到数学其实就在孩子们的身边，就在我们生活中，我们可以在生活中找到它。从这个发现我便很自然地找到了数学学科创设情境的途径，那就是把生活带进数学的课堂。这个发现让我这个数学外行备受鼓舞，我觉得自己的认识就在这探索的过程中一点点地形成，并提高起来，我对数学的感受也一点点地敏锐了起来。

　　从这一新思路出发，我们又研究了很多课。在"爱国月"里，结合主题性大单元教育活动上了五年级的《多位数的读法》。百万、千万、亿这样的多位数，对于孩子来说是挺遥远的，他们并没有这样的概念，读起来不容易，写起来也易错，而且单纯的数字学起来挺乏味的。我想，数字只有让它根植到社会生活中去，它才是有意义的、有价值的。当时国庆节快来临了，我就想报纸上关于我们国家近五年来经

济发展情况的报道会很多，粮食、钢铁、煤炭、汽车、电等产量分别是多少，又分别增长了多少，很多数据都是多位数。我就和数学老师商量，让孩子课前去搜集相关数据，让他们比较具体地了解伟大祖国经济不断发展的喜人形势。其实，这也是一种社会调查，一种活生生的思想教育，让数学和祖国的经济发展结合起来。上课了，孩子们将收集的数据在小组里交流，然后汇集起来，创设了一个"祖国经济大发展展览会"的情境。要办展览会就要根据数据制作图表，由此引导学生去写多位数，而且要求准确、清楚、端正。于是，孩子们兴致勃勃地在下面练着，认真地写着一个个多位数。然后，有的人画表格，有的人写数字，"展览会"筹备好了，多位数的写法也在孩子们热烈的情绪中反复地写着、练着。展览会要开幕了，就得有讲解员，孩子们纷纷举手，要求担当讲解员。讲解员的讲解要求声音响亮、口齿清楚，报告数字必须准确无误。就在这角色扮演中，孩子们领悟到读多位数要眼快、口快，并主动积极地练习报告多位数的本领。在听读的同时，孩子们也为祖国经济发展的惊人速度而欢欣鼓舞。这样将数学学习和儿童的生活和社会的发展联系起来，既让儿童懂得了祖国这五年来的辉煌成就，又在其中掌握了多位数的写法、读法，孩子们所学的知识及时地运用于实际之中。

此后，老师们都领悟了数学就在情境中的道理。学校的数学课生动而有趣了。学习统计，就结合班级开展的读好书活动，统计同学读各类书的数字，然后做成图表展示；学习百分数、分数，以至比例，都让学生在班级、在学校、在社会中就某一个项目收集数字，去编题计算，感悟数学在生活中的广泛运用；学习元、角、分，让学生当营业员和顾客，理解人民币的进制、兑换，熟悉使用人民币；学习重量"吨"，让学生当饲养员，给牲口过秤。教《百分数的应用题——利息》一课，教师设计了游戏"为储户当参谋"，设立"储户咨询站"，有的孩子当"储户"，有的孩子当"参谋"，还有的孩子当"储户咨询站"站长。相互间展开角色的对话：有储户与参谋的对话，有站长与储户的对话。积极的思维活动在游戏中快乐地进行，生活中的数学在课堂上生动地展现。这些模拟的生活情境，有效地培养了学生的数学应用能力，而且极大地丰富了数学教育，儿童对数学的兴趣油然而生。可以说，数学在情境中产生，再引导学生到情境中去运用。现在看来，这已是现代数学教学必由的路径。这一阶段的收获不小，在参与数学老师备课、听课、集体讨论研究的过程中，经过多年的探索和研究，经过概括，我终于提出了情境数学教学的三点主张的第一条：数学来源于生活，引导学生在生活中发现数学，让数学与生活结合，在真实的或模拟的生活情境中学习数学、运用数学。

面对情境教育在数学学科中的进展，我又想，数学的重要特质就是思维的"体操"。数学的学习就是不断地引领儿童去思考、去探究。我们创设的情境，应具有鲜明的、探究的特点，要有利于儿童思维的发展。

但是探究并不意味着抽象，并非仅仅是逻辑。小学数学，儿童学数学，应该伴随着生动形象去探究，也就是在情境中探究，在境中生情，这样儿童的探究就可以伴随着乐趣，探究也易于产生顿悟。因此，实验班的数学老师努力把抽象的"公式、定律"化为具体可感的形象或生动的形式，把数学的知识镶嵌在情境中。

陈建林是一位年轻的数学老师，他有着较深厚的数学功底。他教六年级数学，为了使学生把体积的知识综合运用到实际生活中，他和学校数学教研组的老师们共同研究创设了一系列儿童感到亲切有趣的生活、生产的情境，并引导学生把计算不规则体积的知识在情境中运用。我也参加了他们的研究。一上课，陈老师很有兴致地对孩子们说："同学们，华罗庚爷爷是我国著名的数学家。今天，陈老师准备成立一个'小小华罗庚研究小组'，你们谁愿意参加？"话音刚落，全班孩子哗地举起小手，要求参加研究组。陈老师热情地说："看来我们得成立一个'小小华罗庚研究大组'了，大家都来参加，非常好。今天我们的研究内容是综合运用所学过的有关体积方面的知识，去解决实际问题。"

陈老师通过让孩子参加"小小华罗庚研究小组"来提升学生的学习兴趣，并明确地提出了这堂课的学习要求。接着，陈老师把学生带到模拟的"金属制品车间"，"工人叔叔"正在制造铜锁。陈老师随即拿起一把铜锁。陈老师创设一个探究的情境："工人叔叔所用的材料是一块棱长为9厘米的正方体铜块，用这样大小的铜块能加工成多少把这样的铜锁呢？"铜锁的体积是不规则的，有锁身、锁柄、锁孔，那怎么算呢？陈老师鼓励孩子大胆猜想。在孩子感到困惑时，陈老师用一个故事让孩子在趣味中把思维引向深处。他说："早在两千多年前的古希腊，有一位伟大的数学家，他的名字叫阿基米德，他也曾遇到了你们今天遇到的问题。"孩子一听顿觉新奇。陈老师接着说："国王要阿基米德判断皇冠是不是真黄金？他为此困惑了好几天，最后的结果怎样呢？让我们来听听阿基米德当年的情况。"陈老

师播放了一段录音，生动地讲述："阿基米德在跨进放满了水的浴缸时，发现许多水从浴缸里溢了出来。看着溢出来的水，阿基米德恍然大悟，他立刻跳出浴缸，披上衣服冲出门去。"

孩子们听了个个兴奋不已。陈老师问孩子："阿基米德看到浴缸里溢出来的水，受到了启发，找到了测皇冠体积的方法，你们有没有从中受到什么启发？"他鼓励学生动手试一试："现在请你们这些'小华罗庚'组成实验小组，利用桌上的实验器材，根据自己的设想，大胆地去做一做，看哪一组的方法跟阿基米德的方法是相同的。"孩子一听自己的方法竟有可能与伟大的数学家阿基米德相同，快乐得简直要跳起来。那铜块究竟能生产多少把锁，孩子们运用与阿基米德相同的方法终于算出来了！真是"情能激智"呀！

接下去，陈老师把学生带到模拟的"玻璃制品车间"，提出：怎样注明这种玻璃瓶能装多少毫升的药液？

孩子们便操作开了，这样试，那样试，在探究中最后终于明白了：应将药瓶里的水倒入量筒。陈老师当即表扬孩子："你们的方法真好！据说爱迪生当时也曾经向他的助手提出了类似的问题。最后还是爱迪生告诉了助手方法：就像你们刚才那样，他往玻璃瓶中倒满水，然后把玻璃瓶中的水倒入量筒中，一下子测出了水的体积，那就是玻璃瓶的容积。"

陈老师以孩子们崇敬的数学家为榜样，再把学生带入模拟的探究情境中，让学生感受科学家神奇的数学智慧和人格之美，陶冶学生的情操，开发学生的潜能。

我们创设的情境，具有鲜明的探究特点，不仅要让学生在情境中感受数学，理解运算的规则，而且要让学生在一种非常愉悦的心理状态下探究数学，促进儿童思维活动积极进行，培养他们对数学的兴趣。事实已表明，数学情境课程给儿童带来了无限的生机和乐趣。这让我深切地感悟到数学情境教学的三点主张的第二条：通过创设探究的情境，让儿童伴随快乐的情绪，借助形象进行抽象的思维活动，把形象思维与逻辑思维结合起来，启迪儿童的数学智慧，体现了数学是思维的"体操"的学科特点。

陈建林等老师的课启发了我，我感到数学和其他学科一样，也是人类文明的重要组成部分，蕴含着丰富的美感。英国哲学家罗素就说过，数学有一种"冷峻的美"。这使我意识到，小学数学中应该体现数学的审美性和文化性，引导儿童在学习数学的过程中，获得数学的审美感受和文化熏陶。数学的文化性、审美性是一个新的课题，而数学情境课程的特点更易于进行这方面的探索，于是我们的"情境课程"研究又深入这样一个新的层面上去。教师对儿童不仅要进行认知的教育，还要渗透审美的、文化的、情感的、道德的熏陶，这才能促进儿童素质的全面和谐发展。

五年级研究教学《平行四边形面积的计算》，传统的教法是老师先带领学生复习长方形面积的计算公式，然后出示平行四边形，通过演示告诉学生平行四边形的计算公式是什么，然后进行练习。这便是最常见的离开了生活的纯认知的教学。

执教的关勇老师是个很富幽默感的老师，所以思维方式也常常与众不同。我们在集体备课研究时，他的幽默常常生发出一种特别轻松的气氛。在那样的情境中，真是可以"出格地想"。他在备课时说："人类研究长方形面积的计算公式用了一万年之久，而后研究平行四边形面积只用了五六十年。"我一听，觉得这是非同一般的资料，连忙问："这数据确凿吗？"关勇老师笑着十分肯定地说："这是我从书上看到的。"这个资料的提供让我从数学史想到数学文化：人类对数学的研究是代代传承的，后者是在前者的基础上发展起来的。因此，我认为，让儿童从数学的文化中感受数学的美，是可以寻找到途径的。我谈了自己的设想，得到数学老师这群内行的认可，我心里特别高兴。

教师可以抓住数学文化的"脉"，重演、再现发现公式的情境，让学生自己去发现公式。可以说这是多少年来，我在困惑中思考琢磨数学情境教育的一个朦胧的而又梦寐以求的境界。今天，顿觉开朗，内心似乎涌起一种发现了什么似的兴奋。关勇老师集中大家的智慧，加上自己的钻研，上了很出色的一课。

上课一开始，关老师启发引导学生："人类研究长方形面积的计算公式经历了一万年，而后来研究平行四边形面积的计算公式，却仅用了五六十年。显然，人类是从长方形面积的公式中得到了很好的启示。"简单的几句话，道出了人类对这两个几何面积计算公式探索的历程，包含着逻辑之美、创造之美。接着，关老师让学生担当角色，"现在就请你们做古代小小数学家"，随即出示一幅简笔画，上面画着一间小屋，小屋前有一块平行四边形的地。关勇老师指着图说："一位老爷爷的屋前有一块平行四边形的地，老爷爷很想知道这块地究竟有多大，问了很多人都不会算，你们这些'小小数学家'有办法计算出它的面积吗？"于是，这些"古代小数学家"拿

着长方形、平行四边形的图形，摆弄着、切割着、拼接着，在古典民乐的典雅的音韵中，他们专心思考、小声议论、大胆猜想。不多一会儿，有人举手了，再一会儿更多的人举手了，他们一个个要发表各自的发现："我是将平行四边形从中间切割的，一拼就是长方形了""我们可以运用长方形计算公式来计算平行四边形""这是不是也叫'长×宽'呢"。学生边说边演示，边提出问题，教室里沸腾了。"公式"不再是老师告诉的，而是通过学生担当向往的角色，在探究中自己发现的。他们运用起公式来就倍感亲切而难以淡忘。对人类文明史进程的初步体验，使关老师把数学知识、数学文化和探究精神在情境中融成一体。这样重演、再现人类研究、创造出平行四边形公式的最初阶段的情境，体验人类文明发展进程中的生动的一幕，充分显现出教学内容的美感。数学老师从体现美的角度设计思考，可以使数学教学更具人文性，使数学变得丰富多彩。

数学情境教学的三点主张的第三条为：将生活展现、实物演示和艺术手段结合起来，重演、再现人类发明数学公式的情境，体现数学的文化性和美感性，来实现数学教育中数学知识的获取、数学技艺的掌握与数学文化、数学美感的熏陶三重功能，从而丰富儿童的精神世界。

情境数学将"数"与"形"，"数"与"生活"结合，让儿童在身边发现数学，使原来颇为遥远而陌生、敬而远之以至畏惧的数学变得亲近、似曾相识、可以理解和捉摸，由此培养学生对数学的热爱。

情境教育向数学拓展的时候，数学学科的教师们在课堂上创设相关情境，不仅让孩子们在情境中感受数学，获得、理解运算的规则，而且在一种非常愉悦的状态下学习数学，促进儿童积极思维的发展，培养了他们对数学的兴趣。在数学教学里，创设情境给数学教学带来了无限的生机和乐趣。情境数学的研究也使教师们获得了显著的发展，我们的数学教师在全省数学比赛中连续十年获得冠军。

（三）"爱"产生智慧

时间过得很快，一转眼到了1993年冬天，中国教育学会要在上海举办纪念邓小平同志"三个面向"发表十周年的学术研讨会。学会通知我去参加，并在会上发言，还希望我的发言能够谈出新的经验。

　　情境教育的确给学校带来了勃勃生机，孩子们的发展也是充分的、喜人的。我决定就以情境教育为发言主题，题目定为《情境教学—情境教育的探索与研究》，打算讲在情境教学到情境教育这样一个探索的阶段里，我的一些真实的思考，以及实验过程中我们获得的初步经验和收获。

　　多少年来，无论是上课，还是写文章，我都局限在小学语文这个单一的学科里。这次要走出单科，跨学科地写整个小学教育，那就宏观多了。还要写出新的经验，应该说难度是很大的，我只得把这作为对自己的一次新的挑战。

　　我给自己壮胆，给自己打气。自己怎么想的，怎么做的，就怎么写。我坚信，真实是最可贵的。我思考着，情境教育究竟是怎么在情境教学的基础上发展起来的呢？它的基本模式是什么？这些都是我要在这篇文章里回答的问题。

　　我在构思这篇论文框架的时候，回顾了整个情境教育的发展历程。情境教学发展的五要素决定了它继续发展的可能性。我问自己，在情境教育的探索中，自己想得最多的是什么？我毫不犹豫地回答自己：那就是儿童的成长环境。我曾美美地幻想着：倘若各科教学，孩子们都能像学语文那样，在优化的情境中主动地学习、欢乐地学习，那该多么好！由此，我萌生出将情境教学向情境教育拓展的动机。

　　从"爱儿童"这个基点出发，进而我又想到，什么样的环境最适合儿童的成长？是开放的，还是封闭的？目标是什么？我觉得这些问题在我的思想上是明确的，我用不着"做文章"。我不能像跳高运动员那样，一阵助跑，一下子越过横杆。尽管在我整个的人生历程中，我常常会提醒自己"新的高度在前面"，这前进的横杆不能下降，只能上升。而要走出一条路来，必须是脚踏实地的。我感觉自己犹如一个竞走运动员，脚跟不离地，一步紧跟一步，快速地走，不停地走。我深知中国的教育科研起步迟，它既需要我们思想上的飞跃，又需要我们一步一个脚印地去务实，容不得半点漂浮、虚假和矫揉造作。因此，动笔前，我的自我感觉良好，思维状态是有序的，儿童在我心中。比较费劲的是怎么提炼、概括。经过好多天的反复琢磨，根据实践与自己的感悟，我从儿童成长的空间，教师、教材与儿童的距离，儿童是教育时空中的主体，儿童发展的目标四个方面构建起了一个立体的情境教育的基本模式。

1. 拓宽教育空间，追求教育的整体效益

　　无论是我们面对的活生生的现实，还是现代的教育论说，都表明儿童的发展需

高瞻远瞩

要一个广阔的空间。我过去在语文单科教学里，带领孩子接近大自然，开展野外教育，主要考虑的是让孩子回到生活的源头获取写作的题材，在生活的源头去学习语言。虽然，这实际上已经极大地拓展了孩子们生活的空间，但在自己的思想上还没有形成非常强烈的意识。到了 20 世纪 80 年代中期，情境教学经过了整体改革，逐步向前发展，学校教育已经不再局限于 50 平方米的教室里的课堂教学，而从单科走向多科，从课堂教学走向校园活动，从校园走向校外。这和封闭的传统教育相比，它从课堂这一教育的主体区域延伸开去，将构建一个开放的儿童教育的空间。于是，"拓宽教育空间"逐渐沁入我的教育理念之中。与此同时，我还特别考虑到儿童成长空间的优化，有情有境，富有美感，把各科教学的目标统一在促进儿童整体发展的目标中，将儿童活动空间中的每一个区域，如课堂、校园等各个活动场所，以至家庭，共同构成一个连续的、目标一致的和谐整体，以充分利用环境、控制环境，最终使儿童生活的各个区域以统一的目标求得和谐，进而获得教育的正效应。我仿佛是一个建筑师，从设计到整体构架、施工，从有限空间到各区域的功能，都无阻隔、不干扰，又可延伸。犹如哪条小径有一块空地可种植，哪儿是阳台可凭栏远眺等都精心设计，融通而和谐，最终让主人快乐地生活。

　　我认真回顾了 1990 年的情况，我设计的情境教育方案与老师们见面以后，学校根据设计，确定每月的教育中心，教育活动便蓬勃地开展起来。我做了归类、梳理，概括出拓宽教育空间的三条渠道：一是通过多样性的教育"周""节"活动，渲染学校欢乐向上的氛围；二是通过主题性大单元教育活动，强化教育的效果；三是通过野外情境教育活动，不断丰富课堂儿童智能活动的源泉。教育的现实让我明确了情境教育正是从这三条渠道来拓宽教育空间、丰富"教育源"的，以促进儿童身心发展，使儿童身在学校，而心灵无处不受到滋润、感悟，从而提高教育的整体效益。情境教育的操作模式之一就是"拓展教育空间"，其目的是为了"提高整体效益"。

拓宽教育的空间，实际上就是拓展了儿童活动的生活空间。因为，儿童总是在自身的活动中获得发展的。可以说，没有儿童的活动，就没有儿童的发展。

为了强化教育的力度，情境必须具有集合性、连续性。所以，在设计情境教育实施方案时，我们结合节日、时令，创造性地设立了"教育周""教育节"，实践效果喜人。如二月的"爱书周"，在新年后刚开学，儿童拿到新书的时候，引导儿童爱书、护书，培养儿童对书籍的热爱，做到班班有图书角，人人有小书柜（箱），鼓励儿童像小蜜蜂一样钻进书的花丛中博采众长。三月的"学雷锋周"，广泛开展学习雷锋的活动，教育儿童以雷锋叔叔为榜样，心中有他人、热心助人，并针对社会弊端，着重进行责任心与社会公德的教育。五月的"创造月"，结合国际劳动节，集中进行

在童话世界里

创造教育，鼓励儿童充分发挥自己的创造潜能，大胆想象、积极创新，广泛开展科技小制作、科学小论文的少儿创造活动，体验创造的快乐。十月的"爱国月"，把热爱祖国的教育作为整个思想道德教育的主线，集中进行爱国主义教育。圣诞前后的"童话节"，指导儿童读童话、编童话、听童话歌曲、做童话头饰、扮演童话角色、表演童话剧，让他们走进神奇的童话世界，在童话世界里尽情享受生活的美，插上想象的翅膀、激起创造的热情，在新年的爆竹声中把多彩的课外活动推向高潮……这些"教育周""教育月""教育节"，使我们积极正面的教育，形成了新的教育传统，成为学校文化的重要组成部分。此外，各年级还开展了丰富多彩的周末活动。

多样而生动的课外活动与优美的场景，作用于儿童的心理世界，使儿童感受到校园中的欢乐、友爱和群体向上的力量。儿童在这些节日里享受到了学习的快乐，教师也利用这些节日活动潜移默化地使儿童得到熏陶和感染。

一系列教育效果的演绎，使我更坚定地认为，儿童成长需要宽阔的空间、开放的空间、适宜他们成长的空间。在这样的空间里开展各种活动，儿童会身心俱适。这是学习，是活动，是游戏，儿童就在这欢乐而充分的活动中得到了发展。于是，我终于可以阐明其中的因果逻辑关系：拓展教育空间，提高整体效应。

2. 缩短心理距离，形成最佳的情绪状态

从拓宽教育空间很自然地想到这个广阔空间中的人群，想到老师与学生之间的关系。多少年来，学校的教育活动一般是单向式、被动式地进行的，学生感到一种"距离感"。

一是教育者与被教育者之间的隔膜，仿佛一堵"墙垛"。

二是学生与教学内容之间的距离，犹如一条"鸿沟"。

三是学生之间也有距离，存在着一层"隔膜"。

但是在我们实验班的课堂上、班级里，却是另外一种景象：师生和谐、同学友爱、学生对教材产生亲切感，都非常好地相融在一起。究其原因，那就是"境中之情"的作用。情感其实就是无形的纽带，不知不觉地连接着学生与老师、学生与教材、学生与学生。这一点我感悟到了，但如何去概括呢？

要进一步思考的，就是在情境教育中应该如何缩短学生与教材、与教师的心理距离，并根据情境教育的特点，突出一个"情"字去构建。

（1）创设亲、助、和的人际情境，缩短教育者与被教育者之间的距离及学习者之间的距离。

亲和的人际情境，能够有助于缩短心理距离，形成最佳的心理状态。这一点是我第一轮实验时未认识到的。随着情境教育实验的深入，我慢慢地体悟到，教育不单纯是教学内容、教学形式和学生之间的关系。物化的情境对学生情感的影响、教师的情感倾注，对学生的心灵世界产生着更为深远的影响。在学生的心目中，老师是至高无上的。学生特别希望老师喜欢他，班级中每一个学生都希望得到老师的爱。所以，我们每一个教师都应该走进学生心灵的深处，贴近他们的心理世界，饱含期待地关注他们的成长。我们的各科教学不能仅仅局限于学科内容的教学、学生的习得，还要看到学生作为一个人的情感需求，全面实施人的教育。

我们向老师们提出了"一切为了学生的发展"的总体要求，珍爱学生的情感，关注学生的情感世界，倾注自己的爱心，将其渗透在职业道德中。实验班的老师以自己的爱，触及孩子的情绪领域，并且以"爱生乐教"作为自己的座右铭。学生从老师那儿十分敏锐地感受到一种期待、一种力量，从而转换为学习的内部诱因。这种群体的信心，老师和学生之间情感的相互作用和良性循环，逐渐形成一种"诲人为乐""学而感趣"的教风和学风。优良的教风和学风，成为儿童热爱学习、主动学习的情绪背景，亲、助、和的师生人际情境的情绪效应得到发挥。

（2）创设美、趣、智的教学情境，缩短教学内容与学习者之间的距离。

各科教学的内容，在儿童"已知—未知"间，儿童会因为陌生而很自然地与之产生距离。而且事实上，各科教学的内容，许多并不是来自儿童身边，与儿童既有时间的距离，也有空间的距离，加之教师纯客观的分析、灌输，更拉大了教学内容与儿童的距离。这种"有距离"的教学，使儿童感到陌生、遥远，很难激起学习的情绪。这些教学内容从产生知识的原发的情境中抽象出来，只看到果实，看不到结出果子的树、叶和花，也就是从情境中剥离出来了。创设美、智、趣的情境，实际上就是把知识还原到或者是镶嵌到产生知识的那个情境中。譬如，语文是再现作家创作时所经历的那个情境。简言之，情境教育就是把学生带到特定的、优化的甚至是完美的情境中去，因为一切知识都是在情境中产生的。这样，儿童获得的知识不是干瘪的，而是有情有境、有血有肉的。有着宽阔外延的知识，儿童易学也乐学。因此，各科教学以生动的直观与语言描绘相结合，创设情境，同时以情感作为纽带连接教师和学生，能缩短相互之间的心理距离。为了使教师便于理解、操作，我又

将平日所创设的情境分类列出，大致有实体情境、模拟情境、推理情境、想象情境和语表情境等。再现教材的相关情境能使各科教学贴近儿童。

3. 利用角色效应，强化主体意识

在从"空间"到"距离"构建情境教育基本模式的思绪中，我接着思考的便是活动在这个时空中的主体——人，即我们的儿童。其实，"空间"就是儿童的空间，"距离"是儿童与老师、教材的距离。我曾经说过，没有学生就没有老师的存在。"一切为了儿童的发展"是情境教育的宗旨，儿童是教育的主体、是课堂的主人。

"九五"期间，情境教育各科教学呈现的活生生的教学场景告诉我，"角色"会产生效应。让孩子扮演角色时，孩子们一个个会立即兴奋起来，表演到高潮处，教室里常进入沸腾的状态。由此我感悟到，"角色"的担当或者表演，会使儿童进入角色。他们在热烈情绪的主导下，体验角色、表现角色。加上角色的思维和系列的操作活动，都使他们的主体性得到充分的发展。而这个效应就使儿童已经被激起的主动性更强化，得到更充分的体现。我明确地提出了基本模式的第三条：利用角色效应，强化主体意识。现在，新的课程标准提倡学生是学习的主人，教师是教学的组织者和指导者。显然，情境教育模式的实践符合新课标的理念。

在过去传统的灌注式的教育中，学生很难形成主体意识，因为他们处于一种被动接受、被动应付的情绪状态中，处在一个"我是学生"的"被动角色"的位置上。在这种缺乏主体意识的学习中，学生很难获得主动的发展。整个教育教学过程，要能成为学生主动投入、主动参与的活动，关键在于学习者主体意识的形成，即其学习态度、情感和意志的作用。而作为学龄期的学生，更多的是动机、情感的作用。

为了保证学生教育教学活动的主体位置，我们利用角色效应，让学生在已创设的特定情境中担当角色、扮演角色，激起学生对角色的喜爱。学生们因为担当角色、扮演角色，从而显得那样激动和快乐。在此过程中，由于角色的转换，学生的言语活动、思维活动、想象活动伴随其间。老师利用学生进入角色的知觉，让学生理解角色在情境中的地位以及与其他角色的关系，进一步引导学生体验角色的情感。每到此时，教室里总是气氛热烈，担当角色的、扮演角色的、作为观众的学生，个个都兴奋不已，如同身临其境。这种角色效应，有效地强化了学生的主体地位。在整个学习过程中，因为担当了角色，学生就从一个被动的角色，不知不觉地在热烈的情绪中成为一个主动的角色。

各科教学的课堂连同平日自己上的课，自己和老师备课设计后的课堂效果，都表明角色的高效应使老师便于、乐于操作。在构建模式时，根据教育教学活动进展的需要，我又将课堂上学生担当、扮演的角色进行了分类。除教材中的角色外，角色大致有如下三类。

（1）担当向往的角色。

向往，顺应了儿童渴求的情感驱动。担当向往的角色，儿童的情绪会特别热烈，仿佛人格也顿时升腾了。我们常常根据课文的内容和活动主题的需要，让儿童担当科学家、发明家、小博士、天文学家、宇航员、潜水员、教授、作家、诗人、画家、记者、旅行家、解放军战士、裁判员……让儿童以一个特定的角色去学习教材内容，或朗读复述，或报告见闻，或演示操作，或描画表演，或主持裁决，让学生带着情感色彩，积极地参与这些与教育教学密切相关的活动。

（2）扮演童话中的角色。

孩子的创作

我非常了解孩子的心理，他们与童话有着不解之缘。童话角色在拟人化的作用下，使那些普通的小动物和常见的物体、自然现象，在儿童的眼里、在儿童的心中都富有人的情感，是那样神奇而可爱。因此，童话角色对儿童特别富有吸引力，他们扮演童话角色总是乐不可支。那些动物王国的长鼻子大象、神气的小猴子、狡猾的狐狸，植物王国的萝卜娃娃、菜花姑娘、柳树大嫂、小草弟弟，宇宙王国的月亮婆婆、太阳公公、小雨点妹妹、雪花姑娘，孩子们都特别钟情，这极大地激活了儿童的语言活动，使他们用最生动的语言去表达、去对话。在情境教育中，我们让孩子们扮演童话中的角色，使教育教学的内容与儿童更为贴近。通过角色扮演，教育变成了儿童自我要求、自我践行的多姿多彩的活动。儿童扮演童话角色，为教育教学增添了活力。在儿童想象的作用下，这种象征性移情，使角色笼罩了浓烈的童话色彩，

儿童的情感活动一下子达到高潮。

（3）扮演现实中的角色。

根据教育教学内容的需要，教师常常让学生连同教师自己，扮演现实生活中的角色：农民伯伯、饲养员、售货员阿姨、司机叔叔和家庭成员中的妈妈、爸爸、爷爷、奶奶……这些角色虽然本来就存在于现实生活中、在自己的身边，但是，由于从自己"本角色"到"他角色"的转换，儿童感到既亲切又新鲜，情绪的兴奋是很自然的事。现实中角色的出现，使儿童仿佛进入了生活的真实情境。这些角色的扮演、角色的对白、角色的情感交流，使教育教学内容更加现实化、形象化，由此可收到意想不到的效果。

无论是担当教材中的角色、向往的角色，还是扮演童话中的角色、现实生活中的角色，都顺应了儿童的情感活动和认知活动的规律。这里有审美的、道德的、艺术的情感活动和认知活动，也有理智的、科学的情感活动和认知活动，都由于角色的转换，因新异感，激起儿童热烈的情绪。儿童作为一个活生生的人，在角色意识的驱动下，全部地投入，全面地活动起来，忘我地由"扮演角色"到"进入角色"，由教育教学的"被动角色"跃为"主动角色"。

4. 注重创新实践，落实全面发展的教育目标

情境教育注重拓宽教育空间，缩短心理距离，利用角色效应，最终的目的是为学生的创新、实践提供最佳的外部环境，落实全面发展的目标。

情境教育空间拓宽，心理距离缩短，是为了突出儿童的主体地位，其目标是十分明确的。情境教育的基本模式是围绕儿童来构建的。说我煞费苦心，或用心良苦，甚至带着焦虑去思考，都是毫不夸张的，正是这种对儿童的挚爱让我朝思暮想，精细地考虑儿童的生长环境和空间，考虑儿童和老师、和同学、教学内容之间的关系，考虑到在这样一个广阔的教育空间里，儿童所担当的角色，更重要的是考虑到儿童作为人的发展。而这一切，用我的话来表述，就是素质的全面发展。我站在"一切从儿童出发""一切为了儿童的发展"这样一个制高点上，提出了情境教育的第四条基本模式：注重创新实践，落实全面发展的教育目标，促使儿童获得尽可能大的发展。

情境教育强调"着眼发展，着力基础""从未来出发，从现在做起"，注意创新实践，并进行有序的系统应用、操作，为促进儿童的全面发展打基础。情境教育虽然注重"情感"，却同时提倡学以致用。各科教学以训练学生能力为手段，贯穿实践性，因此，十分注重对儿童创新精神、创新能力的发展和实践应用能力的培养。我们充分利用情境教育特有的功能，以意境的广远，拓宽儿童的思维空间、想象空间，创设了既带有情感色彩，又富有实际价值的操作情境。我们把现在的学习和未来的应用联系起来，为各种形式的模拟操作提供了可能，让儿童在其中动脑、动手、动口，忘我地进行。儿童的应用操作，我根据教育教学内容的性质、特点，大致列出如下三种。

（1）实体性现场操作。

在实验班，教育教学活动尽可能与儿童生活沟通，与应用相连。在必要的条件具备时，我则让儿童进行实地的现场操作，这对培养儿童的学习兴趣和实际能力颇有意义。实地的现场操作的形式，使教育从封闭走向开放，彻底打破了"灌输式"考试的禁锢，让学生从小步入生活、面对社会，在实地操作中增长才干，长大了才能更好地走向未来。

实地的现场操作，我们用得较为普遍的是数学，让儿童在实际生活的情境中扮演相应的角色，带着热切的情绪进行。高年级学习统计，我们让儿童担当小小统计员，到实地调查，在现实生活中搜集数据，然后自行设计、自行制作统计图表。那些直线的、折线的、条形的、扇形等单式、复式图表很快被他们掌握。儿童通过实地操作，不仅掌握了制作统计图表的实际能力，还有效地培养了他们用数字反映社会发展的应用能力。诸如，丈量土地、测量干涸沟渠、计算面积、体积以及目测距离等，都注意引导儿童进入生活。此外，我们还让孩子们担当测量员、助理工程师、农艺师等角色，到实地进行现场操作。

在思想品德课上，我们常把学生获得的道德认识转化为实践行为。我非常注重道德教育的实效性。我们经常引导学生到现实生活的场景中，伴随着道德情感付诸实施。如到幼儿园去"争当好哥哥好姐姐"，到残疾人上下班的地方"向残疾人伸过友爱的手"，在家里进行"我当妈妈好助手""今天我当家""'三八'节我系上围裙"等家庭主题活动，促进儿童的道德认识转变为行为方式。儿童在语文教学、音体美教学中掌握的技能技巧，我们也有意识地组织他们在课外活动、社会生活的相关情境中去展示、去表演，去为学校、为社会、为幼儿园服务……所有这些都是十分生动的、切实可行的，是在综合性现场中的操作。这里有知识向能力的转换，有"认

识"向"践行"的飞跃，有思想感情的倾注，也有认识兴趣的培养，它较为完美地体现了教育的社会性。

（2）模拟性相似操作。

实体性现场操作，效果之佳是显而易见的，但我也很清楚，教学内容不能或无需在现实生活中一一找到操作的情境。因此，模拟情境下的相似操作更有普遍意义。"模拟"是创设一种与现实生活相似的情境，有时更具典型性，其中亦包含儿童的模仿。由于模拟操作有角色的模拟、有空间转换的模拟、有行为仿照的模拟，还有实物替代的模拟，所以，对模拟性相似操作，儿童感到亲切，乐于接受。一种新异感驱使儿童的心理、思维方式、情感倾向都不是按习以为常的小学生本角色进行。所以，模拟操作特别能吸引儿童，他们往往争先恐后地参与且应用。模拟操作操作起来又特别简便，而且因为通过儿童自己动手动脑，他们极易产生顿悟。

在模拟操作中，为发展儿童的创新精神，我们常常让儿童进行带有创造性的实践活动。为了培养儿童对现实生活敏锐的观察力、思维能力及表达能力，班队活动多次模拟"新闻发布会"，孩子们当上了小记者和主持人，迅速地提出问题、回答问题，并加以评论，对少年儿童生活中的热点开展广泛的讨论，颇具针对性。由于儿童普遍乐于模仿成人的行为，表示自己已经长大，富有独立生活的能力，因此，这种转换空间、模拟成人行为的操作，儿童十分热衷。在这种充满着时代气息和展示儿童聪明才智的情境中，儿童关心生活、热爱生活的思想感情得到了很好的培养。

为了促使儿童道德行为规范的形成，进行良好的行为习惯的训练，我们把生活的典型场景再现于教室，模拟家庭、商店、剧院、交通要道的情境，以及少年宫、人民公园等儿童常去的活动空间，进行行为训练，如"车上让座""我是遵守交通规则的小公民""不让白色垃圾留在风景点""下乡看奶奶""我爱公园的一草一木"等。这样，在特定的情境中进行操作，儿童的行为规范、操作标准和实际行为结合，使儿童印象深刻，利于"导行"。多次反复再现，则可使儿童形成良好的行为习惯。这就大大提高了养成教育的效果。

（3）符号性趣味操作。

初等教育让儿童掌握扎实的基础知识，主要是通过符号性操作去培养的。汉语拼音、语言文字、数、公式、定律、音符乐曲等都是儿童应该掌握的符号。尽管符号性操作有较强的抽象性，但我始终认为符号性操作仍不能弱化，更不可或缺，只是我们应该把它设计得生动些、有趣些，避免枯燥无味。在操作、实践之间，贯穿以儿童创造性、想象性的培养和发展，把创新和实践结合起来，从创新的角度来设计实践。

情境教育则通过情绪的作用，为符号性操作添"趣"。情境教育以"趣"为形式，以"符号操作"为实质。这种符号性的趣味操作，贯穿在教学过程中。教师根据教学的需要，设计确定符号性操作的内容，然后选取儿童喜闻乐见的形式和富有创造性的内容进行。上面提及的角色扮演、模拟操作，很多是为进行符号操作添趣，让儿童在趣中、在热烈的情绪中激活创造潜能。创设情境并不是目的，它忠实地为教育教学目的服务。情境创设后，教师凭借情境进行一系列的符号性操作训练。就读写的训练来说，有语言的理解，也有语言的运用。例如，情境对话、描述情境、表达感受、创造性复述等，连同语言文字的鉴赏也在其间有机地进行。为实验班设计的观察日记、情境作文、童话创作、想象性作文都是在情境中进行的写的训练。我每学期利用某些活动情境，或主题性大单元活动，集中让学生自办一两期小报，自己采访、自己写稿、自己排版、自己设计、自己插图，培养、训练儿童综合运用语言文字的能力，发展儿童的创造性。各年级自编了"小伙伴佳作选"——《月亮船》《小燕子》《观察家》《春笋》《繁星》《启明星》，一期接着一期地送到孩子们手中。数学老师还利用情境的情节、角色的趣味让孩子计算。野外活动中的现场编题、计算或动物演算竞赛、小博士答难题竞赛都是凭借情境进行的符号性操作。

由此，我比较宏观地从空间、主体、距离和目标四个方面构建了情境教育这样一个多元的模式。可以说，这个模式的四个方面已经包容、涵盖了情境教育探索过程中我和老师们在共同实践中体悟到的方方面面。从这里也不难看出，在情境教育开始起步的时候，我们本着"一切从儿童出发""一切为了儿童"的理念，围绕着一个"情"字，构建的模式势必符合儿童发展的规律。

八、创新教育理论顺其自然

（一）基本原理的构建

情境教育既然在实践中已获效果，就说明它一定是符合规律的。它的探索者应该有胆识、有能力把它的基本原理阐述清楚。一次，有十位博士与我叙谈。其中一位博士若有所思地说："李老师，你这儿是产生教育理论的地方。"我从来没有刻意追求创造理论。事实上，在与理论相结合的实践中，在长期的感悟中，会产生理性的飞跃。我深感创新教育的理论是顺其自然、水到渠成的事。

从哲学上讲，情境教育是依据马克思关于人在活动与环境相互作用的和谐统一中获得全面发展的哲学原理构建的。"情境教育"之"情境"，是"有情之境"，是"活动之境"，是师生互动、有情有趣的网络式的广阔空间。它将教育、教学内容镶嵌在一个多姿多彩的大背景中。这是促使儿童能动地活动于其中的环境。这种根据教育目标优化的环境，这种充满美感和智慧的环境氛围，与儿童对知识、对审美、对情感的需求是吻合的。进入这样的情境，儿童的情感、心理必然会产生共鸣，必然会日益契合。这样就能促使儿童在现实环境与活动的交互作用的统一和谐中，获得全面发展。

我不仅从哲学上找到了情境教育的依据，而且还从科学上借鉴现代心理学研究的成果，构建情境教育的基本原理。我仅仅是借鉴，而不是生搬硬套，关键还是要有真正属于情境教育的基本原理。

1. 暗示诱导原理

一般都认为，教育教学活动是具有鲜明目的的行为活动。因而多少年来，学校老师习惯于把教育教学的信息、意图，直接地灌注给学生。这样，师生势必处于一种纯理性的、有意识的状态中。我由此看到它的弊端，即学习很难成为学生的主观需求，他们只是被动地接受而已。儿童既然处于被动状态，他们的潜在智慧就很难充分发展。

情境教育呢？正是针对这种灌注式教学"直接传递"的弊端，通过优化环境，予以改善。我们根据教育教学的远期目标或近期目标，针对儿童的特点，运用图画、音乐、表演等艺术的直观，或运用现实生活的典型场景，直接诉诸儿童的感官。艺术手段的力度、优选的现实生活场景的美感，正符合他们的兴趣和需求，且与他们的思维、想象能力相协调。同时，我们把自己对"情境认知"的新的感受和认识也融进去。创设的情境虽不是儿童有意注意的中心或焦点，但是这些处于边缘的形象、色彩、音响、节奏、语言等信息、符号，都可以被儿童直接吸收，儿童可对全部感觉到的情境做出反应。优化的情境实际上是将信息、教学内容镶嵌在特定的情境中，而这些处于焦点的信息又是有机地相互联系着的，构成了一个和谐运作的整体。这样的整体，作用于儿童的感官，更能强化信号。当儿童进入这样的情境时，他们很快就被激起强烈的情绪，形成无意识的心理倾向，进而情不自禁地投入教育教学活动中，表露出内心的真情实感，并且迅速地对学习焦点的变化做出反应。这种不显露目的的，通过创设情境、优化情境的间接方式，必然对儿童的心理及行为产生影响，从而一步步达到既定的教育目标。这就是暗示的作用。情境教育的形真、情切、意远、理蕴的特点，无不显示了情境教育特定的环境对儿童心理倾向发生的作用。按照洛扎诺夫（Lozanov）的理论，"凡是影响心理都是暗示"。每个儿童身上天然地存在着接受暗示的能力，因为"这是人类个体之中一种普遍的品质"。我早在20世纪80年代就接触到了洛扎诺夫的暗示原理，我很快意识到，情境创设的作用，其实就是暗示，而归根结底是全脑的作用。由于它，才使人和环境间的无意识关系发生作用。这种主客观的一致性表明，情境教育运用暗示诱导原理进行教育、教学活动具有有效性和普遍性。

　　在了解了无意识的心理学基本理论之后，我更明确了暗示的作用——利用无意识的心理，形成儿童无意识的心理倾向。学校各个区域创设的情境，从儿童是一个完整的个体的观点出发，课堂上美、智、趣的教学情境，师生间亲、助、乐的人际情境，连同拓展的教育空间——丰富多彩的课外活动，主题鲜明的大单元教学以及视野更为开阔的野外教育活动，这些活动虽然处所不同，但教育目标是一致的，都以不同形式、不同途径渲染了学校亲切、愉快、智慧及蓬勃向上的氛围。暗示的效果就是氛围的作用。我构想，把跨度宽阔的教育、教学的空间，用各种暗示手段联动起来，就可以让儿童通过边缘方式感知情境。在一定氛围的作用下，儿童的无意识倾向就在忘我的境界中趋向教育者既定的方向。也就是说，情境教育正是利用暗

示诱导，通过周围环境与儿童心理共鸣的过程，迅速推进教育教学活动的过程，其实质正是"用无意识导引有意识""用情感伴随理性"，两者交织起来地和谐进行。这种最佳的心理驱动，正是挖掘人类潜在能力的重要通道。因为，儿童的学习大大超出了他们所意识到的、理解到的。情境教育正是帮助学生从无意识的加工中，最大限度地受益。情境教育之所以利用暗示诱导，就是因为暗示可以使儿童潜能得到充分的发展。

2. 情感驱动原理

暗示可以激起儿童的情感。儿童是最富有情感的，真情总是激荡在儿童纯真的心灵间。在客观环境的作用下，儿童很容易将自己的情感移入所感知的对象。情境教育正是利用儿童心灵上这一最可宝贵的特点，最大限度地发挥情感的纽带作用和驱动作用。

众多的实践让我体验到，儿童进入情境时，首先觉察到客观情境，并引起关注。情境显示的美感和儿童情趣，让儿童感到满意愉悦，他们几乎不假思索地接受了，于是又持续地关注。由于人为优化的情境美感丰富，又贴近儿童，对于处于人生早期和感受最敏感时期的儿童来说，不仅是令人满意的，也是特别容易令人接受的。实践证明，儿童在对客观情境获得具体的感受时，会表现出一种积极的态度，从而激起相应的情感。这时，在老师语言的提示、语言描绘的调节支配下，儿童会情不自禁地将自己的情感移入教材的对象上，在想象的作用下，达到"我他同一""物情同一"的境界。在此过程中，儿童对教材内容的情感体验，随之一步步加深。这样，儿童在情感的驱动下，便主动积极地投入认知活动。概括地说，儿童从关注教育教学内容并对它产生积极的态度倾向，到激起热烈的情绪投入教学活动，然后，自己的情感不由自主地移入教学或教育情境的相关对象上，并且随着情境的延续，情感逐步加深，最终由于情感的弥散渗透到儿童内心世界的各个方面。于是，作为相对稳定的情感态度、价值取向便逐渐内化，融入儿童的个性中。

经历了结合现实的理解分析，我概括出儿童情绪发展的过程。在优化的情境中，儿童经历了"关注——激起——移入——加深——弥散"这一连续的情绪发展过程。这样，儿童对教学内容所持的态度，或爱的，或恨的态度就更为明确。这种情感态度在情境"含蕴理念"的主导下，包含了对"美"与"丑"的判断，对"是"与"非"的分辨。这种情感活动与认知活动结合的过程，在优化的情境中是普遍发生的，而且儿童的情感随之在不同学科、不同年级延续、反复、发展，这对儿童的心灵必然产生潜移默化的作用。儿童的审美情感、道德情感和理智情感会受到很好的陶冶。而儿童高级情感的发展是提高人才素养的重要基础，情境教育的优越性就在于以情感为纽带，进行审美、道德、理智的陶冶和教育。情感驱动既成为促进儿童发展的有效手段，又可以达到培养儿童高级情感的最终目的。

3. 角色转换原理

多少年来，学校教育习惯于把学生看成接纳的对象，学生的主要任务是"静心"听讲，思维活动无形中养成一种依赖和定式，学生成了单纯吸收的被动角色。学校教育的内容和方式往往远离社会生活，舍弃学生原有的经验，教师主导作用过度夸大、强化，从而造成了一个教师掌控甚至是牵制着一个划一的集体、排斥或者忽略学生活动的教育现实。在这样的集体中，学生不可能成为主体。

情境教育就是要保证学生的主体位置。我重温情境教学—情境教育的教育教学现场，多少次、多少回，当角色在课堂上出现时，孩子们那股子热烈的劲儿真是无法形容。几乎是全体学生情不自禁地投入教育教学的过程中来。他们或扮演，或体验，或对白，或操作。那笑脸、那笑声，让我多少次也被席卷其中。是什么让学生学得那么积极、那么主动、那么投入？我意识到其中有角色的效应。我进而又想，这"角色效应"是如何形成的？我联想到生活中一个很普遍的现象——角色变了，语言、行动、情感、态度连同思维方式都变了。角色转换的原理已经支撑了我们教育教学活动多年。我进一步深入地思考：情境教育创设的情境，总是蕴含着教育者的意图。教师结合教材特点和活动需要设计的角色，让儿童扮演或担当角色，引起儿童再现教材角色或相关角色的活动。因为，角色的新异性和亲切感，很自然地会引发儿童进入角色、体验角色、评价角色的心理历程。

情境教育创设的情境，是儿童曾经历的熟悉的背景。这样的背景让儿童很快地理解角色，促使儿童随着扮演角色、担当角色，产生进入角色的知觉。凭借这种如临其境的知觉，儿童会很快地理解角色在情境中的地位、与其他角色的关系，并设身处地地体验角色的情感。在此情此境中，儿童的身心很自然地移入所扮演、所担当的角色中。于是，自己仿佛变成了那个角色——我与角色同一。角色的喜怒哀乐，仿佛是自己真情实感的表露。在这当中，由于角色的转换，儿童面对所处的情境，会情不自禁地按自己所扮角色的身份、处境思维，根据教材与同伴对角色的期待，

合情合理地表现出一系列的行为和恰切的语言表述。角色变了，语言行为也随之变了。角色扮演的热烈的情绪渲染了整个学习情境，不仅是角色扮演者，全体学生都在无意识的作用下，不知不觉地进入了角色，深切、生动地经历了角色的心理活动过程。即使扮演的角色与本角色发生冲突时，儿童也会由于扮演角色的真切的体验，自然产生否定性评价，产生美学家们所说的"明朗而高贵的反感"，从而获得对角色的深刻批判。总之，这种"有我之境"可以产生一种巨大的、无形的导引效应。教育、教学活动随着角色的活动以及熟知的新异的背景，进入沸腾状态。儿童情绪激烈，全身心地投入教育教学活动，他们成了真正的主角。教材中原有的逻辑的、抽象的、符号化了的内容，一下子变得那样生动、形象、真切。这正是在情境的作用下，角色转换所产生的积极结果。

对于角色转换的过程，我也做了剖析，并概括为"进入情境——担当角色——理解角色——体验角色——表现角色——自己与角色同一，产生顿悟"。通过角色转换，学生由习惯上的教学过程中等待接纳的被动角色，转变为积极参与的主动角色。既然成为主动角色，儿童作为教育教学活动之主体的意识，就在其间逐步形成，并逐步强化。角色转换原理是我个人在长期的情境教学—情境教育的探索中，通过精心设计的现场，感悟并逐渐生成的。

4. 心理场整合原理

情境教育始终把教育教学与儿童的发展统一起来。"着眼发展，着力基础"是情境教育的主导思想。儿童的发展往往建立在一定的知识的基础上，要打好基础，而又不增加他们的负担，关键是学生自主学习、自主行为。一切教育活动、一切能力的形成，无不需要儿童内在的驱动。这就需要有一种"力"的推进。

情境教育中无论是暗示、移情的作用，还是角色的效应，都会形成一种"力"，驱动学生主动地，甚至是不知不觉地投入教育教学活动。我问自己，这种"力"是怎么形成的？暗示、移情、角色转换产生的"力"，融合起来又怎么表述？我很自然地联想到了"场论"。无论是从我自己学习的有关"场论"的书籍与资料中，还是从自己的实践或感悟中，我都非常强烈地意识到，人为优化的情境就是一个"心理场"。根据心理场理论，儿童生活的空间，无不对他们的心理发生作用，任何一个人都不可能超越这个空间。我又想通过反证来证实它的普遍性。于是，我想到小时候读过的《鲁滨孙漂流记》。鲁滨孙漂泊到孤岛，天涯海角就是他赖以生存的生活空

情为纽带

间。鲁滨孙是不是可以超越这荒芜的世界，无边的海，孤零零的岛？似乎空荡无物，是不是也对他的心理世界产生了作用呢？我经过认真思考做出了肯定的回答。在那没有人烟的荒岛上，鲁滨孙想方设法生存下来，他多少次想跳海、想逃离……所有这一切都可以证明，生活空间对人的心理世界都会发生作用，无一例外。因此，可以说，一个人（包括儿童）连同他的心理环境，是同时出现在他的生活空间中的。当儿童对周围环境有所觉察、感受时，他不可能若无其事、漫不经心，而会调动、激活他的思维、想象和情感体验。人为创设的教育情境、人际情境、活动情境和校园情境都是渗透着教育者意图的，它们使儿童的生活空间不再是一个自然状态下的生活空间，而是富有教育的内涵、富有美感、充满智慧和儿童情趣的生活空间。这就是情境教育特意创设的或者优选的情境。这样的情境与活动其间的儿童显然不是互不相干的、各自孤立存在的关系，而是处于相互依存的状态，是网络式地联动着、推进着的。儿童进入这种人为优化的情境，其力度、其真切感和美感，都足以影响儿童的心理世界。那丰富形象的感染、真切情感的体验、潜在智慧的启迪，使儿童得到一种满足。这种心理需求得到满足时的愉悦，便很自然地形成了一种向着教师创设情境的目标推进的"力"。这便是正诱发力。在这种正诱发力的推动下，儿童主

动投入教育教学活动的态度、情绪、语言和行为，使已创设的情境更为丰富，情境渲染的氛围更为浓烈。置身其中的教师也即时感受到教学成功的快乐，又以更饱满的热情投入教学活动中。这种"情境—教师—学生"三者之间形成的良性推进的、多向折射的心理场，促使儿童情不自禁地用"心眼"去学习，教学便可进入一种沸腾的状态。这种热烈的情绪、真切的感受，促使儿童加速产生顿悟，从而不断改变儿童的认知结构和心理结构，使不增加负担、不受强制而能自主学习、自我教育的理想境界得以实现。

（二）"李吉林主张"得到肯定

我主持的全国教育科学规划"九五"重点课题《情境教育促进儿童全面发展的实验与研究》历经 5 年，在 2000 年年底结题了。我想，这毕竟是第一线老师做的实验，还是应该采取现场结题的方式为好。我请专家们到我们学校来，通过老师和学生展示，让他们到情境教育的现场，我置身于生动的场景中，获得具体的感受，然后再看一些文字材料，做出鉴定。

1. 对情境教学成果的思考

情境教学从 1978 年开始，经过十余年的探索与研究后，终于构建了较为完善的理论框架及操作体系。成果、专著在全国及江苏省的多次评比中获得一等奖。作为它的探索者，我思考着下一步应该怎么办。情境教学还有没有发展的余地？我想，"发展"是没有极限的，中断意味着停滞不前。于是，我对已经获得的成果，开始做进一步的思考：情境教学既然在语文学科获得了显著的成效，那么对其他学科乃至对整个小学教育，是否有一定的普遍意义呢？由此，我对情境教学已经获得的核心成果——促进儿童发展的"五要素"进行概括和剖析，发现"五要素"充分体现了情境教学以学生为主体，揭示了促进儿童发展的前提、基础、核心、动因和手段的普遍规律，是真正以儿童为主体来构建的。任何一个学科都需要诱发主动性，强化感受性，都需要以思维为核心，着眼创造性。在教学的过程中，都需渗透教育性，学科能力的实践也必须贯穿其中，最终促进儿童的发展。"五要素"使教育与学生的生活相通，使学生通过自己的观察获得感受，激起思维、想象，展开一系列智力活动，并通过实践，使儿童的心灵、才智都得到滋养。如此让儿童从小乐学、多识、善思、求异、践行，便可不断培养学生良好的素质。基于对"五要素"的思考，我顿觉其规律同样符合整个小学教学及各科教育的规律。到这个时候，教育以儿童为主体的思想在我的思想中已经非常鲜明，自己的情感也更为强烈。我深感情境教学绝不仅仅属于小学语文教学，整个小学教育同样需要它，它完全可以为儿童的发展提供一个最优的教育模式。简言之，我从情境教学的成果来思考，感到情境教学的多元化、情境教学的普适性，有可能使情境教学发展成为情境教育。

2. 我对理论支撑"境界说"进一步的认识和领悟

在情境教学探索的初期，我学习"境界说"仅仅是从客观外物与"情""思""辞"的关系，涉及语文教学的范畴来理解、借鉴"境界说"，思考怎样"情以物迁，辞以情发"。在情境教学已见成果时，我重读《文心雕龙》《人间词话》，越读越觉得"境界说"不愧为我们民族文化的瑰宝，它博大精深、意趣深远。我可"借古人之境界，为我之境界"，从中汲取营养。反复的品读、感悟之后，我进一步认识到"境界说"有如下四个特点。

（1）讲究"真"。王国维提出"写真景物真感情者，谓之有境界"。

（2）讲究"情"。古代文论中有"景中生情""情融于景""为情而造文"等阐述，王国维更指出"境非独谓景物也，喜怒哀乐亦人心中之境界"。

和全国教育规划专家在一起

（3）讲究"思"。刘勰在《神思》中提出"文之思也，其神远矣""吟咏之间，吐纳珠玉之声；眉睫之前，卷舒风云之色，其思理之致乎！故思理为妙，神与物游"。真是"思接千载""视通万里"，这是多么宽阔的思维和想象的空间。

（4）讲究"美"。诗人沉浸于真景物构成的客观物象中，觉得景中生情，情又融于景，于是"思接千载""神与物游"。诗人从"真景物"的"外物美"连同自己的"内修美"，沉浸在美的境界中。精神与物象交融，产生激烈的情感变化，所谓"情以物兴，故辞必巧丽"，"比兴"之做法也自然"萌芽"。正如王国维所说的，"'红杏枝头春意闹'，著一'闹'字，而境界全出。'云破月来弄花影'，著一'弄'字，而境界全出矣"，最终写出美的诗篇。

"境界说"中的"真""情""思""美"，我以为正是儿童教育所需的。儿童是"真"人，教师应是"不失其赤子之心者"。真景物实际上便是生活的真实，教育与生活相通，便是"真"的表现。即使是模拟的生活情境，同样能给学生一种真切之感。真人真景物激起真情感，才能激广远之思，进入美的境界，创造出美的果实。所以，"境界说"不仅为小学语文情境教学提供了理论支撑，而且可以进一步地支撑整个情境教育的研究。它蕴含着美学、心理学和创造学等最古朴的原理。运用它可以使小学教育真正走中国人自己的路，可以在儿童接受初等教育的过程中，在学习基础知识、培养基本能力的过程中，潜在智能得到充分开发，精神世界得到丰富，完美人格得到培养。这正是我所追求的初等教育的完美境界。

"九五"期间，我们充分地认识到素质教育只有深入各个学科的课堂教学中，才能从根本上摒弃应试教育，全面解放儿童。因此，除了对语文情境教学进一步深化研究外，我们还在德育、数学、音乐、美术、体育、英语、自然等领域全面开展了情境教学和教育实施的细化工作，初步构建了各学科情境教学的操作系统。在情境教育的拓展中，各科教学都针对传统教育的弊端，突出美、情、智，突出儿童主体，迈出了可喜的一步，取得了一批研究成果。在结题会上，我一并做了简单的汇报。

专家们热烈地发表鉴定意见。他们的发言"情理交融"，非常精彩。下面摘引当时几位专家的评价。

翟天山教授用非常平和的语调，慢条斯理地娓娓道来："情境教育实际上是一种教育性的环境的创设，所以我们对教育有了新的认识。我们认为过去的教育是教会学生适应社会生活的途径，但是现在我们给它提供一个理想的导向、生命的资源，提供一种成长的养料。在情境教育里面，我们看到了这样一种教育。所以，我个人认为，情境教育对于我们的教育理论、教育功能、教育和人的关系，有一些突破性的认识。它在实践里面构建了一种从思想过程到实践操作的体系。我对教育学原有的疑惑在李老师所在的这个教育区域里得到了一个答案。"

　　北京教科院副院长张铁道博士更多的是从情境教育的对外交流方面来鼓励我们："当我们要给国外的教育工作者介绍情境教育的时候，我们用什么样的词语来表示情境教育这种思想呢？通过观察，我们发现，情境教育在课堂上极大地调动了老师和学生的参与性，消除和排除了原来有形无形地束缚在我们老师、学生身上的障碍，使学生身上的潜能得到充分的发挥。在这种情况下，学生的学习效率得到了极大的提高。所以，情境教育和国外的参与性学习、教学民主化的概念，是非常吻合的。"

　　他又说："情境教育怎么来参与国际交流的问题？大家都说改革开放的20年是我们国家基础教育遵循'三个面向'发展非常活跃的20年，但是坦率地说，我们还没有一项成果拿到国际上去。当前教育的对外开放要上升一个层次，我们要拿出自己的东西来参与国际交流。当我们的情境教育能够在中国的这块土壤上生根发芽，而且能够产生成功的经验、取得成效的时候，它肯定具有国际意义，它肯定有它的科学性、合理性。我们为什么不能把这种科学的、合理的成果让国际同行来分享呢？越有民族性的东西就越有国际性。"

　　人民教育出版社副总编吕达博士首先说到**"爱"**："李老师的人格、事业、课题对我有很大的影响。我对李老师的课题、李老师的研究，最大的感受是她的'爱'。热爱学生是教育的真理，离开了这一点，一切将无从谈起。李老师之所以几十年如一日，她有很多机遇可以不在这个岗位上，但她仍然坚守在这个岗位上，热爱学生是她成功的重要保证。你在一堂课上、几堂课上爱学生很容易，要做到一辈子爱学生，这就很不容易了。"

　　吕达博士又从教材课程的角度给我们出高招："不仅是情境教学发展到情境教育了，除了教学这一层面，它还涉及教材的改革、课程的改革。我想，情境教学到情境教育，不仅要研究教学这一层面，而且要涉及我们的教材。情境教育继续搞下去会对我们江苏的教材，乃至全国的教材带来很大的影响。再一个是课程的改革。情境教育在'九五'课题里，尤其是在开发情境课程方面下了很大的功夫，做出了很大成绩。我想今后它会促进课程的改革，今后会有长足的发展。这方面的发展潜力、

余地都很大，会对小学阶段乃至整个基础教育阶段产生很大的影响。"

当时的江苏省教科所所长成尚荣做了概括："这项实验为我们江苏省的教育科研提供了宝贵经验。对成果的认识，专家组的评价概括起来是这样四句话：第一句，情境教育为我们的素质教育提供了一条科学的、有效的途径；第二句，为基层学校怎么搞科研提供了一个很好的范式；第三句，为培养科研型、学者型的教师提供了一个范例；第四句，丰富和发展了当前的教育教学理论和教学实践。情境教育的研究已经触及课程，那么在课程的开发，尤其是在教育教学评价上希望能深入一些。我们将有目的、有计划地使这项研究更扎实，使这个宝贵的财富成为大家普遍实践的一种行为，一种管理的行为。"

最后，原中央教科所所长卓晴君研究员作为专家组组长宣读了如下的鉴定意见。

第一，李吉林同志主持的课题积极顺应国际基础教育重视儿童全面和谐发展的时代趋势，针对应试教育的弊端，尤其针对偏重认知，忽视情感、意志及创造性培养的纯理性教育，坚持不懈地探索具有中国特色又富于时代气息的素质教育的模式，既具有前瞻性，又具有重大的理论和现实意义。

第二，本课题的研究成果十分丰富，既有情境教育的理论探索、对情境教育规律的揭示，又有具体的操作体系。它根据马克思理论关于人在理性活动和客观环境下相互作用、和谐统一中获得全面发展的原理，吸纳、借鉴了古今中外的先进教育思想，并且创造性地运用暗示、移情、心理场等当代心理学、美学、社会学等研究成果，在实践中较为全面地对情境教育的理论、模式、课程、课堂教学操作要素，以及各个学科情境教学的不同层次进行可贵的探索，情境教育以其独树一帜的理论和操作体系在许多领域做了许多开创性、独特性的研究，丰富和发展了当代教育教学理论和教育改革的实践，对江苏省乃至全国素质教育的实施，为促进儿童素质的和谐、生动、活泼的发展，探索出了一条具有普遍意义的途径，发挥了重要作用，产生了巨大影响。李吉林同志开创性的研究所取得的丰硕成果已经成为中国特色的社会主义教育的一笔宝贵财富。

第三，李吉林同志和课题组成员坚持奋斗在儿童教育的第一线，以炽热的赤子之心、严谨的治学态度执着地追求教育的理想境界，从实际出发，脚踏实地进行艰辛而富有价值的实验，突出了自己的理性思考，逐步形成了李吉林的教育主张。在实践和理论的有机结合中，该研究具有科学性、艺术性、大众性，它为广大教育实践者的教育研究提供了一种范式。

第四，李吉林同志主持的情境教育促进儿童发展的实验研究有效地促进了学生生动活泼的、主动的、全面的发展，其卓有成效的业绩令人信服地证明在教育教学过程中学生不仅是教育教学的对象，更是教育教学的动态资源，但关键在教师。这对于改革教育教学积弊、树立新的教育理念、建立新的教育教材课程体系、确定新的教育教学范式、因材施教、树立生动活泼的教学理念、全面提高全体学生的素质具有极其宝贵的意义。这不仅对小学，而且对整个基础教育都具有指导意义。在李吉林同志的主持下，研究中逐步形成了一支具有人文精神、素质优良、生机勃勃的研究队伍，并随着课题研究的不断深入和成果的不断推广，进一步扩大了实验研究的群体。通过这项研究，一批优秀的青年教师脱颖而出，成为教育科研的骨干力量。本课题为建立科研型、学者型的教师队伍提供了范例，建议在"十五"期间在更大范围内更深入地开展几项实验研究，使其成果走向全国、走向世界。

九、情境课程是块富矿

（一）为儿童学习，构建情境课程

当今世界各国都把课程作为教育改革的关键来看待，这个领域中的实验与研究一直没有停息过，倾注着一代又一代人的心血与智慧。无论是维多里诺的人文主义课程论，还是夸美纽斯的泛智主义课程论；无论是杜威的实用主义课程论，还是皮亚杰的结构主义课程论，在某一个历史时期，它们都显示了其先进性，产生过广泛的世界性影响。这些课程流派在世界课程论的改革中都曾各领风骚。

1. 以"情境"为中心体现了当代课程变革的走向

世纪之交，国际基础教育发生了课程理念与实践的大震荡、大变革。众多的课程流派和课程实践模式纷纷涌现，从中我们可以发现课程开发的一些趋势。各流派或主张课程经验以社会为中心；或主张以学科、知识为中心；或主张以儿童为中心。当代课程变革则越来越致力于三种关系的和谐统一，于是出现了以"情境"为中心的课程设计理论。英国课程论专家丹尼斯·劳顿（Denis Lawton）是其代表。

劳顿的情境课程论试图吸取学科中心论、儿童中心论和问题（社会）中心论三种理论的长处，主张教育要发展儿童的自主能力，使他们学会适应步入社会后所面临的多种情境。劳顿把自己的课程论称为情境中心论。可以说，劳顿的思想反映了西方当代课程变革的一种走向。

纵观世界课程发展的状况，可以发现，众多的课程论专家都聚焦于情境学习、情境认知等一系列围绕着情境的全新的课程观。他们的共同点是不满于学校现存的以课堂、教师和书本为中心的教学模式，而强调生活与实践的重要性，强调学习基于真实的生活经验所具有的感受性、主体性、合作性、情境性。这与传统的校内学习的个体化、抽象化形成了强烈的反差。情境认知与情境学习理论成为 20 世纪 90 年代教育学术界关注的焦点。

综合以上所述，在国际课程改革的动态中，尤其是劳顿的以"情境"为中心的课程设计对我构建情境课程产生了极大的影响与启发。当时恰逢"十五"期间，我国开始了新一轮的课程改革。课程改革犹如一股强劲的东风，吹进了基础教育的园地，一时间风生水起。国家教育部各科新的课程标准也随之出台，开拓了课程开发的广阔空间。国家课程改革的大环境，为我正在探究的情境课程的发展提供了理想的大背景，让我更深地卷入课程改革的热潮中，并随着国家乃至世界新一轮课程改革的方向继续向前迈步。因为我心中一直有一个非常强烈而朴素的愿望，那就是希望情境教育让更多的儿童从中获益，通过课程走向大众化。

2. 为儿童学习需求进行情境课程的系列改革

我建构情境课程，源于 20 世纪 70 年代末。我走进了一年级教室，我深切地意识到，学习是每一个儿童至高无上的大事，因为对于儿童来说，上学是神圣的。学龄前的儿童往往满怀美好的憧憬，期盼着有一天可以成为一年级的小学生。如今，他们背着书包来上学了，感到无比快乐。学习对于儿童来说具有极大的吸引力。但是，当他们入学以后，不经意间流露出的那种黯然神伤的神情，让我的心沉重起来，为之焦虑。

这时，我意识到教育的弊端是儿童成长的羁绊，是他们身心发展的桎梏。于是，我在心里琢磨着怎么让课堂丰富、生动起来，怎么顺应儿童的天性，满足他们的学习需求，让他们健康快乐地成长。鲜明的目标驱动了我，我开始了情境课程的开发。历经 18 年的实践、探究与全面梳理，在 1996 年全国的情境教育学术研讨会上，我揭示了已成体系的"情境课程"的四大领域和"儿童—知识—社会"的三个维度，并遵循国家课程改革着力综合与实践，沟通书本与生活世界、理论与实践应用结合的崭新的课程理念和态势，逐步建构了情境课程的框架及其具体操作。

（1）野外情境课程的萌生：走出封闭的课堂，让儿童的学习与生活相通。

当时，封闭的灌输式课堂与儿童理想的学习王国相距甚远。于是，我毅然带领儿童走出封闭的课堂，走向大自然，走进社会生活，精心从客观外物中优选场景，让儿童的学习与生活相通。

野外宽阔的空间，不胜枚举的美的景、美的物呼唤着孩子投入大自然的怀抱。春夏秋冬、花草树木、鸟兽虫鱼、风云雨雪、冰雾雷电，都是孩子们乐意观察和欣赏的客体。他们沉浸其中，每每乐而忘归，流连忘返。孩子们观察后写的习作，描写了他们的所见所闻，表达了他们的真情实感，做到了言之有物，甚至言之有情。这些都表明，万物生长的田野是儿童学习的生动课堂，野外教育是儿童成长的需要，有益而有效。由此，我发现了儿童学习的巨大智库，我找到了天赐的儿童学习的活的、永不枯竭的源泉。我深感大自然是本不能随意掩卷的天书。整个小学阶段五年，我满腔热情地、有序地进行着野外活动，把野外教育排进课程表，成为备受孩子们欢迎的新课程。这使我认识到，针对教育现实中的弊端，满足儿童的需求，促进儿童快乐、高效地学习，促进儿童全面发展的目标是课程改革的重要依据。

野外教育课程的开发，成功地将课堂学习和大自然连接，将符号学习与生活结合，逐渐培养了儿童对大自然的情感、对生命的珍爱、对环境的关注，以及知识在实践中的运用。这不仅为儿童的认知活动、语言活动、思维活动、情感活动及意志的培养，提供了取之不尽、用之不竭的场景和丰富的资源，而且为新型的学校综合实践活动、研究性学习搭建了更为宽阔的平台。

野外情境课程的萌生，让我在改革初期便收获了情境作文教学的喜人成果。由此促使我进而改革阅读教学，通过情境创设，激起儿童的热烈情绪，让情感伴随着儿童的认知活动，极大地提高了儿童学习的主动性。丰富了抽象的文字符号写成的教材，鲜活的野外观察又为儿童积累了鲜活生动的表象，成为儿童思维活动、想象活动的生动材料，从而开发了儿童潜在的智慧，培养了学习力，第一轮儿童母语情境学习喜获成功。起步阶段中的体悟及初步揭示的儿童课堂学习的规律，为此后核心领域的课程改革打下了重要的基础。

（2）幼小衔接过渡课程顺其自然地生成：迈出小学阶段儿童快乐学习的第一步。

第一轮 5 年的探索与研究喜获硕果。到第二轮实验，又迎来一批一年级新生。为了让他们学得快乐、高效，我提前到幼儿园兼课，由此方知幼儿园与小学之间是一个"陡坡"。孩子在幼儿园每天只有半小时的室内课，而上小学几乎上下午都在教室里学习各门功课，显然落差太大，使学龄初期的儿童难以适应新的学习环境。现实告诉我，幼小之间的"衔接过渡"是必不可少的课程。于是，我便顺势开设幼小衔接的过渡性情境课程，提出"室内短课与室外观察相结合的原则"，减小"坡度"，精心设计，使学习内容、学习形式既接近幼儿园，又高于幼儿园的教学要求。情境过渡课程使孩子们很快适应了小学阶段的生活。儿童对新的学习环境、学习生活，从适应到喜爱，身心愉悦，为整个小学阶段的学习，做了心理上和行为习惯上的铺垫，迈出了小学阶段儿童快乐学习的第一步。

（3）从优化结构到主题性大单元综合课程的诞生：满足儿童多元发展的需求。

启蒙教育的单调让我意识到，多少年来传统的母语教学一直强调识字是阅读的基础，阅读是习作的基础，于是形成了"汉语拼音"——"识字"——"阅读"——"习作"这样的直线序列、单一的结构。它的重大缺陷是忽略了组成语文教学要素之间的相互联系、相互作用，从而导致整个启蒙教育的单调、枯燥，从根本上导致小学母语教学的低效。

我受教育哲学家查有梁先生有关"系统论"论述的影响，认识到"结构决定效率"，这也促使第二轮实验进行内容结构的优化，科学地提高教学效率。充分利用母语教学要素之间的相互作用，我提出"识字、阅读、作文"三线同时起步的方略，形成多向结构、循环往复、螺旋式上升的序列。结构由单一到多向，满足和激发了儿童强烈的求知欲，儿童学习母语的速度和效果明显提高，极大地丰富了启蒙教育阶段儿童的学习生活。

到中高年级，我则根据语文教材的内容将"工具"与"人文"、"读"与"写"、"训练语言"与"发展思维"、"课内"与"课外"结合，进行"四结合主题性大单元教育"，教学内容聚焦主题，单元中相似、相近的内容归类，以相互联系的理念集中训练，体现了大语文教育的观点，拓展了语文教育的空间，丰富了语文教学的内容，从而更好地帮助儿童触类旁通，较快地掌握规律，获益更多。结构的优化，丰富了课程内容，提高了教学的效率。加之第一轮成功经验的深化让艺术走进课堂，使课堂美起来。这样，母语情境教学从内容到形式都决定了儿童情境课程改革成功的必然。

在情境课程从局部到整体的构建中，我进一步意识到，课程逐步走向综合是发展方向。那么，儿童情境学习又如何设置综合情境课程呢？此时，回顾成功的语文教学的"四结合主题性大单元教学"，我进一步打开了自己的思路。综合课程的"雏形"既然已经诞生，我就进一步由此拓展开去，设计新课程的方略，并顺应国际国内课程发展的趋势，提出了促进各科相联的"主题性大单元综合课程"。由此，情境课程翻开新的一页："以德育为主导，语文学习为龙头，各科融通，课内外结合"，以鲜明的主题，横向沟通各个学科及活动，纵向贯穿于全学期的阶段教育中心，在同一主题下相互补充、相互促进。教育内容作为整体作用于儿童的感知与心灵，不仅为课程逐步走向综合，而且为道德教育在各科的全面渗透，寻找到了一个突破口。

（4）核心领域学科情境课程显示新的生命力：学科课程与儿童的活动相结合。

在学校，课程改革的核心领域，无疑要通过各科教学的具体化加以落实。为加速学科情境课程的开发，必须着力构建情境课程的核心领域。反思多年来情境教育各学科课堂教学成功的经验，我提出了"把学科课程与儿童活动结合起来"。学科情境课程从儿童学习出发，将儿童带入优化的情境中，使儿童在暗示、移情、角色、心理场"力"的作用下，伴随着情感主动地投入教育、教学过程，主动地活动起来——进行感知的活动、语言的活动、思维的活动，以及触摸、模仿、操作等身体活动。大教育家夸美纽斯的"泛智主义课程论"就强调"要使活动的训练跟认识活动结合起来""在认识事物的时候进行实际活动"。杜威的活动课程论更突出了活动在儿童获取经验中的重要地位。在优化的学科情境中，儿童是作为完全的人、作为学习的主体活动着的。在儿童热烈的学习情绪中，以活动推进教学过程，突出在应用中学习知识、主动建构知识，让儿童成为真正的学习主人。客观环境与主体活动充分地和谐、协同，使儿童全身心地投入其中。对于情境中的学习内容，儿童可以感受、可以捉摸、可以应用，并在不同学科、不同年级不断延续，如此反复、深化，儿童的审美情感、道德情感及理智情感，也随之受到了很好的陶冶。学科课程的内容与儿童的活动结合起来，学习成为儿童主观的需求，主动的学习又带来成功的喜悦，从而产生探究的乐趣、审美的乐趣、认识的乐趣、创造的乐趣以及积极向上的美好憧憬。

情境课程的开发，使各科老师有了用武之地。老师的创造性得到了很好的发挥，他们编写了多种校本教材，我们的数学老师在全省数学比赛中连续 10 年获得冠军。

无论是冠军，还是参加研究的老师们，在这 10 年当中，教学水平和理论研究水平都有了明显的提高，并累获硕果。

综上所述，情境课程这四大领域决定了儿童情境学习的内容，既有横向的拓展，又有纵向的衔接，形成了相互联系、相互作用、共同推进的网络式的结构，保证了儿童的知识学习形成多元的、开放的系统。儿童在情境中主动发展，知识在情境中生成、构建，社会生活在情境中显现它的价值与意义。这样，传统教育中儿童与知识、与社会，以及知识与社会之间的那种分离、对立就消失了，学科知识中心的课程不复存在。"美""智""趣"系列的教学情境，使儿童的需求得到保证，儿童在主动参与中获得主动的发展。

3. 吸纳民族文化，形成情境课程的独特优势

情境课程历经近 20 多年的实践、探究与全面梳理，进行了系列改革，并遵循国家课程改革着力综合与实践，沟通书本与生活世界、理论与实践应用结合的崭新的课程理念和态势，建构了情境课程的理论框架及其操作体系。

情境课程是在教育实践探索的过程中从局部到整体逐渐生成的。在情境课程建构的过程中，我不仅吸纳了国内外课程流派之长，更重要的是从我们民族文化经典的"意境说"中得到"根"的滋养，从中概括出真、情、思、美四大元素。"真"——给儿童真实世界，使儿童获得丰富的资源；"情"——熏陶、感染，生成儿童学习的内驱力；"思"——拓宽儿童的思维、想象空间，开发儿童的潜在智慧；"美"——为儿童的学习带来愉悦，使儿童的学习获得高效能。情境课程的思想植根于中国优秀传统文化的土壤之中。

我清楚地认识到，情境教育创设的"美""智""趣"的教学情境，突出了"美"，审美愉悦促使儿童主动进入情境。美又唤起情，儿童的心理世界便会经历"感受——体验——生情——驱动"等一系列的情绪变化。人文熏陶则通过儿童自身的体验渗透其中、沉浸其中，进而内化为感悟。其间以情感为纽带，儿童的认知活动与情感活动结合起来。在这优化的情境中，学生主动地参与，快乐地进行着一系列的学习活动。在情境课程的实施过程中，我始终求"真"、求"美"，"真"与"美"又激起"情"与"智"。四大核心元素显现的魅力，生成的内驱力形成合力，满足了儿童的需求，符合儿童的学习规律。因此，真、美、情、思构成的情境，实现了儿童快乐、主动地发展。

更值得一提的是，在情境课程的操作中，我特别强调"美与儿童潜在智慧的发展"，这是对儿童心灵的塑造，是对人的天赋灵性的开发，影响着儿童美好的情感及创造性的发展，这在情境课程各科教学中均有具体的体现。以"情智交融"为主要特色的课程体系，让儿童在实际操作中带着热烈的情绪，感受探究、体验、发现、表达和操作；顺其自然地将情境课程研究延伸到儿童情境学习范式的建构上，显示出情境课程整合、熏陶、启智、激励的作用和中国民族文化精髓独特的优势。"综合实践课程""专题性文化课程"以及情境课程走进聋哑学校的突破、幼儿情境阅读的尝试等，更显现出情境教育的生命力和广阔的发展空间。

情境课程的构建引起众多专家的关注，并给予了高度评价。专家们认为情境课程好比一块富矿，蕴藏着巨大的值得开发的宝贵资源。其中，华东师范大学的裴新宁教授指出：情境课程是"以学习者为中心设计与发展的课程"，课程设计聚焦"蕴含丰富情感、蕴藏着潜能的、活生生的儿童"，这种优化的学习情境，是体现学生主体性的保证。情境课程，不仅体现了当今国际上"学习者中心的课程"的共同取向，还为"学习者中心"赋予了独特的内涵，并创造了有效的实践路径。此外，情境课程"把学科课程与学生的生活建立有机连接，将正式环境与非正式环境中的课程加以整合，促进儿童卓越素养的形成"。"为当下关注以学习科学为基础的国际课程的发展领域增添了中国情境教育学派的奇葩，彰显了中国课程新流派的风采。"

实践效果表明，情境课程立足于多种课程资源的优化，遵循儿童发展的规律，根据课程的不同领域、不同功能，在优化的情境中构建一个开放而多元的、相互促进的课程体系，从学校各个不同的区域、时空，体现课程的基础性、操作性及多样性，发挥情境课程的多种功能。

（二）情境课程的作用

在情境课程实施多年后，2002 年，我在反思中进一步琢磨情境课程的作用。根据情境课程的内容及情境教学形真、情切、意远、理蕴的四大特点，情境课程必然对儿童的学习和发展起着整合、熏陶、启智、激励的作用。

1. 整合的作用

知识在传统教学中往往是一个个零散的知识点，知识之间的内在联系、知识发生的背景，学生一般都不大知晓，学生只能浅表地、孤立地理解知识，谈不上对知

识的综合运用。而情境课程则把知识镶嵌在情境中，又凭借情境进行相关的能力训练，并在过程中启迪智慧。在"儿童与社会""知识与社会"之间，情境教育主张让儿童走进生活世界的源泉，从中汲取鲜活的知识经验，探询知识与生活世界之间存在着的循环往复的有机联系，去感悟一个有血有肉的知识体，而不是一个一个的知识点。情境课程在这里对知识起到了一个很好的整合作用，十分有利于学生对知识的建构，其中包括知识产生的背景、知识作为人类财富的感受，并在其中融入了人文精神的熏陶及智慧的启迪。这就把初等教育有关知识的、能力的、智慧的、情感的教育目标，都在情境中加以整合。这种对知识的整合、目标的整合，只有在情境中才能达到最佳的体现。

2. 熏陶的作用

情境课程观特别强调情境对于儿童的潜移默化的熏陶或陶冶作用。情境教育以"美"为突破口，以"美"为追求的境界，主张一方面利用美，另一方面进行"美"的熏陶感染。儿童在情境中感受到美，进而去表达、抒发美的感受。伴随着这种审美愉悦，儿童纯真的心田得到犹如甜美的春雨般的滋润。情境的这种可感性、愉悦性，使儿童非常乐意接受，并产生积极的情绪反应。当学生持久地、多角度地获得美感，就会一次又一次地产生对客观现实的美好的情感体验。随着这种体验的不断深化，他们的审美情感、理智情感和道德情感等都会受到很好的陶冶，并深深地烙印在他们幼小的心灵上，并作为相对稳定的价值取向逐渐内化、融入儿童的人格之中。这就是我们一直强调的由情境引发的情感的纽带作用。诚如一位哲学家所说，情感的体验可以揭示人的"存在的完满"。在情境的熏陶作用下，凭借情感的纽带作用，情感与生命的冲动、感受、体验、人格等有机地联系在一起，人的内心获得极大的喜悦，而只有拥有这种内心喜悦的生活，才是完满的、健全的生活。情境课程就是要全面激活儿童的生命能量，促进儿童身心素质的全面、和谐发展。孩子的童年在教育中获得这种美的享受，对他们明天的发展必然产生深远的影响。这是情境课程独特的作用，也是它独特的优势所在。

3. 启智的作用

儿童具有不可限量的潜在智慧，包括直觉的智慧、想象的智慧、创造的智慧以及逻辑的智慧等。启迪儿童的这些潜在的智慧，使他们变得更加聪明，是情境教育一直追求的目标。优化的情境在启迪儿童智慧方面同样具有得天独厚的优势。智慧是需要启迪的。所谓"启迪"，在某种意义上就是一种暗示，它来自于情境的作用。情境课程之情境所蕴含的"真""美""情""思"构建了一个广远的意境，为儿童提供了宽阔的思维空间。情境课程讲究"强化感受"，在情境中将观察与思维、观察与想象结合起来，让儿童在观察中、在倾听中、在触摸中，获得丰富的映象和美感，并很自然地产生审美意象。而审美意象本身就是一种"再创造"，可以有效地激起儿童的积极思维。当儿童沉浸于情境中，想象的翅膀会悄然展开。正如《文心雕龙》中说的那样，"思接千载""视通万里""神与物游"。而和谐的师生关系，更让儿童的思维活动在最佳的心理状态下进行。儿童常常在这广阔的、无拘无束的思维空间里浮想联翩，激起无数的奇思妙想。

"情境"也会打开我们的思路。早在 20 世纪 80 年代的课堂上，我就趁机启迪儿童的想象。那时，大家不一定能认同。但现在已经证实，越是小的孩子，越善于想象。我们就要在孩子最善于、最乐于想象的最佳时期，让他们尽情地想象，这样，他们的创造潜能才会得到及时的开发。

4. 激励的作用

情境教育提倡教师"爱生乐教"。教师以真挚的情意，殷切地期待学生，坚信学生一定会成功，敏锐地欣赏每个学生的点滴进步和瞬间迸发的思维火花。教师以全身心的爱，投入教学过程，热情地引导儿童开启智慧大门。教师的期待会作用于儿童的内心世界，学生会从教师的爱中获得信心、获得力量。这种信念往往会转化成一种积极向着教学目标前进的驱动力，"期待"转化为"自信"。儿童在情境中，在教师的呵护和激励下，表现出一种积极的、欢快的情绪。他们每天在教师的身边领略到、感受到的正是他们所需要的支撑和催化，而完全不同于传统教育的那种无奈的、被动的学习。连同学习过程中情境的驱动，熏陶感染所形成的内心的感悟，都使情境课程具有激励作用。这样的激励作用，效果是明显的，也是持续的。

学科情境课程保证儿童在情境中通过自己的活动学习知识，又在情境中通过自己的活动运用知识。以语文为例，语文创设的是作家创作时的那个情境，显然那是社会的情境。数学、科学常识创设相关的真实情境，或者把定理、公式产生时的那个情境重演再现。在这样的情境中，学科知识通过儿童的活动就很自然地，甚至可以说是较为完美地将"儿童—知识—社会"进行有机的建构。这种符合儿童认知规律的建构，有利于儿童掌握知识的内在联系，进而产生知识的迁移。在这样的过程

中，因为情境的美感和情趣，促使师生情感的参与。这种最佳的情绪状态，这种情感的驱动，势必激活儿童的潜能。儿童的那种带有稚气的创新的火花，便会不时地闪现在学习过程中。正如一位科学家所说，"创新是激情产生的直觉思维"。儿童在学科情境课程中的知识建构更具文化性、情感性和社会性。

（三）情境课程四大领域

1. 核心领域：学科情境课程

我自己长期在课堂教学中获得的真切感受，以及众多青年教师的课堂教学实践，连同来自学生、家长及同行的反馈，使我强烈地感受到，学科情境课程在各科教学课堂上展现出来的勃勃生机和欢乐场景，促使我逐渐酝酿构建一种崭新的课程范式，即学科情境课程，并充分表明学科情境课程在课堂教学中，能促进儿童知识、能力、情感、意志等的全面发展，显现了高效能的作用和独树一帜的个性。这使我颇为激动和喜悦。我问自己，情境教育为什么在课堂上能获得如此喜人的效果？儿童在优化的情境中做着什么？他们得到了什么？

其实，不难看出，儿童在情境中欢乐地活动着。

他们在情境中感受，他们在情境中体验，他们在情境中思维，他们在情境中想象，他们在情境中实践、操作。而这些情境中的感受、体验、思维、想象和实践，并不是截然分开、互不相干的；相反，它们是圆融的，是彼此互动、彼此强化的。因为，这一切都是在情境的融合中进行和生成的。鉴于学科课程在儿童发展中的重要地位，我将"学科情境课程"作为"核心领域"提出。

在作为核心领域的学科情境课程中，儿童是作为完全的人、整体的人存在于其间并活动着的。在课堂教学中，没有儿童的活动，就没有儿童的主体位置，就谈不上儿童知识、能力、潜能和情感的主动发展。大教育家夸美纽斯的"泛智主义课程论"就强调"要使活动的训练跟认识活动结合起来""在认识事物的时候进行实际活动"。杜威的活动课程论更突出了活动在儿童获取经验中的重要地位。从宽泛的意义上讲，一切学科的知识，追根溯源都发端于人的活动，又是在人的活动中不断地得到推动、发展和完善。正像钟启泉先生在《现代课程论》中指出的那样："人正是在活动的时候，才进行思考，赋予情感，做出判断的。"

学科情境课程根据教材特点，创设、渲染一种优美的、智慧的、让儿童感到特别亲切而贴近的、富有儿童情趣的氛围。学科情境课程将学科课程与儿童的活动结合起来，与优化的情境融成一个有机的统一整体，克服了单纯学科课程存在的重讲、轻练、重知识、轻能力，因缺乏操作而削弱应用性的弊端，同时也在一定程度上弥补了单纯活动课程往往容易陷入知识无系统状态的缺陷。知识镶嵌在情境中，知识与情境相互依存，儿童与情境互动，并在其中进行相关的实践活动。这不仅弥补了杜威提出的"活动课程"缺乏的系统性的缺陷，而且由于儿童的活动推进了教学过程，从而加深了儿童对学科内容的理解和应用。因为，儿童进入情境后，情境必然作用于儿童的心理世界。情境课程强调以特定的氛围，激起儿童热烈的情绪，在优化的情境中，促使儿童主动地参与。儿童在这优化的情境中的活动，包括他们的态度、情绪、语言和行为，同时也丰富了情境。

人文课程、体验课程的要素也在其间得到了很好的体现。

经历了这种情感活动与认知活动融合的过程，学生可以感受教学内容，可以捉摸、应用教学内容。在不同的学科、不同的年级如此延续、反复、深化，儿童的审美情感、道德情感及理智情感也随之受到了很好的陶冶。就在这一课又一课的活动中，学习成为儿童的主观需求，主动的学习又带来成功的喜悦，产生探究的乐趣、审美的乐趣、认识的乐趣、创造的乐趣和积极向上的乐趣。我们可以美美地设想一下，一个刚进入世界的儿童，那么纯净的心灵、那么丰富的情感、那么迫切的求知欲，在学科情境课程中活动着，每日、每课受到这样的熏陶，便不难为培养良好素质的人才打好全面的基础。

在学科情境课程中，儿童的活动既保持着学科的特点，又充分体现了学科与社会的有机联系。无论是语文，还是数学及其他学科的一切知识，都是在社会情境中产生的。人的社会活动的发展，又不断地丰富语言文字、数学以及各个领域的知识。一切知识产生于情境中，最终又回到情境中去运用。因此，学科情境课程设计的活动，往往以知识在真实的或模拟的社会实践情境中的运用为主要内容和重要形式。我们常常根据教材的内容和活动的主题的需要，让儿童担当所向往的社会生活中的角色、生活中熟悉的角色或童话角色，让他们以一个特定的角色并通过活动去学习教材内容，或操作演示，或观察研究，或报告见闻，或评判裁决，或说明介绍，或演讲复述等，从而带着情感色彩地去学习。把学科课程与儿童活动结合起来，保证了儿童在学科学习中的主体位置，保证每个儿童在热烈的学习氛围中感受、体验、探索、发现、表达和

操作，保证儿童在情境中通过自己的活动学习知识，又在情境中通过自己的活动运用知识。而情境虽是社会的缩影，却具有真实性、典型性，是与教材相关的。

下面将我和老师们在学科情境课程各学科中的探索及认识做一简要介绍。

数学

数学是思维的"体操"。数学的情境课程突出发展儿童的思维，注重开发儿童的潜能，既注意继承传统教育发展儿童思维的逻辑性，又将"数"与"形"、"数"与"生活"结合，让儿童在身边发现数学，使数学变得亲近、似曾相识、可以理解和捉摸，由此培养学生对数学的热爱，让学生的情感走进数学，让形象伴随着抽象思维进入探究的情境，让儿童快乐地进行思维的"体操"。

我和数学老师达成共识：数学的重要特质就是发展思维、启迪智慧、开发潜能。数学情境课程就是不断地引领儿童在情境中思考，在情境中探究。数学在情境中产生，也一定要回到情境中去运用。因此，我们创设的情境，具有鲜明的探究的特点：不仅让孩子在情境中感受数学，理解运算的规则，而且在一种非常愉悦的心理状态下探究数学，促进儿童的思维活动积极进行，培养他们对数学的兴趣。

数学也是人类文明的重要组成部分，蕴涵着丰富的美感。小学数学应该体现数学的审美性和文化性，引导儿童在学习数学的过程中，获得数学的审美感受和文化熏陶。因此，我们不仅对儿童进行认知的教育，还渗透审美的、文化的、情感的、道德的熏陶，促进儿童素质的全面、和谐发展。

"数学不仅是数学"，实验班的数学老师充分地展示数学的文化内涵，努力向学生展示他们对数学美的感受，并由此来影响学生，努力把抽象的公式、定律伴随具体可感的形象或借助生动的形式，使学生在感受这些和谐、对称、富有节奏的形象时，走进一个文化的、审美的数学的新天地。

我们在数学情境课程的探索与研究过程中，初步揭示了如下的数学情境课程的操作要点。

①数学来源于生活。引导儿童在生活中发现数学，让数学贴近儿童生活，在真实的或模拟的生活情境中学习数学、运用数学。

②数学是思维的"体操"。通过创设探究的情境，让儿童伴随着快乐的情绪，积极进行思维活动，把认知活动与情感活动结合起来，把形象思维与逻辑思维结合起

来，启迪儿童的数学智慧。

③将生活展现、实物演示和艺术手段结合起来，重演、再现人类发明数学公式的情境，感受数学的文化性和美感，实现数学教育中数学知识的获取、数学技艺的掌握与数学文化、数学美感的熏陶三重功能，从而丰富儿童的精神世界。

科学常识

小学阶段越来越重视科学的启蒙教育。但由于追求严密的逻辑体系而忽视了学生对科学的热爱，偏重单纯知识的传授而忽视了贴近儿童的生活实际，影响了儿童科学兴趣的形成。科学常识学科的老师说得好："科学情感是人们对自然、对科学的一种积极的态度，一种追求真知的执着的愿望，一种对自然秩序和规律的信念和信仰。"作为教儿童科学常识的老师，对自己所教的学科有如此深刻的认识，真是难能可贵。

科学虽然是真理，是揭示规律的学科，但科学同样来源于生活。因为生活的需要、社会的发展，人类产生奇思妙想，而有所发现、发明和创造。生活中蕴藏着大量潜在的科学课题。我们引领儿童关注周围世界的有关的科学现象，并根据科学教育的特点，创设一种探究的情境，发展儿童对科学的热爱以及探究精神，激发他们的好奇心和问题意识。在丰富的活动情境中，我们让儿童带着问题进行假设，通过实验、观察、分析进行归纳概括，得出结论。由此，培养儿童尊重事实的科学态度，让他们感受科学的奇妙、科学的伟大；培养儿童对科学的热爱、探究的热情和科学的精神，并激发他们将科学知识应用于生活，培养实际的操作能力。这就抓住了科学常识学科的本质特征。

老师们在科学常识情境课程中进行探索实践与研究，大胆改革科学常识教学，取得了显著效果，并概括出如下的操作要点。

①创设科学常识探究情境，激起儿童的好奇心，培养儿童的科学精神和对科学的热爱。

②在模拟的情境中让儿童动手操作，感受科学的奇妙，培养儿童科学的实践应用能力。

音、体、美

音、体、美学科的老师在学科情境课程的实施中，也很好地把握了学科的特点。

先说音乐，无论是歌曲还是乐曲，都极具震撼力。它的节奏、旋律和速度构成了音乐特有的语言。它不像语文需要语言文字的中介，它是直接诉诸儿童的感官的，大凡儿童都喜欢音乐，他们用各自不同的方式去听懂音乐，音乐给他们带来的快乐和震撼，是其他任何形式都无可比拟的。

针对音乐强烈的感染作用和儿童对音乐的酷爱，音乐情境课程大大地跨越了一节课学一点音乐知识、唱会一首歌的传统模式，而把音乐知识、音乐技能都镶嵌在音乐所表现的情境中，通过歌曲的习得，着力培养儿童的审美情趣，培养他们对艺术的热爱。因为，音乐的熏陶作用是深刻而久远的。

我和老师们一直渴望能用健康向上、纯美的音乐的主旋律去打动儿童幼小的心灵。在纯美的音乐世界里，让儿童用歌唱、用律动、用弹奏去学习音乐，去表现音乐，去享受音乐，让孩子的心随着音乐的旋律快乐地跳动。

再说美术。美术是运用一定的线条、色彩等"有意味的形式"去表现情感的。儿童在美术活动中往往运用一些特殊的符号表现自己的情感。在儿童看来，画线条、涂颜色、捏泥块比最终的形象更重要。他们竭力想通过美术的形式来表现自我。正如美国康奈尔大学布雷顿教授在长期儿童绘画实验研究中发现的那样，"一个儿童如果内心有件重要的事情要表达时，那么，他在作画时非常激动……"但传统的美术教育一直存在着重技能技巧，忽视审美文化；重知识传授，忽视儿童审美情趣、审美能力培养的弊端。我们的美术情境课程通过创设多层次的活动情境，在丰富的剪、捏、切、画、插等工艺操作以及绘画操作中，培养儿童的表现能力和创造能力，开发儿童天赋的艺术潜能，培养他们审美的眼睛，让他们在美术教育中受到艺术的熏陶。

情境教育在美术学科主张将学科技巧的训练与发展儿童的想象结合起来。因此，美术组的老师们摒弃单纯的技巧、形式的片面的机械训练，用他们的话说是通过创设特定的情境，激起儿童相应的情绪，让孩子自由自在地画，没有框框，没有条条，没有任何束缚。孩子笔下的人物图像往往就是孩子自我表现的各自的情感。孩子们伴随着自己的情感，用画笔、用手工去表现自己的真切感受和想象。

多少年来，传统的体育教育的主要内容就是进行列队、体操以及掷、跑、跳的

和青年教师对话

田径技能技巧的训练，连篮球、排球、足球等球类运动，在小学体育教学中也不大有地位，似乎那是课外活动玩儿的内容，或者是校球队训练的项目。操练成了体育教学的实质，似乎很忌讳一个"玩"字。在这样的体育教学中，儿童几乎完全是听从命令，被动地机械地重复。儿童只能在有一定难度的训练中，在体能释放时，才感到一种兴奋，一种生命需求的满足。至于如何在健身中、在操练中产生一种快乐的情绪，获得审美的愉悦，得到意志的培养，那是很难的。作为曾经是一名运动员的我，我非常强烈地渴望儿童在体育课上获得不仅是肌肉、筋骨的锻炼，更应该感受体育的快乐，获得身心的解放、身心的愉悦。这不仅是生命的需求，也蕴含着精神发展的需要。也就是说，在现代小学体育教学中，我们更应该关心儿童身心健康的协同发展。学科情境课程在体育课中的实施，就是要体现小学的体育课是儿童的体育课，让儿童带着快乐的情绪，主动积极地进行体能的锻炼、技能技巧的锻炼、意志的锻炼，通过精神的力量、内在的情感，提升竞技的技巧水平和坚持力。这种儿童体育教学的境界，我和体育老师达成了共识。我们明确目标，走出了一条体育情境教学的路来。经过多年的探索，体育老师们很自然地运用音乐渲染、角色扮演、语言描绘等手段，将教学内容融于一种富有情趣、儿童喜爱且乐于接受的教学氛围

中，使儿童在不知不觉中领悟动作技巧的要领和方法，全面实现教学目标。体育学科的老师们共同研究、共同设计，使小学体育教学翻开了别开生面的一页。

我们概括出艺术、体育情境课程的如下三个操作要点。

①以"情"激趣，着力培养儿童对艺术、体育的兴趣，让儿童享受艺术、体育带来的快乐。

②以"美"愉悦儿童的身心，培养儿童的审美能力、审美意识，丰富儿童的精神世界。

③把想象与艺术及体能等技能技巧的训练结合起来，努力在艺术与体育的自我表现中，开发儿童的创造潜能。

外语

外语本身就是人们交流思想情感的工具，所以贵在交流。而且这种交流一定发生在生活的情境中。外语老师特别将一个一个的单词、句式，连同语法都镶嵌在儿童熟悉的、特别亲切或者特别新异的生活情境中。这样不仅可以帮助儿童理解、记忆，在情境中整合单词、句式，更重要的是提供了一个儿童运用外语的外部环境，使儿童产生表达交流的动机：要说、想说，进而会说，甚至熟练地说。

外语学科的老师针对儿童的特点，一改过去老师把教育教学的信息、意图，直接地灌输给学生、"教师示范，学生模仿"的弊端，运用图画、音乐、表演等直观的艺术手段，再现生活情境，运用生动有趣的口语交际情境，非常有效地激励儿童产生主动交流的意愿和冲动，并大胆地运用外语进行表达，使儿童的语言潜能在教学活动中得以充分的体现和发展。

外语情境课程操作的要义简明扼要，具体如下。

①创设情境，将单词、句式、会话镶嵌在儿童熟悉的生活情境中。

②充分利用角色效应，让儿童在角色扮演的热情中，进行外语交际，培养儿童对外语的兴趣和语言实践能力。

我们以环境无不对儿童发生作用为依据，让课内与课外相连、让教学与活动结合、让学校与社会相通、让认识世界与锻炼自主能力相结合，创设"趣、美、智"的教学情境，充分显示了儿童在课堂中的主体位置，而这一切都表明学科情境课程的可行性和优越性。

2. 综合领域：主题性大单元情境课程

主题性大单元情境课程有一个逐渐发展和逐渐成熟的过程。在情境教学实验第二轮时，我就根据系统论的原理，通过"优化结构"，在教学内容上进一步提高了语文教学的效率。因此，我在低年级提出"识字、阅读、作文"三线同时起步，高年级以"四结合单元教学"来强化。"四结合"为：文与道结合、读与写结合、训练语言与发展思维结合，以及课内与课外结合。在读写实践中，我们经常接触到按题材划分单元，明确主题。在这样的单元组合中，儿童学习的语文内容，呈现的就不是线性的一个一个的知识点，而是将语文要素和主要内容通过单元，整合成块。这种不同活动空间的不同要素的一致性，显著地提高了教育的效应。不难看出，这"四结合"的 8 个方面的整合，体现了大语文教育的观点，以全面提高儿童的语文素养和学会做人为明确的目标。用现代教育的目光去看，主题性大单元情境课程仍具有一定的先进性，显示出情境课程在它的萌芽状态时就体现了学科课程综合的思想。

当情境教学拓展成情境教育时，课程论发展中凸显出来的多元的、人文的思想以及综合的理念，我都关注并吸纳过来。叶圣陶先生关于课程综合的精辟论述，也给我很大的启示，使我很自然地将中高年级语文教学中"四结合大单元强化"的课程思想进一步拓宽，并运用到整个小学教育的多科教学中去。

叶圣陶先生指出，传统教育"因为分立了的缘故，每种课程往往偏于一个境界"。这种各科教学的离散性，削弱了教育的整体效应。他还指出："教育的最后目标都在种种境界的综合，就是说，使分立的课程能发生的影响纠集在一块儿，构成有机体系的境界，让学生的身心都沉浸其中。"（《西川集》）叶老的话引起了我极大的共鸣，更鼓舞、促动我进行大单元教育的探索。

要把各个分列的学科综合起来，也绝非易事。各学科有各学科内部的知识体系，把它们结合起来，按什么序列去组织安排，就是首先要解决的问题。我在 1989 年年末开始酝酿、策划，我心里盘算着，脑海里跳动着"主题""大单元""综合"这几个关键词。为了追求教育的整体效应，我提出"以德育为主导，以语文学科为龙头，以儿童为主体"的主题性大单元情境课程的主张，把思想道德教育渗透到各科教学

中去，同时把语文教学与思想品德、班队会、野外教育连成整体，带动其他各科教学进行，使各科教育在一个主题的统领下，在大单元的组合中互补、互动，从相互迁移，达到相互强化，每学期2～3次。

从世界范围的课程综合化的动态来看，英国首创的"综合教育日"进行的综合性课题的研究，联邦德国与瑞典的"合科教学"，以及美国实施的一种名为"超越学科的学习单元"的教学计划，都试图采取大单元的方式将课程综合起来，一个主题涉及几个学科的协同研究，也差不多在这一时期提出。当我前几年获得这方面的信息时，我心里踏实了许多，觉得自己的探索与世界课程综合化相呼应。

主题性大单元情境课程涉及各科，因此需要更多的老师共同参与、共同策划。例如，在南通举行"国际港口洽谈会"期间，为了培养学生热爱生活、热爱家乡的情感，全校举行《我爱长江，我爱濠河》的主题性大单元教育活动。南通地处长江入海口，市内有一条美丽的濠河绕城流过，各科教学把有关热爱家乡的教材集中进行教学，或自编、选编相关的补充教材，并组织学生走出学校。中低年级的孩子在市内漫步濠河，了解濠河边的人文景观，欣赏家乡的美景；高年级的大孩子驱车来到长江边，或登山远眺山光水色，或沿着长江进行考察。孩子们亲眼看到家乡长江边上的港口、码头、船厂和船坞，江边停靠的万吨远洋巨轮、堆积如山的集装箱……他们去采访、去摄影、去查找历史资料、去报道南通港的新貌和远景。在主题班会上，他们运用地理知识介绍南通滨江临海的区位优势，以及从南通通往国外的一个个码头的地理位置；又从历史的角度，讲述南通港新旧码头的变化，用数学计算港口货物的吞吐量及船只吨位的增长。还有的孩子用绘画、散文、通讯甚至诗歌来赞美南通港。学生的视野得到了极大的扩展，综合实践得到了有效提高，并在其中受到乡土文化的熏陶，在亲身的体验中感受家乡的美和家乡的巨变。

在主题性大单元活动中，我们也注意年级的差异。例如，在《我爱腊梅》的主题性大单元活动中，观察腊梅各年级就颇显梯度。低年级老师让孩子观察腊梅的形状、颜色，数一数一朵梅花几个花瓣、几根花蕊，感受腊梅的美。孩子们站在腊梅树下，贪婪地嗅着腊梅散发出的阵阵幽香，身心俱适。中年级的老师在孩子们观察梅花后，让孩子们在腊梅树下或背诵赞美腊梅的古诗、美文，或描述腊梅，来一次观察情境说话。高年级的老师还让孩子迎风而立，感受北风的尖厉，天气的严寒，看寒冬让百花凋谢，而唯有梅花却傲然开放，抒发情感，赞美腊梅坚强的品质，并

主题队会

从腊梅拓展到"岁寒三友",再去观察描述松和竹……总之,随着年级的增高,渐次加深对腊梅的认识及其品格的感悟,从感受腊梅这个冬日小精灵的美,到领略腊梅内蕴的一种骨气、一种品格、一种精神。

我感到,我们工作的价值非同一般,所以自己也特别投入。那时候,情境教育实验刚刚起步,我不仅要参与策划,还要参与活动的全过程,因为任何一件事都得有人带头去做。记得1992年新年到来之前,为了让孩子们从小懂得珍爱时间,我们举行了《和时光老人赛跑》的主题性大单元活动。孩子们集中在大操场上,空中挂着一串串长着尾巴的气球,上面写着"和时光老人赛跑",操场的跑道上写着"奔向1992"。为了打扮时光老人,我从亲戚家借来过去小孩穿的长长的紫红色绸棉袍,亲自动手给"时光老人"贴上胡须、戴上高高的棉帽。我和老师们在办公室里热热闹闹地打扮着一个个想象中的"时光老人"。小小的办公室里荡漾着阵阵笑声。是的,我们真是用笑声、用孩子们的欢笑去迎接新的一年。主题性大单元活动在新年到来的爆竹声中拉开了帷幕。我带领着孩子们和"时光老人"赛跑,沿着"奔向1992"的跑道,我和全校老师、和孩子们豪情满怀地赛跑。孩子们的心中涌动起一股子劲——和"时光老人"赛跑。当时,我这年过半百的人也完全忘却了自己的年龄,全身心地融入和"时光老人"赛跑的行列中……

　　主题性大单元情境课程有了众多老师的积极参与，发展得很快。我们将各科教育与儿童活动统整起来，每一个大单元确立一个鲜明的主题，让师生共同去参与、去行动。如《小蜜蜂行动》《我们去寻找美》《情系灾区》《童话让我们插上想象的翅膀》《走进科学的大门》《我们与时光老人赛跑》等，都是对儿童颇具吸引力的主题。

　　主题性大单元情境课程从儿童的特点出发，以他们喜闻乐见的形式，创设活动情境，结合时令和社会大背景确定主题，着重培养儿童热爱祖国的情感，以及集体意识、责任意识、自主意识和他人意识，并发展儿童的动手能力、交往能力及"三自"能力。多年来的实践积累的各类主题性综合活动，有效地培养、拓宽了孩子的胸怀。孩子们胸中装着祖国，装着家乡，装着许多伟人、大家，装着童年在学校里过节的快乐。一个人在童年受到这样生动形象的、高尚的道德教育，是会深深地烙印在幼小的心灵上的，并会促进他们的健康成长。

　　在主题性大单元情境课程中，我们引导学生进行一系列的自主实践操作活动。那种情境所渲染的氛围，那种孩子们之间争先恐后、跃跃欲试地参与的热情，都在自主实践操作中得到了充分的表现。在童话节里，一个个教室也在他们奇思妙想的推动下，被设计得五彩缤纷，走进去就像置身于美丽的童话世界。孩子们在节日里快乐地唱着童话歌曲，和小伙伴们将自己喜欢或者自己编的童话故事改写成童话剧，自己动手做童话头饰，讲童话、写童话、演童话。这样一个童话节，我们可以收获1000多篇孩子创作的童话和2000多幅童话图画。在主题性大单元情境课程中，我们集中地但又是十分轻松而热烈地进行了符号性操作。

　　经过多年的探索和发展，每学期2～3次的主题性大单元教育活动已成为我们学校文化的重要组成部分。在发展的过程中，很多主题性综合活动随着每次活动的磨炼、积累，逐渐地成熟起来。如读书节从最初的"爱书周"发展而来，健身节从趣味运动会发展而来。现在，很多主题性大单元教育活动几乎已经成了学校的传统节日。已经走过12年的童话节就是孩子们称之为"比过年还快乐"的主题性大单元教育活动。

　　主题性大单元综合课程从教学到教育，从课堂到课外，从校园到校外乃至到家庭和社会。在主题的导向下，各科老师和班主任协调动作、相互支持，充分利用教育、教学内容中的"相似块"，将其集合在一起，从各个不同的侧面集中进行教育。利用大单元情境课程组成部分相互作用的一致性，加大教育的力度，使有限的教育教学活动，在深度、密度上得以拓展，强化教育的效果。这不仅为课程的综合找到了出路，而且也体现了课程综合的优越性。

主题性大单元情境课程因为"主题鲜明""情感伴随""儿童自主""角色众多""场景逼真"，孩子们一个个兴致勃勃、主动探究，大大增强了教育的力度和效果。学生的综合实践能力在主题性大单元情境课程中得到了充分的操练。

3. 源泉领域：野外情境课程

野外教育早在1978年第一轮情境教学实验时就已经开始。因为要带孩子们去观察，我便和他们一起投向大自然的怀抱。到了中高年级，我又带领孩子们去接触、去逐步认识社会生活。这种探索和实践，很快受到老师和孩子们的欢迎。先是低年级的老师，继而是全校的语文老师，都很热衷带孩子走向大自然、走向社会生活。这样，学校就决定在周末开设野外活动，在课表上便也有了野外教育课程的位置。

学校、课堂对于上学的孩子来说，虽说是一个重要的场所，但绝不是唯一的。儿童对周围世界的认识，包括在其间形成的视野、阅历、经验，他在周围世界里积累的鲜明的或者是朦胧的表象，与课堂学习的知识、能力的形成、潜能的开发都是有直接关联的。一个在封闭环境里长大的孩子，和一个在开放的世界里成长的孩子，是绝对不一样的。而后者必然胜于前者。因为，周围世界是儿童认知的源泉，这个源泉应该让它汩汩地向课堂流淌。那是天地赐予儿童的最珍贵、最纯美而且是无可替代的滋养。

然而，传统的灌注式、封闭式教育几乎已经忘却了大自然这本好书，这个广阔的、多姿多彩的课堂。实际上，以大自然为背景的野外教育思想可谓源远流长。早在两千多年前，中国的一代圣人孔子就提出在"梨树之下""杏坛之上"，在自然的广阔空间授课的思想。道家庄子也早已提出，以天地自然为"大宗师"的教育思想。在国外，"自然主义课程论"的倡导者卢梭设计的课程大部分都是在自然界进行的。苏联教育家苏霍姆林斯基更有"蓝天下的学校""三百页大自然的书"的范例。这都使我们领悟到，教育不能切断源头，教育必须带学生到源泉中去。

为此，我们把野外教育作为情境课程的源泉领域，因为它是课堂教学取之不尽的、鲜活无比的源头。

野外情境课程有一个较长的实践与研究的过程。在语文情境教学的探索中，我们认识到，儿童的成长与大自然密不可分。我们应该顺乎自然，利用儿童学习语言

的经验，让儿童回归大自然，投入周围世界宽阔而丰厚的怀抱中去。儿童的灵性连同勃勃的生命力，让我感到，广阔的野外天地理应是儿童活动与施展的自然舞台。同时，正当情境教学探索迈出关键一步的时候，在"意境说""情以物迁，辞以情发"文论的影响下，情境课程由此翻开了野外教育的第一页。

随着情境教学向情境教育的拓展，野外教育的内容也随之丰富起来。数学、科学常识以及音乐、美术也随着教学内容的需要走进野外教育。野外课堂的美感、景物、现象，让儿童饱览了大自然之美。田园的山山水水、树木花草、鸟兽虫鱼，广袤宇宙的星星、月亮和光芒四射的太阳，连同因为它们的运转给人间、给大自然带来的春夏秋冬四季的景象和美感，乃至风云雨雪、雷鸣闪电，又让原来似乎平静的大自然，那么变化多端而显现得大自然有无穷的威力。而这些壮观的景象和美感，该蕴藏多少知识、学问，又会在儿童的眼前、在他们的脑海中跳出多少个问号，逗引着他们去关注它，去追寻它。野外该是一部多么博大精深的教科书！我越来越热切地感悟到，我们应当坚定地、及早地把儿童带出校园，走向那无垠的野外课堂，那里是不竭的、鲜活的智慧的源泉。法国"自然主义课程论"的倡导者卢梭设计的课程大部分就是在自然界进行的，因为他非常注意儿童的"直接经验"。他说："没有呼吸到花的熏香，见到枝叶的美丽，阔步于润湿和柔软的草坪上，哪里能使他的感觉欢悦啊！"（转引自钟启泉《现代课程论》）现代教育的许多口号，是从卢梭那里得到启示的。当然，今天的教育不能单纯强调直接的经验，不能单纯地注意对大自然的感悟，我们还必须让儿童去学习人类的间接经验，去感悟社会生活的丰富，去区别社会现象中的是非、美丑、善恶。但是，我们绝不能180度大拐弯，压根儿忘了，甚至舍弃了那养育我们，至今我们还赖以生存的大自然。

经过多年的实践，我将野外情境课程的实施概括为如下三个要点：

（1）求近、求美、求宽，优选场景。

野外是广阔的，把孩子带到那里去活动，需要选择场景。因为孩子小，尤其是一、二、三年级的孩子，野外活动的地点应该是就地取材，不必舍近求远。这样，孩子可以迈开自己的双脚，踏步而去。在大自然里，在轻轻的风中前行，整个身体都沐浴着大自然的光辉和气息，那比起雇上大车，拥挤在封闭的车厢里不知强多少倍。

我首先选择了学校后面的一大片田野，孩子们只需走过一座大桥，大约10分钟的行程就到了。那里的一条小河、一块农田、一片小树林、一座古老的宝塔，成了儿童较早认识周围世界的一角。实验班正是从这儿，从儿童身边开始，小心有序地打开一扇扇通向广阔世界的窗户。

路程是近的，风光是美丽的，同时又可以为儿童提供广阔的思维空间。儿童可以由此及彼地联想，可以由表及里地思考，更可以在其间让想象的翅膀飞起来。这就是我说的"宽"的含义。

我们优选的周围世界的典型场景，由近及远，由单一的大自然的场景到以大自然为背景的社会生活的一角一隅。为了这一个个的理想的活动空间，我们迈开双腿，到野外一次又一次地去寻找，一遍又一遍地筛选，最后初步形成了野外活动的网点。从学校后的田野、小河到学校西侧古老的光孝塔，然后沿着绕城而过的濠河乃至城郊的山麓和浩荡长江……选点、定点。一个点是一卷画，是一个用"美"编织的生活空间。

（2）观察、思维、实践，综合进行。

野外丰富的教育资源，很自然地成为综合教育理想的课堂。在野外的情境课程中，我们充分利用它，让儿童在其间观察、思维、实践。

野外情境课程让孩子亲近大自然、亲近农业劳动，他们有了更多实践的机会。他们体验到农民伯伯的辛劳。孩子们每天吃着饭菜，尽管还没有上小学，但不少孩子已经能熟背"谁知盘中餐，粒粒皆辛苦"的诗句了，而其间的含义却不甚了然。究竟碗中的饭、盘里的菜是怎么由辛苦而来的？实在是不得而知。而对孩子进行劳动教育，培养他们热爱劳动及劳动人民的社会教育的大课题，是应该从小开始的。这一主题的教育，对于生活优裕的城市孩子、对于独生子女，几乎是一块空白，因而更显示了它的必要性。我们知道这样的道德教育光说大道理是白费工夫，应该让儿童在具体的生活感受中，通过自己实地去做，在真实的体验中产生感悟。

我们组织孩子到农场去看一看、听一听、想一想、做一做，结果让孩子们大开眼界。

数学老师则让孩子们现场编应用题，有从人工收割与联合收割机的收割稻子重量的比较编题，有从同年级平行班称稻谷的分量进行的统计。

在田间小憩的时候，老师们深感在这广阔的田野上，孩子们观察所得、心之所思、手中所做，绝不是学校里一两节课就可以这么真切地领悟到的。

美丽而富饶的田野，激起了孩子多少审美的情趣和奇思妙想啊！又给孩子创造了多少生活实践、各科知识实践的理想的空间啊！这种观察、思维、实践的综合，

在野外情境课程中得到了最好的落实。

（3）认知、情感、意志，协同发展。

大自然并不是孤立存在的，它与人相连，就必须与社会相通。野外教育不仅可以让儿童获得认知方面最鲜活、最形象的知识，而且可以受到道德、审美方面的教育。随着有些主题活动的进行，儿童的意志也可在其间得到培养。

我们通过野外情境课程，在引导儿童认识周围世界时，实验班有机渗透思想、道德教育及美的熏陶。就在那美丽的田野上，从老牛的"哞哞——"的叫声，到拖拉机马达的轰响；从农田到在田野上辛劳的农民；从田野边寥寥无几的低矮的小屋，到耸立在村边的一幢幢新建的小楼房；从老街上石子铺成的小路，到今天宽阔繁忙的大街，无不包含着对儿童进行热爱劳动、热爱劳动人民、热爱家乡、热爱祖国的教育。孩子们入学不久，我们总会把他们带到郊外去"数新房"，让孩子数新房、算新房、画新房、说新房，还带他们去走一走老街石子铺成的路，看一看小街旁低矮破旧的小店铺，然后再来到大马路上，看马路两旁一幢幢拔地而起的高楼，马路上人来车往，一派繁荣的景象，让孩子们感受到家乡日新月异的变化。

尤其是带有主题的单元教学中的野外活动，更可以把感受自然美与社会伦理教育结合进行。在纪念长征胜利的活动中，我们带领高年级的孩子走"长征路"，学老红军艰苦奋斗的精神，模拟走长征路，开展夜行军的活动。从学校到 7 公里外的狼山，利用沿途地形和建筑物，模拟雪山、草地、铁索桥。一个个"小红军"纪律严明，排着整齐的队伍，雄赳赳气昂昂地向目的地奔去。在静静的深夜，谁也不说话，只听见嚓嚓的脚步声，"一、二、三、四""从小不怕苦，学走长征路"的口号声震响了夜空，也震撼着孩子幼小的心灵。他们似乎觉得自己一下子长大了许多。这里没有说教，没有灌输，只有孩子们在野外亲身的体验。这在他们的成长记录上又会添上新的一笔。

不难看出，这样的野外教育是意志的修炼，是战胜自我，是对生活更深一层的认识。那是课堂上不可能产生的感悟。

归纳起来，野外情境课程的开展都是有背景、有目的，大致有以下三个方面的结合点。

①结合各科教学，提供源泉。

②结合主题性大单元教育，丰富感知。

③结合时令季节，愉悦身心。

野外活动作为课程设置，便得以保证。孩子们可以经常走出学校，接触大自然，以至在大自然的怀抱里徜徉而流连忘返，感受到了美，获得了丰富的感性材料。学生一次又一次地接触思维和活的言语的源泉，展开了联想、想象和逻辑的分析推理。这些活生生的信息资源，大大地丰富了学生在课堂上的认识活动。源头找到了，活水便源源而来，儿童的心田、知识的仓库，都可以不断地得到补充、滋润、运转，这是对儿童心灵的塑造。每次去野外，孩子们总是美不可言、乐不可支、流连而忘返。

4. 衔接领域：过渡性情境课程

学龄前的儿童受强烈的好奇心和求知欲的驱使，往往急切地、甜美地向往着小学生活。我去幼儿园教汉语拼音，受到学前小朋友的热烈欢迎。有一次，我因外出没能给他们去上课。当我回校后来到他们中间时，他们是那样可爱，那样热切地围着我、抱着我，撒娇地问："李老师，你怎么不来给我们上汉语拼音课？""我们好想上呀！"

我随即问他们："那你们为什么想学汉语拼音？"

孩子们回答："学了汉语拼音，我们就能识字！"

"学了汉语拼音，我们就能上一年级！"

"我们就有了本领。"

学龄前的儿童，就是这样急切地向往着小学生活。他们早就怀着极大的热情，等待着那一天——背着书包上学去！在他们的眼里，小学，一定非常有趣；做小学生，一定非常幸福。

我想，这便是他们最初的学习动机。

在此情境中，我真是为孩子们对小学生活的美好憧憬和急切的欲望所感动。儿童这一向上的心理应受到启蒙老师的无比珍视。

一年级的新生正是这样乐陶陶地迈进了小学的大门。但是，小学紧张的学习生活却使孩子们失望甚至畏惧了。原因何在？很明显，从幼儿园到小学，学习环境改变、学习内容增多、学习负担加重了，仅在一个暑假前后，就发生了巨大的变化。沉重的课业负担充塞了孩子们的生活。他们仿佛一下子失去了童年的乐趣。这种变

化，是学龄初期的儿童所不能承受的，也就不可避免地影响了一年级新生对小学生活的热爱。为了让一年级新生适应新的学习环境，我们开设了过渡课。时间的长短以新生的适应程度及教学计划的可能决定，大约在2～3周之间，目的简单而明确，就是搞好学前教育和小学教育的衔接，让一年级的新生能较好地适应新的学习环境，进而热爱小学生活，顺利地步入小学阶段的学习。

为了搞好学前教育和小学教育的衔接，减缓学前教育和小学教育的"坡度"，克服幼儿教育和小学教育课程缺乏衔接、严重挫伤入学儿童学习积极性的弊端，我们开设了过渡情境课程，根据"室内短课与室外观察相结合"的原则，安排儿童的学习生活。

• 增设户外活动时间，定期开展野外活动。

• 主要学科分设各种课型，如语文识字课、注音阅读课、观察说话课、"观察、说话、阅读"综合课等多种类型的课程。数学增设了趣味数学课、野外数学启蒙课，授课形式多样化。这一时期，我们十分注意各科间的渗透，必要时进行适当的融合。

• 各课教学均上成室内30分钟的短课。室内短课运用各种手段，创设生动情境，把艺术的直观和感觉训练引进启蒙教育，增强教学内容的形象性、趣味性以及儿童的实际操作。

过渡课程的开设，搞好了低幼衔接。由于学习内容、形式既接近幼儿园的学习生活，又高于幼儿园的教学要求，所以孩子们很快适应了小学阶段的生活。儿童感到学习有趣，对新的学习环境、学习生活，从适应到喜爱。这为他们整个小学阶段的学习，做了精神上和行为习惯上的铺垫，迈出了小学身心发展的第一步。

第一步后，过渡课开始，即既在纵向上考虑到"幼""小"的衔接，又在横向上注意语文和其他学科间的联系，使过渡情境课程在起步时就体现了以儿童为主体的先进的课程理念。

（四）情境课程的操作要义

1. 操作要义之一：以"美"为境界

以"美"为突破口，即从"美"着手。然而对于"美"，我们尚不能把它仅仅作

悉心指导

为教育的手段，不能仅仅利用美。

　　正如哲人所说，"美的发现的前提是追求"。作为一名教师，我的心灵深处，始终追求着教育的"美"的境界，把"美"作为学科情境课程追求的境界。我从"美"与儿童主体性的形成、"美"与儿童精神世界的丰富、"美"与儿童最初的人生幸福、"美"与完美人格的培养等方面，来认识"美"的无可替代的重要作用，来具体诠释"美"的育人功能。

　　教学活动原本是智慧与情感融合在一起的人类追求文明的活动。教学的这一本质属性决定了教学不能没有美。因为，我们的教学对象是一群天生爱美的儿童，我们的教材更是从不同侧面显示着、蕴含着自然之美、社会之美或艺术之美。我们的教育目标又是促进全体儿童素质的全面发展。因此，学科情境课程理应充分地体现美、利用美。教学实践已表明，无数成功的教学，一切深受学生欢迎的课，无不体现了一个"美"字，"美"也无处不在地影响着儿童的情感、智慧和身心的发展。幼小的心灵需要美的滋润，儿童的智慧活动需要美的激活，教学的高效能需要美的推动。一句话，孩子的发展不能没有美。学科情境课程以"美"为追求的境界，而在

具体操作时，则以"美"为突破口。

境界之一：教学不仅是为了学生的学习，还是为了学生主动地学习。美，是教育的磁石。这块磁石就在我们老师备课笔记的旁边闪烁着光亮，是拿起，还是放下，教学的效果大不一样。缺乏美感的教学，便成了没有色彩、没有生气、没有情趣的、单纯的符号活动。那必然是枯燥无味的。孩子生来具有的审美需求没有得到满足，很难产生愉悦的情绪，很难产生主动投入教学过程的"力"，教学的主体性就很难形成。

境界之二：教学不仅是为了学生习得知识，还为了学生精神世界的丰富。

境界之三：教学不仅为学生的未来做准备，还为学生今天获得最初的幸福人生。

（1）再现"美"的教学内容。

教学时，教师要让学生充分感受教材所塑造的形象、描写的画面、抒发的情感或阐述的哲理，在儿童眼前展示一个美妙的世界。

就拿数学来说，它的公式，表现了宇宙的秩序；数学的计算、数学的图形则表现出简洁的美、逻辑的美、创造的美。亚里士多德曾指出："因为美的形成就是秩序、匀称和确定性，这些就是数学研究的原则。所以，数学和美不能没有关系。"我想，数学教学若能再现其美，可以将数学推进一个崭新的，甚至是一个净化了的真理的境界。因此，数学教学可以重演数学家和劳动大众创造、应用数学的最初阶段的那个情境，再现其美，让孩子如临其境，感受数学独特的美。正如我们的数学老师所说的那样："我们认为，作为一个实验班的数学老师，我们每时每刻都努力把抽象的公式、定律化为具体可感的形象、生动的形式，使学生在感受这些和谐、对称、富有节奏的形象时，不知不觉地进入'美'的境界，获取审美的乐趣，产生轻松愉快的心理反应。"

抓住数学文化的"脉"，重演再现发现公式的情境，让学生自己去发现公式，可以说这是多少年来，我在困惑中思考琢磨数学情境教育的一个朦胧而又梦寐以求的境界。

学生担当向往的角色、自己发现某些规律，他们运用起来就会倍感亲切而难以淡忘。前面谈到的平行四边形的教学就是一例。学生得到的不仅是对公式的理解、对公式的运用，而且培养了探究精神，以及对人类文明史进程的初步体验。所有这些正是由"美"黏合起来的，把数学知识、数学文化和探究精神在情境中融成一体。

（2）选择美的教育教学手段。

教学手段实际上是一种媒介，通过它再现、强化、传递教学内容，实现教学目标。要使教学手段给学生以美的感受，就得让学生能看得到、听得见、摸得着，从而在其间产生一种愉悦之感。因为，美感总是通过人的视觉、听觉、触觉具体感受的。没有儿童感知的兴奋，就谈不上美的感受。

图画本身是空间中静的美，音乐是时间中动的美，而戏剧则是生活时空中动静结合的美。教学的美感性，可以通过图画、音乐、戏剧这些艺术的直观与教师的语言描绘相结合，来再现教材描写的、表现的、蕴含的美，让儿童真切地感受其美。

（3）运用美的教学语言。

美的教学内容、美的教学手段都要凭借富有美感的教学语言去体现。教学语言对儿童的感觉的活动、思维的活动、情感的活动都起着主导与调节支配的作用。儿童心的琴弦，往往是美的教学语言拨动的。老师的语言美与否，其效果是大不相同的。对老师的语言，学生可以无动于衷，也可以感动不已；可以味同嚼蜡，也可以如饮甘泉。

我概括了一下，大致有下列几种情况：或是再现了教材描写的美的情境；或是联系儿童生活经验，激发了他们的美感；或是利用儿童的联想、想象，将其带入他们向往的境界；或是引导儿童对美的实质的理解、对教材语言美的鉴赏（包括对教材表现的"美"与"丑"的评判）。总之，富有美感的教学语言，要么让学生感觉到美，要么让学生联想到美，要么引导学生去追求美，要么启发学生感悟美。这样富有内容美的教学语言，也必须有其美的形式，其用词造句应该是十分讲究，力求形象、生动、富有感染力的。正如德国教育家第斯多惠指出的那样，"教学的艺术不在于传授的本领，而在于激励、唤醒、鼓舞"，教学语言应该如此。

（4）表现美的教师仪态。

教师在儿童的眼里是最鲜活的，教师应该辐射美的人物形象，它是连同教学内容、教学手段、教学语言一起，作为一个整体让学生感受其美的。

然而，这种仪态并不是刻意装扮的，更不是矫揉造作的，而是教师对学生的热爱，对崇高的美的境界的追求的一个综合反映，是一种自然的流露，即所谓"风格即其人"。让学生看着老师的模样，听着老师美的语言，感受着老师美好的情感，所有这些交织在一起，儿童会从中获得一种鲜明而亲和的美感。

学科情境课程，通过显现美的教学内容、优选美的教学手段、运用美的教学语言、表现美的教师仪态诸方面，构成的一个多向折射的"审美心理场"，使孩子感受其中，他们的"情"与"智"被激起。儿童作为审美主体，在与审美客体的相互作用中，在审美愉悦中，获得素质的全面和谐的、主动的发展，有效地促进了知识的掌握、能力的形成，以及健康的审美情趣和道德情感的发展。

播撒情境教育的种子

2. 操作要义之二：以"思"为核心

每个大脑发育正常的孩子都蕴藏着创造力，如同一粒沉睡在土壤中等待萌发、急切盼望破土而出的种子。那么，我们就得为这一颗颗珍贵的种子，培育土壤，唤醒催发，提供支撑。

随着现代意识注入教育，教师已不仅仅是一般意义上的知识的传授者，更重要的是播种者、唤醒者、鼓舞者——去播撒情智的种子、去唤醒潜在的智慧、去鼓舞创新的热情。

以思维为核心，是我一贯的主张。1978 年，我的第一篇论文中写的就是语文教学中怎样发展儿童的智力。在情境教学促进儿童发展的要素中，我更是明确地提出"以发展儿童思维为核心，着眼创造性"，并提出如何从观察与思维的角度、从语言与思维的关系、从想象与创造的必然联系，谈思维的发展和创造性的培养。在情境教学走向多科的探索过程中，在时代强调培养民族创新精神的大背景下，我加深了对发展儿童创造性的认识，甚至产生了一种紧迫感，并在情境教育的实践中，加速了这方面的研究。在大量的教学情境中，我产生了新的感悟。我发现，审美情感、师生人际情感，都会直接影响儿童潜能的开发以及创新精神的发展。因为，优化的情境不仅是物质的，情境中的人所抒发、倾诉、流露、交融的情感会直接影响儿童的心理世界，进而影响儿童潜能的开发。那么，究竟如何把握呢？经过梳理、提升，我做了概括，其目的是使学科情境课程在发展思维、培养创新精神这一重要而难以把握的理念上具体化，便于老师操作。

（1）在审美愉悦中，培育开发潜能的土壤。

多少年来，我一直追求教学的完美境界——让儿童在学科教学中获得一种审美的感受，甚至是一种审美的冲动，使我们的孩子在忘我中、在广远的意境中想象开去，使他们潜在的智慧、悟性迸发出令人欣喜的光亮。黑格尔说得好："真正的创造就是艺术想象的活动。"我把"美"作为学科情境课程追求的境界。上文曾谈到"美能启智"的功能，在这一节，我想把我的实际感受与认识再展开一些，进一步表述"美"对儿童思维发展和潜能开发的作用。

儿童对"美"有一种天生的需求。当他们看到一朵小花、一只飞蝶，往往会驻足凝视，并想获取它，那就是因为这些小生灵的美，吸引着他们。"美"对于儿童确实具有无穷的魅力，甚至有一种强烈的感召力。凡是美的，儿童就会被吸引。孩子作为审美主体，在审美感受中，他们的需求得到满足，因此，产生欢乐感，思维也在无限自在的心理世界中积极展开，潜在的创新的种子就很易于在这宜人的审美场中萌动、发芽。因此，审美感受的愉悦，影响着儿童的想象、联想、情感及行为动作。一切教学活动中的"美"，无不显示出一种积极的驱动，无不对儿童智慧的启迪、对儿童心灵的润泽产生作用。我也常常反思，情境教学、情境教育之所以受到孩子的欢迎，并逐渐走向成功，在很大的程度上是"美"的恩赐。在情境教育中，"美"作为手段，是促进儿童发展的"突破口"。"美"作为目的，是师生共同进入的境界。在教学实践中，多少次、多少回，我感悟到"美"是培育创新种子的土壤。"美"影响着人生，影响着学术，"美"创造了世界。"美"不仅是创造的动力，而且是审美创造的要素之一。我们通过"美"，不仅可以培养儿童健康高尚的审美情趣，

而且在获得美感的过程中，会产生创新的欲望和动力。

孩子的创造活动往往是在审美的愉悦中，在宽松的无拘无束的情境中进行的。孩子通过形象的感受、感官的训练，积聚大量的表象与经验。

多少回，在这大自然真实的，或者模拟的美的情境中，孩子看到的是美美的，心里感受到的是甜甜的，于是想得远远地，很自然地甚至是快速地将眼前的景象与自己经验中已经获得的印象，进行新的组合。无论是看月亮，还是数星星；无论是采野花，还是拾稻穗；也无论是看水洼中的小纸船，还是看浩荡长江上的点点白帆，都会令孩子们心驰神往，他们口中跳出一个个美的词、一串串美的句、一幅幅美的画，迸发出创新思维的火花。

（2）在和谐的师生关系中，让情感点燃智慧的火花。

在教学实践中，我们发现，儿童的思维活动往往受到外界环境的影响。他们感到负担、受到压抑时，便处于抑制状态。在孩子的心目中，教师是最富有权威的人，加上老师的过严要求，常常使学生敬而生畏。儿童对教师的这种"敬畏"，实际上就是一种无形的束缚，甚至是一种思维的桎梏。

师生关系的隔膜和不民主，必然会影响学生思维的发展、潜能的开发，这是许多善良的老师始料未及的。情境教育以"情"为纽带，缩短教师与学生之间的心理距离，倡导教师在内心形成对学生的殷切期待，把激发学生的创造潜能作为一种神圣的使命。在实验班，我看到这样的理念在教师心中逐渐确立起来了，教师在教学中也自然地表现出来了。于是，教师的"爱"便会以"宽"去表现——宽容、宽厚、宽松。"宽容是一种伟大的精神"。有了这点精神，教师不再是高居于学生之上的知识的传授者，不再是"唯我独尊""唯我独是"的不容怀疑的权威。情境教育实验班教师以"爱生乐教"为座右铭。教师教学时，内心掩饰不住的深情，通过眼神、笑貌、爱抚，去激励、唤醒、鼓舞学

师生同乐

生，殷切地期待学生，坚信学生一定会成功。学生从教师的爱中获得信心、获得力量。

（3）在认识周围世界的典型场景中，让儿童的思维飞起来。

学科情境课程着力培养学生创造性的思维品质，通俗地说，就是引导、鼓励孩子们想得远些、新些，想得与别人不一样。说得概念一点，就是有意培养学生思维的广阔性、思维的流畅性以及思维的独创性。所有这些都需要给孩子一个宽阔的思维空间。

思维空间的"宽"与"窄"，老师的主导思想是至关重要的。人们常说，某老师把学生教"活"了；也有的人说，某老师把学生教"呆"了。实际上，这"活"与"呆"，与老师为学生提供的思维空间的"宽"与"窄"是密切相关的。

观察是思维的基础，想象是拓宽儿童思维空间的最好的途径。孩子是富于想象的，凭借想象他可以到达小鸟不能飞达的地方。想象力是儿童拥有的巨大财富，但随着年龄的增长，这笔财富会不断减少，成年后则显得更加稀少了。如今，"想象"一词已醒目地多次出现在国家教育部颁发的课程标准中。不难发现，这是中华人民共和国成立以来，历次颁发的课程标准、大纲上从未有过的。看来，在课堂教学中，发展学生的想象力已不再是可有可无的，而是必须付诸实施的。联想到自己在情境教学的起步阶段，就强调发展想象，我在内心产生了一种被认同的感觉，感到无比欣慰。

其实，培养学生的想象力并不是什么玄妙之事。孩子在阅读中凭借想象，可以丰富阅读材料；孩子在习作中凭借想象，可以把习作写得富有儿童的情趣；凭借想象，孩子可以用灵巧的双手，创造出各种科技小作品、美工小作品；凭借想象，结合逻辑推理，儿童可以在数学、科学常识中找到别人没有的解题方式……因此，我们应该千方百计地让学生带着想象去阅读、带着

精心制作

想象去习作、带着想象去进行艺术创作，甚至带着想象进行科学常识的、数学的学习与探究。这样的阅读是智慧的阅读，这样的习作是激活智慧的表述，这样的创作是真正地在艺术中体现自我的创作，这样的探究是创新的萌芽。

3. 操作要义之三：以"情"为纽带

培养孩子高尚的道德情怀，是初等教育的崇高使命。我们要使孩子富有同情心，从小懂得关爱他人、友善待人，热爱生我养我的乡土，懂得热爱自己的祖国，那是崇高而美好的情感。归根结底，教育是人的教育，我们的使命就是把我们的学生培养成人。为了这个目标，我们必须积极引导和倍加培育儿童的情感世界。世界教育的趋向，已从注重知识到注重能力到注重智力，并发展到日益重视情感的教育。这正体现了以人为本的教育的需要。

情感具有巨大的能量，我们应该让情感进入学校、进入课堂、进入每一个学生的认知活动领域。学科情境课程根据教育的目标，根据儿童的特点，提出以"情"为纽带，缩短心理距离的理论。

学科情境课程根据教育教学的远期目标或近期目标，针对儿童的特点，运用图画、音乐、表演等艺术的直观，或运用现实生活中的典型场景，直接诉诸儿童的感官，引起儿童的感觉，使儿童产生体验。当儿童进入这样的情境时，很快就激起热烈的情绪。这种情感的驱动会使儿童情不自禁地投入教育教学活动中，并表露出内心的喜爱。"爱"又会演变成"力"，使教育获得意想不到的效果。其间，不仅有物化的情境的作用，而且有教师、学生、教材情感的传递。也就是说，学科情境课程，"有意识地创造培养情感素养的环境，这是最细腻的教学艺术的领域，是教育素养的本质"。

要让儿童的情感伴随着学习活动，光有方法、手段是不行的，还需要教师倾注真情。我们的语文、思想品德、音体美老师上课时都非常投入，学到高兴时，常常和孩子一起欢笑；学到伤心处，也像孩子一样泪水止不住地往下流淌。即使是数学和科学常识这些理科的老师，也会情不自禁地和孩子们一起融入情境，很自然地把自己的情感倾注其中。老师情感的示范性是学生与教材能否产生共鸣的关键。

"教材—学生"之间情感的桥梁便是老师的情感。尤其是小学语文教材蕴含的思想情感对儿童的心灵要产生影响，就得靠老师去传递、去强化，并随着教学过程的推进，产生共鸣。老师情感的示范性是学生与教材能否产生共鸣的关键。老师首先应该将自己的感情公平地倾注给班上的每一个孩子。在老师眼中，学生没有"贫

我们快乐地歌唱

富"，没有"贵贱"，老师不应偏爱、不应歧视，要不求功利，心中坦荡。学生从这样的老师身上会受到纯真、高尚的陶冶，尤其是小学语文教学，需要语文教师具有更高的情感素养。对课文中描写的人物、景物、事件的态度，显露出教师情感世界的倾向。联系到我自己的教学，我对课文中的伟人、英雄，首先是崇敬、仰慕的，教学时自然而然地表现出敬爱和激动的情绪；对课文中描写的祖国的河山、祖国的瑰宝，我不是作为一般写景状物的文章教学，而是把它看作祖国锦绣山河、祖国珍宝的一部分，于是爱恋之情溢于言表，透出心中的愉悦和骄傲。我总是那么兴奋，传递着自己对祖国山河爱恋的深情。所谓"传情"，就是这么一点一滴地渗透，一次一次地感染的。

学生与教材产生共鸣，表现得比较突出的是语文、思想品德、音体美等人文性很强的学科。这对儿童情感世界的影响是极其深远的，甚至是终身的。

以"情"为纽带，当然包含着学生与学生之间的亲密合作。班上每个学生都有各自的长处和各自的短处。在主体性的学习中，教师可以激活他们潜在的智慧，在共同的探究中相互学习、相互启发，在合作中求得互动、在互动中达到互补。课堂上，孩子们你一言我一语地说着，你提问我回答、你不足我补充、你有错我纠正、

你优秀我学习、你掉队我帮助，让他们逐渐学会与他人合作、学会肯定别人、学会热情地帮助别人，在这种亲和的人际情境中互动、互补。

在语文、数学等主要学科中，围绕学科知识、学科能力共同讨论、协商、探究、评价，甚至争辩，都是比较容易做到的。而在音体美、科学常识、外语中，老师们也非常有心地提供儿童合作的机会。

值得一提的是，我们在培养学生的合作互动时，必须培养学生独立思考的能力。合作应该是在独立思考的基础上进行的。只有独立思考，每个学生的个性才能得到充分的发展。

在学科情境课程的实践与研究中，我们深感孩子的积极思维，尤其是创新活动是在宽松的、无拘无束的环境中进行的。老师的期待、激励，师生间真情的交融，小伙伴的合作互动，都是为了让孩子手执金钥匙去开启智慧的大门。在这样亲和、相助的环境中，我们培养孩子创新的勇气、创新的热情、"我聪明""我能创新"的自信，最终使孩子的创新潜能得以激活。

课堂教学因为有情感纽带的牵动、维系，变得更富有诱惑力。情感纽带的牵动，缩短了教师与学生之间、教材与学生之间以及学生与学生之间的心理距离。儿童在情感的驱动下会主动、积极地投入认知活动中去。巴甫洛夫的实验证明：情感对大脑皮层的有效工作有巨大的作用。积极的情感增进它的工作，消极的情感阻碍、压抑它的工作。各科课堂教学的现场表明，学科情境课程的实施，激起儿童的积极情感，产生增力的效果。"因为孩子乐意学习的时候，就比被迫学习轻松得多、有效得多。"（苏联教育家多勃洛留波夫语）

由于在不同学科、不同年级延续、反复、发展，儿童的情感逐步加深，最终由于情感的弥散，渗透到儿童内心世界的各个方面，并作为相对稳定的情感态度、价值取向逐渐内化，进入儿童的个性之中。

总之，以"情"为纽带，培养儿童的高级情感，既是教育教学的目的，又是促进儿童主动发展的有效手段。

4. 操作要义之四："儿童活动"为途径

说到底，课堂是属于学生的。倘若不属于学生，课堂与教师便失去了存在的价值。"教"是为了"学"。

学生，尤其是小学生，在他们身体迅速成长的时候，往往是通过自身的活动去

和孩子一起进入情境

认识世界、体验生活、学习本领的。因此，学科情境课程选择以"儿童活动"为途径，在教学过程中让学生充分地活动。

（1）活动融入学科课程，以求保证。

"儿童活动"强调特定的氛围，以激起儿童热烈的情绪，让儿童在优化的情境中主动地活动起来——产生动机、充分感受、主动探究、情感体验、比较鉴别、判断正误、模拟操作、语言表达等一系列观察、思维、语言、触摸活动，加上通过图画、音乐、戏剧创设的情境，于是又有了包括唱歌、舞蹈表演在内的艺术的活动。这种学科情境课程中的活动，遵循教材体系，以儿童知识、智能、情感意志获得尽可能大的发展为目标导向。

（2）活动利用角色效应，以求主动。

活动进入学科课程，必然受到孩子的欢迎。但是，"学生"的固有角色，往往摆脱不了"被教授""被动接纳"的习惯地位的羁绊。这种角色的消极状态，也会影响孩子在教学过程中充分地活动。角色决定着人的思维、情感和语言的活动。利用角色效应，让孩子扮演、担当特定的、与教材相关的角色，学习教材内容，或朗读复述，或报告见闻，或演示操作，或描画表演，或主持裁决，都会促使孩子带着情感色彩去学习。活动中孩子担当、扮演"他角色"的新鲜感与情感体验，使他们兴奋不已。

儿童以特有的角色进入情境，按照所扮演、所担当的角色思维、体验，进行独白、对白、演示、操作等活动时，会产生进入角色的感知觉。凭借这种如临其境的感受，儿童会很快地理解角色在情境中的地位及言行。儿童的经验在此情此境中被

充分地利用。角色的喜怒哀乐、角色的言语行为，仿佛就是孩子自己的所思所想、所言所行。角色变了，思想感情、语言行为也随之变化。

（3）活动与培养实践能力结合，以求应用。

活动融入学科课程，教学过程随着儿童的活动推进，再利用角色效应进行，课堂教学比起单一的"灌注式"教学就丰富多了。但是，在教学过程中，让儿童活动，并不意味着追求形式的生动，而是让儿童通过自身的活动，充实教学内容、丰富教学形式，让儿童在乐中学、在趣中学、在动中学、在做中学，使活动贯穿于教学过程，使活动具有鲜明的学科特点，并与培养实践能力相结合。也就是说，学科情境课程中，儿童的活动具有鲜明的目的，即通过活动体现儿童的自主性，通过活动培养儿童的学科能力、实践能力和综合应用能力。事实上，人的诸多能力，正是在一次又一次的活动中逐渐形成并得到提高的。传统教育的"高分低能"的主要原因就在于学科教学中缺乏学生为主体的一系列活动。

通过活动培养学生的实践能力，这是各科教学应该承担的任务。语文学科听、说、读、写的能力，数学学科的口算、心算、笔算的能力，音乐、美术的唱歌、绘画能力等，都是不可忽略的要落实的任务。在学科情境课程中，强调在实践中、在应用中培养、提高学生的学科能力。学科情境课程的"儿童—知识—社会"三维度的建构，就是要将儿童课堂的学习与现在乃至未来的应用联系起来。从儿童明天的发展，考虑今天的教学，从社会的需要，及早地培养儿童的实践能力。因此，老师不能仅看到学校、学生、教科书，而且要看到日益发展的社会。归根结底，儿童终将是社会的一员，他们要走向社会，去生存、去发展、去展示自我。我们提倡教师要有广阔的视野，让儿童在课堂上充分地活动起来。"学以致用"是中国古老的教育原则，而在今天，我们赋予它新的内涵，即在"学中用""以用促学"，而"学"与"用"的中介，便是儿童的活动。

这样紧密结合实践能力的活动，尤其是通过角色的扮演进行的应用性操作，多种感官与思维、语言的协同活动，可以把情感与认知活动结合起来，这样的教学内容使儿童可以感受、可以捉摸、可以应用。如此可以强化基础，做到"活中求实"。

在教学过程中，让儿童充分活动，能极大地激发儿童的学习动机。他们感到无限快乐，他们似乎发现了自己，感到自己精神的、智慧的力量在增长。活动为儿童开拓了宽阔的创造空间，一种更高的追求和自己能表现得更完美的渴望与日俱增。

（五）教师卷入情境课程的热潮中

在情境课程开发与研究的过程中，全校的老师和我们子课题的老师都热情地卷入课程开发中来。老师们的劳动与智慧丰富了课程资源。国家课程、地方课程、校本课程，虽说是三级课程，但是我们想把它们融通起来。情境课程看似校本课程，但它完全可以成为实施国家课程的一种范式。教师在其中就是开发者、实施者。一句话，教师是课程改革的生力军。

情境课程的探索之路已走了许多年。为了儿童发展的需要，在 20 世纪 70 年代末，我带孩子们走向田野、走向小河畔、走向大江边。菜地里、瓜棚下、小林子中、星空下，留下我和孩子们多少身影和足迹。野外成了孩子们爱恋的课堂。为了满足儿童对阅读的渴求，我自己编写补充教材。当时受条件限制，只能自己印制油印的读本。为了让孩子们读到规范的字体，在寒夜里，我握着古老的铁笔，在钢板上一笔一画地带着刺耳的划磨声刻着蜡纸，然后一张一张地印发给孩子。那软软的不算白的纸，散发着油墨的香味，那上面刻印的都是孩子们在教材中未能读到的好文章。学生小学五年毕业了，每人就有 10 本这样的油印小册子。这也留下了 20 世纪 70 年代末至 80 年代初办学条件的印记。这比起现在孩子们的读本寒碜多了。但正是这印制粗糙的读本，满足了孩子求知学习的需要，有效地丰富了课程资源，并培养了孩子阅读的兴趣，增加了孩子的语言积累，明显地促进了孩子表达能力的提高。这是我自己编印的第一套补充教材带来的效益。

同样，为了提高语文教学的效率，在 1983 年秋开始的第二轮实验中，过渡课结束后，我做了更大的动作，即从优化结构着手，组合教学内容，提出了低年级"识字、阅读、表达三线同时起步"，中高年级则通过"四结合大单元教学强化"。过去的小学语文教学往往习惯于按直线序列"汉语拼音→识字→阅读→写作"呈现。用通俗的话来说，就是"一样一样挨着学"，认为只有认识了汉语拼音，才能识字，识了一定数量的字才能阅读，有了一定的阅读基础，才能作文。所以，过去"作文开篇"是在三年级。这种单一的结构，体现了前者对后者的作用，忽略了组成语文教学的因子之间的相互作用。那时，我已接触到"系统论"。从整体系统的角度看小学语文教学，我发现小学语文教学"结构单一造成效能不高"的弊端。我想，有了情境教学新的教学理念和生动形象的教学手段、方法，再加上教学内容的优化，就可

以更大幅度地提高语文教学的质量，于是我着手改革小学语文教学的序列与结构。现在回忆起来，这些不正是初步的课程改革的举措吗？我深深地感到，"课程并不神秘"，老师们都可以成为课程资源、课程经验的开发者。

语文学科在基础教育中是主要学科，所谓"基础的基础"。然而，它又不是孤立的，它与其他学科既互为系统，又自成体系。要使语文教学起步达到最优化的标准，不仅需要考虑学科结构各个要素之间的相互作用，还必须把握各科之间的相互联系。所以，实验班以语文为领头学科，与各科沟通，相互渗透、互为补充。开学初，实验班各科老师互读教材，知己亦知彼，相互铺垫，协同步骤，将有关内容列入教学计划，体现教育的整体性原则，打破了传统教学各科之间相互隔绝的封闭式教学模式。例如，一（下）数学课教学除法，难度较大，学生不易理解名词术语。语文学科便特地编写了故事《分香蕉》的阅读教材，使学生对"平均""分成几份"有了一定的认识，并通过故事情节的发展，激起学生学习除法的动机。其他各科也在保持自身体系的同时，结合学科特点，纳入为语文和其他学科铺垫、深化的内容。如阅读课上教了《大西瓜》《驴子和冰》，这些有趣的童话寓言，图画老师让儿童根据故事情节，画连环画。在想象画中，培养儿童绘画的兴趣，训练儿童绘画的技能。

从发展的要求来看，极为重要的一点是要使教材内容尽可能广泛地与大自然、社会联系。通过综合，使知识互为融通地多渠道建构。为此，各科教学结合季节、纪念日、学科教育中心，围绕同一主题，由语文学科领头，进行单元教学。如秋天来了，各科进行《金色的秋天》的主题教学。语文学科教学描写秋天的课文，观察《秋天的果园》，进行观察说话。自然常识课抓住秋天收获的特点，教学生认识各种果子，并剖开果子，观察果皮、果肉、果核。数学学科则用树上的果子编应用题，以强化学科的综合性，促使儿童通过各科教学，协同发展。

实验班通过日常各科间的沟通渗透、单元教学、野外活动等途径，教学逐步形成综合开放的系统，获得了较好的整体效益。

当时，虽然实验还未拓展到"情境教育"，但是整体改革的理念已经促使我开始形成课程要综合的想法，我进行了初步的尝试。也正因为有了"从整体出发，着眼儿童发展"的尝试，情境教学向情境教育的拓展才成为必然。

在21世纪的今天，面对新一轮课程改革的热潮，老师们都主动热情地按教育部颁发的课程标准去探索、去实施。新的课程理念正在被老师们理解和接受，老师们正努力地在各自的实践中去实施与创造。这种对新课程热衷的新气象，必然会促进老师去开发、去创造新的课程经验，尤其是我们《情境课程的开发与研究》课题立项后，更为老师的这种开发课程的热情提供了具体的空间和落脚点。

例如，过去我总是错误地认为，语文老师比数学老师会写文章，易于丰富课程资源。没想到在情境课程的开发中，数学老师真正是大显身手。例如，如何引领孩子真正走进美丽而神奇的数学国度，是他们一直研究的课题。在讨论中，他们想到了语文，想到了让孩子创造童话故事，甚至诗歌，以此作为载体，开发儿童数学的潜在智慧。他们让孩子自己去创作数学童话、数学故事，撰写数学诗歌与小论文，以此增进儿童对数学的认识，让儿童真正体会数学的价值。

数学老师首先向孩子们介绍国内外著名的数学科普作家撰写的数学童话故事以及报刊上的数学小论文，让他们感悟这些作品的内容和写法，然后放手让孩子们自己根据所学的数学知识，展开想象，进行创作，写有关数学知识的习作，把数学知识融入故事情节中。老师的指导，孩子们的努力，终于创造出一篇篇饱含着儿童情趣的作品：聪明的小猴来参加狮子国王的生日会了；懒惰的小猪在扔了西瓜皮之后却收到一个奇怪的大红盒子；埃及的金字塔出现了恐怖分子；"非典"病毒找科学博士的麻烦……在危险面前，一个个小英雄挺身而出，破解了一个个难题。

数学老师读到孩子的作品，欣喜万分，为孩子们的奇思妙想兴奋不已，也为孩子们渐渐喜欢上数学而备受鼓舞。孩子们也对自己和同伴的习作表现出极大的兴趣，迫不及待地阅读着、讨论着……数学老师为了尊重、赞扬孩子们的创造，编印了一本小书《数学乐》，还让我题上书名。

小书的序言——《数学，我不断地追寻你》，是数学老师陈建林撰写的，写得真棒，我在此摘录其中的三小节。

　　在你面前，我并不自卑，虽然我只是名不见经传的初学者，但是两千多年前欧几里得的那句名言"几何中没有王者之路"已告诉我，你对所有人都是公平的，不管他是富有还是贫穷，是帝王将相还是囚徒乞丐，是举世闻名的大数学家还是初出茅庐的小孩子……你，都以同样宽广的胸怀迎接他们，从不偏袒。

　　如今的我与你，早已像是220和284那般密不可分，它们正是两千多年前

毕达哥拉斯学派炫耀的朋友数所（相亲数）。依稀中听你说起，1750 年瑞士大数学家欧拉一下子就公布了 60 对相亲数，令世人叹为观止。然而几百年后，意大利 16 岁的青年巴格尼却出人意料地找到了欧拉漏掉的一组相亲数 1184 和 1210，而这仅仅比 220 和 284 稍大一些。也听你说，中国数学家陈景润证明的"1＋2"摘下了数学皇冠上的明珠的奇迹；而困惑世人几百年的柯曼女生排队问题和斯坦纳三元系问题竟然被我国内蒙古一个普通的中学物理教师陆家义所攻克……

所有这一切，更增加了我的信心，我将为你添砖加瓦。于是，我拿起笔，写下对你的描述，虽然还很稚嫩，但这毕竟是我的第一次哟！

第一辑《数学乐》里编入了孩子们撰写的数学童话、数学故事、数学小论文和数学诗 71 篇，从目录就可以知道孩子思维的活跃、想象的奇特。五年级的学生竟然将学得的数学知识编成文艺节目登台表演，一个年级演了一台戏。孩子的创造性，对数学的热爱，发展到从来没有的高度。

在孩子们过"读书节"的日子里，以特级教师施建平为首的几位老师，每天向同学们展示一条名人读书的名言和一条我校学生自己写的"采蜜心语"，让名人和学生的读书感悟交相辉映。他们还收集了古今书法经典中"书"字的 70 余种写法，有行书、楷体、狂草、隶书，还有更远古的篆字。他们在电脑中设计后制成方形、菱形、圆形等各种形状，做成板子悬挂于学校百余米的甬道旁，使学生每天一进学校便走进"书"中，感受书法文化的多彩。

施建平老师还带领几位老师特地收集了读书故事、读书方法和读书名言等，并编写了一本 10 余万字的教师用书——《打开阅读之门》，作为教师开展活动时的参考资料。书的小标题既有品位又有内涵，老师们用它们把孩子带到一个纯净而高尚的精神世界里：《读书意义——书香是生命的甘泉》《书籍变迁——探寻书的足迹》《读书故事——做一个真正爱书的人》《读书习惯——走进书中去》《读书方法——拥有一双阅读的眼睛》《读物介绍——到书海去看潮》《读书名言——积累人生的财富》《书林拾趣——拉直脑中的小问号》《读书心得——我在书中读自己》……就拿《书籍变迁——探寻书的足迹》这一节来说，它介绍了书的起源、书的演变，还分别介绍了甲骨的书、青铜的书、石头的书、竹木的书、丝织品的书和纸的发明，再谈到纸写本的书。《读书故事——做一个真正爱书的人》这一单元讲了古代"凿壁偷光"的匡衡、"囊萤夜读"的车胤、"映雪读书"的孙康、"追月夜读"的江泌、"燃薪苦读"的范汪、"警枕勤读"的司马光和"燎麻夜读"的刘峻……以及南通清代状元、实业家张謇的读书道路。它还介绍了近代读书入迷的孙中山、爱买书的郁达夫、老舍的读书之路。同时，《打开阅读之门》又在《名人读书方法》中介绍了孔子、鲁迅、冰心、巴金、歌德和爱因斯坦的读书方法。

在电脑课上，老师们指导学生了解儿童读物的网站，学习网上阅读、查找资料的方法，让学生尝试不同的阅读方式，拓宽阅读领域。老师还有计划地开展一系列读书活动：走出学校，参观南通市十大藏书家的藏书，评选出我校的十位小小藏书家，等等；学校还举行《我读书，我快乐》的征文比赛，让学生将自己读书过程中的感受、体会、收获写出来，与同学分享。

读书节也激起老师们读书的新热潮。有的老师把自己读书以及指导孩子读书的心得和感受写成随笔、散文，编辑成小册子《沐浴书香》，在老师间相互交流。孩子们也特别喜欢了解、好奇地窥探老师的读书世界。

孩子们在"读书节"里是真正的主人，他们在"读书节"散发书香的浓郁的人文情境中，将自己收集的读书名言、自己的读书感悟、自己的读书故事写出来，加上读书相关的资料编成小报。六年级学生在老师的启发下，回顾自己小学阶段的文章，进行筛选、打印、排版、设计封面，给自己的小书题上书名。有的学生还将自己的照片、绘画作品等配在文中，编成一本图文并茂的属于自己的"小书"。

由此不难看出，课程改革的热潮，极大地激起了老师们参与开发课程资源的热情。而情境课程的理念，则使老师们开发课程有了依托，并由此拓展开去，那真是有情、有境、天地宽。尤其是青年教师，青春的活力更让他们在情境课程的开发中，一马当先。

各年级自己编印的孩子们的作品的相关资料有：《我爱长江，我爱濠河》《数海拾贝》《情境短笛》《月牙泉》《七色花》《蒲公英》《太阳歌》《桃花船》。这些老师和孩子们共同命名的集子，在各个年级一本一本地问世，极大地丰富了课程资源。老师自写、自编的《情境速递》《热点追踪》《珠媚教苑》也一期一期地发到老师们手中。此外，为了创设净、美、智的家庭情境，一年级还编印了《孩子的爸爸妈妈》《牵手》，与家长沟通，共同育人。

我还组织语文、数学老师分别编写了《情境语文》《情境数学》两套书，共 12 本，以在更广阔的空间里开发情境课程。两套书由东北师范大学出版社出版。

从老师们洋溢出的开发情境课程的热情和初步的成果来看，我深感情境课程是块富矿，教师是课程改革的生力军。苏霍姆林斯基这样说："每一位教师都有自己创造性的实验室。"我的实验项目就是从小学语文情境教学发端，后来发展为情境系列研究。从情境教学到情境教育，再到情境课程，我走过了近 30 年的艰难历程，也品味着近 30 年创造性教育劳动的甘甜。在那些难忘的日子里，我和我身边的年轻人共同创造着我们的教育梦想、教育奇迹和教育乐园。情境教育的神奇磁力激活了学生们的智力积极性、情感和希望的梦，也激发了我和老师们的教育愉悦、创造的激情和对自己精神劳动的肯定和赞叹。由此，我更热爱自己的教师工作，更热爱自己所从事的教育事业，更热爱我的那些一茬又一茬的学生。我和我的学生们、同事们分享着小学教育带给我们的成长快乐。

十、中国情境教育儿童学习范式的构建

我在小学工作了整整 60 年，我深深地感到，能和世界上最可爱、最纯真的儿童生活在一起，是我人生最大的幸福。每天在小学的校园里，我感到那么生气勃勃、清新亮洁，让我从审美直觉里获得无限的生活情趣，儿童成了我心灵的寄托。我爱儿童所爱，知儿童所需，正是儿童给了我智慧。30 多年来，儿童的学习是我探究的、始终不渝的核心课题，它凝聚了我的虔诚和心血。儿童的成长也让我体验到，探索者的情感会萌生智慧和不懈的追求。

（一）创造性地运用民族文化经典，概括儿童情境学习真、美、情、思四大核心元素

为儿童的学习是我探索的原点，让儿童不仅快乐、高效地学习，还要身心健康，使一个个充满情感的生命个体的心灵也美起来，是我追求的教育的高境界。

为此，我走上理论与实践相结合的道路。走在这样的路上，虽艰辛，但更多的是快乐与充实，直至现在，还让我这早已年逾古稀的老人也像年轻人一样充满活力。

这种创新激起的生命活力让我乐此不疲，并努力地朝着彼岸前行。

在"儿童情境学习"的探索过程中，我不断受到中华民族文化理论的滋养和启示。1000多年前刘勰的《文心雕龙》，以及近代学者王国维的《人间词话》，可谓"意境说"的经典。中国古代的诗人蘸着情感的水，在特定的情境中写下了一首首让读者连同诗人自己都心动的诗篇，写下无数不朽的中国古代诗词流传至今。这充分显示了"意境说"诗词创作理论丰富及深厚的底蕴，它具有永恒的价值，充满了无穷的生命力。

这种文化自信在我心中早已树立，我越来越感悟到，在学习国外教育先进理论的同时，中国教育要走自己的路，就必须到中华民族优秀文化里去寻"根"。在时代的召唤下，出于对教育更高境界的追求，触动我将古代文论经典"意境说"大胆地跨界，创造性地应用于今天的儿童教育中。我深感，"一切境界无不为我、为儿童所设"，儿童情境学习的实践与研究一步步走上民族文化引领的道路。

"意境说"中的"真、美、情、思"四大元素引导着我，影响了我的儿童教育理念与教学策略。它成为儿童情境学习的重要支撑，我因此将其列为中国式的儿童情境学习的四大核心元素。

1. 真：让儿童认识一个真实的世界，符号学习与多彩生活连接

刘勰在《文心雕龙》中提出："感物吟志，莫非自然。""物"是创作的对象，是"情""思""辞"的根基，所谓"诗人感物，联袂不穷""物我交融，情景相生"，把"感物"与"咏志"结合起来。这种近乎唯物论的阐述，实际上强调了环境与主体的相互作用，"写真实"才能"抒真情"。情境学习从起步阶段就受这一论说的影响，就追求给儿童一个真实的世界。儿童情境学习的第一步是走进周围的世界。在儿童眼前展现一个活生生的、可以观、可以闻、可以触摸、可以与之对话的多彩的世界。从"真"出发，由"真"去追求"美"，去启迪"智"，去崇尚"善"。

2. 美：美的愉悦唤起情感，在熏陶浸染中促进儿童主动、全面发展

刘勰在《文心雕龙》"情采"篇中强调了"文采"。刘勰追求物、情、辞和谐的美，从"美物"到"美文"，精神与物象交融，诗人沉浸在美的境界中，激起情感的升腾，所谓"情以物兴，故辞必巧丽"。为此，我创造性地将艺术引进语文教学，让阅读教学美起来，使创设的或再现的或优选的情境呈现美感。通过美的形式、美的内涵、美的语言，让美首先去占领儿童的心灵，于是，我"以美为突破口"作为儿

童情境学习操作要义的第一条，进而又"以美为境界"，达到以美育人的目的。由于美，我们摆脱了各科教学的单纯工具性的束缚。美感的润泽，使各科教学的文化内涵得到顺乎自然的体现。

3. 情：情感生成儿童学习的内驱力，让情感伴随认知活动

刘勰在《文心雕龙》"物色"篇中，从客观外物对人的情感的影响做了生动形象的阐述。他的"物色之动，心亦摇焉""一叶且或迎意，虫声有足引心"等论述，表明人的情感受客观外物的影响之深。王国维则明确指出，"境非独谓景物也，喜怒哀乐亦人心中之境界""一切景语皆情语"。"情"是文章的灵魂，他主张"为情造文"。这让我深感"情"是诗文的灵魂，"情"是儿童情境学习的命脉。当儿童在教师的引领下进入情境时，情感便连接在教师、学生、教材之间，并相互牵动着、影响着。我因此概括出"以情为纽带"作为儿童情境学习的又一重要的操作要义。由于不断吸纳"意境说"的理论滋养，经过多年的探索，我进一步把"情感与认知的结合"作为儿童情境学习的核心理念提出。

4. 思：想象是创造的萌芽，意境广远开发儿童潜在的智慧

刘勰在《文心雕龙》中提出"神思"的理念，阐明人的思维不受时空的限制。他指出，"文之思也，其神远矣。"即诗人在创作时，联想、想象等一系列的思维活动的空间极其广远，即所谓"思接千载""视通万里"。我以为，这是中国古代朴素心理学的生动展现。正因为自己较早地受到"意境说"的影响，所以早在 20 世纪 70 年代末 80 年代初，我在习作教学和阅读教学中就有意识地启迪儿童的想象，并且提出"以观察情境积累表象，丰富儿童想象所需的思维材料""以情感为动因，提供想象契机，为儿童组合新形象产生需要的推动"等具体策略，使"意境说"中的"神思"之说在儿童的情境学习中打开了可行的窗口。因此，我特别主张在优化的情境中，让儿童带着想象去阅读、带着想象去习作。实践表明，在情境中，儿童的想象力是极其惊人和美妙的，让我深信儿童的思维是长翅膀的，儿童的思维是会飞的，他们的想象力可以神通江河湖海、意攀高山白云，同样可以进入思接往昔、憧憬未来的境界。每一个大脑健全的儿童都潜藏着智慧，理想的教育就是要通过想象开发儿童的潜能，使他们一个个地智慧起来。将来的创新人才在生命早期就开始孕育了，我更加坚定了情境学习"思为核心，着眼创造性"的主旨。

在情境学习走向多科的探索过程中，在时代强调培养民族创新精神的大背景下，我进一步从"审美、情感、思维空间"三方面明确提出，培养发展创造潜能的举措，并且以"发展儿童的创新精神"作为不懈的追求。而"思"的不竭的源泉，则来自"真"的周围世界，使儿童的思维具有广阔性、深刻性、灵活性的品质。

连同情境学习，我提出了促进儿童发展的"五要素"（以培养兴趣为前提、以指导观察为基础、以发展思维为核心、以激发情感为动因和以训练学习能力为手段）。经过长期的实践与研究，我将其中的"诱发主动性""强化美感性""着眼创造性""渗透人文性""贯穿实践性"，确立为儿童快乐、高效学习的"五大原则"。同时，我还具体提出了指导儿童情境学习的"五大操作要义"，即以"美"为突破口、以"思"为核心、以"情"为纽带、以"儿童活动"为途径、以"周围世界"为源泉。如上简述都显示了"真、美、情、思"在构建儿童情境学习的操作体系和理论构架中的核心作用和关键性的启发与引领。

（二）发现儿童学习金钥匙，情感与认知融合，确立儿童情境学习核心理念

回顾自己在第一轮实验班为儿童设计、亲授的 1000 多节课，我感悟到，当我把儿童带入优选的、真实的情境或课堂优化的、美的学习情境中时，情境的"美"顺乎自然地激发了儿童的"情"，而情绪具有形成动机的力量，具有形成主动投入学习活动的内驱力，儿童的思维活动积极地展开。智慧的火花竞相迸发，碰撞着、感染着。课堂往往进入忘我的沸腾状态，一个个儿童争先恐后地要求发表意见。在这样的情形中，我和孩子们一起沉浸其中。我意识到，儿童情感的暗流涌动起来，儿童智慧的门扉已被激起的情感推开。在大量的实践中，我思考着，从自己的"感受""体验"中进一步去"悟"，我觉察到儿童的学习已经不再局限于单纯的认知活动，儿童的情感已顺其自然地融入其中，而且极大地影响、推动了儿童的学习。在优化的情境中，随着儿童身心的愉悦、潜在智慧的萌发，儿童呈现出学习主体生命的多元色彩。在"真、美、情、思"核心元素的影响与导引下，我终于发现儿童学习"快乐、高效"的金钥匙，那就是在优化的情境中，情感活动与认知活动的融合。

脑科学告诉我，儿童内心的愉悦感和热烈的情绪会使大脑释放大量的神经递质，刺激神经元生出更多的树突，并加快连接，使思维进入最佳状态。脑科学指出，"丰富环境中的儿童明显具有更高的智商"。

早在 20 世纪 80 年代，在界定什么是"情境教学"时，我在 1987 年《江苏教育》第 11 期发表的论文《情境教学的探索过程及其理论依据》中明确提出："情境

教学是通过创设优化情境，激起儿童热烈的情绪，把情感活动与认知活动融合起来的一种教学模式。"多年来，我和实验班的教师们一直将这一"金钥匙"运用在教学实践中，使我们学校历届的学生普遍学得快乐，又学得高效，而且负担不重。这正是充分运用了儿童学习的这一秘诀的效果。

近年来，这一核心秘密从学习科学那里得到了验证。学习科学指出，"情感活动与认知活动两者是不可分割的""二者的结合是学习的核心"。这促进了儿童情境学习范式"核心理念"的明确提出，并且提供了相关的科学依据。

我历经 39 年漫长的岁月，可以说我心无旁骛、全身心倾注其间。在此过程中，我先后主持了全国"八五""九五""十五""十一五"教育部重点课题。课题的承担，引领、推动了情境教育一级一级攀上新的台阶。我始终抱着在实践中加深研究的意念，所以，每个课题都完成一本专著。撰写时，我讲究一个"真"，做到"写真言""抒真情"，且作品都获得全国教育科学优秀成果一等奖。"十一五"课题我拿出长篇论文《学习科学与儿童情境学习》，虽不是专著，但由于"新"、由于其科学性，获得了第五届全国教育科学优秀成果一等奖。情境教育的思想也随着一个个课题的研究丰富起来。十几本专著、200 多篇文章，我独立完成，反复修改五遍、六遍、七遍、八遍、九遍很正常，用"水磨的功夫"形容并不夸张。我求新也求精，我深感教师应该是思想者。

（三）为儿童快乐、高效学习，构建中国儿童情境学习范式

情境教育的创造性突破，是从民族文化经典中概括出的四大元素，这正是儿童发展所需，并确立为儿童情境学习的核心元素，也是连同情感活动与认知活动融合的儿童情境学习范式的核心理念，让教师真切的情感凝聚着智慧、闪烁着育人的光亮走进教室、走进儿童中间，让课堂亮起来，让儿童的心灵亮起来。我在儿童学习的真实情境中，在众多的学习现场反复观察、体验、感悟，积淀必然产生飞跃，"三部曲"的主旋律终于有了音符、有了节奏、有了乐章，终于揭开了儿童学习黑箱的一角。此时，我的感觉正如王国维先生所阐述的学习的第三种境界——"众里寻他千百度，蓦然回首，那人却在灯火阑珊处"。我顿觉豁然开朗、融会贯通。我那时的感觉是多么兴奋，内心非常愉悦，思路清晰而顺畅。我多年来研究的一个一个成果一下子联通，得到整合，并顺其自然地渐成体系，由此构建了儿童快乐学习、高效

学习、全面健康成长的"中国儿童情境学习的范式"。儿童情境学习范式的内容可以概括为：择美构境、以美生情、以情启智，把情感活动与认知活动融合起来，引导儿童在境中学、做、思、冶。

1. 儿童情境学习范式要则的阐述

（1）择美构境。

我深知爱美是儿童的天性。美能给幼小心灵带来愉悦，无论在真实的情境中优选美的情境，还是在课堂上通过富有美感的音乐、图画、戏剧等艺术手段与语言描绘相结合再现的优化的情境，他们在美中获得快乐的审美感受，都会激起愉悦的情绪，并常常随之展开美妙的联想、神奇的想象。"择美构境"是顺应儿童天性发展的有效举措。

（2）以美生情。

事实表明，充满生趣的美的情境，吸引了全体儿童快乐地学习。在教学现场，我无数次地感受到，"美"极大地激发了儿童的热烈情绪。在课堂上，儿童的学习往往达到了一个比教学设计预期目标还要丰富得多、广阔得多的境界。正如艺术心理学所阐明的"美能唤情"，是情境的美激发了儿童热烈的情绪。

（3）以情启智。

在大量亲身实践感受与理论感悟的双重作用下，我领悟到，儿童在热烈情绪的内驱力的推动下，在课堂上会为求知而乐，为探究、想象而兴奋、激动。情感伴随着儿童的学习活动，儿童学习的主动性随之大增，认知活动转变成一种体验，思维活动积极展开，孩子们个个跃跃欲试，以学为乐、以思为乐。在这普遍的学习热情高涨的课堂里，学习效能不断提高成为必然。我深刻地感悟到，儿童有情，情感是动因，情能启智。脑科学已经证实，"愉悦的情绪可以加速大脑神经元的连接""情绪信息总是比其他信息优先得到加工""只有情绪才能为我们提供足够多的热情来达到目标，促使儿童主动地投入学习过程，且留下难以磨灭的情绪记忆"。

儿童在情境中学习会获得快乐、高效，我找到了它科学的理论依据。"以情启智"是儿童学习的必然，也是规律。

（4）情感活动与认知活动融合。

如上所述，美的情境给儿童带来愉悦，美能唤起儿童的情感。在情感的驱动下，儿童主动投入学习，这极大地发展了儿童的思维。如此顺理成章，情感活动与认知活动融合起来，成为儿童学习范式的核心理念。

2. 儿童情境学习范式的操作策略

（1）境中学。

儿童在情境中学习的知识不再是孤立的、抽象的符号，而是有场景、有事件、有角色，甚至有情节的东西，是与生活中的人物似曾相识，具有相似性的东西。我强调知识镶嵌在情境中，儿童也在情境中，它们相互联系、相互依存。利用经验所学的知识，儿童感到熟悉、亲切，而且笼罩着情感色彩，因而从"已知"敏捷地进入"未知"领域。情境中的这些来自儿童经验的信息与儿童学习的新知识融合在一起，符号学习与生活的真实事件有机地结合起来，形成相互联系的整体，从而留下久远的记忆。

（2）境中做。

"学"是为了"用"，所以在"境中学"的同时，教师要引导儿童在"境中做"。

儿童在境中"做"的多种活动，使他们的视觉、听觉、触觉，包括肢体都会获得最为和谐、协调的兴奋，以至整个身心都投入其中。这种感受在教育目的的导引下，形成了蕴含知识意义的活动。神经科学告诉我们，这种多种感官协调的活动，且带着信息进入大脑，留下的印记深刻而鲜活，令人难以淡忘。这就保证了儿童通过自身的活动在情境中主动地建构知识，即所谓的具身认知。儿童不仅体验到知识的运用价值，而且在运用中有效地培养学习力，磨炼才干，并产生成就感。境中做强调了学以致用，学用结合。

（3）境中思。

儿童在境中"学"和"做"的过程，教师需结合教学内容着力引导儿童在境中"思"。而情境的"美"、情境的"形"与"情"，更易于激起儿童的所思所想。在情感的驱动下，儿童往往会进入"美美地想，乐乐地学"的状态中，同时还带着想象去学习，教师顺势就学习内容提出"是什么""像什么""为什么"，引发儿童进行思维活动，趁机引导儿童面对现象举出实例、提出疑问，并进行比较、优选、归类，并有意识地激起儿童展开联想与想象。如此在境中"思"，不仅能有效地发展儿童的思维力、想象力，而且还能开发儿童可贵的潜在智慧。

记得当时我教一年级的小学生学习《小小的船》，我创设了孩子飞上了月亮的情境。"在蓝蓝的天上，_____"这个题目本身是意境广远的，我让孩子进行说话训练，孩子带着想象，争先恐后地发言，有个孩子说："我在'蓝蓝的天上'给李老师打电话。"我听了真是惊喜万分。试想，在 20 世纪 80 年代初，除了科学家还有谁能想到在太空中打电话?! 算起来，我们孩子的幻想比我国宇航员在"神舟九号"上给家人打电话的现实竟早了近 20 年。美的情境给儿童带来愉悦，让孩子的智慧迸发出如此灿烂的火花。

刘勰在"神思"篇中指出："思接千载，视通万里。"意境广远的情境，是启迪孩子潜在智慧、发展孩子创造性的最佳境界，那是最适宜儿童想天说地的宽阔的思维空间，能有效地激起学生的思维、想象，使学生神而往之。他们在意想中揣摩、在幻境中塑造，并迸发出一个又一个令人欣喜的智慧的火花，并燃烧、升腾……

我由衷地赞美儿童的思维是长翅膀的，儿童的思维是会飞的，他们的想象力可以神通江河湖海、意攀高山白云，同样可以进入思接往昔、憧憬未来的境界。这也使我更加坚定了中国式的儿童情境学习以"思为核心，着眼创造性"为主旨。因此，儿童情境学习无论是在课堂上，还是在学科活动的情境中，几乎使全体儿童的思维都处于积极状态，使儿童从"乐思"到"多思"。如此日久天长，儿童势必就渐渐学会"善思"。在儿童的思维、想象无拘无束的生命早期，他们的大脑正在生长的关键期，在情境中有意识地着力发展儿童的思维力、想象力，优化儿童的思维品质，这正是为创造性人才的培养做了重要的早期训练。所以，在儿童情境学习范式构建后，我明确提出，培养发展创造潜能的举措，并且以"发展儿童的创新精神"作为不懈的追求。

（4）境中"冶"。

"美"是教育的磁石，爱美是儿童的天性。在儿童的情境学习中，我先后明确提出，从"以美为突破口"到"以美为境界""以美育美"，主张引导儿童在境中通过感受美、理解美、表达美、创造美，把"美与形象""美与心灵""美与世界"，以及"美"与"真"和"善"紧密地结合在一起（康德语）。

情境中的美，儿童非常乐意接受。在优化的、有美感的情境中，课堂是美美的，儿童的心灵也是美美的，进而儿童产生积极的情绪反应。当儿童持久地、多侧面地获得审美感受，就会一次又一次地产生对客观现实的美好的情感体验。儿童体验到

审美愉悦后，进而形成对美的追求，且择善而行，这就能有效地培养儿童的审美情感和道德情感。这对儿童的影响是极其深远的。

这正如美学家宗白华先生所说，"事外有远致"，作为老师一定要认识到每个儿童都是洋溢着生命情感的个体，我更感"教外有远致"。儿童情境学习绝非局限于儿童作为学习主体培养其学习的主动性，还必须以丰富的、纯美的、高尚的情感塑造儿童幼小的心灵、丰富儿童的精神世界。尤其让儿童在他们的意识，包括价值观尚未形成时，就逐渐感受到知识之美、世界之美和生命之美。这样，从小通过美的、有情的、智慧的熏陶，作为有情的生命，儿童幼小的内心世界也很自然地会在懵懂中依稀懂得"爱美""乐善""求真"，这影响是不可磨灭的。这会使他们健康地成长为洋溢着情感生命的个体，甚至不自觉地把自己的情感移入大自然、移入生活、移入他人。这种对儿童心灵的塑造，将有效地丰富儿童的精神世界，为培养儿童的核心素养、卓越品质提供可行性。真、美、情、思，育人的理念，让儿童情境学习范式的构建具有前瞻性，关注顺应儿童的未来发展趋向，最终使儿童获得真正意义上的"人"的全面发展。

中国情境教育儿童学习范式是从儿童教育的现实出发，提出问题，不断地吸纳民族文化经典"意境说"的理论滋养，并且借鉴美学、心理学及脑科学、学习科学等方面的理论，集中外诸家论述，对儿童学习的规律认识一步步加深、一步步具体化和系统化而形成的。我深切地感悟到，是优秀的中华民族文化给予了我智慧的启迪，让我寻到了"源"、找到了"根"，引领我构建了中国的儿童情境学习范式。儿童情境学习范式实施，改变了儿童的学习方式和状态，让儿童在学习的过程中获得探究的乐趣、审美的乐趣、认识的乐趣和创造的乐趣，使中国式的情境学习真正成为儿童生动活泼、自我需求的活动。儿童情境学习范式经过漫长的实践探索和理论研究，充分显示出我国民族文化的独特优势，且又顺应世界教育改革发展的趋势，生动地显示了东方文化的智慧。

我和学生在课堂里

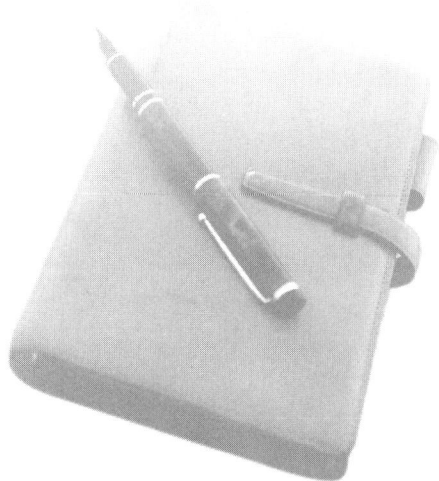

一、荷 花（纪实）

[教学要求]

1. 通过看图学文，引导学生感受荷花的美，对学生进行审美教育，并启发学生展开想象，加深对美好事物的情感，发展学生观察、想象的能力。

2. 理解文章的结构层次，训练学生有条理的表述能力。

3. 能正确、流畅、有感情地朗读课文，课文最后两段能背诵。通过对补充教材《王冕看荷花》《爱莲说》片段的略读、《多美啊，野花》的介绍，扩大学生的知识面，培养学生的阅读兴趣，加深学生对课文的理解。

[课前准备]

一段配合学生看图想象的音乐、一张挂图。

[课时安排]

二课时。

第一课时：导语、揭示课题；观察图画；带入情境、自学课文；自学讨论、理清层次；讲读课文。

第二课时：复习阅读。教补充教材《王冕看荷花》《爱莲说》节选。

[教学过程]

第一课时

（一）导语，揭示课题

师：小朋友，在一年级的时候，我们学习了王冕学画的故事，知道荷花是一种很美的花。有个小姑娘非常爱荷花，她在公园里仔细地观察了荷花后，写了一篇文章，这就是我们书上的第 25 课《荷花》。荷花又叫"莲花"。

（教师板书：莲花）

荷花的叶子叫什么？

生： 荷叶，又叫"莲叶"。

（教师在"莲花"下面又加上"莲叶"。）

师： 对，我们过去在一首古诗里已经学过了，我们把这首古诗背诵一下。

（师生一起背古诗——宋朝杨万里的《咏荷》。）

师生： 毕竟西湖六月中，风光不与四时同。接天莲叶无穷碧，映日荷花别样红。

（学生背得很熟，音调清晰，确是理解地、有感情地背诵。）

师： 荷花还会结果呢，它的果实就是"莲蓬"。

（二）观察图画

师： 那个小姑娘看到的是什么样的荷花呢？你们看，那一池荷花就像这一幅美丽的图画。

（出示一幅彩色的荷花图，并且向学生提出看图学文的要求。）

师： 请小朋友按次序仔细看图，看看图上画了些什么？然后再读读课文。课文中有个小朋友在看荷花，她见荷花非常美就写了这篇文章。现在打开书本，自己看看图、读读文章，看看文章先写什么、再写什么，是按什么顺序写的？

（三）自学课文

（学生按老师的要求看图，轻声读文章。学生读完后，老师用提问提示学生自己来厘清文章的层次和段落结构。）

（四）自学后讨论，厘清层次

师： 第一节写的是什么？

生： 第一节写"我"去看荷花。

（板书：去看）

师： 然后写什么？

生： 然后写"我"看荷花。

（板书：看着）

师： 看荷花写了几节？

生： 写了两节。

（老师把二、三两节归为一段。）

师：第四节写什么？

生：第四节写"我"的想象。

（板书：想着）

师：最后一小节写什么？

生：最后一小节还是写看荷花。

（板书：看着）

（这样经过提问，既理清了文章的层次、段落，也明确了写作顺序。）

（这时，黑板上的板书是：

去看

看着

想着

看着）

（五）看看，想想，读读，讲讲

第一节。（老师启发学生把这幅图当作真的荷花，使学生进入想象的境界，置身于情境之中。）

师：（启发）小朋友，你们再看这幅图，荷花就像真的一样美，我们看着，觉得它就是真的荷花。现在我们就边看边想象，好像看到什么、闻到什么。

（学生美美地全神贯注地看图。）

师：你们看到了什么？

生：我好像看到荷花。

生：我好像闻到一阵清香。

师：课文一开头就是这样写的。它把荷花的特点写出来了。现在请小朋友们带着想象来读课文的第一节。

（学生齐读课文第一节。）

师：刚才"闻到一阵清香"这儿没读好，没有读出舒服的感觉来，读这一句的时候，"一阵清香"稍慢一些，"赶紧往荷花池边跑去"中的"赶紧"两个字，读的速度要加快一些。我请一个女同学读。

（学生读得很好。）

第二节。（老师要求学生默读第二节，要求很快地读。简单地说说"我"看到些什么。)

(学生读后回答老师的提问。)

生: "我"看到荷叶,看到荷花,看到花骨朵,看到小莲蓬。

(出示小黑板。上面写着:

我站在荷花池边看:

　　　看到　　荷叶

　　　又　　　荷花

　　　还　　　花骨朵

　　　　　　　小莲蓬)

(启发学生把出现在小黑板上的几个简单的句子,用"又""还"这两个连词口述较复杂的句子。花骨朵、小莲蓬可任说一种。)

生: 我站在荷花池边,看到荷叶,又看到荷花,还看到花骨朵。

(老师进一步启发学生在上述荷叶、荷花、花骨朵前面加上附加语,把句子说得更好、更美一些。例如:我站在荷花池边看到怎么样的荷叶、怎么样的荷花,怎么样的花骨朵。)

生: 我站在荷花池边看,看到碧绿的荷叶,又看到雪白的荷花,还看到含苞待放的花骨朵。

师: 碧绿的荷叶上会有什么呢?想想"我"去看荷花是在什么时间?

生: "我"去看荷花是在清早。

师: 清早荷叶上会有什么呢?

生: 清早荷叶上会有小水珠。

生: 不对,清早荷叶上不是水珠,而是露珠。

师: 对。再想想雪白的荷花又怎样呢?含苞待放的花骨朵又怎样呢?

(启发学生把句子说得具体些、美些。)

生: 早晨,我站在荷花池边,看到碧绿的荷叶上滚动着晶莹的露珠,看到雪白的荷花在微风中摇摆,又看到含苞待放的花骨朵小巧玲珑,还看到嫩黄的小莲蓬躲在荷花中间仰开笑脸。

生: 早晨,我站在荷花池边,看到在碧绿的荷叶上露珠滚来滚去,看到雪白的荷花在微风中舞蹈,又看到含苞欲放的花骨朵胀得饱饱的,还看到嫩黄的小莲蓬在

花心中藏着。

（这时，老师根据学生的连贯口述，进一步启发他们：把荷花的美概括为"色彩美"和"姿态美"。）

师：小朋友已经说了，荷叶的颜色是碧绿的，荷花的颜色是雪白的，小莲蓬是嫩黄的，你们会不会把这些颜色用一个词来概括呢？

生：这就是"色彩"。

师：对，这就写出了荷花色彩的美。

（板书：色彩美）

师：还有刚才你们说，荷叶上滚动着晶莹的露珠、荷花在微风中舞蹈、花骨朵小巧玲珑、小莲蓬仰着笑脸，这些是写荷花的什么？

生：这些是写荷花的姿态。

师：对，这样就把荷花的姿态写出来了，就把荷花写活了。

（板书：姿态美）

（以上这个过程，老师从启发学生掌握基本的复句着手，逐步由易到难、由简到繁地增加附加语，使句子生动、形象、丰满起来，并连贯成为一段话。而这个指导过程，也引导学生理解"荷花"确实写得美、写得活。）

（老师在学生口述后，接着让学生再读一次课文，要求把写荷花美的词语读出来。）

（学生集体朗读课文的第二节。）

师：这一节里还有两个字用得很好，你们看出来了吗？

生：我看出来了。一个"冒"字，一个"露"字。

师：对，谁能说说好在哪里呢？

生：这里也是把荷花写活了。"冒"表示荷花高高地站立在荷叶之上。

生：我说，这个"冒"字是亭亭玉立的样子。

师：你说得很好。那"露"呢？就像刚才有同学说的，本来是躲在下面的，而现在把头探出来了，露出来了。这个"露"字就把小莲蓬写得可爱极了。

（这里，老师引导学生欣赏用词的贴切。）

（老师在板书"看着"后面加上"冒""露""美"三个字。）

（接着老师又用几句话，再把学生带入情境之中。）

师：我站在荷花池边看，看着、看着，觉得自己仿佛就像一朵荷花。

师：课文中的小朋友是怎样看荷花的？

生：课文中的小朋友看得很仔细、很认真。

师：对，那么请小朋友们想想，表示看的时间长、表示看得很专心，或者表示看时显出爱荷花的神情的词有哪些？

〔教师出示一块准备好的卡片，上面写着：我（　　　　　　）地看。〕

生：我（久久）地看。

生：我（默默）地看。

生：我（出神）地看。

生：我（目不转睛）地看。

生：我（入神）地看。

生：我（凝神）地看。

生：我（深情）地看。

生：我（全神贯注）地看。

（在学生体会到课文中小朋友深情地看着荷花的基础上，老师紧接着又让学生担当课文中的"我"，"我"仿佛变成一朵荷花，获得真切的感受。）

师：现在就请小朋友久久地、凝神地、深情地来看这图上的荷花，现在你们的眼中这荷花就是真的。

（播放富有儿童幻想的音乐，学生随着欢快变幻的乐曲，深情地凝视着图画展开想象。而老师呢，也似乎看到一池真的荷花，轻轻地提示：……荷花翩翩起舞了……学生的脸上漾起甜美的微笑。）

师：你们仿佛看到些什么？

生：我觉得荷花变活了。

生：我仿佛觉得荷花突然长高了。

生：我好像也摇摆起来。

生：我觉得自己也变成了一朵荷花，心里美滋滋的。

师：课文中的"我"爱荷花，因为荷花非常之美。现在就让我们深情地读课文。请同学们把这一节再读一遍。

（这时，老师在"想着"下面板书了"爱"字。）

（学生读课文第四节，读后老师再指导。）

师：刚才你们读得不够深情，"自己仿佛"要读得慢一些，好像看出了神似的。"风吹来""风过了"感情没读出来。

我再请一个同学读一下。

（老师在"想着""爱"下面又加上板书"风吹来了""风过了"。）

（一名女同学读，读得很有感情。）

师：请同学们再看看图、看看课文，想一想，你怎样变成一朵荷花，和满池的荷花一起舞蹈，后来又和小鱼、蜻蜓怎么对话的？

（分小组准备。）

师：表演时要有次序，先说什么、再说什么，要想好。

（这时，一名女同学走到黑板前，戴上荷花头饰，开始有表情地复述。接着，又有同学扮小鱼、蜻蜓复述，都很好。具体内容见"教后记"。）

（最后，老师指着图，全班同学一起复述课文。）

师：过了一会儿，"我"才记起，我不是荷花，而是在看荷花。今天这堂课就上到这儿。

（课文的最后一小节，老师只用一句话就带过去了。）

第二课时

（一）导入新课

师：第一堂课我们学习了《荷花》一课，现在请同学们打开书，把课文读一遍，要把描写荷花色彩、姿态的词语读出美、读出爱的感情来。如"……碧绿的……嫩黄的……"。

（学生齐读课文，读后老师又问。）

（二）复习阅读

师：你们读了这篇课文，最喜欢哪一节？为什么？

生：我最喜欢第4节，因为它展开了想象。

（老师引导学生展开想象的翅膀。）

师：对，第4节是展开了想象，课文中的"自己仿佛""自己觉得"后面写的就是想象的内容。什么叫"仿佛"？

生： 仿佛是"似乎""好像"的意思，不是真的，而有真的感觉的意思。

师： 对，说得好。那就请同学们按照这个意思用"仿佛"说句话。什么仿佛什么？什么仿佛怎么样？这样想句子就容易正确了。

（学生动脑思考用"仿佛"造句，先同桌的同学相互对讲，然后集体交流。）

生： 我看着小蝌蚪，看着、看着，我仿佛觉得小蝌蚪变成小青蛙了。

生： 我看着金黄的油菜花，看着、看着，我仿佛变成小蜜蜂钻进菜花丛中去采蜜了。

生： 我看着梅花，仿佛自己是一朵梅花，迎着寒风开放。

生： 我看着风筝，仿佛自己变成了风筝，飞到边疆和少数民族小朋友一起玩耍。

（还有的小朋友用"仿佛自己是柳树"来说话，有的用"自己仿佛是株蓖麻"来说话。要发言的同学很多。）

（这里老师启发学生用"仿佛"造句、说话是一步步引导的。首先是理解"仿佛"的意思，接着指导用"仿佛"说话的基本句式，再让学生按意想、按句式来说一段话。这样由易到难，一步步提高、加深，教得细，学得扎实。既启发了想象，发展了思维，又把想象、思维和语言的发展密切地结合起来，达到了发展智力，培养能力的要求。）

（接着，老师再表扬同学们说得好，进而介绍补充教材。）

（三）教补充教材

（该班学生平时读得多，李老师有计划地拓展，选文有一定的深度，目的只是让学生意会而已。）

▲《王冕看荷花》

师： 刚才同学们用"仿佛"说话，说得很好。今天，我们学了《荷花》这篇课文。你们在一年级学习了《王冕学画》，现在李老师再介绍一篇材料让你们读。

（学生拿出补充读物，老师介绍读物。）

师： 这篇材料是从一本很有名的书《儒林外史》里选出来的，写的是《王冕看荷花》。小朋友们很快地把这材料看一遍。

（学生看读物。）

师： 这材料上有几个词是古文中的词，我们现在不查字典，你们结合上下文读读、想想。（针对学生已开始阅读中国古典小说《水浒传》等的情况，通过这篇节选的教材教学，意在指导学生课外阅读的方法，即联系上下文"猜读"、理解

内容。)

"须臾"是什么意思?"天气烦躁"里的"烦躁"是什么意思?

yú

(教师板书:须臾、烦躁)

生:"须臾"就是"一会儿"的意思,"烦躁"是指天气闷热。

师:这篇材料中有一句写王冕看荷花,看到怎样的程度?

生:王冕看荷花,看到自己仿佛就在荷花中。材料上写"人在画图中"就是这个意思。

师:说得好。现在我们想想,在我们刚学的《荷花》这篇课文的第 4 节末尾,是不是可以再加上一句话,来点明这一节的中心意思?你们想想应该加哪一句呢?

生:第 4 节末尾,可以加上"真是人在画图中"。

师:好,加得好。

(老师就在原来板书的"风过了"后面加上"真是人在画图中"。)

(让学生运用这一句话,不仅是画龙点睛,而且也加深了学生对课文内容的理解,增添了情境教学的色彩。)

▲《爱莲说》中的两句话

师:由于荷花的色彩很美、姿态也很美,因此,使人陶醉在画图之中。其实,荷花不仅外表美,而且它的品格也是很美的。宋朝有个哲学家曾这样赞美荷花:"水陆草木之花,可爱者甚蕃。……予独爱莲之出淤泥而不染。"

(老师板书这两句话。)

(老师先在"甚蕃""淤"字上加上拼音,然后领读两遍,再启发学生结合上下文讲讲"甚蕃"的意思,然后老师再完整地讲这两句话的意思。)

师:这两句话,前一句的意思是说,水上的、陆上的花草,可爱的很多;后一句是说作者最爱莲花,爱它生长在淤泥之中,却全身洁白不受污染,这是作者对莲花内在品格的赞美。

(接着,老师再请同学们带着赞美的语调读两遍。)

师:学了这两句话,你们想说荷花的什么美?

生:想说荷花的品格美、心灵美、内在美。

师:对,荷花更美的是品格上的美。

（板书：在原来"色彩美""姿态美"下面加上"品格美"。）

正因为荷花不仅外表美，内在的品格也很美，所以我们爱荷花。我现在请小朋友用这样的句式来连贯地说荷花的美。

板书：　　　　　　　　　　我爱（　　　　），

　　　　　　　　　　　　我爱（　　　　），

　　　　　　　　　　　　我更爱（　　　　）。

生：我爱荷花的美丽色彩，我爱荷花亭亭玉立的姿态，我更爱荷花的品格，她出淤泥而不染。

（这里补充荷花的品格美，目的是把课文的中心思想再深化一步，让学生进一步理解事物的本质属性，加深对荷花的情感。）

师：对，我们在生活中有很多人虽然身在肮脏的环境中，但是保持着高贵的品质，我们就可以用"出淤泥而不染"来赞美他们的品格。

（四）说话训练

师：小朋友，昨天我们去野外看了野花，野花有许许多多，有各种美的色彩，也有好的品格，你们觉得哪一种野花最美？

生：我觉得蒲公英最美。

师：好，我们就来说蒲公英，你们自己出个题目吧。

生："蒲公英的娃娃"。

生："飞吧！蒲公英"。

生："蒲公英之美"。

师：哦，题目很多，我们就挑朴素一些的"蒲公英"这个题目，根据我们今天讲的，主要是把蒲公英的美说出来。

（老师边说边在黑板上板书：

蒲公英 花　　　　　外表美

　　　　茎叶　　　　内在美

　　　　种子）

（学生按老师的要求思考，然后纷纷举手发言。）

生：蒲公英是一种普通的花，无论在什么地方，它都能生根发芽，开出美丽的小花。蒲公英的花像小菊花，又像小小的向日葵。蒲公英给它的孩子们每人一把伞，

让风伯伯把它们带到四面八方，在土壤妈妈的怀抱里生根发芽。

生： 我仿佛变成了一粒蒲公英的种子，跟着风伯伯飞过小河，飞过高山，飞过大海，飞到日月潭，给台湾的小朋友带去大陆小朋友的问候。

生： 我是一粒蒲公英的种子，妈妈给我一把伞，风伯伯把我带到小河边的一块空地上，我就在那里生根发芽，开出美丽的花。

（有的同学还把电影《巴山夜雨》中小姑娘唱的"我是一颗蒲公英的种子，没有欢乐也没有悲伤……"引用到口述中。）

（要求口述的学生很多，有 6 个同学做了讲述，补充讲述的有 5 个同学。）

（五）佳作欣赏

（最后，老师用表情朗读方式介绍了《多美啊，野花》，老师分发这篇读物。）

师： 同学们，回去好好读这篇文章，想想作者在这篇文章中是怎样赞美野花的，下次写蒲公英就会写得更好。

（在两课时的教学中，全班 42 个学生，发言的有 64 人次。）

1981 年夏

［教后记］

《荷花》是一篇记叙文，描写了荷花的美。这篇文章的特点，是把观察与想象结合起来。第 4 节集中描写了"我"看荷花入了神，仿佛自己也变成一朵荷花，与满池的荷花跳起舞来。这一节是全文的精彩片段，也是难点所在。因此，第 4 节需着力教学。

作者之所以在这一节展开如此美妙的想象，是出于对荷花的深深的爱。因此，通过这一节的教学，要让学生感受荷花高雅端庄的美，产生对荷花的爱，并有意识地发展学生的想象力。

我首先让学生搞清第 4 节课文的层次。

"我忽然觉得自己仿佛就是一朵荷花，穿着雪白的衣裳，站在阳光里。一阵风吹来，我就迎风舞蹈，雪白的衣裳随风飘动。不光是我一朵，一池的荷花都在舞蹈。风过了，我停止舞蹈，静静地站在那儿。蜻蜓飞过来，告诉我清早飞行的快乐。小鱼在脚下游过，告诉我昨夜做的好梦……"

第一层写"我"仿佛就是一朵荷花。

第二层写"我"和满池的荷花跳起舞来。

第三层写"我"停止了舞蹈，和蜻蜓、小鱼说话。

在搞清层次的基础上，要设法让学生有身临其境的感觉，像课文中的"我"一样，看着荷花，仿佛自己也变成一朵荷花。要使教学成功，需要通过一些辅助的手段，让学生"动情"。

我便让学生观察放大的荷花插图（印刷品，可省时省力），并播放一段富有幻想的明快的乐曲。凭借图画、音乐以及教师的语言描绘，让学生产生"我好像也变成一朵荷花"的真实感。

我指着图这样描述："这一池荷花这么美，让我们和课文中的'我'一起来仔细地观赏一番。看着，看着，是不是有的同学觉得荷花活了，花瓣慢慢开放了，荷叶长高了？你是不是也觉得身子轻起来，变成一朵荷花，在风中舞蹈？"

为了让学生进一步参与教学活动，我在前一天布置学生自己画一个小姑娘的圆脸，也可以直接从没用的画刊上剪下一个小姑娘的头像。教学时，学生听着教师的描述，看着、想着，然后把准备的一个个小姑娘的圆脸，贴在插图荷花丛中，使学生的想象更加具体生动，从而加深了对课文的理解。

为加深学生的感受，我提示了导语："我看着满池的荷花，看着，看着，……"让学生描述。

为了增强教学效果，让学生体会想象的快乐，我让学生做一次表演：由一个学生扮"我"，一个学生扮小鱼，一个学生扮蜻蜓。要求扮蜻蜓和小鱼的学生，根据课文提示的内容，做转换人称的叙述，即让小鱼和蜻蜓也用第一人称同"我"直接对话。三个学生一小组，普遍地分角色表演。再做一个荷花的头饰，戴在被指名口述的学生头上，增添亲切感，把课堂气氛推向高潮。

"我"、蜻蜓、小鱼用第一人称直接讲话。

"我"：我入神地看着荷花，看着，看着，仿佛自己也变成了一朵荷花。一阵清风吹来，我摆起用荷叶做的圆裙，快活地跳起了舞。我向四周一看，啊，满池的荷花也跟着我戴着洁白的花冠，摆着碧绿的圆裙，跳起了优美的舞蹈。

　　一阵风过了，我在阳光下，静静地站着，抬头看看从天上飞来的蜻蜓，低头看看水中游来的小鱼。

　　蜻蜓：荷花姑娘，今天清早，我和一群小兄弟一起起飞了。我飞过蓝天，掠过小河，为大伙儿消灭了许多许多害虫。想到能为大伙儿做点有益的事，我心里别提有多快乐了。

　　小鱼：荷花姐姐，昨晚，月亮那样明，在月光的照耀下，池子里又静又美，我甜甜地睡了一觉，还梦见了龙门，到了辽阔的大海……

　　学到这儿，老师充分利用学生已经被激起的热烈的情绪，指导学生进行有表情的朗读，并启发学生用"仿佛"造句。通过这一词语的运用，帮助学生展开想象。（例句：①我看着小蝌蚪，看着看着，仿佛觉得小蝌蚪变成小青蛙了。②我看着小蚕宝宝，看着它不停地吃鲜嫩的桑叶，仿佛觉得蚕宝宝长大了，躲进银色的蚕茧里去了。③听着老山前线英雄的生动报告，我仿佛来到了炮火连天的战场，为英勇的叔叔包扎伤口。）

　　教学这一课让我感到，激起学生的想象活动，可获得丰富的美感。

二、海底世界

（三年级拓展阅读综合课）

[教学要求]

　　1. 引导学生认识海底世界，获得有关海底的知识，培养学生的探究精神和研究事物的兴趣。

　　2. 激发学生探索大海这一人类秘密仓库的热情。

　　3. 懂得阅读一般科普读物的方法，注意抓住文章的首尾，明确要说明的事物的主要特点，学会按自己的阅读要求，有详有略地阅读说明性应用文，练习概括每一小节的内容，初步懂得通过几个方面说明一个事物的方法。

　　4. 理解"依然""窃窃私语""蕴藏"等词语，认识设问句。

　　课前准备：补充材料：《海底的冷灯》《人类的秘密仓库》；地球仪；大海的图画。

［课时安排］

两课时。

第一课时：导入新课；自学《人类的秘密仓库》《海底的冷灯》；示范读《海底世界》，创设问题情境，教学课文 1、2、3 节。

第二课时：教学课文 4、5、6 节，再综合学习《人类的秘密仓库》。

［教学过程］

第一课时

（一）导入新课

同学们，大家都知道我们祖国的土地很大。如果把全世界各国的土地合起来，那就大极了。你们可知道，地球上有没有什么地方比全世界的陆地还要大？

请你们自己读读"补充阅读"上的《人类的秘密仓库》的 1、2、3 节，注意速度要快，读后要能说出这三节告诉我们什么。（引导学生速读。）

（二）自学《人类的秘密仓库》1、2、3 节，认识海洋大、海洋深

第一节说什么大？（陆地大。）

第二节说什么大？（海洋更大。）

第三节呢？（海洋深极了。）

（老师出示地球仪。）

你们看，这一片蓝色的都是海洋。

启发：你们可以想象一下海的大。（学生闭上眼睛，老师轻声描述。）比我们中国大，比全世界的陆地加起来还要大；再想象一下海的深，把珠穆朗玛峰放下去，八千多米的山放下去，山顶都被海水淹没了。（让学生具体感受海洋之大、之深。）

（三）学习《海底世界》，认识海底世界

1. 引导学生提问。

海洋这么大、这么深，你们应该思考一些什么问题？（海底是一个怎样的世界？）

这一课我们就要学习《海底世界》《海底的冷灯》《人类的秘密仓库》一组课文，通过这一组课文的学习，同学们能知道一些海底的知识，而且还要学会怎样来阅读这些知识性的文章。（明确学习目标。）

现在，我们就来学习《海底世界》这篇课文。

2. 示范读课文。

3. 引导学生抓住课文的开头、结尾，弄清说明事物的主要特点的阅读方法。

指导：课文一开始就提出了一个问题。

这个问题，用几节来回答，大家浏览一下。

学生浏览课文。

板书（用符号展示，让学生一目了然。）

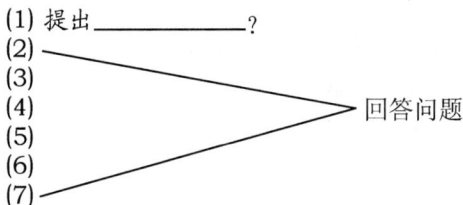

> (1) 提出＿＿＿＿＿？
> (2)
> (3)
> (4)　　　回答问题
> (5)
> (6)
> (7)

再看最后一节，说海底是怎样的世界？

（板书：景色奇异　物产丰富。）

横向联系：我们还记得《富饶的西沙群岛》一课吗？是怎样开头的？课文第一节告诉我们西沙群岛是个怎样的地方？（风景优美，物产丰富。）

然后，下面就具体讲，西沙群岛风景怎么优美、物产怎么丰富。

指导阅读：这类知识性的文章，往往在一开头或者结尾就把事物最主要的特点概括起来。（帮助学生了解说明文基本的说明方法。）那么，阅读《海底世界》，看到文章这样结尾，阅读时就要怎么想？（景色怎么奇异，物产怎么丰富。）这样读起来，就更能抓住文章的主要内容了。现在就抓住8个字来读全文。

4. 自学全文。

5. 创设情境，检查自学情况。（出示"蓝色的大海"图画。）海浪这么大，可以用什么词来形容？（波涛汹涌、汹涌澎湃。）现在，老师让你们潜入海底，向老师报告在海底看到的奇异景象，看哪些同学把课文读懂了。

描述：海面上波涛澎湃，海底依然很宁静。李老师是海洋研究所的所长，你们是研究员，为了研究一个事物，常常需要实地考察（情境之一）。今天，我们起得特别早，来到大海边。为了研究海底世界，让我们潜入大海。现在，请你们穿上潜水衣到海底去。（在画面上添上潜水员的剪纸，慢慢往大海的深处移动。）我们潜入海下100米，还比较亮；200米不那么亮了；300米开始暗了，400米更暗了；500米以下，全黑了。这时，你们发现了什么？请报告。（结合进行语言训练。）

（报告：所长，我们在500米以下的深海发现点点星光。）

启发：那点点光亮，像什么？

这一次潜水发现了海底这一奇异的景象。为了研究一个事物，除了实地考察，常常需要查阅资料（情境之二）。现在我向你们提供一份资料《海底的冷灯》。这份资料会使你知道海底的这些星光是什么。

（四）插入自学《海底的冷灯》，认识海底的星光

指导阅读：读书也要有详有略。为了研究一个问题，要去查找资料，不可能把一篇文章或一本书从头至尾都很详细地读完，但也不能囫囵吞枣、走马观花，那就要有所选择。对自己想找的资料，就要读得仔细些，其余的可跳过。（指导学生跳读，学习检索资料。）

刚才你们要解决的是：海底的星光是什么？（深水鱼发出的光。）深水鱼为什么要发光？同学还可以自己注意一下，深水鱼是怎么发光的，应该读哪几节？（引导抓住要点。）

发光的作用：①诱食物。

②找同伴。

③防敌人。

这篇说明文又是怎么写的呢？

指点：自己提出问题，自己回答。回答问题时，先写现象，后说原因，这样更吸引人。

（五）继续学习《海底世界》

1. 启发：海底是宁静的，但是不是一点声音也没有呢？用水中听音器一听，就知道了。

2. （放录像或画简笔画示之，见下页图。）电视屏幕上出现了水中听音器，海洋工作者正在倾听海底的动静。

3. 描述：为了研究一个事物，常常需要借助现代化的仪器设备（情境之三）。现在请你们这些海洋工作的研究者，戴上耳机（两手掩耳，模拟情境），将听音器投

放在水中。

老师模拟深水鱼发出的响声（轻轻地）：嗡嗡、啾啾、汪汪、呼噜。

发问：听到了吗？

老师为什么不大声点？（结合解释"窃窃私语"。）即私下里偷偷地说话。

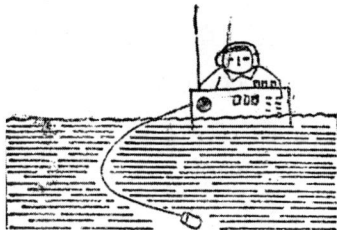

4. 出示板书，进行比较读。

说明：这就是水中听音器。

（1）海底的动物常常会发出各种声音，你用水中听音器一听，就能听见各种声音：嗡嗡、啾啾、汪汪、呼噜。（指名读。）

（2）海底的动物常常在窃窃私语。有的像蜜蜂一样嗡嗡，有的像小鸟一样啾啾，有的像小狗一样汪汪，还有的好像在打鼾。

体会体会哪一种好？（进行语感教学。）

指点：①课文里把海底的动物比作人一样，而且有许多悄悄话要说，写得挺神秘的。

②用了"……像……一样"，又仿佛使我们真的听到了一样，更觉海底世界的奇妙。

③提出问题，做出回答。

5. 轮读 1、2、3 小节。

（六）小结

海大：地球表面的 $\frac{2}{3}$ 是海洋。

海深：最深的超过 1 万米；海底有亮光，是深水鱼发出的；从海底还会听到各种声音。

第二课时

（一）导入新课

通过上一课的学习，我们仿佛看到漆黑的海底星光闪烁，仿佛听到各种奇妙的声音。这种奇异的景象，都是因为海底有许许多多的动物。学到这里，你们又会思考什么问题？

（海底有哪些动物？除了动物还有哪些有生命的物种？）

（二）自学讨论《海底世界》4、5、6 节和《人类的秘密仓库》第 4 节

1.《海底世界》4、5、6 节，每一节写的是什么？（第 4 节写动物，第 5 节写植物，第 6 节写矿物）。

2. 再看《人类的秘密仓库》这一节写的是不是一个内容？有几个内容？可以分成几个层次？（动物、植物、矿物、小结。）

3. 指点：我们对照起来看，《海底世界》一节一个内容；而《人类的秘密仓库》是把这些内容合在一个小节里写的，写的都是文章的主要内容。那么，我们在阅读这类知识性课文的主体部分的时候，如果是一节一个内容，就要学会编小标题。《西沙群岛》也是一节一个内容。（海面、海底、海滩、岛上。）

一节里包含了几个内容的就要分层次，这样我们就能很容易地弄清楚文章的结构层次，知道海底有动物，有植物，还有矿物，确实是个物产丰富的世界，是人类的大仓库。

《人类的秘密仓库》是用一个什么词来形容物产的多？（无穷无尽。）

4. 刚才你们阅读这两篇文章的时候，有没有发现有矛盾的地方？（一个说海底有 3 万种动物，一个说海底有 15 万种动物，把学生进一步带入探究的情境。）

我们平时阅读也会发现这样的问题，两份资料说的同一种事物却数据不一样，我们就得琢磨，究竟哪个正确？

例如：珠穆朗玛峰，过去认为是 8882 米，现在是 8848.13 米。

启发：老师提供你们一个材料，《海底世界》20 多年前李老师就教过，上面说海底有 3 万种动物，而《人类的秘密仓库》是后来才写的，是 15 万种。说不定我们今天学习时，人类发现的海洋动物已超过了 15 万种。

再提醒你们注意，《人类的秘密仓库》中的一句话："由于人类对海洋的知识仍然浅薄，还有更多的宝藏……"

从这方面，我们是不是可以想到两个数字不一样是怎么回事？

指点：过去发现 3 万种，后发现有 15 万种不是矛盾，而是说明人们正在逐渐认识海洋，这个秘密仓库正在被人们一步步打开。

5. 海底的动物有 15 万种之多，还有那么多植物、矿物，我们要弄清楚，然后把从海底搜集来的实物作为标本办一个展览会，请你们自己讲解。为此，我们还要

弄清楚，课又要怎么来写，请大家自学做准备（情境之四）。

指点：写动物、写动物的活动，以"各有各的活动方法"一句引出，列举 4 种，选最典型的。写植物又选什么来写？自学，画出中心词。

动物①最慢的。

②最快的。

③倒退的。

④靠外力的。

结合回答板书：

慢

快

退

巴

（并随即将海参、梭子鱼、乌贼、章鱼、贝壳的剪纸一一贴在"海洋"的画面上。）放录像。

植物：

①最小的。

②最大的。

矿物：略写，不再列举。

《人类的秘密仓库》是不是也选取了典型材料？

①最重的。

②最小的。

指点：写文章不可能把要说明的事物一一列举，包罗万象是行不通的。把最典型的列举出来，一般的就可想而知了。这是最经济、最能说明问题的办法。

6. 海底世界的景色这么奇异、物产这么丰富，学到这儿，我们真想亲自去一趟，亲眼看一下就好了。已经有不少探险家、研究海洋的专家，都到过海底了，还把奇异的景象拍成电影、电视，现在大家来看一看。

放录像：海底世界奇异景象片段（也可出示一些图片）。

小结：海底的景象这么光怪陆离、这么千奇百怪，但是文章写得分门别类，有条有理。

（结合上面的板书，提示。）

阅读说明文时注意：注意头尾，明确全篇。

分节分层，抓住重点。

搞清数字，掌握全貌。

选出典型，了解一般。

7. 朗读课文第 4、5、6 节。

8. 学到这儿，同学们说一说，海底是怎样的一个世界。

出示句式：

（1）海底真是一个（　　　）的世界（说一句）。

（2）海底_____（说一段）。

（三）总结

1. 海底是一个景色奇异、物产丰富的世界，是一个生气勃勃的世界，是一个神秘的世界，是一个令人向往的世界。

2. 但是对于海底，人类还没有完全认识它，我们还要想办法去打开这个秘密仓库，这就需要科学、需要勇气。这些想法，《人类的秘密仓库》的最后一节给你们写出来了。

（指名读最后一节。）

"在弱者的眼里，那波涛汹涌的大海是可怕的。可是，快速增长的人口，是多么需要一大批具有才智的勇士，运用科学知识的金钥匙，去开启这个令人憧憬而神秘的仓库啊！小朋友立下大志，加紧学习，准备做一个征服大海的勇士吧！"

3. 和同学共同总结，检查效果，通过反馈及时纠正。我们用两节课学了三篇课文，大家学得很认真。通过三篇课文的学习——我们知道了海大，浩瀚无边；海深，深不可测；海里的宝藏，无穷无尽，有动物，有植物，也有矿物，是人类的秘密仓库。

我们也知道了，读这类知识性的文章，可以从开头、结尾抓主要特征，了解全文。可以有详有略地读，重要的部分读得仔细些；无关紧要的，可以跳读。重要部

分，分节、分层弄清主要内容，要抓住典型事例，还要注意数据。

其实，这儿也启发我们，写这类文章，开头或结尾要把最主要的概括进去，主体部分分节、分层，选典型事例，列举数据，还可以运用自问自答的方法。

（四）分层次创造性复述

通过你们的"考察"，现在初步知道了海底是怎样的一个世界，请你们来讲讲，有几种形式，任你选择。（体现因材施教。）

1. 你从海底考察回来。

总说_____。

分说_____。

总说_____。

2. 两个人分别报告海底的一种景象。

3. 简要地说明海底是怎样的世界。

（指名复述。）

[板书设计]

海底世界

[教后记]

海底储藏着各种丰富的资源，它是人类的秘密仓库。教学《海底世界》，主要引导学生通过对海底世界的初步认识，激起学生对大海的向往和好奇心，进而激发学生将来打开人类秘密仓库的志向和热情。这虽是一篇常识性的课文，但文笔极好，值得学生细读。

课文除首尾两节外，中间的 5 节分别从海底的亮光、声音、动物、植物、矿物

5个方面说明海底是一个"景色奇异，物产丰富"的世界，这是课文的主体部分。所以，教学这篇课文，应培养学生阅读科普读物的兴趣，同时使之初步了解说明顺序和说明事物的方法。

为了激起学生的学习兴趣，我在教学时把学生带入"海底世界"的情境中，让学生获得在海底世界的具体感受。第一节提出设问"你可知道，大海深处是怎样的吗"，我随即出示大海的图画：一片深蓝的海水，在大海的深处有点点星光，把学生带到大海边，接着让学生担当海洋研究员潜入海底，而对大海深处的光亮提出疑问："这点点星光是什么？"老师向学生介绍有关资料，让学生阅读有关文章并以放录音等形式进行。

在深深的大海中，"点灯"的动物很多。有一种叫灯笼鱼的，相貌丑陋，大大的嘴巴，尖尖的牙齿，全身都点着红绿灯笼。还有一种提灯鱼，宽宽扁扁的身段，大眼睛生在头顶上，头上长着一根能伸缩的"钓鱼竿"，末端发出很亮的灯光，嘴巴朝天一开一合，腹部有一排排的灯笼。还有满身星光的乌贼和水母。

在500米以下的深海里，那儿整年是一片漆黑。这些动物虽有眼睛，但什么也看不见。那么，它们怎么能吃东西、找同伴、逃避敌人呢？它们也很聪明，跟人一样，会在夜里点起"灯笼火把"来。小动物看到灯光，就被吸引过来当了它们的点心；凶猛的敌人看见了灯光，就不敢轻易地侵袭它们了。其实，这些海底动物并不是真正有什么灯笼火把，而是它们身上具有特别的发光器官罢了。这些发光器官分布在它们的头上、腹部和眼睛周围，是由许多能发光的细胞构成的。这些细胞同吸进来的氧气接触，经过反应就发出光来了。

学生通过自读，概括出这点点星光来自深水鱼发的冷光。

课文第3节，主要是让学生通过海底动物发出的各种声音，进一步感受海底景色的奇异。课文中提到的"水中听音器"是小学生陌生而又很想知道的东西。然而，我们没有条件让学生看到真实的水中听音器。为了增加课堂教学的信息量，满足学生的需求，我便画一简笔画，向学生做简要介绍，然后，让学生两手掩耳，做用耳

机听音的模拟动作。老师则轻轻模仿课文上描写的"嗡嗡""啾啾""汪汪"以及打鼾的呼噜声。学生听着，仿佛真的听到海底动物发出的声音，真切而有趣。凭借这一情境，老师即可向学生提出："刚才老师模仿海底动物的叫声，为什么不大声点？"从而结合解释课文中的"窃窃私语"，并出示另一段话"海底动物常常发出各种很小的声音，你用水中听音器一听，就能听见嗡嗡、啾啾、汪汪、呼噜等各种声音"，与课文中的"海底的动物常常在窃窃私语。你用水中听音器一听，就能听见各种声音：有的像蜜蜂一样嗡嗡，有的像小鸟一样啾啾，有的像小狗一样汪汪，有的还好像在打鼾"比较。通过比较，学生体会到课文运用了拟人、比喻的手法，使海底奇异的景象有声有色地再现出来，由此对学生进行语感教学。为了帮助学生获得海底世界的深切感受，我创设了如上所说的"实地考察""检索资料""借助现代化工具""采集标本"等模拟情境，使情境连续。

　　课文的第2、3节着重描写了海底奇异的景象，第4、5、6节则从动物、植物、矿物等方面介绍了海底是个物产丰富的世界。而在动物、植物、矿物三方面，动物这一节较为详细，教学时应突出。在备课时我发现，从有关资料的介绍，已经发现的海底动物不是课文上说的3万种，而是15万种以上。而课文第2、3节中叙述的海底神秘的光亮、各种有趣的声音，正是由于海底有无数动物存在的缘故。我便引导学生分析、思考，从"已经发现"说明多少年前发现的动物是"3万种"，而今是15万种，培养学生在阅读中探究的精神。

　　动物的主要特点就是"动"。课文中用"它们各有各的活动方法"一句引出各种动物的动态。由于海里的动物种类很多，在举例时只能选取最典型的几种加以描述。课文列举的4种动物，有爬行最慢的、游动最快的、能向后倒退的，也有自己不动靠其他物体帮助活动的。在备课时对教材的特点做了这样的分析后，教学时就会按先总括再列举典型的顺序进行。为了取得良好的教学效果，教学时随着学生的讨论，我利用蓝色的海洋图，分别出示"海参、梭子鱼、乌贼、章鱼、贝类"等动物剪纸，附着在海底，使学生从文字到图像具体感受海底也是一个光怪陆离的动物世界。在学习第4节的基础上，第5、6节只需稍加指导，学生自学后也能领会。

　　在当今的信息社会中，老师需要教会学生阅读这类知识性文章的方法。教学《海底世界》这篇课文，老师一开始可引导学生浏览全文，注意开头与结尾，从而抓住结尾处概括全文的中心句"景色奇异，物产丰富"，并可纵向联系到以前学习过的课文《富饶的西沙群岛》。那篇课文一开头便点出西沙群岛是"风景优美，物产丰富"的地方，从而使学生学会从开头或结尾去掌握全文的中心。这样抓住要领再细读全文，阅读目标更明确。从《海底世界》这篇具体的课文来说，即抓住结尾"景色奇异，物产丰富"这8个字来阅读全文，便可进一步弄清海底景色究竟怎样奇异，物产究竟怎样丰富。

在教学课文第4至6节时，老师可以告诉学生：这类知识性课文基本上是一节一个内容，或按类别分层次叙述（如本课"动物—植物—矿物"），或按地点转换分层次叙述（如《富饶的西沙群岛》从"海面—海底—海滩—岛上"），以指导学生分节分层，抓住要点。

为了突出重点，教学到巩固阶段，我设计了"海底真是一个（　　　　）的世界"的语言训练，以强化学生的感知，使学生获得的概念更为明确。

（例句：①海底真是一个景色奇异、物产丰富的世界；②海底真是一个生气勃勃的世界；③海底真是一个神秘的世界；④海底真是一个令人向往的世界。）

为了增加信息量，老师教学这类课文可引导学生拓展阅读两篇课文：《海底的冷灯》和《人类的秘密仓库》。

三、月光曲（纪实）

［教学要求］

1. 从德国音乐家贝多芬创作《月光曲》的传说中，让学生体会贝多芬对劳苦人民的同情和爱，从而培养学生热爱人民的思想感情，并对学生进行审美的教育。

2. 巩固刚学过的生字，理解"谱写、传说、幽静、恬静、纯熟、陶醉"等词语，描述画面进行语言训练。

3. 初步学习在写实的过程中，展开适当的联想，发展学生的想象力和逻辑思维的能力。

4. 有感情地朗读课文。

［课时安排］

　　第一课时：自学课文；理清文章层次，范读课文；讲读课文第一段和第二段的第一部分。

　　第二课时：讲读课文第二段的第二部分，总结课文、练习。

［教学过程］

第一课时

（一）讲读第一节

师：同学们，昨天老师给你们讲了贝多芬的故事，大家知道了贝多芬是世界上著名的音乐家。他曾经说过："我的音乐只应当为穷苦的人造福，如果我做到了这一点，是多么幸福啊！"贝多芬的一生创造了许多著名的乐曲。一百多年来，世界上几乎每天都有人演奏他的曲子，其中著名的《月光曲》的演奏的人就更多了。这首《月光曲》是怎样谱写成的呢？有一个很动人的传说，这就是我们课本上的第 28 课《月光曲》。刚才老师讲的就是课文第一节的内容。我们一起读课文第一节。

（学生齐读第一节。）

师：紧接着就写了这个传说。这个传说写得很动人，很美。但是内容比较深，看哪个同学能自己把它读懂。读好后老师要求同学们用一句话说出《月光曲》这篇课文主要写了什么。（释：谱曲子，一般是写好了，再演奏；也有的人是看到一个情景非常感动人，即时奏出来了。《月光曲》属于第二种。）

（学生自学。）

师：我们一起来讨论，《月光曲》这篇课文主要写了什么。

生：《月光曲》这篇课文主要写了贝多芬是怎样作《月光曲》的。

生：《月光曲》这篇课文主要写了贝多芬写《月光曲》的经过。

生：这篇课文主要写了贝多芬谱写《月光曲》。

师：课文说的这个故事是真的吗？从哪里可以看出来？

生：不一定是真的，因为是传说。

（二）厘清段落层次，范读课文

师： 这篇课文写贝多芬创作《月光曲》的传说。你们看第一小节最后一句话："其中还有首著名的钢琴曲叫《月光曲》。"它在全文中起了什么作用？

生： 引起下文。

师： 对，下面就写了这个传说。传说从哪儿写到哪儿？

生： 从"一年秋天"一直到"把刚才学的曲子——《月光曲》记录下来"。

师： 那么，这篇课文可以分成几段呢？

生： 可以分两段。

师： 对。第一段是这篇文章的总起，下面就是什么？

生： 下面再具体地说《月光曲》是怎样写成的传说。

（老师非常注意让高年级的学生从阅读开始就了解叙述的顺序及全文梗概。）

板书：
一、总起
二、传说

师： 这个传说写得很美，下面老师来读这个传说。

（范读课文。）

生： 李老师，我刚才听你读了，仿佛就看到了一幅美丽的图画。

师： 刚才同学们自学了，老师又读了，有没有搞清贝多芬进茅屋后一共弹了几首曲子？

生： 一共弹了两首曲子。

师： 第几首是《月光曲》？

生： 第二首是《月光曲》。

师： 那么，这个传说可以分成几个部分呢？

生： 可以分成两个部分。第一部分从"有一年秋天"到"您，您就是贝多芬先生吧？"第二部分从"贝多芬没有回答"到最后。

板书成为：总起

传说 ⎰ 第一首
　　　⎱ 第二首——《月光曲》

师： 大家是不是都是这样分的呢？

生： 老师，我认为可以分为三个部分。第一部分从"有一年秋天"到"您就是贝多芬先生吧？"第二部分从"贝多芬没有回答"到"波涛汹涌的大海"，第三部分是最后一节。

师： 那也可以。这样就是把记录《月光曲》单独成为一个部分。

（三）教学第二段第一部分

师： 请同学们把第二段第一小节读一遍。

（学生朗读。）

师： 这个传说给我们描绘了一幅非常美丽的图画。（以描述带入情境，启发学生想象画面。）"那是一个秋天的夜晚，月亮分外明亮，月光下莱茵河静静地流淌，小路上贝多芬正在散步。"你们想，在这幅图画中，除了明月、莱茵河、小路以及在散步的贝多芬以外，根据课文情节的发展，还应该有什么？

生： 还应当有茅屋。

生： 茅屋里隐隐约约有人影。

师： 对了，我们仿佛看到有一所茅屋，茅屋的窗口亮着微弱的灯光。

生： 里面还传出断断续续的钢琴声。

师： 对，听到了画外的声音，很好。

师： 这时候，贝多芬正在走着，听到了断断续续的钢琴声，你们想贝多芬这时会怎么想？会产生什么疑问？琴声断断续续，而且弹的是他的曲子，你想他会想什么？

生： 他会想，这是谁在学弹我的曲子？

师： 对，在这小镇上、在这茅屋里，谁在学我的曲子？琴声是断断续续的，什么叫"断断续续"？

生： 断断续续就是不连贯的。

师： 对，断断续续就是不连贯的。弹着，中断了；中断了，又弹下去。那么，贝多芬还会想什么？

生： 他（她）为什么弹得断断续续的？

生： 对，他想到了这两个问题。因此，贝多芬就走近了茅屋。

师： 对，他走近了茅屋，他在那儿听，忽然琴声又停下来了，听到一个姑娘的说话声。

（练习读姑娘和一个男的的对话，并通过启发学生给这段对话加提示语，如"男的叹了口气说""姑娘安慰哥哥说"，体会人物的思想感情，从而指导学生朗读。）

师：下面，老师请两位同学读兄妹俩的对话。你们大家做贝多芬，在窗外听。

（有一生主动提出要与同桌对读，老师鼓励。）

师：两位同学读，其他同学想，贝多芬听到这儿，他怎么想？

师：你们想想，贝多芬听到这儿会怎么想？表示转折的词语如"可是" "然而" "但"等。

生：贝多芬可能在想，他妹妹很爱音乐，可他家太穷，我应该进去弹几首。

生：贝多芬可能在想，这些穷苦人这么爱弹我的曲子，但他们又很穷，我一定要弹给他们听。

生：贝多芬可能在想，我曾经说过，我的音乐是为人类造福的，我一定要弹给那位姑娘听。

师：她这么爱音乐，入场券又这么贵，我要用音乐带给他们幸福，所以他走进去了。贝多芬一进屋，他看到屋子里的摆设确实很简陋。下面，你看这一节中的哪些词说明姑娘家穷，做上记号。

（学生找词语。）

师：我们对对看。"茅屋里点着一支蜡烛""在微弱的灯光下，男的还在做事""窗前有架旧钢琴，姑娘眼睛瞎了"。不光是穷，最使他感动的是这么一个爱他曲子的姑娘眼睛瞎了。

师：下面是 3 个人的对话，下面老师不指导，请一个同学做皮鞋匠、一个同学做盲姑娘、一个同学做贝多芬，还有一个同学读叙述的话，谁来读？（指名 4 个同学分角色朗读。）

师：小屋里响起了贝多芬的曲子，盲姑娘多爱听啊，从课文中的哪个词可以看出来？

生齐说：入了神。

师：弹得多纯熟啊，什么叫"纯熟"？

生：熟练的意思。

师：和熟练一样吗？

生：技术非常高超。

师：大画家给我们画画，当场拿着笔，二十几分钟就画好了，很像。技术很高超，我们就可以说画得很"纯熟"呀。最后，我们把盲姑娘的话读一遍，弹得这么

纯熟，盲姑娘就会想，这是什么人呢？所以，"您"字要读出猜想的意思。

（生齐读："弹得多纯熟啊，……您，您就是贝多芬先生吧！"）

第二课时

师： 第一课我们学了贝多芬走进了低矮的茅屋，为盲姑娘弹了一首曲子。盲姑娘听了贝多芬的曲子，那么激动、那么兴奋。这一课我们提到贝多芬的一句话"我的音乐只应为穷苦人造福"，还说"如果我做到了这一点，该是多么幸福啊"。这时，贝多芬看到盲姑娘听到他的曲子是这样地兴奋、这样地喜悦，贝多芬心里怎么样？

生： 贝多芬心里也很高兴。

（师生对读盲姑娘和贝多芬的话。）

师： 对，他说你爱听，我再给你弹一首。下面，请同学们翻开书，我们来练习念这两节。李老师读盲姑娘的话："弹得多纯熟啊，……您，您就是贝多芬先生吧！"

（生齐读："您爱听吗？我再给您弹一首。"）

师： 于是，贝多芬就又给她弹了一曲，这个曲子就是《月光曲》。我们知道，《月光曲》就是在这茅屋里，趁着兴致创作出来的。同学们想一想，当时是怎样的情景使贝多芬创作出一首世界著名的乐曲呢？盲姑娘和皮鞋匠是怎样听的，听着，听着，又展开怎样的联想？请你们带着这几个问题自学第二段。

（学生自学。）

师： 是怎样的情境使贝多芬创作出这样一首世界闻名的乐曲呢？这个情景，课文上给我们画了一幅插图。现在你们就看着这幅插图，老师读课文："一阵风把蜡烛吹灭了。……按起琴键来。"这个情景多美啊。蜡烛灭了，屋子里的一切好像披上银纱，那么白、那么亮、那么美，课文里用了个什么词？

生： 清幽。

师： 这个"清"是"亮""清朗"的意思。幽，给人静的美感。第一课也讲到贝多芬在幽静的小路上散步，这两个词的意思有两点相同："清幽""幽静"，有"幽雅""美"，也有"静"的含义。但清幽有亮的意思。月光是那么亮、那么美，也给人宁静的感觉。现在就请你们把这一节的课文读一下，眼睛闭起来想象一下，月光是怎么清幽？屋子里是什么情景？屋子里人物的形象怎么样？然后，李老师要你们讲这幅图。讲的时候，你们可以用书上的词，也可以自己加一些词句。

生：一阵风拂过，把蜡烛吹灭了，月光透过窗户，照亮了茅屋，茅屋里的一切好像披上银纱。贝多芬望了望穷兄妹俩，借着月光弹起琴来。

生：我给他修饰一下就更好了，"淡淡的月光""激动地按起琴键来"。

生：我也帮他加两个词，贝多芬"深情地"望着站在他身边的穷兄妹俩，"轻轻地"按起琴键来。

生：我也帮××同学加一句：银盘般的圆月把皎洁的月光洒进了茅屋。

生：我也帮××同学加一句：皎洁的圆月亮在白莲花般的云层中穿行。

（生齐读："一阵风把蜡烛吹灭了。……按起琴键来。"）

师：月光是这样的清幽，贝多芬看到兄妹俩这样穷，而妹妹又是个盲姑娘，他们的日子够苦的了，盲姑娘更苦，外边这么美的月色都看不见。贝多芬看到这美丽感人的情景，他的心理活动有没有写？

生：没有。

师：但是，这个曲子描绘的画面，课文有没有写？

生：写了。

生：我静静地听着，好像来到了海边散步，月亮从天水相接的地方升起来。

师：（画图示意）天水相接在什么地方？（作图。）

生：（接着说）月光洒在波光粼粼的海面上，海面上闪着点点金光。

师：（边作图边说）微波粼粼中的粼粼指水清，月光照着海面更清了。

生：我帮××同学改一下，他说金光，应该是银光。

师：为什么？

生：因为是月亮的光。

师：对。

生：我帮××同学加一句，微波粼粼就像天上无数的繁星。

生：就像无数条小鱼在海面上蹦跳。

师：说得更好了。

生：也可以说融融的月光洒在海面上。

师：天水相接的地方。上次我们学了海上日出，也可以说从哪儿升起来？

生：天水连接。

生：水天一色。

师：水天一色是指天和水一个颜色。

生：月亮从地平线上升起来。

师：这不叫地平线，叫海平线。这是第一幅画，我们看到了。第二幅呢？

生：月亮升起来了，在一缕缕轻纱似的微云中穿行。

师：微云是什么样的云？

生：微云就是很薄很薄的云。

师：对，这微云是薄薄的、淡淡的云，有多少？

生：一缕一缕。

师：（边画边说）细细的，长长的，一缕又一缕。

师：对，在下面。月光照耀下的平静的大海是宁静的，这种美是很柔和的。我们以前课外读过《繁星》，课文中写海上的月，记得吗？

师生（齐）：海上的月，是柔和的，是静寂的，是梦幻的。

师：你们记得很清楚。

生：第三幅画是什么样的？

生：是波涛汹涌的大海。

师：（边画边说图）是波涛汹涌的大海，课文中是怎么说的？

生：课文中说，忽然海面上刮起了大风，卷起了巨浪，被月光照得雪亮的浪花，一个接一个向岸边涌过来。

师：对，海面上刮起了大风，卷起了巨浪。你们说，这时有没有月亮？从哪个词中可以看出来？

生：被月光照得雪亮的浪花。这表示月亮还在。

师：月亮没有躲到云里去。你们再体会一下，如果不是这样的情景，而是海上刮起了狂风，掀起了黑浪，月亮躲到云里去了，大海是一片漆黑，和这情景相同不相同？

生（齐）：不同。

师：对。这时是雪亮的浪花飞溅，（边说边画图）你们说这样的情景给你怎样的感觉？

生：给我美的感觉。

生：我仿佛听到了海浪拍打礁石的声音。

生：学到这儿，我仿佛听到了贝多芬的琴声，时而轻轻的，时而低低的，时而高高的。"轻轻的"就有点像月亮开始升起来了，"低低的"就像月亮慢慢往上升，"高高的"就有点像波涛汹涌。

师：很好。贝多芬的琴声把皮鞋匠带到了海边。这儿，有平静的大海，有奔腾的大海；有柔和的美，也有壮阔的美。但无论是平静的大海，还是波涛汹涌的大海，都有什么？

生：都有月光。

师：对，是美好、光明的景象。好，下面我们一起读这几句。

（生齐读："他好像面对着大海……一个连一个朝着岸边涌过来。"）

师：刚才大家读得好，一缕一缕说明是轻轻的、细细的，淡淡的应念慢些。再念一遍。

（师生齐读："月亮越升越高，穿过一缕一缕轻纱似的微云。"）

师：皮鞋匠联想到的，盲姑娘有没有联想到、看到呢？

生：盲姑娘也看到了。

师：从哪儿可以看出？

生：姑娘眼睛睁得大大的，她仿佛也看到了她从来没有看到过的景象，月光照耀下的波涛汹涌的大海。

师：眼睛大大的，好像看到了她向往的那个光明美好的情景。还有哪儿？

生：恬静的脸上。

师：对，恬静的脸。恬静这词形容脸上的神情，脸上是恬静的，心里怎么样呢？很舒适的，很愉快的。这时，脸上的神情就是恬静的。这波涛汹涌的大海，盲姑娘以前有没有看到过？

生（齐）：没有。

师：这一次是什么使她仿佛看到了这景象？

生：是贝多芬的琴声使她看到了她从来没有看到过的景象。

师：对，你讲得更确切了。

生：贝多芬的琴声感动了她。我知道那位盲姑娘可能还看到了什么。她看到汪洋大海上一只小小的白帆随着海浪颠簸，海风吹动了白帆，渐渐地白帆远去了。

师：你有什么根据，你从哪儿看出来的？

生：昨天听的音乐。

师：兄妹俩听着听着非常高兴。书上说，兄妹俩被美妙的琴声陶醉了，"陶醉"是什么意思？

生：陶醉就是完全沉浸在音乐之中。

师：陶是什么意思？陶就是快乐的意思，这是高兴得完全沉浸在这一情景中，忘掉了周围的一切。盲姑娘听入了神，心里很高兴。陶醉了，你们想这时盲姑娘想说什么？她可能想什么？我请你们做个练习。

师：我给你们开个头，"听着这美好的琴声，我仿佛看到了……"先说一句。

生：听着这美好的琴声，我仿佛看到了无数的海鸥在海面上飞来飞去。

师：好。看见她从来没有看到过的什么？

生：听着这美妙琴声，我仿佛看到了月光照耀下的大海。

生：听着这美妙琴声，我仿佛看到了月光照耀下的波涛汹涌的大海。盲姑娘觉得这是她最幸福的一天。

师：想得很好。现在这个画面懂了，下一课我们继续学习贝多芬创作《月光曲》的时候，他心里是怎么想的。

第三课时（略）

教学最后一节，总结全文，并根据课后例话《事物和联想》让学生进行贝多芬奔回客店后追忆《月光曲》的想象性片段训练。

1981 年初冬

[**教后记**]

《月光曲》是一个美丽的传说。它通过德国著名音乐家贝多芬在小茅屋里乘着皎洁的月光，为盲姑娘即兴弹奏《月光曲》的动人故事，表现了贝多芬对穷苦人民的同情和爱。

根据故事的发展，课文的第7至9节（"贝多芬没有回答……在月光照耀下的波涛汹涌的大海"）写贝多芬为穷兄妹俩再一次弹奏曲子，他的琴声给穷兄妹俩带来了现实生活中不可能得到的快乐与幸福。这三节是故事的高潮部分，集中表现了作品的主题思想。

这三节包含了两层意思：一是贝多芬即兴创作《月光曲》的具体情景。贝多芬置身于月光照耀下的小茅屋里，那充满美感的人物和景物使贝多芬激动不已，从而创作了《月光曲》。二是贝多芬的琴声使兄妹俩激起美妙的联想。他们仿佛来到月光照耀下的大海之滨，感到无比的幸福、快乐。

不难看出，贝多芬正是通过自己的音乐，把穷兄妹俩从低矮的茅屋带到宽阔的大海边——海上有明月、有大风、有浪花，从而让穷兄妹俩在艺术中享受到光明与自由。尤其是双目失明的盲姑娘，是贝多芬的琴声，使她"仿佛"看到了她从来没有看到过的景象——在"月光照耀下的波涛汹涌的大海"。盲姑娘正是在贝多芬的琴声里见到了光明，感受到了生活的欢乐。

这三节不仅是课文的重点，而且难度较大。对这样的课文，老师必须准确地把握课文中心，才能较好地突出重点、突破难点。

教学时，我根据教材主题，按照一定的逻辑顺序进行。首先让学生搞清楚《月光曲》是先谱写好的，还是贝多芬在小茅屋里即兴创作出来的，并要学生从课文中找到依据。（"他飞奔回客店，花了一夜工夫，把刚才弹的曲子——《月光曲》记录了下来。"）

既然是即兴弹奏出来的，那么是怎样的情景，使贝多芬激动不已，创作了这样的曲子呢？这就很自然地引导学生学习第8节的课文。为了使课文描写的画面能再现在学生的眼前，老师可让学生看着插图，老师做描述，并有感情地朗读，使学生朦朦胧胧地想象出课文中刻画的人物形象和特定的景象。

学生要能深入地理解课文，必须抓住、体会课文关键字句在表达情感方面的作用。这一节描写的情景，可以用课文里的一个词概括，那就是"清幽"——"清幽的月光""清幽的茅屋，如同披上了银纱"。而"清幽"一词又很容易与课文第二节中的"幽静"一词混淆。所以，当教学"幽静"一词时，老师就要突出"美而静为幽"。这样，到教学"清幽"时，老师再复习"幽"的含义，突出"清"在这里表示"明亮"的意思即可。告诉学生，月光明亮，给人十分美好、宁静的感觉，就用"清幽"来形容。教学时，我还结合插图让学生理解"清幽"的含义。如果以词解词，学生的感受是不会深刻的。在这里，我通过描述，学生既可以获得词的概念，又能体会词的情感色彩——"这该是一个多美的月夜呀，蜡烛灭了，穷兄妹俩静静地听着音乐。贝多芬此时会怎么想？他会怎样地望着穷兄妹俩？怎样地按起琴键？"从而

进行加状语的语言训练。

贝多芬 ［　　　　　］地望了望穷兄妹俩。

贝多芬 ［　　　　　］按起琴键来。

这样紧扣关键词语，充分利用插图，老师描述画面，再现课文描写的形象，并结合语言训练，便可强化学生的感知，使教学获得良好的效果。

第9节课文把故事推向高潮。它把"写实"与"联想"糅合在一起，学生理解起来有一定的难度。教学时，老师首先引导学生把哪是"写实"、哪是"联想"加以区分，让他们画出写实的部分，即"皮鞋匠静静地听着""皮鞋匠看看妹妹，月光正照在她那恬静的脸上，照着她睁得大大的眼睛"。而联想部分，是贝多芬的琴声把穷兄妹带入的一个美妙的境界。这是全文的精华所在，老师需引导学生细细品赏，让学生边读书边展开想象：皮鞋匠听着贝多芬的琴声，好像看到了什么？有几个画面？引导学生划分层次。

"他好像面对着大海，月亮正从水天相接的地方升起来，微波粼粼的海面上，霎时间洒遍了银光。月亮越升越高，穿过一缕一缕轻纱似的微云。忽然，海面上刮起了大风，卷起了巨浪，被月光照得雪亮的浪花，一个连一个朝着岸边涌过来……"

第一个画面：月光照耀下的微波粼粼的大海。那是一个宁静的、广阔的天地。教学时，老师要突出"水天相接""微波粼粼""洒遍银光"。

第二个画面：海上，明月在微云中穿行，给人一种自在的、十分美好的感觉。教学时，老师要突出"穿""一缕一缕""一层纱似的""微云"。

第三个画面：月光照耀下的波涛汹涌的大海，给人一种欢乐幸福的感觉。

前两个画面描写的是一个柔美的境界，后一个画面则描写了壮美的境界。

教学时，老师可以从这一个个画面，结合插图让学生想象（此时，贝多芬可能在怎样地弹琴，琴声可能是怎样的），使学生具体地感受到课文描写的景、抒发的情。

对这一节中写盲姑娘听着琴声"仿佛也看到了，看到了她从来没有看到过的景象"一句，老师可引导学生思考：为什么不说"盲姑娘仿佛也看到了月光照耀下的波涛壮阔的大海"，而要反复强调"看到了""看到了""从来没有看到过的景象"？以引导学生理解，正是贝多芬的琴声给她带来了极大的欢乐，使她好像看到了光明，并扣住"恬静的""陶醉了"进一步加深学生对它的理解。

教学这类文字优美、感情丰富的课文时，老师要着重形象的感染，使学生在如临其境、如见其人的境界之中理解，体会作品的思想感情，受到美的熏陶。

四、小音乐家扬科（纪实）

[**教学要求**]

1. 引导学生通过小扬科的悲惨遭遇，认识封建社会摧残人才的罪恶，从而体会自己童年的幸福。

2. 巩固刚学过的生字，学习本课生词；体会比喻句在课文中的作用；继续进行段的训练。（因在实验班教学时，中高年级开学初采取归类集中识字，所以教课文时只有巩固的要求。）

3. 能有表情地朗读课文，注意学习描写人物的形象和心理活动的方法。

4. 启发学生想象、描述画面，并在感受形象的基础上，进行逻辑思维的训练。

[**课时安排**]

三课时。

第一课时：揭示课题、激发学生学习欲望；范读课文；读后谈感受；自学课文；讨论段落划分；教学课文第一至三段。

第二课时：教学课文第三、第四段。

第三课时：教学课文第五段，总结全文。

[**教学过程**]

第一课时

（一）揭示课题，激发学生学习新课的欲望

师：同学们，今天我们再来学习一篇写人的文章，题目是《小音乐家扬科》。（板书课题。）扬科是一个波兰孩子的名字，所以这个"扬"就不是我们中国的姓"杨"的"杨"。是"扌"旁。波兰你们知道吗？它是欧洲的一个国家。好，小

朋友一起念课题。

生（齐）：小音乐家扬科。

（二）范读课文

师：小音乐家、小画家、小书法家，我们对他们都很羡慕。可是，小音乐家扬科的命运却是十分悲惨的。下面，请同学们听一听小音乐家扬科的命运是怎样的不幸。

（老师很有感情地范读课文。）

（三）读后学生主动说感受

生：我觉得最后一小节最感动人。

生：我觉得扬科非常可怜。他为了一把小提琴丧失了自己的生命。

生：听李老师读了以后我非常感动。

生：从扬科的遭遇，我感到不公平，为什么他只想摸一摸、看一看那把小提琴，就被毒打致死呢？

（四）自学课文

师：同学们谈得都很好，都被扬科的不幸的遭遇深深地感动了。那么，就让我们来学习这篇课文。书后面有 4 道题目，同学们自学课文的时候把第 3 题看一看，书上要求我们按书后的 5 个标题分段。下面，同学们默读课文，按 5 个小标题分段。（学生在下面默读分段，出示写好的 5 个小标题。）

（五）讨论段落起讫

师：先说第一段。"扬科和他妈妈的生活"包括几个小节？

生：两个小节。

师：大家的意思呢？

生：一样的。

师：下面，我们再看看"扬科听自然界的音乐"几个小节？

生：写了 3 个小节。

师：是不是？

生：是的。

师：第三段扬科去旅店外面听音乐，自己做了一把小提琴，到哪儿？

生：一共 4 个小节。

师：是吗？

生：××同学说错了，应该是 3 个小节，到"可是他还是一天到晚地拉着"。

师：对了。下面已经讲到仆人的小提琴了。扬科到地主的食具间里看到小提琴，被人抓住了，挨了一顿打。这一段到哪儿？

生："院子里闹哄哄的。"

师：对了。从"第二天"开始一直到末了，是写什么？

生（齐）：扬科死了。

（六）讲读课文

第一段

师：这样我们就搞清楚了，这篇文章先写什么，接着写什么，然后写什么，最后是怎么结局的。现在，我们就来看第一段。我请一名同学把第一段读一读，谁来读？

（生读第一、第二两小节。）

师：扬科几岁就做了牧童？最后一句再来读一遍。

（生齐读：第 2 节最后一句"扬科 8 岁就做了牧童"。）

师：同学们你们现在几岁？

生：10 岁、11 岁。

师：哦，你们有的 10 岁了，有的 11 岁了。扬科比你们还小两三岁，也就是你们上一二年级的年龄，那时候有的同学上学时还要爸爸、妈妈接啊送的。可扬科在那么小的时候就离开妈妈，到地主家里去放牛。那么，你们想想扬科的妈妈，她怎么舍得呢？下面请同学们把这一段默读一遍。读的时候注意这一段开始就写了扬科的形象。同学们默读完闭上眼睛想一想，什么地方，有个怎样的牧童在放牛。下面开始读。

（学生转默读。）

师：你们想象到这个形象了吗？

生：想象到了。

师：到下面老师再让你们说。扬科长着一双闪闪发光的眼睛，他是个很聪明、很可爱的孩子。年纪那么小，可妈妈却让他到地主家去做牧童，这是为什么呢？（稍停片刻。）课文中告诉我们，扬科的妈妈是做什么的？

生：扬科的妈妈是个短工。

师：同学们，"短工"是什么意思？谁把下面一句念一念。

生："扬科的母亲是个短工，过了今天，不知道明天会在什么地方"。

师：好，你坐下。"她过了今天就不知道明天会在哪儿。这就是短工。"在地主家做长工是很苦的，做短工就更苦了。因此，课文里打了个比方"就好像寄居在屋檐下的燕子"。同学们，你们知道"寄居"是什么意思吗？"居"是什么意思？

生："居"是"住"的意思。

师："寄居"本来是借在哪儿住。这儿是不是借人家住呢？不是，是说妈妈今天在这家干活，明天在那家干活，她都得受主人的使唤。主人随时随地都可以摆布她。这就像燕子寄居在人家的檐下。从这个比喻里我们知道，扬科的妈妈的生活没有保障。下面我们一起把这两小节读一读。

（生：齐读全段。）

第二段

师：下面一段就是写的扬科在自然界里怎么听音乐的。请同学们默读一遍。读好了请同学说一说，这一段我们可以用书上哪一句话来概括？他在哪儿听音乐的，怎么听，听到什么声音？下面读第二段。（学生默读了一会儿。）好，下面你们说这一小节哪一句话可以概括这一段的内容？有没有找到？

生："扬科很爱音乐，无论走到哪儿，他总能听到乐声。"

师：对。扬科无论走到哪里，总能听到乐声。这是概括的一句话。下面，请同学们具体说说他去哪儿，听到什么声音？谁来说，说一句也行，最好能用上象声词。（语言训练①。）

生：小扬科在树林里听见"噢咦、噢咦"的声音。

师：好。

生：田野里，小虫为他演奏。

师：好，谁能说得更清楚，走到哪儿，听到什么声音。

生：小扬科来到树林里，啄木鸟啄着树干，"笃笃"地响着。

生：小扬科来到小河旁，听到青蛙"呱呱"地叫着。

生：小扬科去果园里听到麻雀在歌唱。

生：在堆草料的时候，他听到风吹着他的木叉"呜呜"作响。

师：下面哪些小朋友能说一串的句子，说出小扬科在哪儿，怎么样；又在哪儿，又怎么样？或者说他来到什么地方，来到哪儿怎么样？谁会说？（加大难度，语言训练②。）

生： 他来到树林里采野果，听到"噢咦、噢咦"的声音；他来到田野里，虫子为他演奏；果园里，麻雀为他歌唱。傍晚，他来到小河边，青蛙"呱呱"地叫着，啄木鸟"笃笃"地啄着树干，小虫"嗡嗡"地叫着。

师： ××同学讲时，是把书中的句子抽出来了。李老师的要求还要高一些，句子形式要整齐。谁会说？（学习运用排比句，语言训练③。）

生： 小扬科来到森林里，森林为他奏乐"噢咦、噢咦"；小扬科来到田野里，小虫为他演奏……

师： 什么声音，谁来替她加？

生： "曜——曜——曜——曜"。

生： （接着说）他来到果园，麻雀为他歌唱，"唧唧喳喳"。

生： （接着说）小扬科来到河边，青蛙为他叫了起来，"呱呱，呱呱"。

师： 刚才同学们说的都是他无论到哪儿，总能听到乐声，凡是有声音的地方，他都能听到乐声。同学们想想看，我们在习作时，为了把一段话的意思说清楚，往往怎么说？

生： 先总说一下。

师： 接着呢？

生： 接着再分述。

师： 然后呢？

生： 然后再总说。

师： 也可以最后不总说了。还可以先分述，再总说。好，哪个小朋友能按"总分总"的顺序来说？（进行段的训练，要求用上"无论……总……""凡是……"，语言训练④。）

生： 小扬科无论走到哪里，总能听到音乐。他来到森林里，听到鸟儿"唧唧喳喳"；他来到小河边，听到青蛙"呱呱，呱呱"；他来到果园里，麻雀在他头上唧唧喳喳。凡是乡村里的一切声音，他都能听到。

师： "凡是"乡村里有的声音，他都能听到，用了课文中表示范围的词——"凡是"，说明所有的声音都能听到，××同学说得很好，有没有补充的？

（指点。）

师： 从这儿我们知道扬科对声音特别敏感，这说明扬科有音乐天赋，难怪大伙儿都管他叫什么？

生： 小音乐家。

师： 第二段讲了什么？

生： 听自然界的乐声。

师： 如果是"听"的前面加一个字应该加什么？

生： 小扬科静静地听自然界的音乐。

师： 对，静静地，爱听。

（朗读本段课文。）

第三段

师： 第三段说他爱听音乐。你们看，第三段扬科在哪儿听音乐？是在旅店的里面呢，还是在外面？是在门口还是窗口，在哪儿听？

生： 扬科躲在乡村旅店的墙角下，静听着。

师： 对，他不在门边，也不在窗口，是在旅店门外的墙角下听。这一句中哪个词用得特别好？

生： 墙角。

生： 躲。

师： 对。他为什么要"躲"呢？一个"躲"字说明了什么？他曾经有过什么教训吗？

生： 他在堆草料时，听风吹木叉的声音，曾被监工狠狠地打了一顿，他永远也忘不了。所以，他悄悄地躲着听。

师： 对，他有过教训，连风吹木叉的声音都不让他听，何况在旅店里听音乐呢。他连到窗口、门边听的资格都没有。这就更说明了，这个人吃人的社会对小音乐家的摧残。他只好躲在那儿听。尽管他是躲在墙角下，他还是怎样地听啊？

生（齐）： 静听。

师： 不仅静听，而且是常常去听。我们可以想象一下：夜晚，在旅店的墙角下，有个孩子怎么样？课文中告诉我们，旅店里灯光闪耀，借着旅店的灯光，我们可以看到小音乐家的形象。再学第 2 小节，同学们想象的形象，也可以放在这儿说。

（同桌对说。）

（描述人物形象，语言训练⑤。）

师：谁先说，说完了再补充。

生：一天夜晚，扬科双手托着腮，坐在墙角静听着旅店里伴奏的乐声。

生：一天夜晚，借着乡村旅店的灯光，我们可以看到在旅店的墙角下，一个长得瘦弱的、脸黑黑的孩子，淡黄色的头发直披到他闪闪发光的眼睛下，他就是小音乐家扬科。

师：谁在他后面再加两句。

生：他静静地听着，听得入了神。

生：他蜷缩着身体，坐在墙角下，静静地听着，听得那么入神。

师：他在听音乐的过程中，什么乐声最吸引他？

生：大提琴低沉的调子。

师：大提琴的调子是低沉的，主要是什么声音？

生：小提琴的声音吸引了他。

师：他怎么做小提琴的？我们往下看。

（下课铃响。）

第二课时

继续教学第三段

师：上一节课我们学到小音乐家扬科躲在旅店门外的墙角下，静静地听着音乐。在这么多音乐声中，最吸引他的是小提琴声。小提琴的声音使他展开了奇妙的想象。现在，我们翻开书继续学习。扬科听着，听着，觉得旅店里的每一根柱子都在颤动，都在歌唱，都在演奏。同学们都知道柱子是不会动的，也是不会发出声音的。这儿是说扬科听了小提琴的声音后展开的什么？

生（齐）：想象。

师：他觉得这儿每一根柱子都在动，都在歌唱，都在演奏，这是什么呢？下文告诉我们了，我们一起念。

生（齐）：小提琴的声音多么美妙呀！

师：再读一遍。

生（齐）：小提琴的声音多么美妙呀！

师："交换"的后面停顿要长一点，扬科的心里想用自己的一切去交换，可是他知道，自己除了一身破衣服，什么也没有。所以，用自己的一切去交换是不可能得到小提琴的。因此，他把他的要求降低了又降低，只要摸一摸，哪怕是一下。所以，这儿要把他的思想感情读出来。

师生（齐）："哪怕只摸一下，他也够满意的了。"

师：再来一次。

生（齐）："小提琴的声音多么美妙呀！"一节。

师：念得好多了。他这么爱小提琴，又没有小提琴，怎么办呢？于是，他自己做了一把小提琴。

（老师请一名同学读下面一节。）

生（读）："扬科用树皮和马鬃，自己做了一把小提琴"一节。

师（小结）：这一段就是写扬科在旅店外面听音乐，自己做了一把小提琴。

师：把扬科爱小提琴的句子找出来，谁来说。

　　第四段

生："扬科多么想看看那把小提琴啊，扬科很想把它拿在手里，哪怕一次也好啊，至少可以把它瞧个清楚。"

师：对，我们一齐来读这些句子。

（生齐读）

（老师示范，学生再练习。）

师：扬科的愿望只是什么，要说得清楚明白。

生：他的愿望只是想看一看小提琴。

师：按照我们的想法，看一看总是可以的。可是，事情并不那么简单。扬科为了看小提琴，发生了什么事呢？请同学们默读下面3个小节，主要写了什么？

生：这3个小节写扬科为了看仆人的那把小提琴，被仆人抓住，毒打了一顿。

师：我们想一想，扬科是个牧童，他住在地主家的草堆边，他怎么会走进地主的食具间呢？

（一齐读这一段2、3两小节，领读"一天傍晚，……"。）

生（齐）："一天傍晚……，抬起头来，望着心爱的小提琴。"

师：刚才读时，有个地方没读好，柔弱的、瘦小的，要读出瘦弱，而且要充满同情。

生（齐）："推着他那柔弱的，瘦小的身子悄悄地向着门口移动。"

师：写人物，大家都知道要写人物的什么？

生：心理活动。

生：语言。

生：还要写人物的形象。

生：要写人物的表情。

师（纠正）：神情。

生：还要写人物的动作。

师：你们看，在这两节里，主要写了人物的什么？

生：心理活动。

师：××说对了，写了人物的心理活动。写他心理怎么样？读懂了吗？

生：他怕，他不敢动，但是有一股无法抗拒的力量在推着他往前走。

师：写他怕，他不敢动，课文中用了一个什么比喻？

生："他觉得自己好像是闯进笼子的小动物。"

师：对，你们想这一句中什么词儿用得好，用得确切？

生：笼子。

师：没找准。你们有没有看懂笼子是比作什么？

生：笼子比作了食具间。

师：对，同学们，你们想想把地主的食具间比作笼子说明了什么？

生：说明这儿有危险，而且黑暗。

师：说准确。

生：进去了就不可以出来。

师：谁像小动物啊？

生：扬科。

师：把扬科比作闯进笼子的小动物，写得好在哪儿？是动物，而且是小动物。既然是笼子，进去了就出不来，而扬科就像进了笼子的小动物，你们想怎么样？

生：说明扬科很爱小提琴，他宁愿进去了出不来，也要看看小提琴。

生：他爱小提琴，愿意用他的一切去交换。

师：有什么不同意见？既然成了笼子里的动物，那么这地主、这仆人就可以怎么样？

生：地主和仆人就可以抓住他。

师：就可以任意宰割，要怎么样就怎么样。扬科当然知道这儿是不能进去的，但是他还是闯进去了，这个"闯"表示他情不自禁。下面我们再读读表示小扬科心里害怕的句子。（领读"他望了很久，很久"。）

生（齐）："他望了很久，很久，他怕，他不敢动。""他每走一步都非常小心，但是愈来愈紧地抓住了他。""他觉得自己仿佛是闯进笼子的小动物。"

师：课文说夜晚静得可怕，主要是说扬科的心里很怕，心里越是怕，越是说明了地主的凶残。如果地主不凶残，他就不会害怕了。这两小节就写了扬科心里的害怕吗？还写了什么？

生：不仅写出了扬科心里的害怕，而且还写出了他爱小提琴。

师：说得很好。在他的心里，害怕的情感强烈呢，还是爱的情感强烈？

生：是爱的情感强烈。

师：下面你们念念，念到表示小扬科害怕就轻声点，表示爱的句子要念得深沉、强烈。

生（齐）："一天傍晚，扬科看到食具间里一个人也没有。他躲在草堆后面，眼巴巴地透过开着的门，望着挂在墙上的小提琴。他望了很久很久，他怕，他不敢动，但是有一股无法抗拒的力量在推着他往前走，推着他那柔弱的，瘦小的身子悄悄地向着门口移动。"

师：他虽然知道这儿不能进去，但他还是向前移动着。同学们，我们看了这幅图就会进一步地知道，小扬科是怎样地爱小提琴。请你们看看课文上的插图，谁能用一句话说说？（先说一句，语言训练。）

生：扬科跪在小提琴前面。

师（启发）：我们知道写人要写他的神情、动作、语言、心理活动。图上画的只有小扬科一个人，不太好说扬科的语言，那么就从他的神情、动作、心理活动方面来说。

生：扬科跪在小提琴前面，他抬起头，凝视着自己日日夜夜盼望的小提琴，不禁伸出了双手。

师：不错，还有谁替他补充，刚才××同学日日夜夜这个词用得好。

生：借着月光。

生：扬科忘记了怕。

师：下面，李老师请你们做扬科（担当角色），说说你怎么想小提琴。那人称应该用谁？

生：我。

师：把课文中的心理活动改成我来说，说成"我多么想"。

生（齐）：（把人称改成了"我"）"我多么想仔细地看看那把小提琴，我很想把它拿在手里，哪怕一次也好，至少可以让我瞧个清楚。"

师：刚才××同学说了，他看到了日日夜夜盼望的小提琴，不禁伸出了双手，他恨不得怎么样？

生：恨不得和小提琴拥抱。

师：还有呢？他多么想把思念小提琴的话告诉它。那么，你们想想，这儿我们可以用什么句式来说呢？

生：用排比句来说。

师：他呼唤着小提琴，怎么说？

（改变人称，语言训练。）

生：可以用拟人的方法来说，和小提琴对话。

师：是对话，很好，那就用"你"（第二人称）。

生：小扬科可能会说："小提琴啊，小提琴，我可把你想坏了，今天，我总算得到了你。"

师：是"得到你"吗？

生：看到了你，你猜，我有多高兴啊！

师：刚才就是用的呼告，他说：小提琴啊，小提琴，多么想念你。这就是呼告。那我们再把刚才前面的句子改成第二人称，用呼告的方法说。扬科，他轻轻地说，小提琴啊，我多么想……读读看。领读"扬科轻轻地说……"

生（齐）：小提琴啊，我多么想仔细地看看你啊，我多么想把你拿在手里，哪怕一次也好，至少可以让我瞧个清楚。

师：这种情感书上用了个什么词表示的？有一股什么力量？

生："一股无法抗拒的力量在推着他往前走。"

师：一股无法抗拒的力量，因为他太爱小提琴了，推着他那柔弱的、瘦小的身子向前。

师：大家都懂在写作文时，描写图画时，要交代清楚什么？

师生（齐）：时间、地点和事情。

师：在写时间、地点时，为了表达中心，我们还可以写什么？

生：还可以描写景物。

生：可以描写环境。

师：现在，李老师请你们看着插图，连贯地讲一讲，在什么时候、什么地方，小扬科怎么样，谁来说？准备一下。

生：夜静得可怕，月光偏偏照在扬科身上。扬科跪在小提琴前面，抬起头，望着心爱的小提琴。这时，恐怖全部消散了，他望着小提琴出神，不禁伸出双手。借着月光，我见到他那弱小的身体。这时候，他的脸上才露出一丝微笑。他轻轻地说："小提琴啊，小提琴，我日日夜夜盼望着你，盼望着能看到你，今天终于看到了。"

师："一丝微笑"说得好，有没有补充的了？

生：脸上露出了一丝微笑，露出一对深深的酒窝。

生：可以说深情地望着小提琴。

生：我们可以先不用他的名字，就说有个小孩，最后再告诉大家这就是小音乐家扬科。

生：我帮××同学加一句：一轮明月挂在天空，柔和的月光透过窗户照在小扬科身上。

生：小扬科情不自禁地伸出双手，他的手颤抖着。

师：讲得好。

生：老师，我说现在不应说一轮明月挂在天空，因为马上就有一段很悲惨的事要来临了，而且这个世界是很黑暗的，人吃人，像野兽一样凶残。

师：你说得很好。李老师讲过，描写环境要突出中心，这儿是写他很害怕，而偏偏有月光照在他身上。如果在一个平静的夜晚，扬科在我们家中，生长在我们的社会主义祖国，那他怎样拉小提琴都是可以的。同学说得很好，很动脑筋。扬科看着，看着，屋子里静静的，就在这时候，发出了一声凄惨的，轻微的响声。下面都是写的声音，写了琴弦的响声，写了迷迷糊糊的粗鲁的问话声，写出了划火柴的声音，骂声，鞭打声，小孩的哭声，吵嚷声和狗叫声。从这些声音里，你们能不能推测到是谁在打谁，骂什么，谁在哭？

生：是仆人在骂扬科，是仆人在打扬科，小扬科在哭。

师：仆人竟然把小扬科当作小偷来打。从骂声、鞭打声、小孩子的哭声、吵嚷声中，我们知道小扬科挨了打。我请同学把这一小节读一下。

生："过了一会儿……院子里闹哄哄的。"

师：但是事情并没有结束，更悲惨的事情还在后面，下一课再学习。

第三课时

第五段

师：上堂课我们已经学到扬科被地主仆人抓住了，而且被狠狠地打了一顿。这一小节中讲：一会儿，黑暗里发出一下轻微的、凄惨的响声。轻微的响声怎么又是凄惨的？这个问题搁一下，我们往下学。我请男同学念下面的两个小节，女生念"扬科挨了一顿打"这一节。在读之前，先看几个词："处置"的"处"，这个字表名词时念 chù，这儿"处置"表示动作，念 chǔ 置，什么叫作"处置"呢？地主的管家想怎么处置扬科，把他放到哪儿去？

（师领读"处置，惩办"两遍。）

惩办是惩罚、法办、办罪。这儿有三个疑问句，都是谁想的？

生：管家。

师：要用管家的语气读。

男生（齐）：第二天，可怜……人家要把他怎么样呢？

女生（齐）：扬科挨了一顿打，……他快要死了。

师：扬科挨了一顿打，这次打得很厉害，最后因此而死，不能读得太轻，应该读重些，"扬科挨了一顿打"。他母亲来，是慢悠悠的吗？不是，这儿要读得快些，"他母亲来了，把他抱回家去，看到的是被打得血肉模糊的孩子"。第二天，第三天怎么样，读慢些，读"第二天，他没有起床，第三天，他快要死了，我们都不忍心看着他死去"，再读一遍。

生（齐）："扬科挨了一顿打……他快要死了。"

师：到这儿，就是写的扬科到地主的食具间里看了小提琴，被人抓住了，挨了一顿

打，这一节最后说他快要死了。文章最后一段写出了小扬科快要离开人世了，最后一段悲惨的情景，我请一名同学念一念。

生："扬科躺在长凳上……在扬科的头上不住地号叫。"

师：××同学读得好，就是声音稍微低了点。"身边"不能读成"旁边"（激起学生的情感）。这时候，扬科躺着，比先前更瘦了，他的呼吸已经微弱了，在这生命的最后一刻，扬科还在听着什么？

生：扬科还在听林子里的演奏。

师：扬科还在听林子里的演奏，不过这是最后一次了。万恶的地主剥夺了他听音乐的权利，夺去了他弱小的生命，这时候在他的旁边还摆着什么？

生：他自己做的小提琴。

师：小提琴还躺在他身边，为什么？

生：这是因为扬科爱小提琴。

师：为什么说"躺"在他身边？

生：用"躺"让我感到小提琴很懂事，很爱他的主人，要永远随着他、陪伴着他。

师：它也舍不得离开他呀！我们一起读这一节。

师生（齐）："扬科躺在长凳上，……树皮做的小提琴还躺在他的身边。"

师：生活里的音乐还是那样的美好，小提琴是多么可爱，可是我们的小扬科却要和他们永别了。现在大家都不忍心说扬科死了，作者怎么说的呢？

师生（齐）："小音乐家扬科睁着眼睛，眼珠已经不动了。"

师：这儿扬科睁着眼睛，一开始是什么样的？

（抓住扬科眼睛的变化，体会文章的感情。）

生：一开始扬科的眼睛是闪闪发光的。

师：后来呢？当他被叫到管家面前时，他的眼睛怎样？

生：惊恐的眼睛。

师：你知道"惊恐"和"恐惧"有什么不同吗？

生：惊恐就是惊奇。

师：是不是惊奇？

生：惊恐是又吃惊又害怕的意思。

师：又惊又怕。恐惧呢？单纯是怕。当更夫要打他时，他简直要吓坏了，这时眼睛怎么样？

生：瞪着眼睛。

师：课文前后4次写到扬科的眼睛，先是"闪闪发光"的眼睛，那是一个可爱的、聪明的孩子的双眼，可是后来在管家面前睁着"惊恐的眼睛"，更夫要打他时，他吓坏了，"瞪着眼睛"，到最后他"睁着眼睛，眼珠已经不再动了"。

生：我想在课文后加一段，就更好了。小扬科望着天花板，他仿佛在责问这个世界，我到底犯了什么罪？

师：加得好。人死了一般眼睛是闭的，而小扬科却睁着眼睛，这是为什么？

生：他好像还在听音乐。

生：因为小扬科是含冤而死的。

师：说得好。

生：我为课文添几句。妈妈扑在小扬科的身上，村里的人围在小扬科的尸体旁边，流不完的眼泪啊，化成了愤怒的火焰。

师：××同学把学过的《在美国，有个孩子被杀死了》诗里的诗句，灵活地用上了。妈妈扑过来，看到心爱的孩子就这样无辜地死了，会怎样？

生：妈妈问苍天，苍天不说话；妈妈问上帝，上帝不回答。

师：诗中的句子同学们都记住了，用得很好。

生：你在世界上才生活了8年，你还没有尝到幸福是什么滋味。

生：你为什么死得这样惨啊！

（学生情绪非常热烈，激情充溢课堂。）

师：同学们说得都很好，但是课文有没有写乡亲们怎么样？有没有说妈妈怎么样流泪？怎么呼喊着自己的孩子？有没有？

生：没有。

师：这些悲愤的感情是通过什么来写的？一齐说。

生（齐）：白桦树。

师：我们一起念最后一个小节。女生先念，然后男生念。女生齐读最后一节。

师：什么叫"号叫"？这里的"号"是哭，大声地哭叫。号啕大哭，伤心极了！这儿能不能说白桦树不住地歌唱，用演奏好不好？写"号叫"就把我们大伙儿这种悲和愤的感情表现出来了。男同学念。男生齐读最后一节。

师：（见××同学举手）你有什么意见？

生：学了课文，我想如果小扬科把地主杀死了，那地主仆人们一定会把小扬科和他的亲戚、家属杀害。可是，地主把小扬科打死了，波兰政府却丝毫不在意。我认为还是我们社会主义国家好，当时的波兰政府是很腐败无能的。

师：那时波兰是个人剥削人的社会，是地主财主们的天下，不光是腐败无能的问题。反动政府和地主是一个鼻孔出气的。小朋友们学到这儿都激动起来了，同学们想一想，小音乐家扬科是被谁打死的？

（很自然地总结课文。）

生：被地主打死的。

（七）总结全文

师：小音乐家扬科是被地主打死的，是为了什么被地主打死的？仅仅是为了什么？

生：小音乐家扬科是想看一看地主仆人的小提琴，被地主打死的。

师：看一看小提琴就会被打死，小朋友你们有没有想到？

生：没想到。

师：那么你们想想看，黑板上这句话里"被"字前可加一个什么词？

（小音乐家扬科看小提琴，被地主打死了。）

生：竟。

生：竟然。

生：就。

生：小音乐家扬科为了看一看小提琴，而被地主打死了。

生：小音乐家扬科为了看一看小提琴，无辜地被地主打死了。

生：却。

师：刚才有的同学用了"却""而"，这些都可以，用"竟"更好。如果现在这个打死小扬科的地主、仆人、管家们就站在我们面前，我们会责问他们什么？你敢问吗？

生：敢。

生：小扬科到底犯了什么罪？

生：扬科只是想看一看小提琴，你们为什么要把他打死？

生：小扬科究竟为什么被你们打死？

生：小扬科到底有何罪？

生：你们凭什么打死小扬科？

生：为什么你们要杀死小扬科？

师（纠正）：是打死。

师：从这儿我们可看出，扬科是个非常可爱的孩子，但是竟然被地主打死了。原因在哪儿，为什么呢？为什么看一下小提琴就至于把他打死呢？

生：是因为当时的世界很黑暗。

师：是个黑暗的世界，还可以说是什么样的社会？

生：悲惨的世界。

生：是个暗无天日的世界。

生：是个人吃人的世界。

生：是个像野兽似的世界。

师：应该说是个人吃人的社会，地主就像凶残的野兽一样。从扬科这个可爱的孩子的悲惨遭遇，更可以认识到，人剥削人的社会怎么样？

生：可恨，可憎，可恶。

师：这篇课文我们学得很好，小朋友回家去朗读全文，今天我们就把第4、5两段读一下。我请两个同学到前面来念。

生：“地主的仆人们有一把小提琴，……望着心爱的小提琴。”

生（齐）：“过了一会儿……院子里闹哄哄的。”

师：“可怜的扬科给带到了管家面前。……第三天傍晚，他快要死了。”

生（齐）：“扬科躺在长凳上。……在扬科头上不住地号叫。”

师：学到这儿，我们知道了为什么那一声琴弦的响声是凄惨的，就因为这一声响声，小扬科被打死了，所以是悲惨的。同学们想一想，要是现在，扬科是个中国孩子，他可能会怎样？这个问题你们思考一下。这堂课，同学们学得很好，深深地被扬科的悲惨遭遇感动了。在这堂课中，我们口述了好多个小节，现在选一个你最受感动的情景，写下来。写时要交代清楚：什么时候、什么地点、什么人、什么事。写一段，不要求很长，能写吗？

生：能。

（学生当堂进行片段练习。）

1981 年初冬

[**教后记**]

《小音乐家扬科》描写了一个非常喜爱音乐并富有天才的儿童，但竟为此惨遭殴打而最后致死，揭露了剥削制度的残酷无情。本课教学的目的在于，激起学生对小音乐家扬科的同情与爱，进而憎恨人剥削人的社会，热爱我们社会主义祖国。

对于故事一类的课文，重点往往落在故事的高潮部分。这篇课文的高潮部分在"一天傍晚"到"望着心爱的小提琴"两节。这两节写了小扬科在一天傍晚，情不自禁地走进地主的食具间，呆呆地望着小提琴，一种虔诚与执着的爱，使他面对小提琴跪下了……这一情景，感人至深，文笔也极好，很有必要引导学生细读，以加深学生的内心体验。

但是，课文的重点部分，并不是孤立的，尤其像这一类催人泪下的课文，要突出重点，还必须做好感情上的铺垫。教学时我注意突出两点：①小扬科是个可爱的孩子。②小扬科酷爱音乐，具有音乐的才能。

这样可爱的、富有天才的孩子，竟被活活打死，更能激起学生的同情和惋惜，使他们更认识封建社会对人才的摧残。

为了激起学生的情感，我先做深情的描述，抓住课文中"淡黄色的头发直披到闪闪发光的眼睛上"，引导学生想象一个可爱的小牧童的形象，并提问："扬科长着一双'闪闪发光'的眼睛，显然，他是一个聪明可爱的孩子。可是他妈妈却为什么让他8岁就去做牧童?"使学生感知扬科鲜明的形象：可爱、聪明，但生活穷苦。这样可以在教学一开始就激起学生对小扬科的同情并关注他命运的情绪。

接着，我突出小扬科对音乐的强烈的爱。我设想了如下几个情境。

（1）在树林里、在田野里、在果园里、在小河边，小扬科静静地倾听大自然美妙的乐曲。

为了加深学生的认识，我结合进行语言训练：

他来到＿＿＿＿＿＿＿＿＿，听到＿＿＿＿＿＿＿＿＿；

他来到＿＿＿＿＿＿＿＿＿，听到＿＿＿＿＿＿＿＿＿；

他来到＿＿＿＿＿＿＿＿＿，听到＿＿＿＿＿＿＿＿＿。

"凡是……"（总说一句。）

我即时指点：这些都说明小扬科对声音特别敏感，具有音乐的天赋，难怪大伙儿都叫他"小音乐家"。

（2）在旅店的墙角下，小扬科静听小提琴美妙的声音，听着，听着，展开了奇特的想象。

为了点明小扬科听音乐的处所是"墙角下"，以突出扬科对音乐热爱的程度，我提出："扬科在哪儿听音乐？是在旅店里面，还是在旅店外面？是在门边，还是窗口？"并突出一个动词"躲"。然后，我提问："小扬科为什么要躲呢？他曾经有过怎样的教训？"一个"躲"字，既说明剥削制度对天才儿童的摧残，连在旅店门外听音乐的权利都不可能有，更说明尽管地主管家老板们不让扬科听，扬科还是躲着听，而且是"常常"躲着听，以启发学生通过这些感人的场景，理解扬科酷爱音乐的程度之深。

对课文描写的小扬科躲在墙角听音乐的形象，我在描述画面时，还交代清楚时间、地点，一个8岁的孩子在听音乐，听着、听着……

（3）小扬科自己做了一把小提琴。我便提问：小扬科用什么做小提琴？树皮和马鬃怎么能做小提琴呢？既然是这样，为什么他还是做了，而且做好以后小扬科还是那样地爱它呢？

以上三个情境都是为了突出高潮所做的必要铺垫，我在教学时极力地渲染气氛。我做了深情的描述：小提琴使小扬科着了迷，他愿"用自己的一切去交换"。然而，他知道，他除了这瘦弱的身体，除了这一身破旧的衣服，一无所有。于是，他把强烈的欲望降低了又降低，只要让他摸一摸小提琴，"哪怕只摸一下"，他也能够心满意足的了。老师的描述，学生有感情的朗读，使学生进一步体会语感，与作品产生感情上的共鸣。

我通过启发提问、指导朗读、看插图描述、指点等手段综合进行。

（1）指点：按照我们的想法，看一下仆人的小提琴总是可以的，可是事情并不是如我们想的这么简单（激起学生继续阅读的要求以及为小扬科的命运担心的情感）。

（2）小扬科渴望看到小提琴的急切心情，是通过一系列的动作程序反映出来的，教学时需突出这样一串动词："望""推""走""闯""跪""抬"。

（3）小扬科情不自禁地进入地主的食具间时那恐惧的心理，课文中运用了一个十分贴切的比喻："自己好像是闯进了笼子的小动物"，这个比喻让我们感受到小扬科到了可以任人鞭打、残害的地步。

（4）进行朗读指导：课文说"他怕，他不敢动""恐惧愈来愈紧地抓住了他""夜静得可怕"，这主要是写扬科心里害怕。而写扬科的"怕"，更揭露了地主的残酷。朗读时既要读出扬科的"怕"，好像不敢出声，又要读出扬科终究又战胜了"怕"——"一股无法抗拒的力量"使他"闯"进食具间，生动地表现了小扬科对小提琴的"爱"，我这样读。

"眼巴巴地/透过开着的门，望着/挂在墙上的/小提琴。他望了很久/很久，……"

"夜/静得可怕，月光/偏偏/照在扬科/身上。扬科/跪在/小提琴/前面，抬起头，望着/心爱的/小—提—琴。"

（5）看插图描述：点明夜、地主食具间、一束月光投进屋里。小扬科跪在地上，望着心爱的小提琴，伸出双手，想和小提琴说什么。学生已进入情境，有学生做了这样即兴的描述。

他跪在小提琴前面，抬起头深情地望着日夜想见到的小提琴，情不自禁地伸出颤抖的小手，小声地说：小提琴啊，今天我终于见到了你，我多么想把你拿在手里，轻轻地抚摸你，哪怕只有一次，我也心满意足了，至少可以把你瞧个清楚。

这样，通过多种手段，激起学生的情感，又促使学生带着情感去朗读、去描述，从而加深学生的感受，达到强化教学效果的目的。

在重点教学后，我利用课文的尾声，深化了主题。

课文的最后一节第 4 次写了扬科的眼睛："睁着眼睛，眼珠已经不再动了。"前面 3 次是："闪闪发光的眼睛""睁大了惊恐的眼睛""瞪着眼睛"。我便抓住教材在刻画人物形象上的这一特点，提出问题让学生伴随着形象思考："小扬科分明已经死了，为什么眼睛不闭上？你们想，他还有什么话想告诉这个世界？"连同课文最后一句"白桦树'哗哗'地响，在扬科的头上不住地号叫"，使小扬科的形象，更深地印在学生的心里。

这一课的教学让我感悟到对感人至深的课文，可抓住课文的关键词语，通过描述和表情朗读，渲染气氛，使学生带着强烈的情感去阅读、去思考，使学生在学习语文的过程中受到很好的熏陶感染。

五、草地夜行

（四年级故事教学）

[教学要求]

1. 通过在长征途中一位老红军为了帮助小战士走过草地而不惜牺牲自己生命的故事，引导学生体会今天的幸福生活来之不易。教育学生继承革命传统，学习老红军崇高的革命精神。

2. 掌握本课生字词；会用"遥远""敬佩"造句；理解课文中的重点难句；能按标题给课文划分段落，并学习概括段落大意。

3. 能正确、流利、有感情地朗读课文；背诵课文，从"他焦急地看看天"到"他被这可恶的草地夺去了生命"。

[教学时间]

三课时。

[教学过程]

第一课时

（一）描述带入情境

上学期我们学过红军在二万五千里长征中翻越"大雪山"的故事。同学们都很受感动。红军翻过雪山后便是过草地。这时，红军叔叔已经走过了成千上万里路，粮食已经吃完。这草地荒无人烟，几百里没有一户人家，红军叔叔只有挖野菜，吃草根，甚至把皮带也煮着吃了。这草地又非常泥泞难走，一步一滑，如果不小心踏到泥潭里，就会立刻陷下去，再也出不来。这可恶的草地夺去了许多红军叔叔的生命，过草地的过程中涌现出了许多感人至深的故事。今天，我们学的《草地夜行》，

就是其中的一个。

（二）范读课文

老师范读课文。

（三）读后启发学生谈感受

这个故事什么地方使你很感动？

（四）自学课文

1. 根据小标题划分段落。

这个故事很感人，下面请同学们自己细细读。首先要搞清楚文章先写的什么？后写的什么？

课文后面写了5段的段意，看谁能根据提示的意思划分段落。

（为了学生自学方便，将5段意思在课前抄在黑板上，到此时出示。）

（学生自学、分段，老师巡视。若学生分段有困难，可让学生先在课文中找出和小标题中相同或相似的语句，然后指导找出某一段的起讫，其余再让学生分段就不会有困难了。）

2. 根据提示的问题再分段自学。

在茫茫的草地上，走着一个什么样的小红军？

迎面走来的老红军又是什么样的人？

"我"为什么会立刻对他产生敬佩的感情？

老红军是怎么被草地夺去生命的？

最后一节，你觉得哪一句话最重要？

3. 以小组形式交流自学情况。

（五）教师深入小组，根据学生自学情况，进行小结

（六）读读写写

| 茫茫 | 迎面 | 吞没 | 遥远 | 泥潭 | 敬佩 |
| 草海 | 并肩 | 笼罩 | 磨蹭 | 没顶 | 魁梧 |

带点字的音，指导学生读准。"迎"字的"卩"、"潭"字的"覀"、"罩"字的"罒"以及"魁"字的"厶"，指导学生写正确。

第二课时

（一）默写

	wu	pèi	yáo		wù
魁（　　）	敬（　　）	（　　）远		可（　　）

jiāng	là
（　　）硬	（　　）下来

（二）学习课文

第一段

1. 描述，感受小红军的形象。课文一开始就把我们带到了茫茫的草海边。这是一片怎样的草地？草地上又走着一个什么样的小红军？请你们默读课文，找出课文中描写草原和小红军行走艰难的词语。

（茫茫的、一眼望不到边、空着、拖着、僵硬的、一步一挨、像一座小山似的、压。）

通过比较，体会这些词的含义，理解小红军在草地行进的艰难、疲乏的程度。

如：　　　　　　　拖着　两条僵硬的腿

　　　　　　　　　迈着

　　　　　　　　　一步一挨

　　　　　　　　　一步一步地向前走着

2. 抓住这些词语想象一下，在荒无人烟的草地上，走着一个什么样的小红军？

3. 指名朗读，其余同学边听边想象。

4. 指名描述小红军在草地上行走的情景。

（例如：茫茫草海，一眼望不到边，看不到人家，听不见鸟叫，到处是没膝的草。就在这草地上走着一个十三四岁的小红军。他的大军装已经破旧了，那步枪高高地压在肩上，干粮袋已经瘪了。他又饿又累，但他仍旧一步一步地艰难地行走在那条红军大队人马踩出的路上。军帽上的红五星还是那样红。）

5. 小结。

这一小节写了什么？请你把下面的句子补充完整。

小红军_____。

例句：小红军掉队了。

　　　小红军又饿又累。

　　　小红军在草地上一步一挨地走着。

第二段

1. 过渡：正在这时，迎面走来一个同志，他是谁？我们学习第二段。

2. 指名读全段。

3. 这同志是谁？他什么样儿？谁能描述一下这位老红军的形象？

（宽宽的肩膀、魁梧的身材、脸又黄又瘦、两只眼睛深深地陷了下去。）

齐读有关语句。这一段描写说明什么？

（老红军身材虽然魁梧，但长征途中艰苦的生活，把他累得眼睛深深地陷了下去。从这儿可以看出，这位老红军战士一定也好久没吃饱肚子了，这时也一定又累又饿。）

4. 这位老红军讲的"卖过帽子"的插叙，告诉我们什么？

（他很早参加革命，发动过农民打倒土豪劣绅的革命大暴动。）

5. 指点：这一段前后三次写了"我"和老红军的对话。

第一次，老红军冲着"我"喊（语气有些责怪但又充满了爱），"我"粗声粗气地回答（有点不服气）。

第二次，两人亲热地攀谈着。

第三次，"我"对老红军立刻产生敬佩的感情（老红军语气亲切，"我"对他也很亲热，带有一定的敬意）。

（结合解释"敬佩"，即尊敬、佩服的意思。）

练习朗读三组对话（可先不读提示语）。

分角色读全段。

（三）组成词语

先组成词组：　　　　　　敬佩的_____

　　　　　　　　　　　　敬佩地_____

例如：　　　　　　敬佩的感情　敬佩地望着

　　　　　　　　　敬佩的心情　敬佩地端详着

　　　　　　　　　敬佩的情意　敬佩地赞颂

第三课时

（一）复习阅读

指名分段朗读第一、第二两段。

（二）学习课文

第三、第四段

1. 指名读本段第一节。

2. "我焦急地看看天"，外面天色已经不早，老红军要背"我"走，"我说什么也不同意"，这是为什么？后来又为什么让背着走了？

（"我说什么也不同意"表示坚决不同意，因为"我"知道老红军自己也太累了，单身一人走出草地已经很不容易了，再背上我，还有枪，他怎么受得了呢？）

结合解释"磨蹭"：慢吞吞地推来推去。

3. 描述情境：天空全黑下来了。课文上说"天边的最后一丝光亮也被黑暗吞没了"，读到这里，我们仿佛看到天下着大雨，这时一个红军战士背着一个小红军在泥泞的草地上一步一滑地走着，走着，走着。

红军战士为什么突然急忙说："小鬼，快离开我！"

4. 红军战士陷进泥潭，在这危急的关头，他是怎么说的？又是怎么做的？

（突出"要记住革命""用力""一顶""一下子""甩""大声说"。）

指导朗读红军战士最后的话，是大声的，使出全身的劲儿。最后一句话，因为他几乎全身要陷下去了，所以声音转弱，被压得发不出声音，而显得断断续续。

老师示范，再让学生练习。

想一想，红军战士说的这几句话是什么意思？

5. 在这茫茫黑夜，为了救"我"的红军战士就在"我"面前牺牲了，"我"心里会感到怎样？可能会怎么说、怎么做？

（也可以假设，"如果你就是小红军，你会怎么想，怎么做"，以加深学生的情感体验。）

6. 指名朗读。齐读全段。

小结：红军战士为了救"我"，为了革命，被可恶的草地夺去了生命。

第五段

1. 描述：风仍旧呼呼地刮着，雨仍然哗哗地下着，黑暗笼罩着大地。小红军想着红军战士牺牲时说的那句话"要记住革命"，心里充满了力量，迈开大步向部队前进的方向走去。

2. 课文里说："我抬起头来，透过无边的风雨，透过无边的黑暗，我仿佛看见了一条光明大路，这条大路一直通向遥远的陕北。"这句话是什么意思？

（小红军想：眼前虽然风雨交加，一片黑暗，长征途中困难重重。但是，革命有这样好的前辈，我们一定会胜利到达陕北，长征一定会胜利。此时，小红军心里充满了革命一定会胜利的信心，所以说"仿佛看见了一条光明大路"。）

3. 齐读。

4. 小结：小红军记住了老战士的话，鼓起勇气，向前走去。

（三）朗读全文

（四）总结

学了《草地夜行》这篇课文，同学们都深深地被老战士为了革命、为了同志，不惜牺牲自己的革命精神所感动，也进一步了解到革命前辈所走过的革命历程是多么的艰难曲折。我们应该很好地继承革命优良传统，向红军战士学习，把老战士最后讲的话"要记住革命"，也牢牢地记在心里。

（五）语言训练

指导：课文中说"遥远的陕北"。"遥远"一般是指两个地方相距远得很，我们常说"遥远的边疆""遥远的北方""遥远的大洋彼岸"，你们想想还可以用"遥远"说什么？

学习练习。

[教后记]

《草地夜行》记叙了长征途中一位老红军为了帮助掉队的小战士走过草地，不幸陷进泥潭，英勇牺牲的故事。课文描写的老红军的形象非常感人，表现了老红军的革命精神。

教学故事，老师首先要引导学生厘清课文的脉络。根据故事发展的顺序，课文可分为 5 段。

　　1. "我"（小红军）掉队了，在茫茫草海中艰难地走着。随着小红军的出现，故事的序幕拉开了。

　　2. "我"遇到了军部收容掉队小红军的一位同志（老红军）。老红军的出现，使故事向前发展。

　　3. 老红军的经历使"我"敬佩万分。

　　4. 天黑了，下起了大雨，老红军背着"我"赶路，不幸掉进了泥潭，被草地夺去了生命。这一段把故事推向高潮。

　　5. "我"记着老红军牺牲前的话"要记住革命"，继续前进。

　　这是一个非常悲壮而感人的故事，在教学过程中，老师特别要注意以情动情。

　　教学开始，我以描述的口吻让学生了解故事发生的背景："红军在二万五千里长征中，翻过大雪山后，又过草地。这时，红军已经走了上万里路，粮食也已吃光。草地荒无人烟，几百里没有一户人家，红军只得挖野菜、吃树皮和草根，甚至把皮带也煮着吃了。草地非常泥泞，一步一滑，如果一不小心踏到泥潭里，就会立刻陷下去，再也起不来。这可恶的草地夺去了许多红军叔叔的宝贵生命，过草地的过程中涌现出了许多激动人心的故事，《草地夜行》就是其中的一个。"形象而感人的描述，把学生带入故事发生的情境之中。

　　故事虽然写了两个人物，但是作者着意刻画的是老红军。因此，在教学过程中，我注意突出老红军高大的形象及崇高的精神境界。

　　教课文的第二段，我通过课文的关键词语，让学生感受老红军的形象："宽宽的肩膀，魁梧的身材"，然而"脸又黄又瘦，两只眼睛深深地陷了下去"，使学生感到老红军在艰难的长征路上，忍饥挨饿，吃尽千辛万苦，已是疲惫不堪，从而为后面老红军"摘下我的枪""背起我就往前走"做好铺垫，更衬托出老红军的自我牺牲精神。

　　教课文的第三段，我扣住小红军"立刻对他产生了敬佩的感情"，引导学生注意老红军光荣的斗争历史（当年参加过"金寨大暴动"）。这一段内容通过学生分角色朗读即可了解，不必花过多的时间。

　　重点的教学是在故事的高潮部分，即课文的第4段，这一段集中表现了老红军自我牺牲的精神：一是天快黑了，要背"我"走，"我"不肯，就火了；二是不容分说，背起"我"就走；三是在大雨中仍一步一滑地背着"我"走；四是掉进泥潭，还用力把"我"往上顶，竭尽全力保护"我"；五是牺牲前的话——"要记住革命"。

这里突出了"要记住革命"。这短短的 5 个字，凝聚着一个革命者淳朴的情感和对崇高理想的执着追求，这 5 个字正是老红军不怕牺牲的力量源泉。在具体教学时，我注意以自己对老红军的崇敬之情去激发学生的情感，使这篇本身十分感人的课文，能真正地感动每个学生，充分体现语文教学的教育性。这不仅要引导学生有感情地朗读课文，提出启发学生深思的问题，还要结合老师有感情的语言进行描述。

　　描述①："他焦急地看看天"，天色已经不早，老红军要背"我"走，"我说什么也不同意"，这是为什么？（因为我知道老红军已经太累了，联系上文"又黄又瘦""两只眼睛深深地陷了下去"，这样忍饥挨饿，就是单身一人要走出茫茫草海已经是很艰难了，再背上"我"，还有枪，他怎么受得了呢？）
　　描述②：天全黑下来了，课文上说"天边的最后一丝光亮也被黑暗吞没了"。读到这里，我们仿佛看到天下着大雨，这时一个老红军战士背着一个小红军，在泥泞的草地上一步一滑地走着、走着……突然，老红军战士急忙说："小鬼，快离开我！"这是为什么？

老红军战士陷进泥潭的一节，可以通过提问、朗读、描述来进行，使老红军的英雄行为深深地感动学生。我提出：老红军战士陷进泥潭，在这危急的关头，他是怎么说的？又是怎么做的？（突出"用力""一顶""一下子""甩""大声说""要记住革命"。）
　　老师要引导学生展开适当的想象，使他们动情：在这茫茫黑夜，老红军为了救"我"而陷进泥潭，"我"亲眼看见老红军牺牲，心里会感到怎样？可能会怎么说？怎么做？
　　学生动情了，他们的发言十分感人。

　　"我心里难受极了""像刀绞一样"。小红军可能会呆呆地站在老红军战士牺牲的泥潭边，默默地摘下军帽，眼泪像断了线的珍珠簌簌地往下掉。
　　小红军会说：亲爱的大叔，我虽然还不知道您的姓和名，但是我永远不会忘记您，不会忘记您对我说的最后一句话"要记住革命"。这时，他抬起头，沿着老红军没有走完的路走下去……

　　课文最后部分是故事的尾声，主要通过朗读与描述，让学生仿佛看到小红军在老红军为自己牺牲的英雄行为的激励下，大踏步地向前方走去的背影。这样抓住人物的形象，突出重点，使教学取得了良好的效果。

六、燕　　子

（四年级散文教学）

[教学要求]

　　1. 通过燕子在春天里飞翔的美景，对学生进行美的教育，培养学生的审美能力，激起他们对大自然的热爱。

　　2. 巩固生字，理解本课生词：俊俏、阳春、盛会、生趣、掠、偶尔、荡漾、光彩夺目、百花争艳；体会比喻、拟人在课文中的作用。

　　3. 让学生懂得本课有层次地描写画面的特点，并通过有顺序地看图和描述，培养学生的观察力和想象力。

　　4. 能有表情地朗读课文，并能背诵。

[课前准备]

　　一张剪纸，一张燕子的剪影，一张挂图。

[课时安排]

　　两课时。

　　第一课时：导入，范读课文，自学课文，教学课文第 1、2 两节。

　　第二课时：复习生字，教学课文第 3、4 节，总结全文。

[教学过程]

第一课时

（一）导语，激起学生学习新课的兴趣

　　小朋友，春天来了，有一种美丽的小鸟从南方飞来了。你们知道那是什么鸟儿

吗?(学生回答后,板书课题,并提示学生写"燕"字时一短横不能丢。)你们看见过燕子吗? 燕子是一种非常可爱的鸟,它在春天里飞翔的情景,可美啦!《燕子》这篇课文,就把这种美的情景写出来了。怎么美呢? 听老师读课文。

(二) 范读课文

(三) 读后学生主动谈感受

(四) 自学课文

老师看得出,小朋友很喜欢读这篇课文。现在就请你们自读课文,看你们能读懂多少。

这是一篇"看图学文",课文中看不懂的地方,可以先看看插图,看了插图还不懂就做上记号。复习自学符号之一,表示疑问用:"_____?"

(五) 指导看图

小燕子在空中飞着,一会儿飞到东,一会儿飞到西,我们不大容易看清楚,现在就请小朋友先看一看燕子的模样。(出示燕子的剪纸,学生观察:深蓝的底色,黑色的燕子,犹如燕子在蓝天飞翔。)老师提示:注意一下,你是按照什么顺序观察的。

观察后口述。

(结合学生回答,教学"剪尾""双翼""两翼""翼尖",并根据学生的回答,点明观察顺序。)

(六) 教学课文

第一节

1. 现在我们来看课文里是怎么写燕子的模样的,请一个小朋友读一读。

2. 指名朗读第一节。

3. 课文里写燕子的模样是从什么写到什么? 也就是叙述的顺序是怎样的?

(根据学生的回答,板书:羽毛、翅膀、尾巴。)

4. 老师指点:也就是从全身写到局部。

5. 那么,小燕子的全身以及各个部分长得怎么样呢? 我们大家一齐轻轻地读课文。

6. 你们觉得燕子长得怎么样呢? 从哪些词语可以看出来燕子长得很美? 把有关

词语画下来。（复习自学符号之二，表示重要词句的⋯⋯）

7. "俊俏"是什么意思？"俊俏"即"样子好看"。

8. 指导朗读：同学们已经看出来了，以"光滑漂亮""俊俏""剪刀似的"写出了小燕子外形的美，所以，朗读时语调柔和一些、声音轻些。（老师示范。）

学生各自练习，然后再指名读。

9. 现在，我们来体会体会，这一小节最后一句话在小节中起了什么作用？为什么说"凑"成了？

老师指点：羽毛是美的，翅膀是美的，尾巴又是美的，合起来就组成了小燕子完美的形象。这一句在小节中起了一个概括的作用。朗读时，音调可提高些，不过那"小燕子"的"小"要读得轻些，突出"小"，以突出它的可爱。

10. 另外，这一节三个量词用得很准，是哪三个呢？（"一身""一对""一个"）。

11. 现在，我们轻声齐读这一小节，注意这些量词的用法。

第二节

1. 这么活泼可爱的燕子，在春天从南方飞来了，那是一种怎样的情景呢？请同学们看图。（出示放大插图。）

2. 指导看图。

提示观察顺序：观察图画，我们可以按照什么顺序观察呢？（由近→远；由上→下。）

3. 现在请同学们当小燕子，这时候，你们从南方飞来了。啊，春天是这样的美！你们得仔细地欣赏一下。（让学生担任角色，把学生带入课文描写的情境，这样，学生的观察伴随着情感，同时对教材产生亲切感。）

4. 谁能把你们观察的美景说出来？

老师提供导语："春天来了，我们从南方飞来了，_____。"学生进行语言训练。

5. 学生口述。

6. 现在我们再来看课文上是怎么写的。你看课文，再对照图，看课文上写春天的美景，写了哪些景物，把主要的词语画下来。

7. 根据学生的回答，老师板书：雨、风、柳、草、叶、花。

8. 请小朋友再读课文。这些景物，我们用最简单的说法，怎么把它们连成

句子?

（学生回答后出示小黑板：三月，下过雨。风吹拂着柳、草、叶、花，它们都聚拢来，形成了春天。）

我请一位同学念念，并说说感觉。

9. 你们觉得这样写很干巴，没有美感，那么，课文里是怎么写的呢？请同学们自学，读一读，再比一比。课文上写的和黑板上的这一段意思相同，但又有怎样的不同呢？

（1）"三月""阳春三月""阳春"即明亮的、充满阳光的春天。这是春天最好的一段时间。

（2）"下过雨"，下过什么样的雨呢？（"细雨""蒙蒙的细雨"）加上一个"细"，一个"蒙蒙的"，我们就觉得怎么样呢？

提示：这就写出了春雨的特点。老师进一步启发学生联系学过的古诗和散文来回答：如烟如雾，春雨润物细无声，沾衣欲湿杏花雨，像牛毛、像细针等。

（3）"风吹拂着柳"。（通过逐步递加附加成分，引导学生了解这一长句的含义。）

①怎样的风，怎样的柳，在前面加上一个字。"微风吹拂着柔柳"，加上一个字，就觉得柳枝儿在微风中飘动起来了。课文里写出柔柳的色彩、姿态、数量，非常生动形象，谁能说说？

②微风吹拂着什么样儿的柔柳？

提示："微风吹拂着才舒展开眉眼的柔柳"。什么颜色的眉眼？"黄绿"的色彩，使我们感到柔柳是那样青嫩。

这里运用了什么方法？这样写给我们什么感觉？

指点：这里运用了拟人的手法，柔柳也有眉有眼，这样就把柔柳写活了，好像是才睡醒了一般，舒展开眉眼。

③不是一条、两条，而是千万条，真是美极了。（板画：春风杨柳。）

④朗读全句，指导节奏："微风/吹拂着/千万条/才舒展开/黄绿眉眼的/柔柳。"

⑤这一句描写的情景和学过的哪首古诗的意境是很相似的？（碧玉妆成一树高，万条垂下绿丝绦。不知细叶谁裁出，二月春风似剪刀。）

（4）阳春三月，细雨蒙蒙，微风轻轻，柳枝飘荡。课文接着写了草、叶、花，你能在这些景物的前面加上适当的词语吗？可以是表示色彩的，还可以是表示姿态的，还可以是既表示色彩又表示姿态的，甚至数量的。课文上说"各种鲜艳的花"，你也可以具体说说什么花怎么样。

（　　　　　）草＿＿＿＿＿＿＿＿。

（　　　　　）叶＿＿＿＿＿＿＿＿。

（　　　　　）花＿＿＿＿＿＿＿＿。

也可以谈谈春天其他的景象。

（　　　　　）风＿＿＿＿＿＿＿＿。

（　　　　　）雨＿＿＿＿＿＿＿＿。

（5）现在你们想，我可以用一个什么词儿来形容这春天的花草的色彩？

（"光彩夺目"，明亮的色彩非常耀眼。）

（6）这么多美丽的花儿一起开了，好像在比谁最美，我们又可以用一个什么词儿来形容呢？（"百花争艳"。"艳"指：色彩鲜明而好看；"争"指：比。）

（7）小草儿、绿叶儿、各种美的花儿，都一起赶到春天里来了，课文里用了一个什么比喻？（＿＿＿＿＿ ＿＿＿＿＿ ＿＿＿＿＿都像赶集似的聚拢来。）

释："赶集"，本来是指农民们带着各种农副产品，从四面八方集中到一个小镇上来卖，这叫"赶集"。这里的"集"主要是指"集市"。注意这个"赶"字，有一种唯恐落后的意思。

说花儿、草儿"像赶集似的聚拢来"，我们觉得怎样？

老师指点：这样一比喻、一拟人，好像我们也看到了花儿、草儿一下子都赶到春天里来了。它们竞相开放、竞相生长，让我们感觉到春天树木的茂盛、花草的繁多，充满了勃勃生气。

（8）指导朗读这几个句子。通过刚才的讨论，我们知道了这些词语和修辞手法在句子中的作用，所以读时要突出一些。不过，突出并不等于用重音，要根据描写的事物状态的不同，决定轻读还是重读，如"蒙蒙的""细雨""微风""柔柳"是轻柔的状态，应该怎么读呢？而"像赶集似的""百花争艳"，又应该怎么读呢？（结合示范。）

（9）学生练习。

10. 你们这些小燕子看到这样的美景，心里想说什么呢？

（1）"赶来做什么"？赶来加入这百花争艳的盛会。注意是"盛会"，盛大的集会。什么的盛会？百花争艳的盛会。从"百花争艳的盛会"这一组词里，你仿佛看

到了什么情景?(启发学生回忆在春天里观察的景象,进行想象,然后加以表达。)

老师提供导语:我仿佛看到_____。

(2)这百花争艳的盛会,小燕子也赶来参加了,为什么说"为春天增添了生趣"呢?

释:生趣指很有生气、很有情趣。

指点:注意这儿是"增添生趣"。因为,春天本身已经很有生趣了,所以说是"增添生趣"。

11. 指导朗读。这一段描写了一幅美丽的春天的图画,我们怎么来朗读呢?欣赏读,把好词佳句画下来(复习自学符号之三,表示好词佳句的:"﹏﹏﹏")。

12. 现在我们大家再看看图,再体会燕子在春天里飞翔的美景,请一个小朋友来朗读。

13. 指导背诵。

理清层次,一共4句,第1句写季节、细雨;第2句写微风吹拂着柔柳;第3句写了草、叶、花;第4句写燕子。

练习背诵。

(七)练习

扮演角色口述。(通过表演,在情境中对话,以巩固新课。)

同桌二人,一人扮燕子妈妈,一人扮小燕子。

要求从春天来到说起,说到小燕子在春天里所看到的美景。注意学习、运用比喻和拟人的手法,最后说春天这么美,我们也赶着去参加这盛会。

[板书设计]

燕子		春天
一身 羽毛 ⎫		细　雨
一对 翅膀 ⎬ 凑		微　风
一个 尾巴 ⎭		柔　柳
		(　)草_____
		(　)叶_____
		(　)花_____

第二课时

（一）复习生字

俏（俊俏）、伶、俐（伶俐）、唧（唧的一声）、偶（偶尔）。

复习朗读；轮读第一、二节，读一遍。

（二）教学课文

第三节

1. 导入：课文第一节写了小燕子的形状，第二节写了燕子在春天里飞来了，为春光增添了许多生趣。那么，小燕子为春光增添了什么样的生趣呢？这一课我们就来学习第三、四节。我们再来看看这幅美丽的图画。

2. 指导看图。

我们先看正在飞行的燕子。图上画了有在高处飞的燕子，也有低处飞的燕子，我们可以按照什么顺序观察呢？（由上→下。）

高处的燕子在怎么飞，低处的燕子又在怎么飞呢？

3. 看课文里是怎么写的，谁能用最少的字，概括出燕子飞行的特点。（快，美。）

4. 课文中哪些词语告诉我们，燕子飞得快？

（板书：掠、唧——的一声、已经……）

如果说燕子"斜着身子在天空里'飞过'和'掠过'"，有什么不同？

5. 过去我们学的《翠鸟》一课，写翠鸟飞得快，怎么写的？记得吗？

（疾飞、一刹那、一瞬间、像箭一样飞过去。）

6. 谁能根据书上描写的内容、画面，联系平时你观察到的，想象一下，说说小燕子飞行怎么快、怎么美？注意运用上面这些词语。

提示：这一节开头，简单的两笔"在微风中""在阳光下"描写了春风轻轻、春光明媚的画面。这是燕子飞行的背景。小朋友描述的时候，也要把这情景描绘出来。

7. 学生口述。

8. "掠""唧——的一声"等词语注意用上。拓展：我们看这些词语还可以在哪儿用上？如果象声词"唧——的一声"用不上，可以换上"砰——的一声""嗤——

的一声""嗖——的一下"等，用来形容某动物或其他事物运动速度之快。（引导运用。）

9. 我们再来看课文，你觉得这一节中哪一句写得更美些？"还有几只横掠过波光粼粼的湖面，剪尾或翼尖偶尔沾了一下水面，那小圆晕就一圈圈地荡漾开去。"

这个长句子，谁能学习上一节课老师和你们一起讨论的"微风吹拂着……"那个长句子的方法，说说这个长句子的主要意思是什么？加上什么，使我们感到什么？加上什么，你觉得怎样？

学生学习自己讲书。

释：荡漾，水波起伏。（板书：荡漾。）联系学生的生活经验进行解释。

燕子飞行这么快、这么美，我们可以用什么词来形容它？

（　　　）的燕子。（伶俐可爱、非常灵巧、聪明。）

10. 看图做接近原文的复述。（课文第三节。）

照应：这就是写小燕子以它飞行的灵巧、轻快、优美，给春天带来的生趣。

第四节

1. 上节写燕子飞行的美，其实，燕子停在那儿又有另一种美。

2. 看图，你们觉得停在电线上的燕子，这情景像什么？

3. 课文里打了一个很美的比喻。

"这多么像正待演奏的曲谱啊！"你们想，怎么像曲谱？

（1）为什么说是"几痕电线"不说"几根电线"？（板书：几痕。）

（2）几对燕子飞倦了，"落"在这电线上，这"落"字你觉得怎么样？（板书：落。）

从高处到低处；由动到静，把燕子伶俐轻巧的动作写出来了。这一个"落"字用得真好。燕子像小黑点，几对燕子正像那一个一个音符。

（3）课文最后不只说"这多么像曲谱啊"，还加上"正待演奏的"，你觉得好在哪儿？这使你产生怎样的联想？（板书：像正待演奏的曲谱。）

4. 齐读第四节。

5. 指导朗读：你们说第三节是写燕子的什么美？第四节又写燕子的什么美？（飞行的美，即动态的美；停息的美，即静态的美。板书：动态、静态。）

这两节就具体写出了燕子给春天带来的生趣。写动态的美，朗读的速度应该怎么样？语调可以怎么样？第四节写静态的美，速度和语调又应该有什么变化呢？语气应该适当加强些。

朗读全文。

（三）总结全文

这篇课文从燕子的外形，写到燕子在春天里飞来了，接着从燕子飞行的美，又写到它停息的美。

春天是美的，燕子也是美的。春天因为有了燕子，更有生趣了；而燕子因为有了春天的衬托，又显得更矫健。

（四）练习

《燕子的自述》。

现在就请你们做小燕子：①模样；②赶来了；②飞行；④停息。

学生口述。

[板书设计]

飞行的美（动）	停息的美（静）	
掠	倦了	落
唧——的一声	几痕	细线
已经	几个	小黑点
沾	像正待演奏的曲谱	
荡漾		

[教后记]

燕子，是春天的使者，它总是给人无限的生机与丰富的美感。因此，教学《燕子》这篇课文，重点并不在于认识燕子的习性，而是从燕子的外形、飞翔时的动态美及停歇时的静态美，使学生充分感受春天特有的美，并热爱大自然，爱美丽可爱的小燕子。这是《燕子》这篇散文与一般状物文章教学侧重点的不同之处。《燕子》共有4节。每一节从某一个侧面写燕子的美，教学时我注意把握好。

燕子在城市里很少见到，即使偶尔可以看到，也是一掠而过，所以，学生对

燕子并不十分熟悉。课文的第一节描写了燕子的外形。燕子矫健的身影是挺美的，应引导学生观察。教学时，我出示一幅燕子的剪纸或图画，给学生展示燕子的完美形象。凭借插图，结合教学"剪尾""双翼""两翼""翼尖"，我提问："小燕子的尾巴像什么？可以说什么尾？"（"像剪刀"，叫"剪尾"。）"小鸟的翅膀叫什么？"（"翼"。）"小鸟的翅膀叫'翼'，两只翅膀呢？"（"两翼""双翼"。）"翅膀的尖叫什么？"（"翼尖"。）我还抓住三个数量词"一身""一对""一个"，让学生知道课文是按照"全身羽毛—翅膀—尾巴"，即从"全体到局部"的顺序写的。然后我扣住"乌黑的""光滑漂亮""俊俏轻快"，让学生说说燕子长得怎么漂亮，相机进行语言训练。

课文第二节集中写了光彩夺目的春天以及小燕子为春光增添了许多生趣。这一节是作者笔墨着力之处，也是学生理解的难点所在。因为，教学本课的主要目的，是让学生感受到春天的美，对学生进行美的教育。所以，教学时，老师要设法在学生面前再现课文描写的春天的美景，使学生在形象的感染下，理解课文语言，并引导他们推敲、咀嚼，体会语感，加深他们对文章思想感情的理解，培养他们对语言的鉴赏能力。例如，课文第二节开头有这么两句话："阳春三月，下过几阵蒙蒙的细雨。微风吹拂着千万条才舒展开黄绿眉眼的柔柳。"

这是课文的精彩之笔，但学生理解起来有难度。首先，我引导学生对照插图，从画面的主要景物入手，抓住句子主干，即"三月，下过雨。风吹拂着柳"，以弄清句子的主要含义。然后，我结合运用比较法，让学生在比较中学会鉴赏。在此过程中，我一步步加以启发诱导："加了'蒙蒙的''细'，你们觉得春雨怎么样"？以让学生体会春雨轻轻细细、迷迷蒙蒙，像牛毛、像花针，落地无声。接着，我再将"风吹拂着柳"，逐渐增加附加成分，让学生比较。

1."风吹拂着柳"。

2."微风吹拂着柔柳"。在"风"和"柳"前面各加一个字，你们觉得风怎样？柳怎样？（春风微微，杨柳在微风中轻轻地飘荡。）

3."微风吹拂着千万条柔柳"。在"柔柳"前面加上"千万条"，你们又觉得怎样？（春风杨柳万千条，春意更浓了。）

4."微风吹拂着千万条才舒展开黄绿眉眼的柔柳。"在"千万条"和"柔柳"中间加上"才舒展开黄绿眉眼"，你们觉得杨柳怎么样？学生说得真好呀：杨柳"黄绿"，更觉得杨柳青嫩，好像杨柳也有眉有眼了。春天来了，杨柳睡醒了，在春光里睁开了睡眼，这就把杨柳写活了。

这样比比、读读，学生在体会语感中，领略了春天的美。

教学第二节，引导较多。教学第三节，则以学生自学为主，老师只略加指点。第三节的重点是燕子飞翔之快、飞翔之美。学生自学时，老师引导他们找出有关的词语："掠""唧'的一声，已经由这边的稻田上，飞到了那边的高柳之下""横掠""沾""小圆晕就一圈一圈地荡漾开去"……为了体现教材纵的联系，我还引导学生回忆已学过的《翠鸟》一课写翠鸟飞得快的词语："疾飞""一眨眼""刹那间""像箭一样飞过去"，尤其引导学生欣赏第三节最后一句："还有几只横掠过波光粼粼的湖面，剪尾或翼尖偶尔沾一下水面，那小圆晕就一圈一圈地荡漾开去。"我还启发学生用上一节讨论的"微风吹拂着千万条才舒展开黄绿眉眼的柔柳"那一长句的方法，先缩句，再体验句子中附加成分所蕴含的美感。然后我指导学生，根据插图的画面说说小燕子飞行的美。因为有了铺垫，学生学得很好。

课文的最后一节，虽是寥寥数笔，却微妙地勾勒出燕子停歇的美。教学时，我便引导学生展开讨论，体会语感，如"飞倦了""落在电线上""几痕细线""几个小黑点""多么像正待演奏的曲谱啊"。我还突出"倦"，让学生感悟燕子为了在稻田和湖面上捉害虫，飞到东、飞到西，忙得累了，"倦"字写出了燕子的辛劳。"落"字写出了燕子动作的轻盈，自蓝天轻轻落下。"几痕细线""几个小黑点"生动地描画了燕子停歇的美。"像正待演奏的曲谱"，非常巧妙地运用了比喻，引起人们的联想——燕子正在唱一首春之歌。

第三、四节课文从"动"和"静"两个方面，具体描写了燕子给春天带来的生趣，表现出作为候鸟、益鸟的燕子，从外形到内在的美。而春天，因为有了燕子显得更美了。

课文篇幅不长，文字却非常优美。教学时值得引导学生反复朗读，并可进行表情朗读，有意培养学生的语言鉴赏能力。

七、桂林山水

（五年级散文教学）

[教学要求]

1. 通过桂林山水独特的美，引导学生感受祖国河山的美，培养学生热爱祖国的情感。

2. 通过看图学习，进一步训练学生的观察能力，并使学生在观察中展开合理的想象。

3. 掌握本课的主要词语：无瑕、峰峦雄伟、奇峰罗列、形态万千、危峰兀立、连绵不断等，认识排比句。

4. 能正确、流利、有感情地朗读课文，并能背诵。

课前准备：（1）让学生看有关桂林山水的风景照片。

　　　　　（2）放大课文插图。

[课时安排]

两课时。

第一课时：导入，描述、带入情境；范读课文；自学、理清层次；教学课文第二节；自学课文第三节。

第二课时：释疑，学生讲书，精读欣赏第四节。

[教学过程]

第一课时

（一）导入新课

如果有人来到我们家乡南通，问我们南通有哪些风景优美的地方，你准备怎么介绍？（对祖国的热爱应从家乡的一山一水、一草一木开始。）

美丽的家乡仅是我们祖国秀丽河山的一角。在祖国的大地上有许多名山大川。（板书：名山大川。）

你们去过哪些名山大川？没去过听说过的也行。（从家乡的水乡到祖国的名山大川，逐一拓展。）

你们听说过桂林吗？（指地图。）桂林在广西壮族自治区。你们有人去过吗？桂林山水比起你们刚才说的这些名山大川来更有一番独特的美。所以，人们都说"桂林山水甲天下"。"甲"是什么意思？（板书：甲。）甲是第一位的，超过其他的。桂林山水天下第一。

（二）描述、带入情境

1. 桂林山水这么美，你们想去游览一番吗？那现在就让我们做一次假想旅行。我们坐上飞机，很快就到了桂林了，呈现在我们眼前的山光水色，就像一幅美丽的图画，你们看——

2. 出示图画。（插图或放大插图。）

3. 现在老师给你们做导游，来介绍桂林山水。

（三）范读课文

（老师担当导游，范读课文成了导游的介绍，学生倍感亲切。）

（四）自学课文，理清层次

概括出每一节的主要内容。

学生讨论后板书如下。

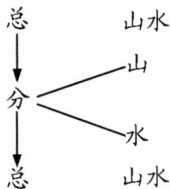

```
总        山水
 │         山
 ↓
分         
 │          水
 ↓
总        山水
```

（五）教学课文

第二节

1. 观察图画。我们先看看漓江的水。漓江的水怎么美？

2. 教学"观赏"。刚才我们愉快地看着，享受着大自然的美。（利用学生的真实感受教学词语，生动而真切。）可以用什么词？（欣赏。）还有呢？（观赏。）"观赏"的"赏"就是"欣赏"。我们常常说"欣赏美景""欣赏音乐"，可以是"看"，也可以是听，而"观赏"一定要"看"。这个词中，哪个字包含"看"的意思？（观。）我们就不能说"观赏音乐"。

3. 自学。

4. 指导。小朋友自学课文，一定要学会抓住最主要的。漓江的水怎么美？把主要特点抓住。

（根据学生的回答，板书：静、清、绿。）

5. 为了让学生体会句式的整齐和排比的作用，我设计安排了一系列的训练。

"漓江的水，静、清、绿"。同学们想一想，在静、清、绿之间用什么连接的词儿，就可以组成句子？例句如下。

> 漓江的水既静又清还绿。
>
> 漓江的水不但静而且清还很绿。
>
> 漓江的水又静又清又绿。

指点：其实这一句就是这一小节的概括。这样概括地写一句，能使我们感受到漓江的美吗？如果把"静、清、绿"这三个形容词重叠一下，你感觉怎么样？句子该怎么说？

> 漓江的水静静的。
>
> 漓江的水清清的。
>
> 漓江的水绿绿的。

指点：词语一重叠，程度加深了一些。

我们看着漓江的水不禁赞叹起来。如果使它变成感叹句，句子应该怎样组织排列？例句如下。

> 漓江的水真静啊！
>
> 漓江的水真清啊！
>
> 漓江的水真绿啊！

书上就是用感叹句。这样写，语气是加强了一些，但是漓江的水静得怎么样，清得怎么样，绿得怎么样，我们能感受到吗？课文是怎么写的呢？

（通过一系列语言训练的铺垫，让学生体会课文的语感，体会漓江之美。）

指点：漓江的三个特点，都在感叹句后面补充说明了。补充说明都是用"得"。

读句子。

指导朗读。

"真静……啊"，轻轻地拖长声音，给人静的感觉。

"真清啊"，声音稍稍提高些，但又读得很轻，好像看到江底的沙石。

"真绿啊"，声音响些、饱满些，给人明快的感觉。

齐读。

指点：这样写就具体了，而且给我们美的感觉。

6. 理解"静得让你感觉不到它在流动"。那是一种怎样的意境？

通过描述启发学生想象，并进一步将学生带入情境：漓江畔，有好些小船正等着我们呢。现在，我们一起乘着小船，轻轻地摇荡在漓江上，这就是"荡舟漓江"。我们眯着眼，看着这图画想象一下，漓江的水怎么静？体会一下"静得让你感觉不到它在流动"是什么情景？

一起轻轻地用鼻哼唱《让我们荡起双桨》的曲子，看哪些同学仿佛真的到了漓江。

听着音乐，观察、想象片刻。（音乐、图画加上老师的语言描述，促使学生多种感官兴奋起来，音乐的旋律丰富了学生视觉的感受，老师的语言又支配着学生的想象，从而把学生带入漓江畔的情境中，让学生充分体验漓江的宁静。）

你们还记得表示水流声音的词吗？

（潺潺、淙淙、哗哗、叮咚叮咚。）

轻轻地问：听一听，你们听见了漓江水流动的"哗哗"的声音了吗？（稍停。）听到"叮咚叮咚"的流水声了吗？（稍停。）"潺潺的"呢？"淙淙的"呢？

看一看，你们看见了漓江水在流动吗？

听不到，看不到，好静啊！给人一种宁静的感觉。你只觉得船在向前移。

轻声齐读：漓江的水真静啊！静得让你感觉不到它在游动。

7. 现在我们从船上往下看，仿佛看到了什么？

8. 现在让我们抬起头，放眼望去，漓江的水该多绿啊！（引导看图。）书上打了个什么比方？翡翠，就是绿色的玉石。这块玉石上有斑点吗？从哪个词可以看出？（"无瑕"。指点："瑕"是玉上的斑点。）

9. 老师、学生轮读这三句话。老师读每一分句的前半句，学生读后半句。

10. 读后更觉漓江美，文章也写得美，所以我们爱读。如果还是这些内容，老师把它重新排列一下，效果会怎么样呢？你们体会一下。

（引导学生比较，体会排比句的作用。）

老师读另外组成的句式不整齐的一段话："漓江的水真静啊，静得让你感觉不到它在流动。漓江的水也很清，连江底的沙石也看得见。漓江的水绿得非常可爱，简直像一块无瑕的翡翠。"

我们再一齐把课文上的句子读一读，大家比一比，想一想有什么不同。

这三个分句都是写漓江的美，课文里把这些意思密切关联的句子排成结构相同或者相似的一串句子，加强语势，给人的印象鲜明、深刻。这样的句子就叫排比句。（教给知识。）

齐读。（女生读第一分句，男生读第二分句，男女生齐读第三分句，逐渐加强语气，进一步体会排比句的作用。）

11. 讲分号。

这三个分句是并列的，所以中间是分号，停顿和句号差不多。

12. 指点烘托的手法。

第二节一开始，如果就说"漓江的水真静啊"，不是和第一节联系得很紧密吗？为什么要说"我看见过波澜壮阔的大海，欣赏过水平如镜的西湖，却从没看见过漓江这样的水。"

"波澜壮阔"——是雄伟壮丽的美。

"水平如镜"——是宁静柔和的美。

两者都很美。然后说"从没看见过漓江这样的水"，起什么作用？想一想和中心有什么关系？

（突出桂林的山水甲天下。）

突出了哪一个字？（"甲"。）

指导读。重点在哪儿？（"却从没看见过漓江这样的水。"）

那该怎么读呢？听老师的两种读法。

第一种：老师先用赞美的语调读，突出大海和西湖的美。

第二种：用轻缓的语气读大海和西湖的句子，然后强调"却从没看见过漓江这样的水"。

你们觉得哪一种恰当？（第二种。）

提示层次：先说没有看见过漓江这样的水，再说漓江的水怎么美，写出漓江的水的特点。

齐读第一、二两小节。

板书：

桂林山水　　　　　　　　　甲天下

$$水\begin{cases}静\\清　得\\绿\end{cases}$$

（六）语言训练

出示："我爱长江、西湖和家乡的小河"。谁能把这个句子改成排比句？

第一步（不加附加成分）如：我爱长江，我爱西湖，我更爱家乡的小河。

第二步（加修饰语）如：我爱浩荡的长江，我爱明镜般的西湖，我更爱家乡弯弯曲曲的小河。

（七）学生自学第三节

桂林的山怎么美呢？同学们自己看看图，读读文。

（要求做下列记号：表示疑问的用"＿＿＿＿＿？"，分层次用"‖"，重要词语用"……"，好词佳句用"﹏﹏"。）

（指名一同学到抄好这一段课文的黑板上做记号。）

第二课时

（一）继续上一课的自学

导语：桂林的山不需要攀登，我们坐在漓江的小船上就看到江边一座一座的山，那些山可奇特呢！读了课文后，你们是不是看到那些山？上一节课大家自学了这一段课文，有疑问可以提出来。

1. 提示疑问，释疑。

2. 用简笔画创设情境，在感受桂林山的奇特的形象之中引导学生理解词语。

老师边说边画。

（1）我们来到桂林会看到这样的山，你们说这座山像什么？你猜老人可能在做什么？

（2）在桂林，我们也会看到这样的山，你们看这山有点像什么？骆驼可能在做

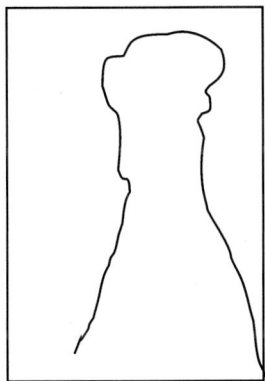

什么？

（3）在桂林，我们还会看到这样的山。你们看，这山像什么？大象站在漓江边想做什么？

（4）（以上三个图形逐一画出，组成一幅画。）

（5）你们看这些山，姿态各不相同，变化很多，可以用什么词来形容？（形态万千）"万千"表示变化很多。

（6）这一座座山形态万千、奇特的山峰分开排列叫什么？（奇峰罗列。）"奇峰罗列"中哪个字眼表示"分开"（"罗"。）

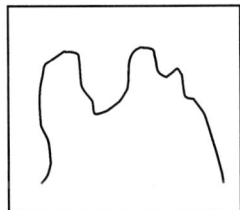

（7）一座座山分开排列，又可以用什么词形容？（各不相连。）一座座山高高地各不相连，好像从地上拔起来，就叫拔地而起。

（8）在桂林也有很高的山，陡峭的山峰非常险峻，书上说"危峰兀立"，这个"危"是什么意思？是"危险"的"危"吗？字典上有三种解释，取哪一种恰切？

（出示小黑板，结合指导学生在查字典中学会根据整个词语的意思，选择恰当的词义。）

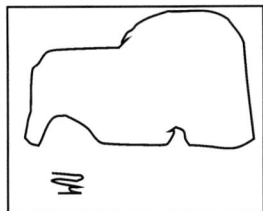

　　危：①不安全；

　　　　②损害；

　　　　③高的、陡的。

（随手画图。）

（9）在这些形态万千的奇峰中，有许多怪石叠在一起就叫"怪石嶙峋"。如果是一两块怪石能叫"嶙峋"吗？一定要怪石重重叠叠才叫"怪石嶙峋"。

（二）自学课文

提出要求。词语的意思懂了，再读课文，要求学生能用上一课学习第二节的方法来自学第三节，然后要学生自己讲书。

1. 桂林的山有什么特点？

2. 桂林的山的特点怎么写？

学生自学，准备讲书，也可与同桌商量。

（三）学生讲书

讲书要点：

①桂林的山用排比句写出，有三个特点：奇、秀、险。

②先说桂林的山"奇"，课文中用一串比喻，"像老人，像巨象，像骆驼"，写出桂林山的奇特。

③再说桂林山的"秀""险"，（指名上来指着图讲）分别说明"像翠绿的屏障""像新生的竹笋""色彩艳丽""倒映水中""危峰兀立""怪石嶙峋"。

④最后，指出课文上用"我攀登过峰峦雄伟的泰山，游览过红叶似火的香山"，烘托出桂林的山甲天下。

指名讲后，启发其他学生纠正补充。

（四）齐读课文第三节

（五）欣赏最后一节

（1）描述：我们游览了漓江的水，又观赏了桂林的山，课文最后一节，写出了我们游览的感受。这一节写得很美，让我们欣赏阅读，说说这一节文字哪儿写得好。

（2）学生自学，学习鉴赏。

讨论。

欣赏要点如下。

①从山—水，从水—山，相互映衬；

②从空中—山间—江上，写得很有层次；

③从云雾迷蒙—绿树开花—竹筏小舟，由静—动，而且写了色彩，更觉得桂林山水的美。

④把桂林山水比成"连绵不断的画卷"，更觉桂林山水美不胜收。

⑤最后引用"舟行碧波上，人在画中游"结束全文，增添了文章的诗情画意，并给读者留下了许多余味。

⑥指名读，齐读。

（六）朗读全文

（七）总结性训练（凭借情境进行语言训练）

①桂林山水如此秀丽，当我们游览结束的时候，如果我们登上桂林市郊的叠彩山，那么，桂林的山山水水就在我们脚下，这时你想说什么？（引导学生抒发情感，

并结合进行语言训练。)

②桂林的山水，就是祖国山河的一部分，你由此又想了到什么？

③"山水"的近义词有哪些？（河山、山河、山川、江山。）可以加上哪些词组成词组？（引导多种组合。）

结合学生的回答板书：

大好	河山	秀丽
	山河	锦绣
	江山	如画
秀丽	山川	多娇

④你能从这些词组中选出一组，用来赞美祖国的锦绣河山吗？为了强调也可用反问句。例句如下。

我爱祖国的大好河山。

祖国的锦绣山河美如画。

江山如此多娇，叫我怎能不爱！

[板书设计]

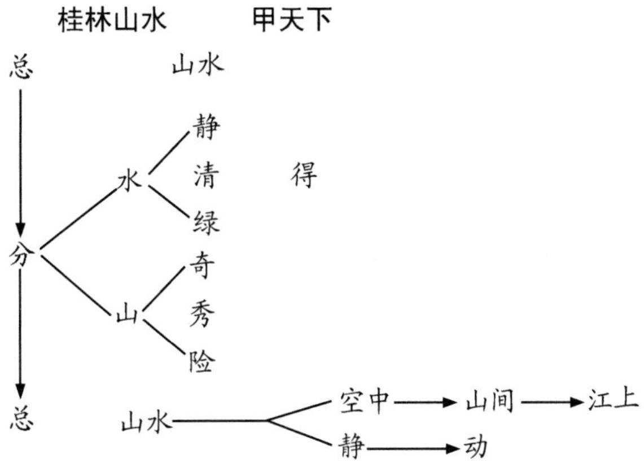

[教后记]

《桂林山水》是一篇写景的抒情散文，也是对学生进行爱国主义教育的好教材。

文章通过对桂林山和水的描写，表现出桂林山水独特的美，不愧对"桂林山水甲天下"的美称。教学本课，重点在于让学生感受桂林山水之美，认识祖国山河的秀丽，由此培养学生热爱祖国的情感。

在具体教学桂林山水的过程中，老师要让学生感受祖国河山之美。在导入新课时，我让学生从家乡美丽的山水说起，并列举自己知道的祖国的名山大川，而后引出《桂林山水》。其目的是让学生认识家乡的山水是美的，这是他们最熟悉的祖国的一角，而桂林山水仅仅是祖国名山大川极小的一部分。这样导入新课就让学生有一个整体感，促使他们在认识的过程中把桂林山水与祖国的锦绣河山连在一起。

课文的结构层次很清楚：第一节总述"桂林山水甲天下"，第二、三节分述桂林的水与山的美，最后又总说山水相互映衬，如同画卷。显然，首尾是全文的概括。

但作者着力描写的是分述部分，即课文的第二、三两节。这两节从全文结构来看是并列的，在叙述顺序以及表现手法上十分相似，都运用了排比和比喻的手法来描述桂林山水的特点。因此，在具体教学过程中，我先引导启发学生学好课文的第二节，然后让学生按照学习第二节的方法去自学第三节。

课文第二节描写了漓江的水，文字优美，用词十分讲究，值得细细品赏。语言的鉴赏能力往往是在比较中逐渐培养起来的。于是，我在设计教学时做了多种不同的比较。

首先边看插图，边读课文，从画面感受漓江的美。然后图文结合，多角度地进行看看、读读、比比、想想。

一比："静、清、绿"概括了漓江的水的特点。如果光说"漓江的水不但静，而且清，还很绿"，别人对漓江的水的美感受还不深。再将"漓江的水很静"与"漓江的水真静啊"两种句式读读、比比，看哪一种语气更强些，让学生体会感叹句比陈述句更加重语气。

再提出设问：光感叹"漓江的水真静啊""漓江的水真清啊""漓江的水真绿啊"，别人能知道漓江的水静得、清得、绿得到什么程度吗？这样通过抽象概括与具体描写的比较，要使读者对漓江有身临其境的感受，必须再做具体描写。

二比：根据并列的三个分句的补充描述部分，让学生看图，配合音乐，体会漓江水静、清、绿的程度，使学生获得丰富的美感，从而再一次朗读课文，从语言文字上体会其美。此时，再出示意思相同，但不是像课文那样采用排比句的另一段话

与课文相比："漓江的水真静啊，静得让你感觉不到它在流动。漓江的水也很清，连江底的沙石也看得见。漓江的水还非常绿，就像一块无瑕的翡翠那样可爱。"

分别将上面的一段话与课文中的一段话读读、比比，学生会明显地感到课文中的一段话写得美。这就使学生认识到，意思相同而表现形式不同，效果是大不一样的，从而引起学生对课文中运用的排比手法的理解和欣赏。此时，老师对排比句的特点略加说明，学生会很容易接受。老师再指导学生朗读，让他们体会语感，进一步感受漓江的美。

三比：第二节开头第一句"我看见过波澜壮阔的大海，欣赏过水平如镜的西湖，却从没看见过漓江这样的水"，如果把这句话删掉，第二节一开头就是"漓江的水真静啊……"不是也可以吗？比一比，哪一种好？好在哪儿？通过比较，让学生体会文章用大海的壮阔，西湖的宁静来烘托漓江的美，从而突出漓江的水"甲天下"。

第三节主要让学生自学，体会桂林峰峦的美。不过，这一节用了一连串的成语和词组来形容桂林山的奇、秀、险，如"拔地而起""各不相连""奇峰罗列""形态万千""危峰兀立""怪石嶙峋"等。这些词语对学生来说较为陌生，又集中出现，所以有一定的难度。而这些词语都是用来形容山峰的，我便以简笔画从旁帮助学生学习，让学生从感受词的形象来理解词义。从这些简单的图中，学生即可理解一座座山好像从地上拔起，高高地耸立着为"拔地而起"；这座山与那座山分开为"各不相连"；山峰的样子变化很多，可用"形态万千"形容；奇特的山峰分开排列为"奇峰罗列"。然后，我再画一座高而陡的山峰和重重叠叠的怪石，"危峰兀立"和"怪石嶙峋"也无须多加讲解，学生即可明白。

为了丰富学生的语言，帮助学生积累，我又围绕课文主题，对学生做相应的语言训练。

①"山水"和哪些词意思相近？（山河、河山、江山、山川。）

②这些词可以与哪些词搭配？（山河秀丽、锦绣河山、大好河山、江山如画、江山多娇。）

③从以上词组中任选一个，用陈述句、感叹句或反问句说一句话。（我爱祖国的锦绣河山。祖国的大好河山多么秀丽啊！江山如此多娇，叫我怎能不爱呢？）

八、长　征

（五年级诗歌教学）

[教学要求]

1. 通过本诗的学习，体会红军长征途中越过千难万险的情景，学习红军战士藐视困难、战胜困难的革命精神。

2. 理解诗中"等闲、逶迤、磅礴、腾细浪、走泥丸、暖、寒、更、喜、尽、开颜"等主要词语的含义，体会诗中运用的夸张手法的作用。

3. 背诵全诗，并能讲出大意。

[课前准备]

红军长征路线图，《长征》歌曲录音。

[课时安排]

一课时。

导语，范读，试读，教学全诗、结合进行朗读指导，总结。

[教学过程]

（一）简介诗歌创作的年代和背景，范读全诗

同学们学过许多红军长征的故事，这一课我们就来学习一首长征诗。（板书课题。）你们知道这首诗是谁写的？

当年毛泽东主席亲自率领红军进行长征，1935 年 10 月，红军长征已经胜利在望。毛主席回顾长征走过的路程，心潮澎湃，激动地写下了这首壮丽的诗篇，而且还亲自给红军战士朗读了这首诗。

现在，李老师把这首诗朗读给你们听。

范读课文，老师背诵全诗。

毛主席写这首诗热情地赞颂了红军战士藐视困难、敢于战胜困难的大无畏精神。

（二）初读，介绍时代背景，结合教学一、二两句

试读

1. 因为这是一首律诗，学起来有一定的困难，我们自己先试试把它读正确。

2. 指名四人轮读、试读课文。

3. 诗中涉及好多山名水名，你们能搞清楚吗？

山名：五岭、乌蒙、岷山。

水名：金沙江、大渡河。

4. 讲述（介绍时代背景）：中国工农红军为北上抗日，粉碎国民党反动派的围剿，保存自己的实力，于1934年10月从江西瑞金出发，一路跋山涉水（指图），翻过五岭，突破乌江天险，四渡赤水，翻过气势磅礴的乌蒙山，接着又巧渡金沙江，强渡大渡河，飞夺泸定桥，然后爬雪山，过草地，最后越过岷山，于1935年10月到达陕北。在这短短的一年时间里，红军战士开动每人的双脚，长驱二万余里，纵横十一个省，完成了举世无双的二万五千里长征。

教学第一、二两句。

1. 红军长征翻过一座座山，又涉过一条条水，表示山水很多，用什么词？"万水千山"还可以怎么说？

（出示：万水千山、千山万水。）

2. 红军长征除了万水千山的障碍，天上每天有几十架敌机侦察轰炸，地上有几十万敌军围追堵截，遇到了许许多多艰难险阻。表示艰难险阻很多，还可以用什么词？要战胜这千难万险，红军该吃多少辛苦，又可以用什么词？

（出示：千难万险、千辛万苦。）

小结：要越过这万水千山、千山万水，红军历尽千难万险。（有意识地运用以上出现的词语。）

3. 这说明，要进行历史上从来没有过的长征怎么用一个字概括？（板书：难。）

4. 但红军用自己的双腿走过来了，你们说远征难，红军怕不怕？响亮地回答。诗中毛主席用一个词进一步写出了红军战士不怕难，把万水千山看得很平，是哪个词？（板书：等闲。）

5. 这里说万水千山只等闲，加了"只"，表示什么？

6. 指导朗读：

红军不怕远征难，

万水千山只等闲。

（豪迈、等闲，有蔑视的意味。）

指点：这首诗要赞颂的是红军不怕远征难，万水千山只等闲的英雄气概，这两句是全诗的总领句，再读一遍。

现在，诗歌的时代背景懂了，全诗主要的内容懂了，我们抓住这两句的意思，再继续自学，想想每个词句的意思，有不懂的做上记号后提问。

进一步自学，提出疑难。

学生提出疑难。

（三）带入情境，读讲3～8句

（用音乐渲染情境，让学生通过《长征》这首歌曲的节奏——这音乐的语言，感受红军长征的豪迈气势。）

1. 指点：要解决这些疑难，先要体会诗歌的整个意境。现在请你们听用这首诗谱成的歌曲。听着歌曲的旋律来体会红军怎么不怕远征难的英雄气概。

2. 播放歌曲《长征》。

3. 描述：听着这首激动人心的歌，好像我们也看到了红军大队人马越过万水千山的场景，那五岭山谷、乌蒙峰峦留下了多少红军战士的足迹，金沙江畔仿佛回荡着红军胜利的欢呼声，大渡河上好像还闪动着红军战士攀着铁索桥奋勇前进的身影，千里岷山好像还映着红军战士的张张笑脸……

啊，这万水千山，千山万水，诗人怎能一一写下。在这里，毛主席选取了两座山、两条水为代表。

4. 诗人一直追溯到长征开始，那逶迤的五岭仿佛又在眼前。你们看粉笔示意图。

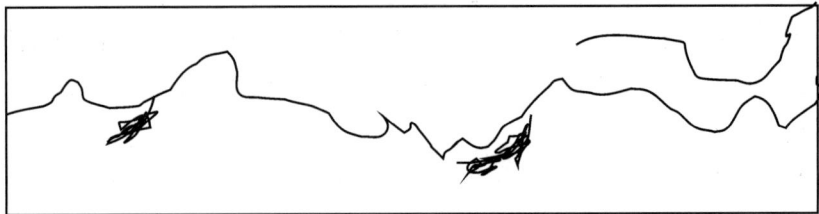

　　五岭是五个山岭的合称，它绵延江西、湖南、广东、广西、贵州五省，山势起伏、蜿蜒，长达数千里。现在你能说吗？"五岭＿＿＿＿＿＿。"

　　例句："五岭逶迤""五岭连绵不断"。

　　释"逶迤"，山势弯弯曲曲，连绵不断就叫"逶迤"。用"逶迤"也可形容河流、道路连绵不断。

　　5. 红军大队人马翻过五岭又来到乌蒙山下，乌蒙山海拔 2300 多米，有我们二十几个狼山那么高。（见粉笔示意画。）那你能说乌蒙＿＿＿＿＿＿＿＿＿。

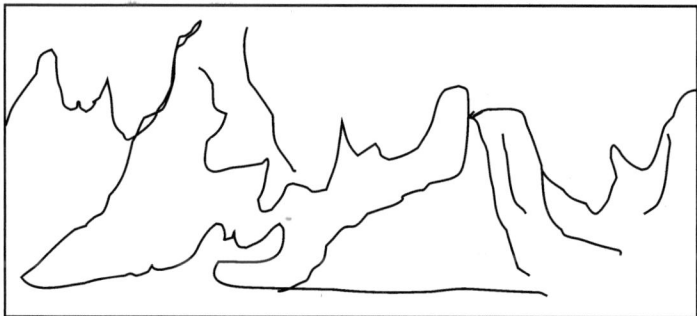

　　6. 指点：这一对句子都是写山。

　　　　五岭写山岭之长，

　　　　乌蒙写山巅之高。

　　这里用"逶迤""磅礴"写出红军要翻过这样的高山峻岭会怎么样？（难。）

　　7. 但是，我们红军战士不怕，跟随着红旗翻过了五岭，又越过了乌蒙，征服了一座座大山。在红军的眼里，这山是大还是小？从哪里可以看出来？（"腾细浪""走泥丸"。）

　　8. "腾"是什么意思？"走"呢？

　　9. 学到这儿，这两句的意思懂吗？李老师给你一个词"像"，用自己的话说说这两句诗的意思。

　　　　（例句①：逶迤的五岭山在红军的眼里像跳动的细浪。）

　　　　（例句②：磅礴的乌蒙山在红军的脚下像滚动的泥丸。）

　　　　指点：在这里，毛主席生动地运用了夸张的方法，进一步写出红军不怕远征难，高山峻岭只等闲的英雄气概。

10. 指导朗读：

五岭逶迤腾细浪，

乌蒙磅礴走泥丸。

11. 过渡：山，红军不怕；水呢，红军也不怕。红军涉过许多江河，在这里毛主席也选了两条。

12. 毛主席想到"金沙水拍云崖暖"的情景。"云崖"懂吗？就是高耸云端的山崖，形容山崖之高。刚才有同学问，为什么金沙水拍云崖"暖"呢？请你们听一段录音。

13. 播放录音。

1935 年 5 月，红军主力在毛主席的率领下，浩浩荡荡地向云南进发。快要到达金沙江畔的时候，太阳已经落山，远远望去，乌黑乌黑的一长列大山横在眼前，金沙江两岸都是悬崖峭壁，滚滚江水飞溅起层层浪花，撞击着两岸的云崖，发出轰轰的巨响。正是：

金沙江水浪滔滔，

两岸峭壁插云霄，

巨浪翻滚几丈高，

船行水上一叶漂。

敌人为了阻挠红军北上，又封锁各处河口，而且抢去了江面所有的渡船。

穿插设问：你们说，面对汹涌的江水、狡猾的敌人，红军要渡金沙江该怎么办？红军是怎么巧渡金沙江的呢？

请你们继续听：

红军战士按照灵活机动的战略战术，采取声东击西的办法，扰乱敌人的视线，同时又顺利地俘获了敌人侦察用的两只船。结果，我军不费一枪一弹，捉到俘虏 60 多个，巧妙地夺取了金沙江的主要渡口。很快，红军所有大队人马，全部胜利渡过金沙江，跳出了几十万敌人的包围圈，取得了具有历史意义的伟大胜利。

14. 刚才你们听到战斗的结果，心里怎么样？这时你仿佛听到了什么？看到了什么？

15. 学到这里，你们有没有想到"金沙水拍云崖暖"是什么意思？

云崖暖──→心里暖（读。）

16. 长征途中，红军和敌人的斗争有智取，也有恶战。金沙江是智取，大渡河则是一场恶战。

17. 大渡河是天险，敌人满以为能阻挡红军的脚步，但是天险也被红军逾越了。那毛主席为什么又说"大渡桥横铁索寒"？谁能有条理地说说。

导语：红军来到大渡河上，眼前横着一座铁索桥。桥上＿＿＿＿＿＿桥下＿＿＿＿＿＿＿＿桥头＿＿＿＿＿＿红军＿＿＿＿＿＿。

指点：天险逾越了，但现在回想起那场面，还叫人胆战心惊。

"暖"，写出了巧渡成功的愉快。

"寒"，写出了强渡的惊心动魄，又进一步突出了"难"。

朗读。

金沙水拍云崖暖（轻快）。

大渡桥横铁索寒（加重语气）。

男女生轮读，再齐读第三、四、五、六句。

提示：律诗当中，四句是一对一对的，非常整齐。

指名读。

小结：红军山不怕，水也不怕，真是万水千山只等闲。

读讲第七、八句。

过渡：因为红军不怕远征难，才能取得远征的胜利。第七、八句自己学，你们觉得哪些字眼含义很深，不能放过？找到了还要细细推敲、琢磨？自己问自己。

（如"喜"为什么要喜？为什么"尽开颜"？）

指名读。

齐读。

小结：全诗先写红军不怕远征难，万水千山只等闲，然后写越山，不怕山；再写涉过水，不怕水，最后长征全面胜利，全军欣喜若狂。

朗读全诗。

指名读。

（四）总结全诗

最后，让我们用毛主席的一段话结束我们这一堂课。

（出示小黑板，先默读一遍，再轮读。）

师：请问历史上曾有过我们这样的长征吗？

生：没有，从来没有的。

男：长征是宣言书。它向全世界宣告，红军是英雄好汉，帝国主义者和他们的走狗则是完全无用的，长征宣告了帝国主义和他们的走狗的围追堵截的破产。

女：长征又是宣传队。它向十一省内大约两万万人民宣布，只有红军的道路，才是解放他们的道路。

女：长征又是播种机，它散布了许多种子，在十一个省内发芽、长叶、开花、结果。将来是会有收获的。

齐：总而言之，长征是以我们胜利、敌人失败而告结束的。

师：谁使长征胜利的呢？

齐：是共产党。中国共产党，它的领导机关、它的干部、它的党员，他们是不怕任何艰难困苦的。

结束：今天我们学习了毛主席的《长征》诗，感受到红军战士在二万五千里长征途中，不畏艰难险阻，坚持到最后的胜利的英雄气概。从这首壮丽的诗篇中，我们汲取了怎样的力量？大家课后进一步体会。

［**板书设计**］

长　征

（七律）

毛泽东

万水千山			逶迤　细浪	
千山万水	难 → 等闲		磅礴　泥丸	喜
千难万险			金沙　暖	
千辛万苦			大渡　寒	

［**教后记**］

1934年10月，毛泽东同志亲自率领红军进行二万五千里长征。当长征胜利在

望的时刻，毛泽东同志回顾红军走过的艰难曲折的路程，心潮澎湃，用中国旧体诗——律诗的形式，写下了这首壮丽的诗篇。它形象地描绘了红军战士不屈不挠、勇往直前的英雄气概，歌颂了红军战士大无畏的革命乐观主义精神。

诗歌一开头，以"红军不怕远征难，万水千山只等闲"点明全诗的主题。"远征难"三字概括了红军在长征途中遇到的千难万险。"不怕"和"只等闲"有力地表现了红军藐视困难的英雄气概。

第三、四行写了五岭绵延千里，但诗人却把它比作翻腾的细浪；乌蒙山气势雄伟，但诗人却把它比作滚动的泥丸，从而烘托出红军战士形象的高大，生动地体现了红军战士气吞山河的豪迈气魄。

第五、六行形象地概括了红军战士在抢渡金沙江和飞夺泸定桥的两次战斗中的伟大胜利。"水拍云崖"描写了自然环境的险恶以及敌军围追堵截的严峻形势，但红军以机动灵活的战略战术，奇袭敌人，结果全部渡过金沙江。一个"暖"字，充分流露了红军战士巧渡金沙江后的喜悦心情。"桥横铁索"，则更形象地写出了红军飞越天险大渡河的种种障碍，一个"寒"字，不仅写出了铁索之寒，更把红军攻占泸定桥时的紧张激烈的战斗场面，凝聚其中，并与上句的"暖"相照应。

第七、八行写红军在长征途中的最后的战斗历程和胜利在望的喜悦之情。以"尽开颜""更喜""千里雪"，写出全军个个笑逐颜开，与前面第一、二行的"不怕"和"只等闲"呼应。红军战士充满革命乐观主义精神的英雄形象跃然纸上。

由于诗歌描写的题材离学生生活甚远，且每行诗容量很大，学习本课对小学生来说，有一定难度。老师必须把突破难点与突出重点结合起来，组织教学过程。

诗歌的主体部分显然是第三至第六行。

我先让学生通过自学找出诗中涉及的山名水名的词：五岭、乌蒙、金沙（江）、大渡（河）、岷山，然后揭示简笔长征山水图，结合介绍长征的时代背景。

为了突出红军战士的革命乐观主义精神，我讲读全诗时，紧接时代背景的介绍，突出一个"难"字。抓住"逶迤""磅礴"，让学生体会翻过"五岭"，越过"乌蒙"之难；抓住"水拍云崖""桥横铁索"，让学生体会渡过金沙江和大渡河之险。而如此千难万险，红军战士却等闲视之，抓住"走泥丸""腾细浪"，让学生体会红军战士的"不怕""只等闲"。总之，突出"难"，是为了烘托、渲染红军战士的"不怕"。

教学诗歌，不仅要把握全诗的主题和每行诗的内容，还必须使诗人抒发的情感能感染学生，引起学生情感上的共鸣。为此，我便注意再现形象渲染气氛的手段。

第一，我播放音乐（《红军不怕远征难》），并做生动描述，渲染气氛。

> 听着这首激动人心的歌，好像我们也看到了红军大队人马越过万水千山的情景。那五岭山谷、乌蒙峰峦，仿佛还飘动着红军的军旗；金沙江畔仿佛回荡着红军胜利的欢笑；大渡河上好像还闪动着红军战士攀着铁索在炮火中前进的身影；千里岷山好像还映着红军战士的张张笑脸……
>
> 啊，这万水千山，千山万水，诗人怎能一一写下。在这里，作者选取了两座山、两条水为代表。

第二，我做简笔画示意，结合描述，强化学生的感知。

"五岭"指越城岭、都庞岭、萌渚岭、骑田岭和大庾岭，在湖南、江西南部和广西、广东北部交界处。五岭山势起伏，蜿蜒长达数千里，那弯弯曲曲、连绵不断的样子，用"逶迤"来形容。

红军翻过五岭来到乌蒙山下。乌蒙山海拔2300多米，气势很雄伟，用"磅礴"来形容。

随即，我启发学生思考：这连绵数千里的五岭，海拔两千多米的乌蒙山在红军的脚下是大，还是小？从哪儿可以看出？学生回答后，我便加以指点：作者在这里生动地运用了夸张的手法，进一步表现了"红军不怕远征难，万水千山只等闲"的精神。

第三，我适当补充材料，丰富教学内容。第五、六两行的一"寒"一"暖"，都有丰富的内涵。此时，我补充相关的材料，放一段录音，内容如前。

学生听着录音，像听故事似的，非常感兴趣。这远比老师的讲解生动多了、真切多了。听完录音，我启发学生思考：金沙江水分明是冷的，为什么作者却说水拍云崖"暖"呢？引导学生体会作者回忆此情此景，甚觉欣喜，一个"暖"字表达出巧渡金沙江的胜利喜悦。

大渡河是天险，桥下水流湍急，老师可引导学生回忆电影镜头，展开想象，并按"桥上＿＿＿＿＿桥下＿＿＿＿＿桥头＿＿＿＿＿红军＿＿＿＿＿"的顺序说说红军是怎样历尽千难万险，渡过了大渡河的。

然后，我加以小结性的指点：一个"暖"字写出了巧渡成功的愉快；一个"寒"

字写出了强渡的惊心动魄，以进一步突出"远征难"。

诗歌教学重在朗读，通过朗读能加深理解、体会情感。《长征》是一首史诗，朗读基调应该是雄壮、豪迈，节奏、停顿可作如下处理。

> 红军/不怕/远征难，
> 万水千山/只等闲。
> 五岭/逶迤/腾细浪，
> 乌蒙/磅礴/走/泥丸。
> 金沙水拍/云崖暖，
> 大渡桥横/铁索寒。
> 更喜/岷山/千里雪，
> 三军/过后/尽开颜。

全诗教学结束，学生要能说出诗的大意。

教学本课让我感到：教学与学生生活距离较远的诗文，需简介时代背景，适当补充内容。对于诗歌，则重在形象的再现，通过激起学生的情感，让学生在体会全篇思想感情的基础上，突出重点、突破难点。

九、卖火柴的小女孩

（五年级童话教学）

[**教学要求**]

1. 通过卖火柴的小女孩现实生活和幻想的对比，引导学生认识人剥削人的社会的冷酷，体会社会主义社会的温暖、幸福。

2. 初步认识童话的特点，区别课文中的现实和幻想。

3. 能有感情地朗读课文，能给课文分段，并能简要复述课文。

4. 掌握"哆哆嗦嗦、精致、蹒跚、简直、奇异"等词语，会用"因为……""虽然……但是……"造句。

课前准备：放大的课文插图。

［课时安排］

三课时。

第一课时：导入，自学课文、分段，范读课文，教学课文第一段。

第二课时：教学第二段1～4节。

第三课时：教学第二段5～6节和第三段，总结全文。

［教学过程］

第一课时

（一）导入

《卖火柴的小女孩》这个故事，你们都听说过吗？这是一篇非常著名的童话，你们知道这篇童话是谁写的吗？（世界著名的丹麦儿童文学作家安徒生。）

介绍安徒生。（资料附后。）

这篇童话非常感人，你们自己先读读，看能不能读懂。

（二）自学课文

1. 我们读一篇文章，先要注意一下什么？（注意题目；提示"卖"的写法。）看了题目你怎么想？

2. 接着，我们要读全文了，在读全文的时候，要注意什么？（先写的什么，再写的什么。）

3. 弄清了文章先写的什么，接着写的什么，最后写什么，文章的大意就清楚了，分段就方便了，现在你们试着先分段。

4. 分段、编写段意。

第一段：除夕夜小女孩因为没有卖掉火柴，不敢回家。

第二段：小女孩坐在墙角里，擦燃火柴取暖，展开美妙的幻想，更显现实的冷酷。

第三段：小女孩在除夕夜冻死路旁。

（三）范读课文

（老师范读后引导学生谈感受，以激起学生的情绪。）

（四）教学课文

第一段

1. 这是一个童话故事，一开始，我们要弄清故事发生的是什么。

时间——大年夜，一个下着雪的又黑又冷的晚上。

地点——街上。

人物——赤着脚的卖火柴的小女孩。

2. 你们自己读读想想，这一段中哪一句最能概括全段的意思，又打动了我们的心？（可怜的小女孩！）

3. 出示图画（或引导学生想象画面）：一个卖火柴的小女孩赤着脚在寒风中行走。

描述：这幅图把我们带到遥远而古老的丹麦——安徒生的故乡。你们看，远处的高楼灯光通明，人们都在自己温暖的家里欢度圣诞节，然而这个可怜的小女孩，她怎样呢？（动情的描述，渲染了悲凉的氛围，引起学生对卖火柴的小女孩的同情与关注。）

① "可怜的小女孩"，后面是一个感叹号，这里寄托了作者对小女孩的无限同情。现在我们看图，读读课文，说说小女孩怎么可怜。也可以用这一句话来结束你的这一段话。

②思考、准备。

③描述。

提示：为了突出小女孩的可怜，还应该描述背景。根据课文描写的内容，天冷、大年夜、又黑又冷，你们想，怎样用背景来衬托小女孩的孤苦？

继续描述：① "天冷极了"与"天冷""天很冷""天非常冷"比较。②突出"除夕夜"。"这是一年最后的一天——大年夜""因为这是大年夜——她可忘不了这个"。课文一开始就点明了这个特定的时间。第一个破折号表示什么？（表示注释说明。）后面又强调。这第二个破折号呢？（表示进一步说明。）这里两次写"大年夜"，因为这是人们一年一度团聚的时刻。同学们，你们大年夜是怎么度过的？你们喜欢过吗？"卖火柴的小女孩"她是人，而且是孩子，她当然也不例外地希望在这除夕夜里和家里的人快乐地团聚在一起。所以，"她忘不了这个，她可忘不了这个"。加上"可"，更加强调了忘不了。

4. 结合朗读第一、二两句和第三节。

5. 同学们，从课文的描写中我们不难看出，小女孩家里一定怎样？用一个字形容。（穷。）而且是很穷，穷到什么程度呢？谁能根据课文内容说一说。提示句式：用"连……也……"说一句话。

朗读全段。

小结：除夕夜，小女孩因为没有卖掉火柴，不能回家。

第二课时

（一）描述导入

上一课我们学了课文的第一段，除夕之夜，天冷极了，小女孩又冷又饿又累，她孤零零地在雪地里走着，最后就坐在了墙角里。这样冷的天，坐在雪地里，那该多冷啊！

于是，她擦着火柴来取暖，借着微弱的火柴的光亮，她展开了美妙的幻想。

（二）自学课文

1. 现在我们看，前后一共几次擦着了火柴。

2. 看第二段又可以分成几个层次。

指点：这是一篇童话。童话总是充满了幻想，没有幻想就没有童话。我们在学习童话的时候，应该学会区分哪是写实，哪是幻想。现在，我们就一层一层地来学，先学第一次擦火柴，哪是写实的，哪是幻想的，自学分层次。

3. 学习第一层。

指名读第一层。

（1）通过指导来理解句子。

①天冷极了，"她的一双小手几乎冻僵了"。

"冻僵"可以看出她冷的程度，要突出。练习读"她的一双小手几乎冻僵了"。

②这时她心里产生了什么愿望？

渲染："她多么需要温暖啊"，于是她想，"啊，哪怕一根小小的火柴，对她也是有好处的！"非常肯定，可见她冷的程度。因此，这句中的"小小的""有好处的"要强调。下面，她接着想："她敢从成把的……吗？"这一句是什么意思？（意思是"她敢吗？"为什么提出这个问题？因为这是卖钱的，小女孩是以卖火柴为生的。）

（2）指导朗读。

从"她敢吗"到"她终于抽出一根"，这又说明了什么？（她太冷了，也顾不得了。）朗读时这两句话后面停顿要长些，表示有一个思想斗争的过程。

下面，火柴燃起来了。要读得欢快些。因为在这一瞬间，小女孩忘掉了眼前的饥饿和寒冷的痛苦。"简直"要强调。再指名读，看好后面的标点。

（3）出示图画，再现情境：小女孩坐在墙角擦亮了火柴。

（4）借着这明亮的火焰，你们看着图想想，小女孩觉得怎么样？

女生轮读。

（5）读到这里，我仿佛听见了小女孩的声音，你们听到了吗？你们好像听到她在说什么？（她自言自语地说："好暖和呀！""多好的火炉啊！"）

（6）现在，你们想想为什么说是一道"奇异"的火光？（因为这一道火焰，使她仿佛看见闪亮的火炉，而且自己正坐在火炉旁边。）"奇异"就是不同一般的。

（7）在幻想中是这样的温暖、舒服，然而当火柴灭了以后，又是怎样的情景呢？（不要求回答。）你们想，表示还是和原来一样，可以用上哪些词？（仍然、仍旧、依旧、依然、还是。）你能不能选其中的一个说说，小女孩还是那样冷。最后能从几个方面说，火柴灭了，"依然是……耳边依然是……她身上依然是……"（提供句式，引导学生运用排比来强调小女孩的冷。）

若更进一层，最后还可以怎样补充说明？"不，她觉得比先前更冷了"。

（8）朗读全节。

第一层女生轻声朗读，第二层指名女生读，第三层男女轻声齐读。

指点：幻想中这样温暖，现实中却是这样寒冷，通过幻想更衬托出小女孩的冷。

4. 教学第二层。

（1）她又擦了一根火柴，这次她幻想了什么？请小朋友自学。

（2）思考问题：在小女孩的幻想中，那烤鹅的肚子里，为什么要填满苹果和橘子？烤鹅又为什么从盘子里跳下来，背上插着刀和叉，蹒跚地一直向她走来？（饿得厉害，马上就可以吃。）

（3）但火灭了，只有什么？从"这一堵又厚又冷的墙"，卖火柴的小女孩感到了什么？（更饿；忍不住叫起来；烤鹅呢？我饿呀！）

（4）（例句：墙那边一定是富人家，屋里面烧着火炉，暖和和的，他们正围着桌子共进晚餐，桌上是丰盛的菜肴，一定有喷香的烤鹅。几个孩子正在圣诞树下笑着、跳着。贫富是多么不同，如同隔着一堵又冷又厚的墙，墙里墙外两个世界。)

（5）有表情地朗读课文。

5. 教学第三层。

（1）当她第三次擦燃火柴时，她看到了什么？

释：圣诞树，你们知道吗？我们中国过春节，西方许多国家过圣诞节。他们的"大年三十夜"就是圣诞节的前一天晚上。过圣诞节，有钱的人家架起漂亮的圣诞树，圣诞树上点着许多蜡烛，挂着玩具画片，有时还会有人扮圣诞老人，送给孩子们许多礼物。在圣诞树下，孩子们感到快活极了。而像卖火柴的小女孩这样穷的人家是不会有这漂亮的圣诞树的。所以，她只能在想象里看到，不能直接看到，只能透过玻璃门远远地看着。

（2）课文上先说"她坐在圣诞树下"，后来说她"向画片伸出手去"，从"坐着"到"伸出手"，这里有哪些动作，课文没有写出来，你能想象到吗？在说的过程中，最好能用上"翠绿的""明晃晃的""在向她眨眼"。

（3）想象性片段描述。

（4）而当火柴灭了以后，她想的又是什么呢？（"有一个什么人快要死了"。）

（5）播放音乐，描述：烛光成了星光，离她太远了，因为，她不可能坐在圣诞树下的。悲凉的心境使她从落下的星星想到的是"有一个什么人快死了——是病死，冻死，或是饿死，充满了忧伤"。

（6）"因为她那唯一疼她的奶奶活着的时候告诉她的"，说说句子中最能表现奶奶爱她的字眼是什么？（唯一、疼她、活着的时候。）这一句描写，从侧面告诉我们几层意思：①奶奶是这个世界上唯一疼她的人。也就是除了奶奶外，没有别的人疼她了。②而这唯一疼她的人又死了，她就更孤苦伶仃，没有一点爱。眼下，她身体觉得"冷"，没有一点温暖。她的生活中，心里也是"冷"的，没有一点温暖。

（7）想想，这句话是怎么说的？

"有一个什么人快要死了。"

小女孩〔　　　〕说。

指名读。三个学生一人读一段。

小结：小女孩一次又一次划着了火柴，在亮光中，小女孩幻想着暖和的火炉、喷香的烤鹅、美丽的圣诞树。

第三课时

（一）导入

上一节课我们学到，卖火柴的小女孩三次擦燃了火柴，展开了美妙的幻想，但每一次幻想都随着火柴的熄灭而破灭。

（出示图画：在原先已经出示的卖火柴的小女孩坐在墙角擦燃火柴的光圈上方添上了一个幻想的画面：奶奶微笑着搂着小女孩。）

（二）教学课文第二段第四部分

1. 播放音乐，描述：现在夜已经深了，天还在下着雪，风是这样的冷。小女孩还坐在墙角里，她冷得更厉害了。她在墙上又擦了一根火柴。这一回，火柴把周围全照亮了，她仿佛看到了谁？

2. 在亮光里，她看到了奶奶，叫了起来。她看到奶奶为什么叫起来？她对奶奶说什么？

3. 指名读。

4. 奶奶是唯一疼她的亲人，所以，一看到奶奶她就"情不自禁"。（像小女孩那样喊"奶奶"。）在提示语后面的两句话，哪一句是主要的？"急切地"祈求奶奶把她带走，因为在这儿她再也活不下去了。

现在，假如你们就是小女孩，当那么温和、那么慈祥的奶奶出现在你的眼前时，你是怎样地情不自禁地叫起来？又是怎样急切地祈求奶奶把你带走？（通过担当角色，把学生带入课文描写的情境。）

看图齐读。

（三）教学第二段第五部分

1. 为了把奶奶留住，她赶紧又擦火柴，这回不是一根，而是一整把，这是她最后一次擦火柴了。当这次火柴擦亮，她仿佛觉得怎么样？请你读第五部分。

2. 自学，做记号。

（1）提出疑问。

（2）分层次。（第一层：写小女孩擦着了火柴；第二层：小女孩在幻想中和奶奶飞走了。)

（3）在小女孩的幻想中，奶奶怎么疼她？把主要的动词画下来。（"抱起来""搂在怀中""飞走了"。）

3. 再想一想，这一节最主要的句子是哪一句？（"飞到没有寒冷，没有饥饿，也没有痛苦的地方去了。"）

4. 奶奶怎么疼她，又怎么飞走？请看图。

（播放音乐，渲染悲凉的气氛，出示幻想画面。）

5. 现在请你们抓住这几个动词，看着图想象一下，奶奶见到小孙女会怎么疼她？先怎样，后怎样，小女孩又会对奶奶诉说什么？

看图、想象、描述。

6. 她俩飞到哪儿去，飞到"那没有寒冷，没有饥饿，也没有痛苦的地方去了"。这是这一节主要的句子，为什么这是主要的？（概括前面的内容，这是小女孩强烈追求的境界。）

（1）比较读：①飞到那没有寒冷、没有饥饿，也没有痛苦的地方去。

②飞到那没有寒冷、饥饿、痛苦的地方去。

为什么要先用"三个没有"来强调？

（2）练：我们可以从全篇来看。

小女孩为什么幻想着自己坐在温暖的火炉旁？

为什么幻想着喷香的烤鹅正向她走来？

这是为什么？回答时，注意用上"因为"。

（3）这说明，之所以用"没有……没有……也没有……"强调，是因为她生活在极度的寒冷、饥饿和痛苦之中。如果她的生活像我们这样温暖、这样幸福，她会不会产生这样强烈的幻想呢？

轻声齐读这部分内容。

7. 指点：结合朗读指导，尽管安徒生爷爷用"没有……没有……也没有……"来表达女孩临死前的美好幻想，但她真的能和奶奶飞到那儿去吗？在19世纪，这样的地方，世界上有吗？在人间，穷人和穷人的孩子，活着就生活在寒冷、饥饿、痛苦之中；只有死了，才没有寒冷，没有饥饿，没有痛苦。因此，小女孩飞向那里，实际上是向死亡走去。朗读时既要把小女孩对美好生活的渴求表达出来，又要读出

这只不过是美好的幻想，把这种凄凉和悲惨读出来。

上面的"在光明和快乐中飞走了"用快乐的语气读，行吗？这虽然是小女孩的幻想，但实际上这光明是什么？快乐又是什么？

指点：光明只不过是那火柴头上燃起的一点微弱光亮，周围依然是一片黑暗。快乐只是和已经死去的唯一的奶奶抱在一起，这又是多么地可怜、可悲。所以，不能用欢快的语调读。应该怎么读？你们思量思量，再试试。

朗读示范。

速度要慢，因"光明"实际上是黑暗，"快乐"实际上是痛苦。

那"没有寒冷，没有饥饿，也没有痛苦"意味着走向死亡。理解文章的思想感情，读起来就知道该用怎样的语气。

齐读。

女生齐读。

现在你们懂了吗？三次幻想写得这样美妙，是为了什么？

特点：越是幻想美妙，越感到现实的悲惨。

段意：美妙的幻想，悲惨的现实。

（四）教学课文第三段

1. 导入：事实正是如此，小女孩冻死了，现在我们看第三段。

2. 自己轻轻地读读、想想，那是一幅怎样凄惨的画面。

（自学、想象。）

3. "她死了，在旧年的大年夜冻死了"，这一句为什么要重复？想一想，在旧年的大年夜当富人或富人的孩子在做什么的时候，她冻死了？

谁能说一句话，她死了"在旧年的大年夜，当富人……的时候，……冻死了……"，强调社会的不公平。

4. 释疑：她"为什么带着微笑"，而小扬科却是"睁着眼睛，眼珠不再动了"。

我们可以回忆一下小音乐家扬科被地主管家活活打死，他是含着满腔的仇恨冤屈而死的。而小女孩带着对美好生活的幻想和追求，一直到死。写小女孩含笑而死，这表现了安徒生对小女孩深切的同情和爱。小女孩死得太惨，她活着不能得到的，而又是她追求的，她应该得到的快乐、幸福，让她在生命的最后一刻，在幻想中享受一下吧。这样一写，让人更感到现实的冷酷，我们读起来更感到小女孩的遭遇太凄惨了。

但是，当时人们并不理解她。"她想给自己暖和一下……"，他们只知道她穷，她苦，她冻死了。今天我们理解了，想得很多也很深，很好。

5. 有感情地朗读课文。

（五）总结全文

1. 学到这里，我们明白了，这个童话写的是什么事，请用题目做主语，把句子补充完整，可以加上时间、环境。

_____，_____，卖火柴的小女孩_____。

2. 现在我们看一下全文。

因为是冻死，课文中写"冷"写得很多，请你从课文中找一找含有"冷"的词语或句子。大家一起找。

板书：

天冷极了

天又黑又冷

小女孩又饿又冷

更冷了

家里和街上一样的冷

一堵又厚又冷的

请用"冷"组词，然后组成词组，说说小女孩所处的环境。我们可以从天气说起，先说自然后说社会。

寒冷的天气

冰冷的雪地

尖冷的寒风

冷漠的社会

冷酷的世界

指点，深化主题：天气寒冷，雪地冰冷，寒风尖冷，但更冷的是这个冷漠的世界，是这个冷酷的社会。

3. 现在想一想，这个故事告诉我们什么呢？接在上面说的"卖火柴的小女孩"的句子后面，再加一句来揭示这个故事的中心，会吗？（揭露了人剥削人的社会的黑

暗和冷酷。)

从小女孩在旧年的大年夜冻死的悲惨遭遇，我自然地想到我国唐代诗人的两句诗。

提示小黑板：

> "朱门酒肉臭，
> 路有冻死骨。"

释：朱门：指做官的有钱的人家。下面的意思懂吗？

这句诗非常著名，它是封建社会贫富不均的缩影。从卖火柴的小女孩想到这两句诗，又从这两句诗想到卖火柴的小女孩，说明不仅我国的封建社会是这样，当时的丹麦王国也是这样。在今天的世界上还有许许多多的穷苦的大人、小孩正生活在寒冷、饥饿和痛苦之中。所以，我们从小要学会去关心受苦的人，愿全世界的大人、儿童都生活在没有寒冷，没有饥饿，也没有痛苦的光明、美好的社会里。

（六）简要复述

明确了中心，要复述课文就容易多了。

要抓最主要的：什么时候、什么人在哪儿、怎么样，主要情节、幻想、幻想着哪些、结果怎样。

练习：简要复述。

[**板书设计**]

卖火柴的小女孩

大年夜	天冷极了		奇异的火光	带着微笑死了	
	又黑又冷			坐在火炉边	
	又饿又冷			烤鹅向她走来	
	更冷了			坐在圣诞树下	
	家里和街上一样冷			见到奶奶	
	一堵又厚又冷的墙			和奶奶飞走了——没有……	
					没有……
					也没有……

[教后记]

　　《卖火柴的小女孩》是世界著名儿童文学作家安徒生的一篇童话，记叙了一个卖火柴的小女孩在大年夜，当富人们欢聚一堂的时刻，饥寒交迫，最后冻死在路旁。它深刻地揭露了人剥削人的社会的残酷，表达了作家对卖火柴的小女孩的无限同情。

　　童话的最大特点是富有幻想。在这一篇童话中，现实的冷酷，迫使小主人公进入幻想的世界。在幻想中，她得到了现实生活不可能得到的温暖与幸福——虽是美妙的幻想，但并不是奢求。那火炉、烤鹅、圣诞树和慈爱的奶奶，是每一个孩子都可以而且应该获得的人生的基本需求和爱。然而，这些最低的要求，小女孩在现实生活中却不可能得到。课文中的小女孩从现实进入幻想，又由幻想回到现实。幻想与现实相比，更觉她生活的凄惨。从教材的特点来看，教学这篇课文，需抓住现实与幻想的对比。

　　课文开头用四节描写一个小女孩在大年夜忍着饥饿，冒着风雪，流浪街头的情景。其中，"可怜的小女孩"是这四节的中心句。句末一个感叹号，寄托了作者对小女孩的无限同情。在教学时，我紧扣这一句引导学生阅读课文，抓住有关细节的描写，体会卖火柴的小女孩穷困的程度。课文一开始，简短的两句话写出了故事发生的特定时间："天冷极了，下着雪，又快黑了。这是一年的最后一天——大年夜。"在这严寒的雪夜，人们更需温暖；在这团聚的大年夜，也更需人间的欢乐。然而，课文紧接着勾勒了一个在风雪之夜流浪街头的可怜的小女孩的形象。我在教学时引导学生想象这样一幅画面：夜，雪花纷纷扬扬，路边的街灯昏暗，行人极少。一个金色卷发的可爱的小女孩，光着脚，穿得极单薄，正在风雪中颤颤地向前走着……

　　这样抓住中心句，并由此捕捉其他有关细节，使小女孩的形象在学生心目中活起来，小女孩的穷苦开始牵动着他们的心。为了强化学生的感受，我又引导学生以"可怜的小女孩"为导语，进行描述性的语言训练。

　　从全文来看，开头只是初步让学生感受卖火柴的小女孩的形象，而重点部分是小女孩划着火柴，借着火柴的光亮，进入幻想的境界。

　　我深情地描述着："在这大年夜，天冷极了，小女孩又冷又饿又累。她孤零零地在雪地里走着，最后就蜷缩在一座房子的墙角里。这样冷的天，坐在雪地里，那该多冷啊！于是，她擦着火柴来取暖，借着火柴微弱的光亮，展开了美妙的幻想……"

描述与语调表达了我内心对小女孩的无限同情。

　　然后，我引导学生揣摩文章的表达顺序，分清小女孩先后几次划着火柴，从而搞清课文的第二部分包含四个层次：①划着了第一根火柴，仿佛坐在火炉边；②又划着一根火柴，好像一只烤鹅向小女孩走来；③又划着一根火柴，小女孩仿佛觉得坐在圣诞树下；④又划着一根火柴，奶奶出现了；划着了一把火柴，和奶奶一起向着没有寒冷，没有饥饿，没有痛苦的地方飞去了。

　　理清表达顺序后，老师还需告诉学生阅读童话要抓住它的主要特点——充满幻想，进而指导他们区分在这篇童话中哪是现实、哪是幻想。

　　课文把小女孩第一次划火柴前的内心活动描绘得很细致：小手几乎冻僵了，"哪怕一根小小的火柴""也是有好处的"。但紧接着，课文用一个反问句："她敢从成把的火柴里抽出一根来，在墙上擦燃了，来暖和暖和她的小手吗？"因为，卖火柴是她的生计，她是从来不敢也不肯划一根火柴的。后一句"她终于抽出了一根"，这"终于"一词说明她经过犹豫、斗争，最后因寒冷到极点，使她不顾一切地抽出一根，擦燃取暖。在教学时，这一句和"终于"一词应引导学生体会、思考，唤起学生对小女孩的同情和关爱。

　　她先后 5 次划着火柴，进入幻想的境界，每划一次，出现一个感人的画面。因此，我们既要注意这幻想部分的形象性，又要注意对冷酷现实的理性认识。这不仅是教学的重点，对小学生来说，也有一定难度。

　　例如，第二次擦着火柴，亮光落在墙上……这时我提出：她好像看到了什么，让学生描述。学生描述后，我进一步启发学生思考：她为什么幻想到烤鹅正摇摇摆摆地向她走来呢？从而使学生进一步理解小女孩饥饿的程度。然后，我再指导学生理解"火柴灭了，她面前只有一堵又厚又冷的墙"这一句的深刻含义——在幻想中喷香的烤鹅向她走来，该是何等的美妙；而现实却仍然又冷又饿，与那雪白的台布、精致的盘子、丰富的菜肴形成鲜明的对照。小女孩与富人家的生活隔着一堵墙，一堵冷漠的不可逾越的墙，从而让学生认识社会的冷酷。

　　作者着笔墨最多的是第 4 次和第 5 次划着火柴，即在幻想中与奶奶相见。

　　为了突出这一部分，教学时我抓住了下列几个要点。

　　第一，小女孩划着第 4 根火柴，温和慈祥的奶奶出现在亮光中了。小女孩为什么这么爱奶奶呢？因为奶奶是"唯一"疼爱她的亲人。从"唯一"一词可以看出，疼她的只有奶奶一人，除此以外没有别人了，而这唯一疼她的奶奶却又死了。于是，在这个世界上，她更孤单了，没有一点爱，没有一点人间的温暖。所以，她想着奶奶，见到奶奶禁不住叫起来。学到这里，我指导学生用惊喜的、急切的语气朗读她呼唤奶奶说的一段话。孩子们的呼唤，表明他们已经体会了小女孩内心的情感。

第二，第5次划着火柴后，"她们俩在光明和快乐中飞走了，越飞越高，飞到那没有寒冷，没有饥饿，也没有痛苦的地方去了"。我让学生想象插图画面，然后让学生比较，课文里为什么不说"飞到那没有寒冷、饥饿和痛苦的地方去"，而要连用三个"没有"来强调呢？从而引导学生从全文所描写的小女孩所处的境遇，理解在现实生活中有的是寒冷，有的是饥饿，有的是痛苦，这极度的寒冷、饥饿和痛苦，使小女孩没法活下去。三个"没有"，正是小女孩所追求的理想境界。

学到这儿，我通过描述，启发学生提问及有感情地朗读。学生与小女孩之间产生情感上的共鸣，也希望她能得到温饱、得到快乐、得到亲人的爱。然而，冷酷的现实是什么呢？小女孩在大年夜冻死了，真是"朱门酒肉臭，路有冻死骨"。

在那黑暗的社会，穷人和穷人的孩子活着只有寒冷、饥饿、痛苦，只有死了才没有寒冷、没有饥饿、没有痛苦。越是幻想美妙，越是揭露了现实的黑暗。

备课时，我还注意到课文最后还有一个难点，即小女孩为什么"嘴上带着微笑"死去？我联系小女孩的4次幻想，体会小女孩在生命的最后一刻充满了对美好生活的追求。安徒生用这最后的微笑，愿小女孩带着美好的幻想离开人间，表现了作者对小女孩深深的同情和爱。这样写，更让人感到小女孩的遭遇极为凄惨。

为了深化主题，在教学最后阶段，我提出了综合性的一串提问：小女孩为什么幻想着喷香的烤鹅向自己走来？为什么幻想着自己坐在美丽的圣诞树下？又为什么幻想着和奶奶飞到那没有寒冷、没有饥饿、也没有痛苦的地方？以加深学生对课文内涵思想的感悟。

最后，我设计了这样一个练习，以突出主题：找出课文中有"冷"字的词语。（"天冷极了""又冷又黑""又饿又冷""更冷""家里跟街上一样冷""一堵又厚又冷的墙"。）再用"冷"组成词组，形容小女孩所处的环境。（冰冷的雪地、尖冷的寒风、冷漠的社会、冷酷的世界。）从而使学生进一步认识，天气的严寒并不足以冻死小女孩，致使小女孩被冻死的真正原因是社会的冷酷。

教学这一课，我感到对这类童话，要把握童话富有幻想的特点，并抓住特点，揭示深刻的主题。

十、春姑娘的大柳筐

（二年级想象作文）

［教学要求］

1. 引导学生感受春天的美，初步认识春天是个生气勃勃、万象更新的季节，从而激发学生热爱大自然的情感。

2. 继续培养学生把一句话说好、说具体的能力，初步对学生进行连贯地说一段话的训练。

［课前准备］

一段音乐，幻灯片。

［课时安排］

导语、观察说话训练、表演、连贯叙述、总结。

［教学过程］

（一）导语

同学们，从昨天开始，已经是春天了。整个春天的景象你们都看到了，你们觉得春天怎么样？（春天太美了。）同学们可以把春天比作什么？

对了，看到春天的美景，我们仿佛看见春姑娘背着一个大柳筐来了（放幻灯）。你们看，她把柳筐里的鲜花呀，种子呀，还有许多春天的宝贝撒向大地。这一课，我们就来说说春姑娘的大柳筐，好吗？

（板书课题：春姑娘的大柳筐。）

（二）观察说话训练

1. 叙述：春姑娘把许多宝贝装在大柳筐里，从去年12月底就来到祖国的南方，大概平均每天要走 35 千米的路，到前几天，春姑娘就到了祖国的北方。现在祖国大地就是一片春光了。

你们在什么地方看见了春天的美景？

出示句式：我在＿＿＿＿＿＿＿＿＿＿，看见了＿＿＿＿＿＿＿＿＿＿。

春天的美景你们看到了，那么，你们能不能猜到春姑娘的大柳筐里装着的是哪些春天的宝贝？会动脑筋的，留心春天景色的同学，一定能猜到。

（放音乐。让学生看着幻灯上背着柳筐的春姑娘，听着音乐，想象，引导学生把积累的有关春天的感知材料，用一句话表达出来。）

（有迎春花、桃花、柳枝、小草、油菜花儿、蚕豆花儿、小麦苗儿、小野花儿、种子、花蝴蝶、小蜜蜂、小乌龟……）

2. 提供句式（要求选择下列两种句式中的一种，内容求异）。

①春姑娘的大柳筐里有……有……还有……

②春姑娘给我们带来……带来……还带来……

3. 提高要求，修饰宾语。

那是什么样的桃花，什么样的小草。

①春姑娘的大柳筐里有（　　）的＿＿＿＿＿，有（　　）的＿＿＿＿＿，还有（　　）的＿＿＿＿＿。

②春姑娘给我们带来（　　）的＿＿＿＿＿，带来（　　）的＿＿＿＿＿，还带来（　　）的＿＿＿＿＿。

4. 你知道春姑娘到了哪些地方？

启发：春姑娘来到很多地方，小河边、田野里、山冈上、公园里、果园里、森林里、草原上，春姑娘背着大柳筐来到这么多地方，课文第一课你们还记得吗？背背看。

（"我们来到小河边，来到田野里，来到山冈上，我们找到了春天。"）

提供句式：春姑娘来到……来到……来到……

再说春姑娘来到哪些地方，会吗？

5. 如果不用"来到……来到……"，还可以用什么句式？基础训练③的短文怎么说的？

"飞进……来到……"

接下去说，把什么送到人间？

也可以说："春风……"，"春雨……"，"春雷……"

6. 启发学生回忆观察的情景：那么，我们就具体地来说说，春姑娘来到小河旁，把哪些春天的宝贝撒到小河里、小河旁？你看到怎样的景象呢？春姑娘背着大柳筐又来到田野上，把哪些宝贝撒在田野里？你又看到了什么样的美景？

自由讨论。

任选以下的一句。

①春姑娘来到小河旁＿＿＿＿＿＿＿＿＿＿＿＿＿＿＿。

②春姑娘来到公园里＿＿＿＿＿＿＿＿＿＿＿＿＿＿＿。

③春姑娘来到田野上＿＿＿＿＿＿＿＿＿＿＿＿＿＿＿。

7. 学到这儿，我想起了你们学过的课文《春天在哪里》，记得吗？背背看，复习《春天在哪里》。

（课中操《春天在哪里》。）

8. 描述（进一步激起学生的情绪）：春姑娘背着大柳筐一路走来，给我们带来这么美的景色。所以，大家都欢迎春姑娘的到来。小河里的水欢迎春姑娘，公园里的桃花与小草、田野上的花蝴蝶都喜欢春姑娘。

如果你是春天小河里的小鸭，你怎么感谢春姑娘呢？如果你是桃花姑娘，你怎么感谢春姑娘？

（以担当角色创设情境，使学生身临其境地进行语言训练。）

分组准备：四人一组。

　　　一人扮　　　小鸭

　　　一人扮　　　桃花姑娘

　　　一人扮　　　柳枝弟弟

　　　一人扮　　　花蝴蝶妹妹

（三）表演

6 人进行（以上 4 个角色，再加春姑娘和小燕子）。

那么，谁给春姑娘领路呢？（小燕子。）

小燕子领着春姑娘出场，小鸭、桃花、柳枝、蝴蝶站在一旁。

小燕子高兴地向大家报告：春姑娘来了！

生齐：欢迎春姑娘（热烈鼓掌）。

小鸭： _____ 。

桃花： _____ 。

柳枝： _____ 。

蝴蝶： _____ 。

春姑娘： _____ 。

（四）进行连贯叙述

现在谁能把看到的说一段话。

提示：

小燕子_____ 。

春姑娘来到小河旁_____ 。

春姑娘来到公园里_____ 。

春姑娘来到田野上_____ 。

春姑娘说_____ 。

（五）总结

同学们用自己的眼睛看到了春天的美景，所以，今天说的内容很丰富、很具体，也很生动。

夏天已经来到了，夏天有哪些特点是春天所没有的？你再去细细看看，下次我们再来说。

[**板书设计**]

春姑娘的大柳筐

有……有……有……

有（　　）_____，有（　　）_____，还有（　　）_____。

带来……带来……带来……

来到……来到……来到……

小河旁_____ 。

公园里_____ 。

田野上_____ 。

十一、一瓶墨汁（纪实）

（三年级情境作文）

[教学要求]

1. 激发学生向雷锋叔叔学习，向身边优秀的小伙伴学习，发扬互助友爱的精神。

2. 引导学生根据创设的情境，观察人物的动作、语言和神情，并用恰当的语言表达。

3. 指导学生在说好一句话的基础上，连贯地说一段话，口述一件事。

课前准备：情境的再现。

一瓶墨汁的故事，是发生在班级上的一件真人真事。从对儿童的思想道德进行教育的角度来讲，该行为应在班级上发扬光大。从三年级学生的表达能力来讲，他们对描写人物的活动，一般都比较困难。因为人物的活动，总是处于动态中，并与人物的内心世界相连。因此，让当事者小伟、小普在课堂上再现生活的真实情境，人物形象鲜活地出现在儿童眼前，这会激起儿童的关注和兴趣，进而产生表达欲望，促使他们在现实情境中不断地从大脑的词语小仓库里挑选词汇，描述眼前形象。教师则结合情境中小主人公的动作神情，指导学生细致观察、描述。这对学生今后敏锐地觉察人物神态、情绪的变化，并懂得选用恰当的词语去表述是大有裨益的。由此看来，选择学生生活中的典型事件，用情境再现出来，让学生作文，亦是帮助学生从生活中选材、丰富学生写作题材，从而培养学生热爱生活的有效途径。

[课时安排]

一课时。

要使学生观察真切、用词确切，情境的演示可以分成几个片段，让学生分片段描述为宜。《一瓶墨汁》的整个故事，分成两个片段：①小普蹦跳着到河边洗砚台——砚台掉入水中，小普哭了。②小伟路过河边发现此事，关心地询问—去买墨汁—送墨汁—收墨汁。在分段描述的基础上再进行连贯的全篇描述。

[教学过程]

师： 前几天，倪伟同学做了一件好事——帮助缪普同学。这是同学们学习雷锋叔叔的实际行动。这节口头作文就让大家说说这件好事。

这件好事的详细情况大家还不知道，让倪伟和缪普小朋友用动作演示给我们看看。大家要一边看一边想，用什么词、什么句子把事情说清楚。现在，李老师提两个要求：①看仔细；②说清楚。现在先把时间、地点，向小朋友交代一下。

（边说边板书：看仔细、说清楚。）

时间：一天放学后。

地点：小河边。（河边长着一棵柳树，我随手画了小河和柳树，使学生对情境有具体的印象。）

人物：小伟、小普。

（板书：时间：放学后。地点：小河边。人物：小伟、小普。）

（小普蹦蹦跳跳上。）

师：（对小普）你要在河边做什么？

普： 要在河边洗砚台。

师： 那你演一演。（对全班）这个动作怎么说呢？

普： 蹦跳着去河边。

生： 一天放学后，小普蹦蹦跳跳地到小河边洗砚台。

生： 一天放学后，小普连蹦带跳地来到河边洗砚台。

师：（赞许地点头，又对小普）现在请你继续用动作演示。

（小普稍蹲下做洗砚台动作。突然，手一松，砚台掉下河，小普愣了一下，手捂眼睛，哭了。）

师： 这些动作怎么说呢？

（学生思考。）

生： 小普在河边洗砚台，洗呀，洗呀，不小心把砚台掉到水里去了。

生： 小普洗着洗着，一不小心，把砚台掉到水里去了，接着他"呜"地哭了。

（大多数学生一时说不好，老师又指导学生仔细观察。）

师： 请小普把动作再重复一次，要求同学仔细看清楚。

（小普再演示：砚台掉下水后，小普先愣了一下，然后哭了。）

师：这次看清楚了吗？谁说说？

（学生为自己能表述显得很兴奋，绝大多数学生举手要求回答。）

生：小普把砚台掉进水里，他想：我怎么回去呢？就哭了起来。

师：（说明情况）老师课前访问了小普，他每天要写毛笔字，他想砚台掉进河里，晚上回家不能写字了，就哭了起来。

生：小普不小心把砚台掉进水里，他呆呆地望着河面，抽了两下鼻子，呜呜地哭了。

师：说得很生动。

生：他往下看了一眼，看着看着，他就哭了起来。

师：（进一步启发）想一想，他呆呆地望着水面，想什么呢？

生：小普想：回去又要被爸爸打一顿了。

师：还是讲不能写毛笔字吧。

生：小普心想：我晚上怎么写毛笔字呢？

生：唉，今天不能写毛笔字了。

师：（启发用学过的词语表述）一个人在那儿讲话用什么词语？

生：他自言自语地说：今天不能写毛笔字了。

师：一个是写他想的，一个是写他说的，标点相同吗？（把口头语言训练和书面语言训练结合起来。）

出示小黑板：

　　①他自言自语地说今天晚上怎么写毛笔字呢

　　②他想今天晚上怎么写毛笔字呢

学生讨论，加上标点。

师：现在把这一段连起来讲。

（老师边简要叙述，边在黑板上写出主导词：洗、丢、想、哭，全体学生看着主导词，自由练习说一段话。）

师：请一个小朋友说一说。（练习连贯表达的能力，从句到段，逐一铺垫，连贯描述，学生并不感到困难。）

生：一天，放学的时候，小普来到小河边洗砚台，一不小心，他把砚台掉到河里去了。他看着砚台掉到河里去了，心想：今天晚上不能写毛笔字了，就伤心地哭了。

生：我添了一个词儿。放学的时候，小普一蹦一跳地来到河边。

生：放学的时候，小普一蹦一跳地来到小河边，他拿着砚台就洗了起来，"扑通"一声，砚台掉到河里去了。小普吓了一跳，看着河里沉下去的砚台，心想：今天晚上回去怎么写毛笔字呢？怎么办呢？他想着就呜呜地哭起来了。

师：说得很好。正在这时小伟来了。现在小普、小伟把当时的情景再演示给我们看。

（小普哭着，同班的小伟路过，关心地上前询问。）

伟：小普，你怎么哭了？

普：我把砚台掉了。

伟：（想了一下）你不要再哭了。你在这儿等一会儿，我就来。

（老师与学生一起讨论出主导词语：听、看、问、想。）

师：现在根据这个顺序学习说一段话，每人先自己练一次。

（学生各自练习。）

师：讲的时候再加一点：小伟怎么问，小普怎么说的？

[板书：（   ）问，（   ）说。]

师：现在说说看，他们是怎么问的？怎么说的？

生：小伟亲切地问。

师：这个词是大人对小孩说话、长者对小孩说话用的。

（学生努力用确切的词语描写小伟说话的神情、语气，词语随着活跃的思维蹦跳出来。）

生：小伟热情地问。

生：小伟关心地问。

生：小伟奇怪地问。

生：小伟诚恳地问。

生：小普愁眉苦脸地说。

生：小普伤心地说。

生：小普哭着说。

生：小普嘟着小嘴说。

生：小普难过地说。

生：小普哭哭啼啼地说。

生：小普擦着眼泪说。

生：小普揉揉眼睛说。

师：说得很好。现在用黑板上写的词连起来自己练习说。

（连贯叙述，情境演示：小伟下。稍顷，小伟拿着一瓶墨汁上，走上前送给小普，小普不好意思地收下了墨汁。）

师：小伟怎么来了？

生：小伟喘着气来了。

生：小伟高高兴兴地来了。

师：是高高兴兴的吗？用词要准确。

生：小伟急急忙忙地来了。

生：小伟兴冲冲地来了。

生：小伟上气不接下气地来了。

师：（对小伟）你先告诉大家，你的墨汁是哪里来的？

伟：是用妈妈给我的零用钱买的。

师：刚才，小伟到旁边的小店里买了一瓶墨汁来了。老师不给词儿，你们根据自己看到的说。（学生自己练习说。）

师：请一个小朋友说一说。

生：正在这时候，小伟来了，看见小普问："小普，你怎么哭了？"小普结结巴巴地说："我的砚台掉到河里了。这下回去不能写毛笔字了。"小伟摸摸口袋说："你等着，我马上就来。"说着就走了。

师：后面说得很好，前面没有说清楚，应该是他先听到哭声，才看见小普在哭。

生：小普嘟着嘴，小伟兴冲冲地拿着一瓶墨汁来到河边，对小普说："这瓶墨汁给你，下次不要一个人在河边洗。"小普低着头，收下了小伟的墨汁。

师：小普怎么拿？怎么说？

生：我再给他加一句：小普双手接过墨汁瓶，抬起头望着小伟，激动得说不出话来。

师：他漏了一段。

生：小伟还说："你以后不要一个人到河边来，做事不要这样粗心。"小普低下头，多害羞啊。

生：小普低下头，脸刷地一下红了。

生：小普想，小伟说得对，下次我一定不再一个人到河边洗砚台了。

师：小普还做了一个动作。

（老师又做两个动作，启发学生说话。老师先做摸着墨汁瓶的动作。）

生：小普低着头，轻轻地摸着墨汁瓶。

师：接下去怎样？（老师做抬头动作。）

生：他抬起头，望着小伟。

生：小普抬起头，望着小伟胸前的红领巾，觉得他的红领巾更加鲜艳。

生：小普把头慢慢地抬起来，望着小伟，激动得说不出话来。

生：加上这句就更好了：小普抬起头，久久地望着小伟。

师：说得很好，把小普的神情描述得很细致、真实。这个故事取个什么题目呢？

（学生纷纷答道：《一瓶墨汁》《关心同学》《教训》。）

师：这些题目想得很好，还可以用哪些题目？（学生继续取题：《小朋友帮助小朋友》《互相帮助》《小普和小伟》《一只砚台》。）

生：我认为还是"一瓶墨汁"好。

师：好的，我也同意。（板书：一瓶墨汁）其他的题目也不错，也可以选用。

师：这故事主要写什么？是不是写教训？

生：不是，是写小普和小伟。

生：主要写小朋友帮助小朋友。

（板书：小朋友帮助小朋友）

师：现在我们来编个提纲。

（师生共同编提纲。板书：一、洗砚台，二、丢水中，三、送墨汁。）

生：还可以写第四段"赞扬"。

师：写也可以，不写也可以。

（板书：四、赞小伟）

师：小普望着小伟怎么想？

生：他的红领巾更红了。

师：这句话还可以怎么说？

生：小普久久望着小伟的脸，仿佛小伟长高了。

师：（引导学生看背景）不是还有背景吗？谁能说说，一阵风吹来……

生：一阵风吹来，柳枝摆……（不会说，老师亲切地让他坐下。）

生：一阵风吹来，柳枝随风飘动。

师：是不是可以换一个比"飘动"更贴切的词儿？

生：一阵风吹来，柳枝随风飘动，好像在夸奖小伟。

师：请一个小朋友从头到尾说一遍，哪一段要说得详细？

生：帮助。

生：（连贯叙述）一天放学后，小普拿着砚台和毛笔来到河边去洗。小普洗着，一不小心，砚台掉到河里去了。他呆呆地望着小河水，情不自禁地哭了。这时候，小伟听到哭声，走过来一看是小普，就问："小普你怎么哭了？"小普结结巴巴地说："我的砚台掉到河里去了，晚上不能写毛笔字了。"小伟摸摸口袋，就跑到旁边的小店买了一瓶墨汁，兴冲冲地跑到小普面前，对小普说："给你，这是用妈妈给我的零用钱买的。"小普用双手接过墨汁瓶。小伟又关心地说："下次一个人不要到河边去。"小普被说得低下了头，轻轻地抚摸着墨汁瓶，抬起头，久久地望着小伟。他觉得小伟仿佛长高了。

生："情不自禁地哭了"最好说：忍不住哭了。

师：对，大家回去后，可以把这故事讲给爸爸妈妈和邻居小朋友们听。因为，这是我们班上的真人真事，说明小雷锋大家都能做。

[板书设计]

一瓶墨汁

时间：放学后

地点：小河边

人物：小普和小伟

一、洗砚台

二、丢水中 { 小普：洗　丢　想　哭

小伟：听　看　问　想

三、送墨汁 { 送 / 收 }

[专家评点]

　　这是发生在孩子们身边的真人真事，事情虽小，但却能反映儿童的美好心灵。既要叙事，又要写人，这对于刚刚从"写话"过渡到"习作"的三年级小学生来说，并不是很容易的。有的学生就因为第一道坎子迈不过去，从此害怕作文。

　　为了降低难度，提高学生习作的自信心，李老师首先从平坡削坎开始，把整个故事分成两个片段，让学生在分段描述的基础上进行连贯的全篇描述。

　　老师采用情境演示，逐渐引导学生进入情境。言语产生于一定的情境，在一定的情境中，学生很自然地按照情境发展的需要用语言描述情境。由于学生年龄小，言语储备不多，如何清楚、连贯地说出来，需要老师相机引导和学生反复练习。在这个过程中，教师提出了"看仔细，说清楚"的要求，让学生按照情境发展的顺序，边演示、边说话，老师从旁指点评说，使学生在倾听过程中，培养辨别语言和选择词语的能力。当学生的情绪调动起来后，从孩子们的口中冒出了许多意想不到的"佳词妙语"。例如，小伟的"问"，就有 5 种不同的表述；小普的"说"，更有 8 种不同的表述。词语的丰富性，表明学生认知和情感的丰富性；词语的比较、选择和推敲，表明学生认识事物的准确性和深刻性。

　　在教学的过程中，李老师善于调动情绪、巧于引导点拨、长于调控教学流程，使整个教学活动既轻松活泼又流畅有序。孩子们既练习了表达，又受到了雷锋精神的教育，把学习作文和学习做人结合了起来。

（杨再隋点评）

十二、我是一棵蒲公英（纪实）

（三年级想象性口头作文）

[教学要求]

　　1. 引导学生认识蒲公英，感受大自然的美，对学生进行美的教育。

2.学会较为精细地观察，并注意把观察和想象结合起来。

3.学会围绕中心，按一定的顺序叙述，初步懂得怎样记叙一个事物。

[课前准备]

到野外观察，认识野花；重点认识蒲公英。

[教学课时]

一课时。

[教学过程]

（一）从观察入手，引导拟题

师：同学们，昨天我们到野外去观察了野花，你们喜欢野花吗？

生（齐声）：喜欢。

师：你们觉得野花怎么样？

生：我觉得野花很美。

生：我觉得野花是很小的，野花是很美的。

生：野花是小巧玲珑的。

生：因为，野花不要人播种、不要人浇水、不要人施肥，所以我很喜欢野花。

师：在这些野花里边，你们最喜欢哪一种？

生：我最喜欢蒲公英。

生：我也喜欢蒲公英。

师：这一堂课，我们就用蒲公英做题材，进行一次口头作文练习。请同学们自己出题目，大家想一想，老师要求同学们用第一人称，也就是用"我"的口气出题目，可以出什么题目？

生：可不可以用《我飞呀，飞呀》来做题目。

生：用《我的生活》做题目。

生：《我是一棵蒲公英》。

生：《我是一颗蒲公英的种子》。

生：《我是一棵平凡的蒲公英》。

师：很好。

生：可不可以用《我的旅行》做题目？

生：用《我是一朵蒲公英》做题目。

师：同学们出的题目都很好。你们说，在这些题目里，哪个题目最好，你们大家都有话说？

生：《我是一棵蒲公英》。

师：就用这个题目，好不好？

生（齐声）：好。

（板书文题：我是一棵蒲公英）

师：刚才有个小朋友说《我是一朵蒲公英》，是"一朵"，只是说了蒲公英的什么？

生（齐声）：只是说蒲公英的花。

（板书：一朵　　花）

师：说"一朵"只是说蒲公英的花，说"我是一颗蒲公英的种子"，那是什么 kē？

生：这是个果字旁的"颗"。

师：左边是个果。（板书：一颗　种子）现在我们用这个"棵"就包括蒲公英的——

生（齐声）：叶、茎、花、种子。

生：能不能在"蒲公英"的前面加"我是一棵不怕苦有理想的蒲公英"。

师：这题目你们觉得怎样？

生（齐声）：太长了。

师：现在你们看老师画。（简笔画一棵拟人的蒲公英，亲切地。）现在你们大家就是蒲公英。大家一起说——

生（齐声）：我是一棵蒲公英。

（二）激发情绪，帮助选材

师：现在有许多同学还不认识你们，你们得自我介绍一下，你们准备先介绍什么？

生：先介绍我的名字。

（板书：我的名字）

生：我的姐妹。

师：先说我的名字，然后要介绍我的什么？

生：我的模样。

（板书：模样）

师：名字人家知道了，模样人家也知道了，那还可以告诉人家什么？

生：还可以介绍我的家在哪儿。

（板书：我的家）

师：（因势利导）你们的家在哪儿？

生：我的家在小沟边。

生：我的家在墙角里。

生：我的家在田野里。

生：我的家在山坡上。

生：我的家在花园里。

生：李老师，我们还可以说，我们的家祖国到处都有。

师：这句话，怎么说就顺了？

生：祖国到处都有我的家。

师：对。下面接着介绍你们家里有什么人。

生：我家里有草弟弟、"婆婆纳"妹妹、"紫薇"姐姐，还有常客小蜜蜂。

师：先说我家里有哪些成员，然后说他们是谁。

生：我家有兄弟姐妹，我的兄弟是小草。

（板书：兄妹）

师：小草是你的兄弟，谁是你们的姐妹？

（板书：姐妹）

生：紫薇是我们的姐妹。

生："婆婆纳"是我们的姐妹，野蔷薇是我们的姐妹，还有那爱戴白花的荠菜花也是我们的姐妹。

师：刚才××同学说，谁是我们的姐妹，谁是我们的姐妹，这样说显得啰嗦，谁能用一句话讲？什么、什么、什么是我的姐妹。

生：婆婆纳、荠菜花、紫薇，都是我们的姐妹。

师：你们家兄弟姐妹都介绍了，你们还要介绍谁？

生：家中的常客。

（板书：常客）

师：谁是你们家的常客？

生：蜜蜂是我家的常客。

生：蝴蝶妹妹也是我们家的常客。

师：刚才有的同学又介绍了你们家的常客。你们家还有一个重要的人物没介绍。（学生思考片刻，略感困难，老师折断蒲公英的茎，在行间走动，让学生依次观察蒲公英茎中流出的白色的乳浆。）你看到蒲公英里面冒出白色的浆，你们想还可以介绍你家的谁？

生：（领悟）我知道了，蒲公英里面的浆是吸取的土壤妈妈的奶汁。

生：还要介绍土壤妈妈。

（板书：土壤妈妈）

师：土壤是你们的妈妈，你们是吃土壤妈妈的奶汁长大的。你们长大了，准备到哪儿去？

生：我要飞到荒山上去。

生：我越过高山，飞过小河，来到了欢乐的草原上。

生：哪里需要我，我就飞往哪里去。

生：我要飞到古老的森林里去。

生：我要飞到草原上去，用金色的小花，把那儿打扮得更加美丽。

师：你们这些蒲公英长大了，有的想飞到草原去，有的想飞到荒山上去，有的想飞到森林里去，还有的想飞到祖国的首都去，你们还想飞到哪儿去？

生：飞到台湾去。

（三）厘清思路，确定中心

师：飞到祖国的宝岛台湾去。刚才同学们的发言都讲出了你们的美好的理想。大家准备先介绍我的名字和模样，再介绍我的家和我的家里人，最后介绍我的理想。通过刚才的讨论，同学们对蒲公英的特点也清楚了。我们知道了蒲公英它怎么样，有什么特点？

生：蒲公英不要人浇水，不要人施肥，能够顽强地生长。

（板书：不怕苦）

师：蒲公英不怕苦，一点也没有娇气，还怎么样？

生：蒲公英还有理想。

（板书：理想）

师：我们介绍蒲公英，就是要介绍它的特点。通过你们的自述，把蒲公英不怕苦、有理想的特点介绍清楚，这就是这篇口头作文的什么？

生（齐声）：中心。

（板书：中心）

（四）联系观察，分段口述

师：中心明白了，条理也清楚了，现在一段一段地口述，第一段介绍蒲公英的名字和模样，你准备怎么介绍？按照什么顺序？你们昨天观察的时候是按什么顺序的？

生：我是先看花，然后看茎，再看叶子。

师：要按一定的顺序。

（板书：茎——叶——花）

生：也可以按花、茎、叶的顺序说。

师：对。蒲公英是一种植物，同学们想想，我们在描写植物的时候要把什么写清楚？

（同学自由讲述。）

师：我请谁先讲。

生：你们猜我是谁？还是我来向你们做个介绍吧。我是一棵小小的蒲公英，我的根深深地埋在泥土里。叶子，嫩嫩的，绿绿的，向四面舒展开来。二月的风伯伯把每一片叶子都修剪得整整齐齐。又嫩又细的茎上托着一朵圆圆的、金色的小花，像一朵散发着芳香的野菊花，在阳光的照耀下，我满脸堆着笑，又像一棵小小的向日葵。

师：有没有意见？（引导学生评价。）

生：刚才××说错了。二月的风是春风，不要说风伯伯，说姑娘更美。

生：刚才××讲得很好。我帮她改一个地方。她说："又嫩又细的茎上托着一朵圆圆的金色的小花"，因为我就是蒲公英，所以我可以不说"小花"，而说"托着我的脸庞"。

生：李老师，可以不可以先写模样，然后介绍我的名字？

师：你们说可不可以？

生（齐声）：可以。

师：那你们会说吗？

生（齐声）：会说。

师：现在我们继续往下说。我的名字、模样讲清楚了，那么，我的兄弟、姐妹、常客，准备介绍点什么呢？想想看。（提示。）记住，我们的中心是要讲出蒲公英的不怕苦、有理想，那么，在这一段里，还可以讲些什么来突出蒲公英不怕苦的品格？

生：可以讲风来了，我怎么样。

生：可以讲雨来了，我怎么样。

师：（顺着学生的思路启发。）合起来就是：暴风雨来了我怎么样，风雨过了怎么样。我的家住在田边、地头、小河旁，生活条件虽然很差，但是我们生活得很好，你可以举个什么例子来说呢？

生：可以说，早晨我们做着早操；傍晚，我们又讲着故事。

师：对，可以说早晨怎么样，傍晚怎么样，也可以说风雨来了怎么样，风雨过了怎么样。

生：风来了，我和伙伴们跳起了舞蹈；风过了，我们又讲起故事。

师：那么，你们可以每个人选一个内容，或者是说雨来了怎么样，风雨过去了怎么样。也可以说，早晨怎么样，傍晚怎么样。就像《荷花》一课的写作方法。大家再把第二部分的内容讲一讲。同桌的你说给我听，我说给你听。

（学生同桌对说。在全班训练的基础上指名口述。）

生：我的家住在一条弯弯曲曲的小河边，我的兄弟姐妹可多啦！小草是我的弟弟，米粒大的荠菜花是我的妹妹。一阵风吹过，我们跳起了优美的舞蹈。小鸟在我们头上唧唧喳喳地叫，仿佛在给我们鼓掌。小河水淙淙地流着，好像在为我们演奏。

师：×××讲得不错。你们有什么意见？（引导评价、相互补充。）

生：我给×××补充一下。一阵微风轻轻地拂过，我们翩翩起舞。风过了，我们停止了舞蹈，静静地讲着故事。

生：小蜜蜂是我们的常客。他常常在我的小脸庞上东瞧瞧、西瞧瞧，和我一起玩，一边给我增加营养，一边对我说："蒲公英啊蒲公英，你可真好，蜜汁可真多。"我不断地吸取土壤妈妈的奶汁。土壤妈妈总是说："孩子，多吸点儿，把身体养得壮壮的，妈妈才高兴呢。"

师："蜜蜂在我的小脸庞上东瞧瞧，西瞧瞧"，这儿不够好。

生：我给他改一下，可以说，亲吻着我的脸蛋。

生：×××说错了。他前面说的蜜蜂给我增加养料，后面又说，蜜蜂说"蒲公英，你可真好，蜜汁可真多"。

生：应该说蜜蜂给我传播花粉。

生：我帮×××加一句，小鱼跳出水面，好像也要看看这愉快的场面。

生：我帮×××加一个字，她说，小蜜蜂和我一起玩，加个字，小蜜蜂和我一起玩耍。

师：或者是和我一起嬉戏。

生：我也帮×××改一下。她说，小鸟唧唧喳喳地叫着，好像在为我们鼓掌。我帮她改成，"小鸟唧唧喳喳地叫着，好像在唱歌呢"。

生：我帮×××加一句。晚上，小河水轻轻地流着，好像唱着歌儿把我们送进了梦乡。

（评价表现了学生的想象力丰富，对词十分敏感，这绝非一日之功。）

师：这里是讲我们的生活条件虽然不好，但是我们生活得很愉快。同学们要注意，中心是要说蒲公英有理想、不怕苦，我们想一想这一段还可以怎样叙述？

生：我的家在小河边，这里虽然没有美丽的花园和高大的楼房，但是我和姐妹们生活得很快乐，我们汲取着土壤妈妈的奶汁，茁壮成长。我们经历过不少风暴。有一次，风咆哮着，雨怒吼着，我们在暴风雨中手拉着手，顽强地抵抗风雨的袭击，我们在风雨中摇摆着身体，但还是挺过来了。

生：我帮××改一下。雨过天晴，太阳出来了，树叶上滚动着晶莹的露珠，阳光照得它们闪闪发光。

师：不要说树叶上，而说我和姐妹身上滚动着露珠，那就更好些。

生：我帮他中间加一句。我们在风雨中摇摆，土壤妈妈不断地鼓舞我们说："孩子要挺住，要挺住！"

师：第二段会说了，下面说第三段"我的理想"。同学们想一想，这篇口头作文的中心是说蒲公英不怕苦，有理想。这一段正是表现中心的段落，就应该说得详细具体。那么，怎样才能讲得详细具体呢？前面同学们已讲了，我长大了，到祖国各地去旅行，去安家落户，有的要到草原去，有的要到森林里去，也有的想要到荒山上去，还有的小朋友想到祖国的台湾岛去。这些理想都是很美好的。下面，你们一边看一边想。

（老师在窗口吹起蒲公英毛茸茸的种子，种子飘飘悠悠地飞到窗外，老师边描述、边启发。）你们看，蒲公英的种子飞了，飞向蓝天。你抬头往上看，看见了什么？低头往下看，又看到了什么？你飞呀飞呀，你来到什么地方？低头往下看，看到什么？你飞呀飞呀，你来到什么地方？那儿你刚去的时候是什么模样？后来又是什么样子？你们看着想。

（蒲公英的种子随风向远方飞去，学生欣喜地望着……）

生：我飞上了高空。抬头向上看，啊，瓦蓝瓦蓝的天空中飘浮着朵朵白云；低头往下看，一条条小河就像银带一样，在阳光的照耀下，闪着金光。我飞过高山，看到一群群高山像驼峰一样，连绵起伏。我来到草原，一片片草地就像绿绒毯一样，铺得整整齐齐。我飞呀飞呀，哦，这儿不是荒山吗？在这儿安家落户吧。我飘飘悠悠地落了下去。啊，这儿没有人烟，也没有我的伙伴。这时我想起土壤妈妈对我说的话，"孩子，只要有泥土的地方，你就能生根发芽"。我暗暗地下了决心，一定要把荒山打扮得像花园一样。我无声无息地萌芽，无声无息地开花。多少年来，我日日夜夜把小河当作镜子，默默地打扮着，渐渐地，渐渐地，开的花多了。啊，我的愿望终于实现了，荒山变成了花园。

师：××同学讲得不错，讲出了他的美好的理想。那么，第二段和第三段之间怎么过渡呢？他没讲。应当怎么讲？还少哪几句话？

生：过了几个月，我长大了。有一天，土壤妈妈对我说："孩子，你长大了，快去安家落户吧！"于是，我撑着小伞在蓝天中飞翔。

师：谁带着你飞的？

生：我撑着小伞，随着风伯伯飞呀，飞呀。

生：我撑着小伞，让风伯伯带着我飞呀，飞呀。

生：我撑着小伞，拽着风伯伯的衣角，飞呀，飞呀。

师：××同学有一处讲得不好。他说，我几年来一直把小河当作镜子，打扮着自己。打扮着自己不好。

师：应该是打扮着什么？

生：打扮着荒山。

生：他说，低头往下看，小河像银带一样在太阳光的照耀下闪着金光，应该是闪着银光。

生：我帮××补充一下。我告别了紫薇姐姐、小草弟弟、婆婆纳妹妹，随着风伯伯去了。

生：××还有个地方说错了，荒山上是没有小河的，应该是溪水。

（五）连贯口述全篇

师：刚才我们一段一段地都练了，首先大家能围绕中心，讲出蒲公英不怕苦、有理想的特点。而且，一段一段讲得很有理。你们先讲了我的名字和模样，再介绍我的家，我们大家在一起怎么不怕苦，快乐地生活着。每一段里面也都注意了条理清楚。现在，请小朋友从头至尾，完整地讲一下，能不能？

生（齐声）：能。

师：大家准备。

（学生各自默述。）

生：我是一棵蒲公英，家在小河旁。我的叶子又嫩又绿，向四面展开，淡红色的茎把我轻轻地托起。我开着一朵金黄色的小花，远远看去像一个小金盘。

　　我的姐妹可多啦！白色的米粒大的荠菜花、随风摆动的知风草、喇叭似的紫薇，她们都是我的姐妹。我们生长在土壤妈妈的怀抱里，妈妈给我们养料，阳光给我们温暖，我们就慢慢长大了。勤劳的小蜜蜂、爱打扮的花蝴蝶，她们都是我的常客。一阵风拂过，我们站起来舞蹈，小河水哗啦哗啦地流着，好像在为我们伴奏呢！小鱼跳出水面，要看看这愉快的场面。风停了，我们停止了舞蹈，又开始讲故事。

　　有一天，土壤妈妈对我说："孩子，你长大了，该安家落户去了。"第二天早晨，我起得特别早，妈妈心疼地说："孩子，只要在我的怀抱里，你就能生根、发芽、开花。"我告别了兄弟姐妹，拉着风伯伯的衣角，带着一把小伞飞起来。我飞在天空中，抬头往上看，蓝蓝的天空，飘着朵朵白云；低头往下看，山路崎岖蜿蜒，小溪水淙淙地流着。我飞过田野，来到一座荒山上。

过了几个月，我开了一朵金黄色的小花。一天，我遇到一阵暴风雨，雷声紧夹着闪电向我袭来。我牢牢记住妈妈的话，只要把根深深地扎在妈妈的怀抱里，我就什么也不怕。

我傲然挺立在风雨之中，暴风雨不断地袭击着。不久，雨过天晴，太阳出来了，我的身上挂满了小水珠，金色的阳光洒在山冈上，我的姐妹越来越多了，我们又开始了新的生活。

生： ××有个地方说错了，不能说托起，应该说托起我的"小脸蛋"。

生： 应该是雷声紧跟着闪电，她说，雷声紧夹着闪电。

生： 我帮××加一句。雨过天晴，太阳出来了，天边出现了一道彩虹。

师： ××同学把理想一段放在和暴风雨作斗争的一段说，这很好。这堂课同学们积极地开动脑筋，学得很好。通过这一堂课的练习，同学们进一步知道了，无论是口头作文，还是书面作文，都要注意围绕中心，有条理地叙述。上了这一堂课以后，同学们更了解蒲公英的特点。从同学的发言里，老师已经听出来了，有些同学从小想要学习蒲公英不怕苦、有理想的品格，准备长大了到祖国需要的地方去安家落户，在那儿用我们自己的双手，把祖国建设得更加繁荣富强。

[**专家评点**]

老师带领学生到大自然中去观察、去体验、去思考，从而使学生产生特别鲜活的思想和特别俏皮而又生动的语言。

在特定的情境中，对老师而言，"你们就是蒲公英"；对学生而言，"我是一棵蒲公英"。学生把自己变成对象或把对象变成自己，是通过主客体融合为一而认识世界的一种思维方式。老师引导学生逐渐进入情境，移情蒲公英，在情感的参与下，鼓起想象的双翼。此时，老师的话不多，只是在关键之处点拨，于淤塞之处疏通。课堂上，蒲公英在飞，实际上是孩子们的想象在飞、思维在飞、语言在飞。

李吉林老师的教学艺术，使教学活动构成了一种特定的教学氛围，或称教学的"心理场"，这是教学中的一种超常状态。到了这样的境界，师生之间自然默契，师生和认知的对象之间必然融合。学生的主体是"活化"了的主体，老师的主导是"艺术化"的主导。

本课堪称想象作文的经典之作。李吉林老师运用娴熟的教学方法，创设情境，让学生渐入佳境。学生物我两忘、神思飞扬、生动活泼的语言如山间溪流欢快流淌。教学是艺术，"艺术就是情感"（罗丹语）。李老师以自己的童心触动孩子们的童心，用"心"去教学、用"情"去教学。当学生完全沉浸在情境中时，他们陶醉了、入神了，

任想象驰骋、任情感激荡。于是，认知的、体验的、感悟的、直觉的都出现在课堂上，这就是智慧展示的课堂、个性张扬的课堂、学生人格得到健全发展的课堂。

（杨再隋点评）

十三、假如卖火柴的小女孩来到我们中间

（四年级想象作文）

［教学要求］

1. 通过想象作文，激发学生对卖火柴的小女孩的同情和关怀，进一步显示社会主义新中国儿童的幸福。

2. 发展儿童的想象力，要求想象合理。

3. 继续练习写事，要求围绕中心，记叙具体，并初步学习借事抒情的方法。

课前准备：先教《卖火柴的小女孩》的课文。

［课时安排］

两课时。

第一课时：导语，明确中心，开拓思路，进行片段训练，提出写作要求。

第二课时：学生写作。

［教学过程］

（一）导语，激发写作欲望

师：上一堂课，我们学完了《卖火柴的小女孩》这篇课文。这一节作文课，我想先向小朋友介绍一首诗，题目是《你别问这是为什么》，它是一个名叫刘倩倩的小学生写的。

妈妈给我两块蛋糕，

我悄悄地留下一个。

你别问，这是为什么？

爸爸给我穿上棉衣，

我一定不把它弄破。

你别问，这是为了什么？

哥哥给我一盒歌片，

我选出了最美丽的一页。

你别问，这是为了什么？

晚上，我把它们放在床头边，

让梦儿赶快飞出我的被窝。

你别问，这是为了什么？

我要把蛋糕送给她吃，

把棉衣给她去挡风雪，

再一块儿唱那最美丽的歌。

你想知道她是谁？

请去问一问安徒生爷爷——

她就是卖火柴的那位小姐姐。

写这首诗的是个小学生，名字叫刘倩倩，那时她才9岁。你们都比她大，是她的哥哥姐姐。你们应该比刘倩倩更懂事，更懂得关心像卖火柴的小女孩这样穷苦的孩子。

假如说，卖火柴的小女孩没有死，有一天，她来到了我们社会主义中国，来到我们中间，来到你的身边，我们大家该怎么关心她呢？你又准备怎样给她温暖和幸福？

（创设想象情境，引导学生进入假想的具体情境中，促使学生的表述更为真切。）

今天的作文课上，我准备让大家练一篇想象作文，你们一定会高兴的。

题目可以根据你们给卖火柴的小女孩安排的内容自己确定。

（到了高年级鼓励学生自我命题。）

（二）提供导语，明确中心

师：我给你们开个头。文章开头的第一句话可以是"她来了"。（板书：她来了。）句

子后面可以用逗号，也可以用句号，还可以前后加上引号。也许，有的同学想的比李老师更好，那也可以不用这个开头（尊重学生的创造性）。

根据"她来了"开头，接下去，你们要介绍些什么？

生：交代她是谁？

生：还要交代她什么时候来，为什么来？

生：她来到哪里？

生：她来了以后，我准备干些什么？

师：就是你准备怎样接待卖火柴的小女孩。现在要你们猜一猜，李老师为什么要你们写这样的作文？要你们从小懂得什么？（很自然地引导学生在学作文中学做人，培养学生的道德情感。）

生：从小学会可怜人。

师："可怜"这个词用得不恰当。

生：从小学会关心人。

生：要求我们关心穷苦的孩子。

师：再想想，大家关心她，小女孩会感到什么？

生：会感到温暖和快乐。

师：还有什么认识？

生：她感到社会主义大家庭非常幸福。

生：她感到这里才是没有饥饿，没有寒冷的地方。

师：对，你讲得非常好。这就是她所幻想的地方，她会非常羡慕我们，对不对？我们大家关心她，说明生活在社会主义中国的我们真幸福。这就是我们今天这篇作文的中心。

　　板书：中心　大家关心她

　　　　　　　　我们真幸福

（三）开拓思路，进行片段训练

师：中心明确了，我们想象起来就有了目标。我看哪些小朋友喜欢想象？在你们的想象中，卖火柴的小女孩是什么时候来到我们中间的？这个时间不一定说成几月几日，可以从季节上说，也可以选定哪一个节日。比如，是春天的早晨，还是大年三十的晚上？（时间的自选，极大地激发了学生无拘无束的想象。）

生：她在大年夜的晚上来了。

生：她在我过生日的那天早上来了。

生：她在"六一"儿童节的下午来了。

生：在中秋节的晚上来了。

生：她在我们秋游的时候来了。

生：她在鲜花盛开的春天来了。

生：她在大雪纷飞的时候来了。

师：想得很好。她来了以后，你准备怎么办呢？

生：我给她穿上厚厚的棉袄。

生：我和她一起去上学，带她到各地去游玩。

生：我把自己心爱的衣服给她穿，把爸爸给我的生日蛋糕给她吃，带她到我们的濠河去游玩。

师：好，刚才同学们讲了许多，她来了，给她穿的、吃的，带她去游玩。因为，小女孩想的就是没有寒冷、没有饥饿、没有痛苦的地方。你们给予她的，就是她所需要的。这样就做到了以课文为根据来思考。

你们还打算给她做哪些幸福的事呢？

生：如果那时候，我是汽车队长，我就举行一次仪式，把她接到我们祖国来，让她坐上我的车，不，让她坐在我身边，带她到祖国各地去玩。

生：我让她坐在火炉前烘脚取暖。

生：要是她冬天来了，我给她棉衣穿；要是她夏天来了，我给她漂亮的裙子穿；要是她春天来了，我给她毛衣穿。我还要带她去人民公园玩电动飞机。

生：我要把妈妈买给我的新书包送给她，我自己用旧的，和她一起去上学。

生：不管她什么时候来，我都像对待亲妹妹一样对待她。

生：我还要把心爱的红领巾给她戴，让她参加我们的队日活动。

生：我要用我刚拿的稿费给她买一个新书包。

生：我要把她介绍给李老师，让李老师安排她坐在教室第一排。

（四）提出写作要求

师：你们想得真好，真周到。那么，我们写这样的想象性作文要注意什么呢？老师提醒你们注意两点。

第一点,因为是想象性的作文,所以想象要合理。(板书:想象要合理。)刚才,你们说的都很合理,参加这些活动是你们的幸福,也正是她追求的快乐。活动中会涉及很多人,有你、有卖火柴的小女孩和其他人。如果你把她接到你家里,家里有你妈妈,有你奶奶和隔壁邻居;如果把她带到学校,有李老师和有许多人。写这些人物的时候,我们要考虑好人物说的、做的、想的,都要符合人物的身份。

这里有两段话,你们看哪一段合理。

①今天,我对小丽莎说:"我带你到少年之家去玩,好吗?"小丽莎高兴地说:"好。"一路上,小丽莎像小鸟一样,又是唱,又是跳,快活极了。

(小丽莎是给卖火柴的小女孩取的名字。)

②今天,我对小丽莎说:"我带你到少年之家去玩,好吗?"小丽莎睁大着那双蓝眼睛问:"少年之家,那是什么地方?我能去吗?""怎么不能?这是我们少年儿童的家呀!每个小朋友都能去。"小丽莎显得有些胆怯:"真的吗?那些少爷小姐会欺负我吗?""什么少爷小姐?在我们国家里,每个孩子都是祖国的花朵,你放心去吧!"

师:这两段话,哪一段描写符合人物的身份?

生:第二段。

生:因为小丽莎对我们这儿不熟悉,所以处处感到陌生,显得胆怯。

生:我觉得不能像第一段那样,写小女孩又是唱又是跳,因为她刚到我们中国,对我们这儿还很生疏,不会那样毫无顾忌。

师:小女孩对我们这儿很陌生,不理解,开始还有些胆怯。我们写时要考虑到这些具体情况与小女孩原来的生活环境。但是,她来了以后,我们大家热情地关心她,那么,她也会从陌生到熟悉、由胆怯到活泼。这是第一点要求,想象要合理。

这是想象性的文章,实际上也是记事的文章。所以,第二点要求是叙述要具体。(板书:叙述要具体。)只有写具体了,别人读了你的文章才会感到社会主义国家的孩子真可爱,处处关心人,生活真幸福。

现在要看哪些小朋友为卖火柴的小女孩想得周到,想得周到就容易写具体。你们还有其他困难吗?

生:(提问)题目要统一吗?

师：题目可以不统一，可以根据时间、地点来定，如《又一个大年夜》《卖火柴的小女孩来这里做客》《远方的来客》，还可以用女孩说的话，如《这儿真幸福》为题。

生：用《她来了》呢？

师：也可以。先把内容考虑一下，如果你写一件事，可以具体一些。写几件事，要排一排顺序，考虑好线索，根据事情的情节，写得有头有尾。下面请小朋友列好提纲再写。

学生列提纲，开始写作。

［**板书设计**］

中心：大家关心她

　　　我们真幸福

要求：1. 想象要合理

　　　2. 叙述要具体

［**专家评点**］

　　教师用湖北小学生刘倩倩的一篇在国际获奖的童诗引路，创设想象情境，引导学生进入假想的具体情境中。由于是中年级学生，教师让学生用"她来了"开头，激发学生从不同角度介绍自己心目中的"卖火柴的小女孩"，使学生对"小女孩"有一个初步的印象。在此基础上，教师进一步开拓学生的思路、激发学生的想象、鼓励学生的独特想象，并在其中巧妙地提出习作要求，即想象要合理、叙述要具体。

　　在中年级的作文教学中，李老师把教师的主导作用和学生的主体作用辩证地统一起来，审时度势、因势利导，既提出了教学要求，又不使学生感到任何束缚。在课堂上，学生无拘无束、畅所欲言，学生的言谈尽显天真烂漫，教师的相机诱导得心应手、举重若轻，所谓"大道无痕"。李老师的教学艺术，看似平实自然，其实正反映了李老师有很深的教学造诣和厚实的文化底蕴，非数十年磨砺和浸润是达不到这种境界的。

　　当前，阅读教学有文本作为依托，而作文教学面对的是大千世界，是无字之书，老师们难以把握。如何进行教学设计更难以捉摸。本课教学给大家提供了一个很好

的范例，即在小学中年级的作文教学中，如何激发学生的习作欲望、如何明确中心、如何开拓学生的思路进行片段训练，又如何相机提出习作要求的。李吉林老师善于运用导语、过渡语和小结语进行穿针引线，善于创设情境，并适时引导学生进入情境，使学生"情动而辞发"，从而产生流畅而又鲜活的语言，产生与众不同的"表达形式"。这才是真正意义上的"自由表达"和"有创意的表达"。

教学永远具有教育性。本课教学在体现工具性和人文性的统一上，也为我们树立了范例。

（杨再隋点评）

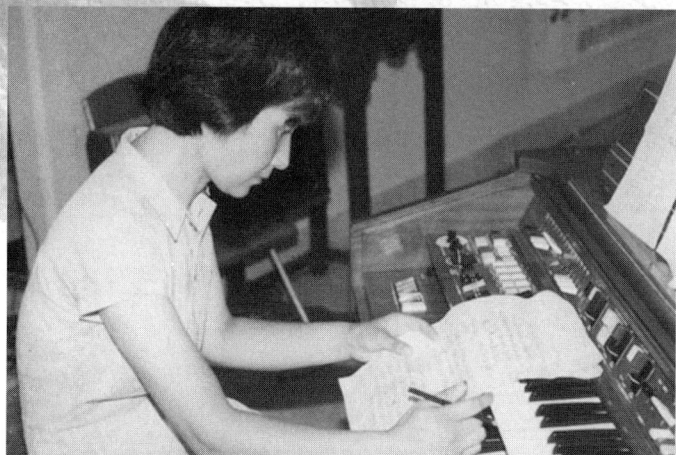

思想索引

教师应该是思想者

在小学、在孩子们中间生活了半个世纪，我常常想，小学老师切不可因此而认为自己的思想就可以简单，就可以肤浅。恰恰相反，小学老师同样应该是一个思想者，而且是丰富而开放的思想者。思想是行为的先导，对学生、对教育，我们的思想直接影响着我们怎么爱学生、怎么教学生。

于是，我常常拿起笔，记下我的思想的轨迹，或是一片刚刚萌生的思想的小芽，或是一撷奔涌的思想的浪花。我曾经这样写道：是教师，也是诗人。诗人是令人敬慕的。其实，老师也在用心血写诗，而且写着人们最关注的明天的诗——不过，那不是写在稿纸上，而是写在学生的心田里。

（《是教师，也是诗人》，1985 年）

这样的思想，鼓动着我用心血去写诗，而且是写在学生的心田上。时代的热浪，不断地撞击着我的心扉，使许多新的思想在我胸中生成。我非常感谢我们的时代。

（一）

我从古代文论的"意境说"中汲取营养。通过把学生带入情境，提供作文题材。我把孩子们带到广阔的原野上、带到弯弯的小河旁，在春风里、在雷雨中、在天空下，和他们一起领略大自然的风光，寻觅成人不屑一顾的那几朵野花、那几群小蝌蚪、那几畦躲在泥土里的红萝卜……真实的情境让孩子们写出了一篇篇生动的习作。孩子们不仅言之有物，而且言之有情。捧读孩子们的习作，我的心中比喝甘醇还舒坦，有时甚至令我陶醉。

于是，我写下了《情景·陶冶·训练》《做插翅的小主人》《和小学生谈观察》《自由驰骋　写有兴味》《让儿童的心灵插上翅膀》《乘着童话般的小船远航》《油菜花又黄了》这些随笔，它们记录了我当时对小学作文教学的认识。

认识之一：作文要打开学生的思路。

认识之二：作文要把学生带入大自然，带入生活。

认识之三：在"观察情境教作文"中，要把观察与想象结合起来。

我看到一对对想象的彩翼，伴随着情感和理想展开了，起飞了，越过时间和空间，与天地交往，与未来相见。我领悟到，这儿时想象的翅膀，这幼小心灵的彩翼，闪烁着智慧，蕴藏着理想。作为老师，我该十倍地珍爱它——为之鼓动，为之指引航程。不然的话，我们便会在无意间伤害这些珍贵的智慧之树、理想之花！

（《彩翼》，1984年）

无论是课堂现场，还是课后与孩子们相处，都让我像农民一样看到了丰收的田野。孩子们不仅学好了语文、写好了作文，他们更懂得关爱小伙伴、关爱他人……我以一篇小散文记录了当时的感受。

我不是农民，却是一个播种者；我不把谷子撒进泥土，却把另一种金色的种子播在孩子的心田上——那是一块奇异的土地，播上理想的种子，便会获得令人惊奇的收获。

（二）

情境教学探索的进展，让我由作文教学拓展到阅读教学中审美教育的实验与研究。

审美能力的培养，在当时的初等教育中是一个全新的课题。对于我也是全新的。是新的，我必然知之甚少。我想起古人语："知之为知之，不知为不知。"不知就要学。我比先前更强烈地感觉到，思想者首先是一个学习者，不学习岂有思想?! 我便迈开双脚，走出去，倾听专家的意见。

当然，我不能以听代读，书还是要读的。现在回忆起来，我这个学习者还是够自觉。因为自觉，所以我学得快乐。学与不学到底不一样。此后，我的探索变得明朗起来，思想也清晰多了。

"美"总是富有魅力的。阅读教学中的"美"，对儿童来说更是魅力无穷。我通过创设情境，让儿童在阅读教学中受到美的熏陶，那情境简直是诗化的境界！于是，我又产生了许多新的感受，并为之兴奋不已。

我想，我必须把这些新的感受、新的认识及时写下来。

　　培养学生的审美能力，首先要培养学生感受美的能力。美是客观存在的。一个人不懂得感受美，就无从鉴赏美，更谈不上创造美。因此，我从让学生感知美的表象开始，培养学生感受美的能力，这是审美教育的基础。

　　审美教育的中心环节是从审美感受提高到美的鉴赏，从而理解美的实质。从认识过程来说，虽是从感性认识上升到理性认识，但形成审美观念的认识过程的飞跃，仍然需要伴随着形象。因此，教师必须很好地引导学生分析情境，由表及里、由此及彼地理解美的实质。

（《语文教学上的情境创设》，1981 年）

　　文章中我又谈到，从"激起表达美的欲望""教给表达美的方法""开拓表达美的天地"，逐步引导学生表达美，最后再联系教师自己的情感去阐述"驾驭情境、诱发审美动因"的思想。

　　从学生感受美、鉴赏美、创造美和教师诱发美四个方面，我努力去解决审美教育的基础、中心环节、根本目的和关键四个方面的问题。我深深地感到，审美教育是学校全面发展教育中必不可少的重要组成部分，它对于语文教学来说，不仅是教学目的之一，也是在语文教学中进行德育教育，发展智力，培养学生读写能力的有效手段。

（《语文教学上的情境创设》，1981 年）

　　这篇文章 1981 年 8 月在《教育研究》上发表，而后我又相继写成《小学低年级语文教学中的美育》《从审美教育着手，发展儿童的情感》（《光明日报》1983 年 2 月 5 日）、《从审美教育着手，体现语文教学的教育性》（《小学语文教学》1987 年第 12 期），我在其中阐述了审美教育对儿童道德、道德行为形成的重要性。我始终觉得，通过"美"，可以走出一条促进学生素质全面发展的路。

　　所以，在情境教学实验的过程中，乃至在情境教育、情境课程的探索实施中，我始终突出了"美"，并进行相关的研究。于是，我从教学原则的高度再一次提出"美"在教育中无可替代的地位和价值。1998 年，我又把对教学中美感的意义和操作的新的认识写成《一个值得倡导的教学原则：美感性》。行文中，我用自己深切的感受去倡导、去呼唤。

　　教学实践已表明，无数成功的教学，一切深受学生欢迎的课，无不体现了一个

"美"字，"美"也无处不在影响着儿童的情感、智慧和身心的发展。幼小的心灵需要美的滋润，儿童的智慧活动需要美的激活，教学的高效能需要美的推动。一句话，孩子的发展不能没有美。于是，我想到，我们的教学应当倡导一个原则，那就是美感性。

（《一个值得倡导的教学原则：美感性》，1998 年）

我认为，一个人的思想总是延续的，教育的实验与研究回避不了"周期长"的特点。从 1978 年情境教学探索起步，至今已有 20 多年，我始终抓住"情境"这一课题，"情境教学—情境教育—情境课程"三步曲，至今还没停步。而关于"美"的探究，只是其中的一个分支课题，我一以贯之，锲而不舍。以至于我在 21 世纪初将"以美为境界"概括为情境课程操作的要义之首。这使我感到，随着时间的推移、实验的进展，我的思想得以丰富，路也越走越宽。路宽了，我思想的空间也随之开阔，并日渐有了深度。

（三）

记得第一轮实验期间，我随时记下自己的思想和情感的发展脉络，写下了 50 余篇论文及教育随笔，并在报刊上发表。后来，我将其中的论文集结成册——《训练语言与发展智力》，这是我的第一本书。

实验班学生毕业后，我认真反思学生 1～5 年级发展的全过程。我已从教学与促进儿童发展的高度感悟到，儿童的发展具有明显的整体性。整体改革已在酝酿之中。我及时写下了自己当时思想的发展，写了《从整体出发，着眼儿童发展》一文，并概括出情境教学促进儿童发展的"五要素"，即：以培养兴趣为前提，诱发主动性；以思维为核心，着眼创造性；以指导观察为基础，强化感受性；以情境为动因，渗透教育性；以训练语言为手段，贯穿实践性。

（《教育研究》，1985 年 1 月）

在此基础上，我做了全面的反思。事物的现象都是复杂的，是千差万别的，但是规律的东西都是简明的，它概括的是事物的共性。相似的集合，就是规律。我用一年的时间回顾、整理过去五年情境教学的探索历程，终于总结出情境教学促进儿童发展的规律，写成《情境教学实验与研究》一书，这算得上我真正的第一本专著。

书稿于 1986 年完成。书出版后，不仅受到了广大老师的喜爱，也受到了理论界的瞩目和好评，先后 4 次印刷。在 1989 年 9 月中华人民共和国成立 40 周年的时候，该书获得教育部首届教育科学优秀成果一等奖，第二年获中国新闻出版署第二届教育优秀图书一等奖。并且，该书成为国家教委全国推广的几个科研成果之一。

（四）

在 20 世纪末，情境教学总结的规律，在全国教育改革进一步深化的大好时机中，顺其自然地向情境教育拓展。我觉得自己好像上了一个新的台阶，那不仅是小学语文，而且是整个小学教育。学校科研的队伍不仅有我、有同年级的老师，更有全校的一大批青年教师，他们也满怀豪情地走到情境教育实验的队伍中来了。那情境、那前景，真令我"心潮逐浪高"。1992 年的《奔腾的涌浪》一文便是我当时内心世界的真实写照。

如果愿生活像平静的小池，是为了追求它的安逸还是清澈？如果愿生活像山间的溪流，是爱恋它的孤独还是长远？如果愿生活像大海，是向往它迷人的色彩还是奔腾的涌浪？是的，生活是多角度的。每个人刻意追求的侧面也各不相同。我爱小池，也爱溪流，那是因为我爱它们的"清"和"远"。然而，生活里也少不了涌浪；倘若没有涌浪，便辜负了人生。小学老师的生活有时像小池的明净，有时像溪流的清远，但似乎少了一点跳跃的涌浪。于是，我向往大海的奔腾……

在中国教育学会举行的纪念邓小平同志"三个面向"发表 20 周年的学术研讨会上，我做了题为《情境教学—情境教育探索与思考》的演讲，正式提出了"情境教育"。我进一步明确基础教育必须以儿童为主体，拓展教育空间，缩短教师、教材与学生的距离，注重创新与实践，促进儿童全面、和谐地发展。情境教育的基本模式在这一思想的主导下构架起来，我从哲学和心理学的角度明确了情境教育的基本原理，情境教育得到了专家、社会的广泛认可，学生也在情境教育中获得了生动活泼的发展。我从心底里深深地感受到了做教师的快乐和幸福，《如诗如画》表达了我做教师的真切感受，抒发了我对教育、对孩子的热爱。

没有当过教师的人，大概想不到"如诗如画"的境界可以与教师的工作相联系，那是因为教师太累，生活又清苦。于是，就有了"教师如同蜡烛，照亮了别人，毁灭了自己"的比喻，就有《红烛颂》《烛光》等讴歌教师的篇章。当然，也就有了用李商隐咏"春蚕"的名句来赞美教师的最为彻底的无私奉献。然而，这些比喻都不免有些伤感，甚至觉得凄凉。

其实，当教师的乐趣是难以言喻的。我当了30多年的教师，深感当教师远比蜡烛永恒，照亮了别人，升华了自己；即便是比作"春蚕"，也绝不是"春蚕到死丝方尽"，而是丝虽尽，却身不死。蚕化作蛹，蛹变成蛾，蛾又孕育出蚕宝宝，无穷无尽……那真是如诗如画！——而且是长长的"画卷"；是叙事、抒情融于一体的"诗集"。

（《如诗如画》，1993年，获"教师——美好的职业"征文一等奖）

（五）

情境教育经过五年的实验，我在学校的教育现场中，又产生了许多新的感受。我先后在《人民教育》"李吉林教艺录"栏目中发表了《以训练替代分析》《让艺术走进语文教学》《崇高的使命：教文，也要教做人》《教学成功的诀窍：情感为纽带》《重要的观念：让学生在教学过程中充分地活动》《一个值得倡导的教学原则：美感性》，以及后来的《教育的灵魂：培养学生的创新精神》。这8篇稿子比较集中地写出了20世纪90年代后期，我心中沉思已久，并不断得到锤炼的想法，下面分别摘录几个片段。

语言文字本身不是孤立存在的符号，而是与社会、与人的思想、情感、智慧紧密地联系在一起的。语言的特殊性质决定了儿童学习语言必须与对世界的认识结合起来，需要激活形象思维、需要丰富语言资源、需要拓展儿童的视野，把观察、思维与语言三者融为一体进行训练。那种没有感知为基础的语言训练，忽略儿童思维发展的训练，必然是抽象的、空洞无物的，最终则达不到提高语言能力的目的。所以，作为语文老师，应考虑到如何通过语言的训练来发展思维，或通过思维的发展来提高语言。

（《以训练替代分析》，1996年）

"教材—学生"之间情感的桥梁便是老师之情，要靠老师去传递、去强化，让学生随着教学过程的推进，入情、动情、移情、抒情。情感的纽带就联结、沟通教材—教师—学生。

（《教学成功的诀窍：情感为纽带》，1996年）

　　在教文的同时，教孩子"学做人"这是理所当然、责无旁贷的。所谓"学做人"，我以为就是让孩子首先懂得如何对人、对己，进而懂得如何对公、对私，以至如何对待祖国的命运和个人的前途。我从事的语文教学，就这样紧密地和孩子"学做人"的大事联结在一起了。多少年来，这种使命感不断地在我胸中涌动。于是，我每日进行的"教文"的工作，便富有了神圣的内涵。

（《崇高的使命：教文，也要教做人》，1997 年）

　　至于培养学生的创造性，我一直把它作为教育教学的重要目标。早在 1982 年，我概括的情境教学促进儿童发展的"五要素"，其中之一便是"以思维为核心，着眼创造性"。经过十多年的实践与思考，我更有了清晰而切合实际的想法。

　　小学生的创新，与科学家、艺术家以及能工巧匠的创新是有着很大差异的。小学生的创新不像专家那样，有一种使命感、有一种责任感、有一种强烈的事业心；也不能像心理学家分析的那样，创新要经历充分的准备、长期的酝酿，然后在瞬间产生顿悟，最终获得创新的成果。小学生的创新是在有意无意间进行的，他们在课堂上不可能有什么显赫的创新。因此，小学课堂教学创新能力的培养，主要是培养一种创新的精神、创新的愿望、求异的思维品质，让其初步体验到创新的快乐。这样，针对儿童特点、贴近儿童的实际提出要求，教学中的创新教育就可为广大老师所接受，并在课堂上操作起来，在校园里蓬蓬勃勃地延伸开去。

（《教育的灵魂：培养学生的创新精神》，2001 年）

（六）

　　2002 年冬天，华东师范大学举行"国际建构主义与课程教学改革研讨会"，我应邀作为演讲的主要嘉宾。在会前，我做了认真的准备，既不赶时髦似的把中国的情境教育纳入建构主义的范畴，又以开放的眼光吸纳建构主义中可以为自己所用的理论，使情境教育的理论添加新意。我在会上做了题为《情境教育：促进"儿童—知识—社会"的完美建构》的演讲，开场我便提到如下内容。

　　20 世纪 70 年代末，中国的教育工作者碰上了千载难逢的机遇，整个国家的改革开放，为老师拓展了一个广阔的空间，大家都可以一展宏图。就在这时，我开始了语文情境教学的探索与研究。说来也巧，当时，因为信息的闭塞，我尚不知道在地球的那一边，也开始了情境认知的研究。这种东西方教育同步的巧合，似乎是偶然的，其实也并非完全如此。这表明，人类文化的发展到了一定的阶段，东西方也往往会产生一种"心有灵犀一点通"的惊人的相似，甚至相同的发现、发展。

接着，我回顾了情境教育的发展历程，并从建构的角度，进一步完善情境教育的基本模式，提出"拓宽教育空间——社会是儿童知识建构不可替代的情境""缩短心理距离——情感是儿童知识建构的纽带""利用角色效应——儿童是知识建构的主体""注重创新实践——'发展'与'基础'是儿童知识建构的双翼"。演讲反响极好，后来《全球教育展望》杂志全文刊发了我的发言。

从情境教学到情境教育再到情境课程，我深一脚浅一脚地走过来，虽无暗礁，但曲折总是难免。有欢笑，也有泪水。我只是像一个长跑运动员执着地往前迅速跑。激情与想象让我为孩子的幸福成长而追求教育的完美境界，从朦胧到清晰，从清晰到急切。也正是有了这样的精神追求，我的自身便产生了一股子劲，驱动着我去学习、去研究。如此日积月累，我从一个普通的教师成长为一个有追求、有作为的教师。我不敢说自己是一个思想者，但我觉得小学老师，也应该有自己的思想和教育主张。这样，我们就可以无愧地说：我是一个思想者。因为"思想者"并不是"思想家"。

20多年来，我不断地用笔记下我思想的轨迹。在这个过程中，我欣喜地发现自己日益成熟，我已是长大的儿童。2003年教师节，《人民教育》发表了我的一篇散文——《我，长大的儿童》。在这篇文章中，我从另一个侧面记下了自己的情感脉络。

在儿童的世界里，我在爱孩子中，渐渐长大了。我把这种爱，升华成自己的理念，又把它细化成自己的行为。

正是出于对儿童的爱，使我不怕吃苦，不怕麻烦。意志使我体验到作为人的一种力量。我觉得意志会使情感持续、稳定、强化。我想，心理学上可能并不这样写，情感与意志是人心理的两大区域。其实，在一个人的内心世界里，两者却难以一分为二，它们是互动的、是相互影响的。

儿童的眼睛、儿童的情感、儿童的心理，构筑了我的内心世界。是的，正是儿童，是童心，给了我智慧。我想说，爱会产生智慧，爱与智慧改变人生。

一个人的"情"与"思"似水乳一般交融在一起，总是相互影响着，并构筑起每一个人的精神世界。近半个世纪的小学教育工作的实践与研究，让我更深地感悟到教师作为一个思想者，他（她）首先是一个不倦的学习者，一个执着的探究者。

权威评价

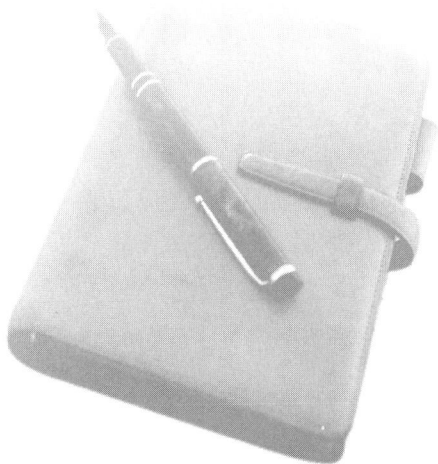

一、重视情境教育，努力探索全面提高学生素质的途径

——在"全国情境教学—情境教育学术研讨会"上的讲话（摘录）

柳　斌

　　我觉得"全国情境教学—情境教育学术研讨会"的召开是一件喜事，对于基础教育界来说也是一件大事，是一件令人鼓舞的事情。它对于我们国家的小学语文教学乃至整个中小学的教育改革，都将产生重大而且深刻的影响。

　　情境教学之所以获得很高的评价，在于它既是丰富的实践经验的总结，又符合语文教学规律、思维发展规律和育人的规律。所以，我想从这样三个方面来谈谈我的感想和体会。

　　语文课的性质和任务是什么？这是长期争论不休的问题。强调语文知识性的人要求着重讲字、词、句、篇的知识和规律；强调语文工具性的人要求着重进行听、说、读、写四会的训练。情境教学除了把知识性、工具性结合起来，使字词句篇、听说读写的训练统一在情境中之外，还要求重视语文的文化性。因为，语文课讲到的很多的"情"和"境"都深深地打上了中华民族文化的烙印。情境教学以语言文字既是思想的载体、信息的载体，也是文化的载体为依据，要求凭借教材的内容创设情境，引导学生通过情绪的体验受到中华民族优秀文化的熏陶，从而获得民族文化精神和民族审美感情。情境教学把因"应试"而被淡化了的中华民族的道德规范、情感、意志、情操等文化要素重新确定为语文教学的有机构成，使兴趣、特长、志向、态度、价值、目标这些人的素质的重要方面在教学中占据了应有的位置，这样就使语文教学达到了一个新的、更高的境界。

　　思维能力的培养是基础教育阶段的重要课题。思维品质优良与否是国民素质的决定因素。一切创造活动都离不开想象，所以抑制了想象能力、形象思维能力的发展，最终是抑制了创造能力的发展，在很大程度上也割断了教育与感情的联系，这对于发展健全的思维能力是很不利的。

　　情境教学正是在这方面表现了自己的巨大魅力和优势。情境教学强调以"思"

为核心，在创造的乐趣中协同大脑两半球的作用，通过形真、情切、意远、理蕴的特点，巧妙地把儿童的认识活动与情感活动结合起来，解决了长期以来因注重认知忽视情感而带来的逻辑思维与形象思维不能协同发展的问题，有效地提高了学生的思维品质。

"育人以德"是重要的，"育人以智"也是重要的，但如果离开了"育人以情"，那么，"德"和"智"都很难收到理想的效果。把德育、智育、美育融会于情境之中，在教学生学会求知的过程当中学会做人是情境教育最大的一个特色。我认为，教育是充满感情、充满爱的事业，没有感情的教育是苍白无力的教育。单纯的知识传授不能造就一代有理想、有道德、有文化、有纪律的健全的国民。

我觉得，情境教育的可贵之处正是在于，它以"情"为纽带，在审美体验的乐趣中去培养学生爱祖国、爱人民、爱科学、爱劳动、爱社会主义的精神情操，为孩子做一个堂堂正正的中国人打下坚实的品德、情感、意志的基础。情境教育给予学生的不仅仅是生动活泼的、新鲜的知识，而且是一个健康的、丰富的精神世界。

情境教学—情境教育搞好了，对我们国家实施素质教育会产生很好的作用。情境教学—情境教育这样的学术研究关在图书馆里是搞不出来的，它是古今中外优秀的、进步的教育理论跟我们自己的教育实践相结合的结果。情境教学—情境教育植根于中国的大地，是有中国特色的，而且对于解决目前中国基础教育存在的一些问题是有效的。情境教育的好处是把教材教活了，把课教活了，把孩子们教活了，把教学过程中的育人功能充分地体现出来了，因此，情境教学—情境教育是对素质教育的一种有效的探索。我觉得应当高度地评价情境教育，并祝愿它在全国各地开花结果。

二、"情境教育"是具有中国特色的、原创的教育思想体系（摘录）

顾明远

李吉林的教育思想有着重要的理论价值和现实意义。其理论价值在于它不是停留在情境教育的方法上，而是运用教育学、心理学的理论探讨儿童的认知规律。它把儿童的注意、观察、思维、想象以及非智力因素都调动起来，在教学中促进儿童

智能的发展，这在课程教学理论中具有重要的意义。其现实意义在于对落实新课程改革、推进素质教育有着重要的意义。新课程的最大特点是课程教学不仅要传授知识，而且要培养学生的能力，培养学生对知识的认识态度和价值观。要落实新课程的目标，就需要改变传统的教学模式，以新的教育理念为指导，重视学生的主体性，培养学生自觉地对教育内容的体验。情境教育正是让学生在情境中自觉体验、自主学习，从而更深刻地理解教材、掌握知识、获得情感的体验。

李吉林老师的教育思想和实践是在中国本土上生长的，具有浓厚的中国文化内涵，是有中国特色的、原创的教育思想流派。虽然它也借鉴了国外的理念，但她把它融入自己的教学实践中，在实践中本土化并且丰富、拓展了，最后形成了具有中国特色、中国气派、中国风格的教育思想体系。

与此同时，李吉林的情境教育思想又是符合世界教育发展潮流的。当今世界科学技术日新月异，多样文化互相交流，学校已经不是象牙之塔，学校必须开放办学，培养学生广阔的视野、创新的能力。情境教育就是跳出课堂狭隘的空间，在广阔的环境中学习，充分培养学生的想象力和创造性。当然，不是说不要课堂教学，而是课堂教学不囿于课堂的小范围，把眼光放到课堂外面，放到世界的广阔天地里。

李吉林教育思想体系的形成，标志着有中国特色的、我国原创的教育思想流派的出现和成熟，也标志着我国一批当代教育家的涌现。长期以来，我们只介绍、宣传外国的教育家，把他们的学说拿来推广运用，总说没有出现我们自己的教育家。今天，我们终于看到了我们自己的土生土长的教育家，看到了她的教育思想体系。其实，中华人民共和国成立以来，几十年的教育实践，特别是改革开放以来，在思想解放、开拓创新的气氛中蕴含着一批教育改革家。他们敢于创新、敢于实验，创造了许多的教育新思想和实际新经验，李吉林老师就是其中的最杰出的代表。她不仅在教育实践中创造了奇迹，培养了大批高素质的人才，而且在教育中勤于思考、努力探索，创造了一整套情境教育的思想体系，丰富了我国教育理论的宝库。

我们今天研讨她的教育思想，一方面要学习她的教育思想，推广她的教育思想和经验；另一方面，我们更要学习她热爱教育、热爱儿童、敢于探索、不断创新的精神。第一，我们要学习李吉林老师热爱儿童、热爱教育事业的精神。李吉林老师这种对儿童的爱不是普通的爱，不是普通地喜欢孩子，而是建立在对教育的忠诚、对民族未来的责任、对儿童的信任的基础上的。她对青年教师讲："大家都知道祖国要繁荣昌盛，就必须提高民族素质，而民族素质的提高首先要通过基础教育进行。儿童的行为习惯、道德品质、文化素养以及思想观点正在逐步形成的过程中。我们必须从多方面为他们树立良好的教育和教养，为他们成为社会主义事业全面发展的一代新人打好基础。"她的情境教育的"情"就体现在对儿童的"情"上，只有对儿童有情，才能去激发儿童的情感。没有教师的满腔热情，就不可能实施情境教育。

第二，要学习李吉林老师对教育教学孜孜不倦的钻研精神和科学态度。她几十年如一日，勤奋工作、努力学习。她进修文学，学习教育学、心理学，不断提高自己的专业水平。她把教育作为一门科学不断探索，从实践到理论；又将自己总结出的理论用到实践中去检验，不断升华，形成完整的教育思想体系。今天大家都在谈论教师的专业发展，不做教书匠，要做研究型教师，李吉林老师就是研究型教师的典范。教师的专业发展不能离开教育实践，短期的脱产学习是必要的，但更重要的是要在教育实践中学习，边学习边反思，把教育作为一门科学来研究，才能悟出教育的真谛。

第三，要学习李吉林老师锲而不舍、不断追求卓越的精神。教育实验研究是一个复杂而长期的工作，不能一蹴而就，需要有耐心、有恒心。长期实践探索、再实践再探索，不断升华，才能总结出带有规律性的经验。现在有些老师把教育实验研究作为功利的工作：定一个课题、写一篇文章、评到职称就算完成，这是成不了教育家的，这也无助于教育质量的提高。我希望我们的教育实验研究能像李吉林老师那样锲而不舍、长期坚持，最后必然会取得成功。

总而言之，情境教育是具有中国特色的、原创的教育思想体系。其原创性来自李吉林作为一线教师、始终拥抱实践的草根性；来自她扎根自身专业学科教学的实践性；来自她从事儿童教育的责任心和使命感。李吉林和她的情境教育秉持中国社会主义教育的本土性，同时又与世界教育改革大潮积极呼应，堪称"蕴含东方文化智慧的课程范式，回应世界教育改革的中国声音"。

三、情境教育与人的情感性素质（摘录）

朱小蔓

南通师范二附小的李吉林老师倡导的情境教学从语文教学改革入手，探索出了把认知活动和情感活动结合起来的教学模式。20世纪90年代，这一教学模式合乎逻辑地发展为情境教育。她的教学探索、教育探索获得了极大的成功。她所探索的教学过程、教育过程的种种生动经验及其体现出的思想恰恰是对当代人类教育中困惑和危机的回应，具有鲜明的时代性。情境教学—情境教育模式的灵魂是追求儿童认知活动和情感活动的协调。它们构成的物（境）—人（情）—辞（思）关系有助于保证人的素质的全面发展，有助于在儿童期奠定人格的基础。其实践操作对小学教育有极大的普适性，其观念思想对高等教育、成人教育如何实现素质教育也极富启发意义。

情境教学—情境教育追求儿童认知活动与情感活动的协调发展，为人的情感发展提供了优化的教育时空。这一教学教育模式为什么能够促进儿童的情感发展呢？

第一，人的情感发展不是生理现象的自发过程。虽然情绪发动的"重镇"在人脑边缘系统的杏仁核，但情感的质量水平怎样，是与大脑皮层的额叶前部及其认知加工分不开的。通过思维操作，使用语词概念使情绪能量的释放找到适合的表达方式，即有控制的表达，从而调控情绪活动，使之体现为社会—文化—心理水平良好的情感。而且，只有语词丰富、概念清晰、区分程度高，人的感受、情感表达才会分化性强、细腻度高、节制性好。李吉林老师已经总结出其间的关系是"物"激"情"，"情"发"辞"，"辞"促"思"，"思"又加深对"物"的认识。我们理解此处的"思"已是具有情感动力，有热情、专注之情感相伴随的"情思"。到了思维活动的这一阶段，情感发展与认知发展浑然不分、水乳交融。

第二，人的情感发展，有与认知发展不同的标志，其中的核心标志是感受、体验的范围、内容以及感受、体验的水平。现代认知心理学研究认为，在精神情感不发达、直接印象积累贫乏的情况下，形式主义地掌握大量知识必然造成人的感受萎缩。美国哈佛大学零点课题研究也早已提出这样的问题，即在一定的年龄以前，逻辑思维的发展与非逻辑思维的发展存在相互抑制的关系。因此，我们主张应珍视、保留人生命早期敏锐的感受能力、强烈的感受欲望及其细致性和独特性，不要急于将这一丰富的感知纳入冰冷的逻辑运演和概念之中，牺牲孩子们天真、热情的社会感受和审美感受。情境教学—情境教育为什么在小学生语词概念学习中不但没有损害儿童的感受性，相反以认知学习过程促进情绪感受的分化和丰富呢？其重要原因是，李老师运用生动的手段创设富有美感的情境，情境具有强烈的感染性。儿童诉诸感觉的东西，由直觉而渐次形成"审美意象"和审美体验。这一学习过程的思维活动，包括记忆、联想和想象，都带有强烈的情绪色彩，成为儿童情感发展的重要学习经验。

第三，我们还可以再进一步追究，为什么设置情境有助于人发展情感性素质，尤其对于少年儿童更是如此呢？学科教材，是人类优秀的文化创造，它经过漫长的从物理世界到意象世界到符号世界的思维加工、浓缩的过程。从一定意义上说，语词概念都是思维压缩的产物，它在推衍、形成的过程中使文化的价值负载、镌刻在字里行间。虽然语文学科中字词句章的情感色彩明显，但隐匿在符号后面的思想内涵和价值意义仍然不容易为少年儿童理解和接受。设置情境，正是语言符号和情感（价值）之间重要的中介，它是课文价值内涵具体形象的呈现。使用情境教学时，情境画面中的直观情节及其情感色彩、学习者的情绪表现与课文中的语词以及教学中的语言解释之间形成沟通联系。特别是教师在此时使用诗化的语言，使用扩展性描述，把压缩性思维及其符号背后的丰富价值信息还原地呈现出来，具有直觉性、形象性、整体性、感染性，弥补了儿童思维抽象程度不够的局限，帮助儿童把握抽象概念，把握知识背后的价值负载，使儿童在这一特定的学习中产生的情感经验巩固下来、储备起来。

第四，在情境教学—情境教育中，儿童是情绪感受、认知学习的主体，他们积极参与，自然放松地、真实流畅地表达情感，每一次教学过程都构成一个浓郁的情感场，教师在情感场中是情感力的主导力量。教师在认知场中是知识的权威，在情感场中则同时又是价值—人格的权威。情境教学—情境教育并不是任何教师都可以驾驭的。李吉林老师是一位极富教育资质的教师，其综合性的素质，包括知识层面、能力层面、人格层面、观念层面都非一般努力和修养而可企及，她之所以成为情境教学—情境教育的倡导者和带头人，赖于她独特的教育素质。这一教育素质的灵魂

是教育的人文精神，即崇高的教育爱，是对未成熟一代的尊重、信任、欣赏和期待。她的知识积累宽广而目标明确，就是为着学生。学生喜欢什么，她就先学习和学会什么。她的能力结构中，最重要的是与学生情感、心灵沟通的能力。她的艺术表现能力，她的诗化语言能力，她的幻化、想象和联想能力，她的感动自己又感染别人的能力都充满着情感色彩和人格魅力。她的成功证明，只有具备情感—人格素质的教师才可能驾驭情境教学—情境教育，只有具备上述教育素质的教师才可能影响学生的情感发展。

四、现代教师的新追求　现代教育的新成就

——李吉林情境教学实验的启示（摘录）

王策三

李吉林同志实验和创建的情境教学，十几年来，不断发展，影响越来越广，已经不只是她一个人的事情了，也不只是小学语文一科的教学的事情了，而是渐渐作为教师群体从事的一种带有普遍意义的教学理论和实践来进行研究了。

李吉林老师多年来的奋斗，把探索教学实践改革、教育理论学习研究以及开展教学实验这三件事情和三种角色，融为一体、集于一身，具体体现了现代教师的新追求和新特色。它保证了教育理论与教育实践紧密联系，也保证了不断地提高教学水平，有效地提高教师本身的素质。

教学的真正工作，就是把教材中固有的、隐含着的历史经验获得的活动过程，加以还原、展开、重演、再现……但是，原原本本地照搬又是不可能、不必要，甚至是有害的。教师还必须对教材历史经验的原始获得活动过程，加以改造和专门设计，使它简化、典型化地还原、展开、重演、再现。大凡教学，作为一种工作，其运作机理，就是这样。1996 年，许多教育青年学习长征历史经验和长征精神的活动，纪念长征 60 周年，采取"重走长征路"的办法，就是这个道理。李吉林老师的情境教学完全符合教学工作这个基本原理，她不仅做得很好，而且已在文字上做了十分清楚的表述。

情境教学更具特色之处，还在于它对教材中固有的、隐含着的历史经验获得活

动过程的还原、展开、重演、再现，其主要着眼点和着力点，放在情感和艺术方面，通过美术、音乐、戏剧和语言描绘等手段，使教学本身成为一种艺术活动。教师带领学生，不仅仅开展着智力活动，如感知、思维（分析、综合、判断、推理……）、说明、解释、论证等，而且，更着重开展着非智力活动，如感受、感动、激动、欣赏、表达、体验、品味、领悟、评价、创作……简言之，不一定是"知道"了，或"说得"出，而是"体验"到了，或"意会"到了。正如马克思所说，艺术地把握世界。

这件事意义非同小可。它大大地发展了直观原则，这是不待说的了。若与苏联维列鲁学派和西方皮亚杰、布鲁纳等人的活动学说相比较，也有它特殊的优越之处。活动学说对个体认识发生发展的活动过程，研究得相当细致，特别是内部活动和外部活动及其相互转化，作为过程怎样展开，又怎样压缩，经过哪些阶段，都有理论说明，部分的还有实验支持。但是，他们的研究范围，都还是偏重在认知科学领域，而情境教学则突出情感的、艺术的整体活动。换言之，直观原则和活动学说都缺乏（或未涉及）一个"情"字，而情境教学则是一个"情"字贯穿全部的活动过程。这就弥补了教学认识论的一大块缺陷，即教学认识不仅是认知活动，而且包括情感意志活动。情境教学为教学艺术认识论的探索，做了既富开拓性又实实在在的工作。

还要特别指出的是，情境教学在理论上和实践上都十分明确地肯定，设置情境是否必要和设置什么样的情境。情境设置有必要，而且情境设置都要以教材为根据，并以达成教材的要求为目标。这一点十分重要。它保证了艺术认识和科学认识的统一，也保证了教学认识的高起点和不同于一般认识的优势。把它跟杜威、罗杰斯等人的学说对比一下，就看得较清楚。杜威、罗杰斯他们是十分重视感性活动和情感的，杜威更早就提出了设置教学情境的理论。差别就在教材问题上。罗杰斯根本没有提到教材问题，而杜威则不以既定教材（历史经验）为依据来创设情境，相反地还要把"教材"本身改造为学生个体的经验情境。他自己承认并未解决好这项任务。但即使按他的意思改造了教材，那也不可避免地降低了教学的科学水平和认识（发展）水平。因为，以学生的个体经验（而不是历史经验）为起点，就把认识的起点降低了。我们也主张不断改革教材，使之更适应各级学生的年龄特征，以便这种历史经验与学生的个体经验联结得更容易一些，即李吉林老师讲的在心理上"缩短距离"。但我们坚持主要学习历史经验，坚持教材的系统性、高科学水平、基本知识和

基本技能的训练，简言之，坚持认识（发展）的高起点。这不仅对于保证教学的科学水平是重要的，而且对于艺术认识本身也是重要的。情境教学追求的情感是高级情感，即美感。它讲的"形真""情深""意远""理蕴"这几者是不可分割的。如果没有"意远"及"理蕴"，即思想精神和理性智慧的高水平，那么就不会有"情深"，而只有浅表的感情；而如果没有"情深"，即"物不能以情观"，那么，"形真"只是单纯的物，只是无生命、无意义的东西了。真正意义上的情境，也即高水平的艺术认识活动，其根据就在于高水平的教材。李吉林老师说得好："作品内有境。"我国历史上语文教学的宝贵经验之一，就是精选千古传诵的名家名篇为教材。其成功的道理就在于，只有高水平的教材，才内含着高级的情境、高级的艺术或审美活动。情境教学坚持以教材为根据，并以达成教材的要求为目的，避免了追求感性活动、情感活动而忽视甚至牺牲科学水平的片面性，也保证了情感、艺术认识活动本身的水平。

由上可见，情境教学就是把教材中固有的、隐含着的历史经验原始获得活动的过程，也就是一般人认识和发展活动的过程，加以改造、简化、典型化，并着重突出艺术化，进行还原、展开、重演、再现。在这里，科学认识、艺术认识以及学生的个性发展，都统一在一个活动中。追求的目标和实现目标的活动，都比较全面一些，并融为一体。它在非智力领域或教学艺术认识领域，做了开拓性的又实实在在的工作，既有理论，又有实践，不懈追求，不断创新，是现代教育的新成就的具体体现，其意义确实是重大的。

五、情境教育的教学论发展观（摘录）

张定璋

著名的特级教师、小学语文教学法专家李吉林首创的情境教学（教育）起始于1978年我国教学改革再度兴起之时，成长发展于我国提出"科教兴国"战略，强调中小学要由"应试教育"向"素质教育"转变之始。从小学语文情境教学发展为较广义的情境教育，意味着从分科教学法进到学科教学论中的一个有独创性的流派，它的理论构建不但促进了语文科教学论的学科建设，而且创造了一个有利于出成果、出科研型教师队伍的研究范式；不但在实践上取得了全面提高学生素质的效验，而且在理论上也为构建具有中国特色的教学论提供了范例性的实验材料、教学原则和教学模式。

李吉林老师首倡的情境教学使用的"情境"概念，内涵要丰富得多。它是这一教学（教育）系统的中心概念（或称范畴），它不但用在教学的开头阶段，而且还辐射、贯串于整个教学教育过程；不但指外部环境，而且指主体的内部环境，整合成为心理场；不但在教室中创设，还可以带学生到大自然、社会大课堂中去，让学生在现实场景中去感受、体验、思考；不但用在语文教学中，而且也可推广到其他学科的教学中；不但在于激发学生求知、求真，而且更可以用来激发美感、陶冶情操、锻炼意志，引导学生求善求美，实施爱国主义教育、审美教育和品德行为养成教育。简言之，情境教育中的情境是多元、多构、多功能的。

人们认为20世纪以来主要有两种研究范式进行较量，一种是模仿自然科学，强调用分析的、定量的数学方法来确定和解释因果关系，并能预测未来的实证主义研究范式（也称科学主义研究范式或简称"实证范式"）；另一种是从人文科学推衍而来的，注重的是整体和定性的信息，以达到理解、移情或加以说明的人本主义研究范式（或简称"解释范式"）。

可以说，在研究范式上，情境教学是辩证地融会了这两种范式，但所遵循的是另一条思想认识路线。这是一条以边探索实践，边总结提高为核心，反复循环，贯彻了马克思主义的"实践—认识—再实践—再认识"的辩证唯物主义认识路线的研究范式。其间，理论学习贯彻于始终，出成果是一个研究循环的终点和下一循环的起点，构图如下。

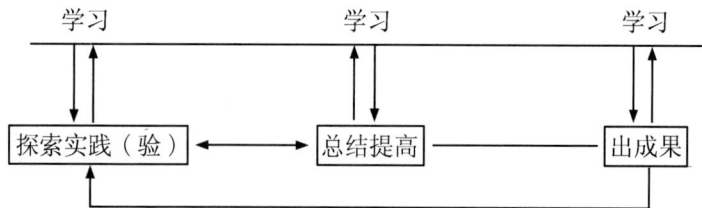

```
      学习              学习              学习
       ↓↑               ↓↑               ↓↑
┌──────────────┐    ┌──────────┐    ┌──────────┐
│ 探索实践（验）│ ←→ │ 总结提高 │ ←→ │  出成果  │
└──────────────┘    └──────────┘    └──────────┘
       └───────────────────────────────────┘
```

情境教学从一开始就把语言训练与智力发展相结合，"以思为核心"，这个"思"包含着形象思维、逻辑思维和创造性思维，后者包括直觉思维、灵感、创造性想象

等"潜在智力"。配合以"思"为核心的还有以"美"为突破口、以"情"为纽带、以周围世界为源泉、以"儿童实践"为手段，这样便把人的知、情、意、行统一起来了，把客体与主体统一起来了，把美育引发儿童学习的主动性、受教育和自我教育的重要性突出出来了。

把这五要素提到情境教学的基本原则来理解，我以为是恰如其分的，对丰富教学论的原则是有助益的。这五条原则就是：①以培养兴趣为前提，诱发主动性；②以指导观察为基础，强化感受性；③以发展思维为重点，着眼创造性；④以陶冶情感为动因，渗透教育性；⑤以训练语言为手段，贯穿实践性。这五条原则虽然是从语文教学，而且是小学语文教学的角度提的，但对小学其他各科教学都有指导意义。对比赞科夫的新教学论五条原则，在使教学激发和陶冶学生的情感更富有艺术性、更生动活泼这点上，它显然是更胜一筹的。当然，赞科夫的原则体系在强化智力发展上是有其优越性的。第斯多惠的《德国教师教育指南》中，在突出了"自然适应性"原则的同时，强调了与之并行的文化适应性。他说："适应文化与适应自然越能一致，则生活就显得越崇高、越美好、越淳朴。"现在正是要提倡教学教育要有文化性（或人文性）的时候了。如果教学论要添一条文化适应性原则，那么，李吉林所论述的情境教学五要素原则可以在一定程度上用来填补这一空白。随着素质教育理论和实践的进展，情境教育将会在适应我国社会主义文化发展、发扬祖国文化瑰宝和传统美德上做出应有的贡献。

六、再论李吉林情境教学—情境教育实验（摘录）

高惠莹

情境教学—情境教育不仅是改革开放的历史产物，而且是随着改革开放不断发展的。20世纪80年代初期，在李吉林同志初创情境教学法，才是"小荷才露尖尖角"的时候，我就发觉这是一枝富有强大生命力的教改幼苗，全国小语会对这棵教改新苗给予了重点支持。现在经过近20年的实践探索，经过李吉林老师和一大批志同道合者的共同努力，已经从情境教学走向情境教育，从单一学科走向全面素质教育，从教改幼苗走向初步构成体系。

今天，我们需要从一个新的高度来充分认识情境教学—情境教育的重大创新意义。这个新的高度，就是从中国教育与世界教育发展的基本规律的高度来深入发掘情境教学—情境教育中蕴含的基本经验。

（一）通过知、情、意统一的教学教育途径，走向真、善、美有机统一和全面发展的素质教育目标

古往今来，从中国教育与世界教育发展的一般趋势来看，理想的教育目标，特别是在思想文化素质方面、人的思想境界方面，越来越趋向于强调理想境界中的理想人格应当是真、善、美的统一。在这里，真的本质要求是合真理性，善的本质要求是合目的统一，美的本质要求是合理想性。真、善、美的统一，就是合真理性、合目的性、合理想性的统一。教育所要达到的理想目标、理想人格，应当体现真、善、美的统一。

要在人的思想境界中达到真、善、美的统一，教育应走什么样的路子呢？只能是知、情、意有机统一、全面培养的道路。知，突出的是认知能力的培养，即智育的发展；情，突出的是审美能力的培养，即情感教育的发展；意，突出的是意志品德，尤其是自制能力的培养，即德育的发展。知、情、意统一的教育途径，就是智育、美育、德育结合的路子。

情境教学—情境教育的重大意义，首先在于为解决这个根本问题做出了有益的探索。它突破了单一片面的"认知能力—单纯智育"的传统教育模式，开创了把真善美、知情意统一起来，培养社会主义"四有"新人的新道路、新模式。

（二）从生动直观的形象思维到抽象深刻的逻辑思维，把右脑开发与左脑开发有机地统一在一起

现代脑科学的最新成果表明，人的大脑两半球既有专业分工，又有整体联系。左脑比较偏重于语言符号的信息加工和抽象深刻的逻辑思维，右脑比较偏重于情感活动和生动直观的形象思维，左右脑之间有一块胼胝体，在左右脑之间进行着每秒钟几十亿次的信息交换。因而，人的大脑好比同时开动的两架巨型电子计算机，在左脑抽象思维与右脑形象思维之间，产生着彼此互补、互相强化的耦合功能。

有趣的是，一些西方教育界的有识之士，开始把希望的目光转向东方，转向中

国。《右脑——对无意识的心理及其创造能力的新理解》（北京大学出版社，中译本译名为《右脑与创造》）一书的美国作者布莱克斯，就曾满怀希望地猜想："中国人的语言和文化不大受到连续性的、逻辑的方式所左右。那么，中国人是否比美国人更能察觉到自己非言语的、非逻辑的方面呢？这是个很有意思的猜测。"

我们欣喜地发现，正是在解决这个世界性、时代性的教育改革课题上，情境教学—情境教育继承发展了中国传统文化的思想底蕴，做出了富有价值的重大创新。

情境教学—情境教育的基本原理是"形象思维—语言符号—逻辑思维"的三者一致。其内在机理在于：以课文的语言符号为中介桥梁，把右脑的形象思维与左脑的逻辑思维有机地结合在一起。

情境教学—情境教育的本质特点体现了右脑形象思维与左脑抽象思维的辩证联系和相互转化，首要之点是再现"形"，然后进入"境"，激起"情"，最后要上升至"理"。

这就为开发右脑潜能、发掘创造潜能的现代教育革命，做出了独辟蹊径的大胆尝试。

（三）以文启人、以情动人、以理育人的有机结合，打破了简单划一的传统教育模式

20世纪90年代，从情境教学走向情境教育，标志着这一教改实验走上了一个新的发展阶段，登上了一个新的台阶。

万变不离其宗。在发展的过程中，情境教学—情境教育自始至终贯穿着一个基本精神，就是"语言符号活动—情感意志活动—思维智力活动"的辩证统一性，把"以文启人—以情动人—以理育人"三种教育形式有机地统一在一起。

"以文启人"，突出的是语言符号、语文课文、语言情境的启迪作用。叶圣陶先生在富有总结性的《语文教学二十韵》中，曾经特别突出地强调了语文课文本身的启迪作用、桥梁作用："甚解岂难致？潜心会本文。""惟文通彼此，譬如梁与津。"

"以情动人"，突出的是儿童心理的特点、儿童认识发展的规律，即从生动直观的感性认识入手，打动孩子的心灵，让孩子敞开心扉，张起想象的翅膀。

"以理育人"，突出的是素质教育的目标，最终要达到科学真理，要树立做人之道，要提高审美能力，要确立爱国主义、社会主义的远大理想。

这就从根本上超越了以往那种单纯依靠课堂上教师分析的死板划一的教学模式，开拓了一条更为广阔、更为有效的教学路径与教育路径。

（四）把生动活泼的乐学形式与扎实刻苦的基本训练辩证地统一在一起

中国传统语文教学的一个突出特点是突出经验、突出长处，就是特别重视扎扎实实的双基训练——基本知识的掌握、基本能力的培养。一句话，就是点子打在苦练基本功上。对于今天的语文教学和素质教育来说，这一条仍然是不可缺少、不可动摇的。

与此形成鲜明对比的是，西方近现代教育在严格双基训练方面，很难与我们中国教育相比，这是他们的重要不足。而他们的长处则在于，比较强调儿童在教育中的主体地位，比较注意研究儿童的特殊心理、特殊规律，比较注意根据孩子固有的特点组织教学，比较强调鼓励孩子的个性发展与创造能力的培养，比较强调把孩子乐意接受的教学形式和现代科技手段引入课堂。

在这一点上，情境教学—情境教育在融会中西、扬长避短方面，做了有益探索。在努力保持双基训练的传统优势的前提下，他们努力让孩子学得主动、学得快乐、学得活泼。

他们根据语文教学的具体要求，创设有关情境，充分利用生动、具体的形象，激起儿童的兴趣、乐趣和情绪，从而引导他们从整体上理解和运用语言，有效地达到预期的教学目标。

李吉林同志不仅是一位经验丰富的小学特级教师，而且是一位有理论创见的中国小学语文教育专家。

让我们学习李吉林老师的先进经验与奉献精神，更高地举起中国教师精神的思想火炬，去迎接中国文化复兴、教育复兴的新世纪！

走"古今中外、综合创新"的道路，创造中国特色小学语文教学新体系，这个宏大目标是一定要达到，也一定能达到的！

注：因高惠莹教授患眼疾，本文由其子北京大学哲学系著名教授王东执笔。

七、情境教学与现代教学论研究（摘录）

裴娣娜

李吉林同志关于情境教学—情境教育的研究，从语文学科改革入手，不仅探索了语文教学科学化的有效途径，而且提出了一种新的教学观和教育观，开拓了教学理论与实践研究的新视野，为我们提供了对当代教学本质认识的新思路。

（一）情境教学构建了以"情"为中介的教学认识进程新模式

情境教学具有的"形真、情切、意远、理寓其中"的四个特点以及促进儿童发展的"五要素"，实质上正是反映了学生从感性到理性、从具体到抽象的认识发展过程。在"形象—情感—意境"这一认识进程中，以"情"为中介，突出了情感在教学认识中的作用。在情境教学中，情感不仅体现在感性认识的具体形象中，而且还伴随理性，以"情"为中介，促进认识的发展。这一认识尽管目前还处在经验概括水平，但它却是对以知识为本位的传统教学的重要超越，也是对以往形成的教学模式系统的一个突破——对教学认识不仅应有科学认识的把握，而且要有情感的、艺术的认识的把握。

以"情"为中介的情境教学，是区别于对教学认识逻辑地、理性地把握的一种新的教学进程模式，它对教学认识进程内在关系（师与生、生与生）的了解产生了深刻的影响。情境教学通过所创设的"美、趣、智"的学习情境，"亲、助、乐"的师生人际情境，使教师在"权威、顾问、同伴"三种角色的选择中，使学生在"竞争、合作"两种关系的处理中，使师生在主动与受动角色的扮演中，形成良性推进的和谐关系。这一氛围的形成，不仅缩短了教与学、师与生之间的心理距离，促进师生主体角色的形成，而且成为学生主动、积极投入学习活动，激发教师极大创造力的内在动因，使师生都获得了自我的充分发展。事实证明，只有使教学认识进程的两种把握方式相辅相成、相得益彰，才能说教学认识是一个完整的认识。

（二）情境教学揭示了现代教学认识的基本特征

情境教学以其特有的个性反映了现代教学认识的几个基本特征。

1. 教学认识的主体性

依据马克思关于人在主体活动与客体环境有机统一中获得全面发展的基本原理，第一，情境教学在教学观念上视学生为教学活动的主体，强调学生是有独立人格与意识、有创造能力的活生生的个体，而不是把学生看成接受与储存知识的容器，强调要高度重视学生的自我教育能力，引导学生在认识客观世界的同时认识自我、认识自我与客观世界的关系，促进其自我发展，成为自我发展的主人。第二，在教学行为上，从多方面创造条件，建构学生在学习活动中的主体地位，使学生真正成为学习的主体、发展的主体。

情境教学所体现的认识主体性特点，尤其在语文教学中得到了较充分的体现，不仅通过"读与写""文与道""课内与课外""语言训练与思维发展"四结合的单元教学和自编补充教材来优化课程内容结构，同时设计了"探究—构造—乐趣—产生动机"这一教学程序，并让学生参与学习过程，全身心地把感情与理智投入到创造性学习中去，并对自己的学习结果做出评价，从而将教学真正作为促进学生"自我发展"的过程。在这一过程中，学生积极主动地探究是学习的开端。正如施瓦布早就指出的，应该将探究的科学与探究的教学结合起来。

2. 教学认识的实践性

教学实践活动，是学生作为认识主体，能动地探索和改造客体的活动。正如苏联心理学家列昂节夫所指出的，以个体自身发展为目的的活动本质上是个体对社会能力的"占有"与"再现"，从而促进自身的发展。情境教学基于人的发展，是在他完成某种活动的过程中，实现这一基础的。情境教学极为强调教学的实践性，强调学生主体的参与及自主活动，反映了现代教学发展的要求，并在以下三个方面形成了情境教学实践性的特点。

第一，情境教学创设的是一种人为的优化环境。人化的环境不仅为学生参与活动提供了条件，而且有利于主体的能动活动与现实环境的统一，有利于激发儿童潜能与培养和塑造儿童行为的统一。

第二，情境教学构建了三个水平的操作系统：实体性现场操作、模拟性相似操作和符号性趣味操作。情境教学形象地展现了外部操作活动的内化和内部抽象符号的外化这一双向建构过程，将知识的系统性、活动的操作性和审美的愉悦性融为一体，同时生动地揭示出教学活动中主动与受动、创造与模仿、独特与共同的基本关系。

第三，情境教学将学生的活动与人化的环境有机统一，并将活动看成是以学生为主体的活动。也就是说，将儿童的主体活动与环境的相互作用的有机统一作为学生人格生成、发展的内在动因。

3. 教学认识的文化性

科学与人文是我们认识世界的一双"眼睛"，两者的和谐统一能促进学生身心的和谐发展。李吉林同志的情境教学将科学认识与情感艺术相结合，将知识性、工具性和文化性相统一，不仅使语文学科教学走向了一个新的境界，而且有助于我们进一步揭示教学认识的文化性。

事实上，教学认识也是一种社会文化活动。情境教学以美启真、求美至真，达到真、善、美的统一，引导学生从理解语言文字到美感享受，直接体验到深层的"善"。情境教学的教学内容不仅体现出现代科学的思想和方法，而且以陶冶个性为目标，在理性认识中渗透着非理性因素，在非理性认识中渗透着理性因素。在师生间、学生间的合作与交往中，使学生在一种和谐的美中感悟社会伦理，形成良好个性。

教学认识的文化性问题还有待进一步研究，但李吉林同志的情境教学可以说进行了开拓性的工作。

这一实验还显示了中国教育工作者的奉献、开拓、创造的可贵精神。广大教育实践工作者积极投身于教改实验，探索学生身心发展的教育途径，这也是对世界教育发展的重大贡献。

李吉林同志的情境教学—情境教育实验研究具有丰富的内涵，为我们解决现代教学理论与实际问题提供了重要的经验。作为一项改革实验，能为不同学科领域的学者从不同角度提供研究的结合点，正是它强大的生命力的体现。任何一项研究成果，都需要寻求它自身持续发展的新的生长点，以不断生成新的理论，这同样是其强大生命力的表现。李吉林同志的情境教学—情境教育实验研究的生命力也正在于此。

八、情境教学—情境教育的时代特征与意义（摘录）

田慧生

　　情境教学之所以能在小学语文教学中获得极大成功，为语文学科的教学改革带来一片生机，关键的一点就在于它符合语文教学规律，符合儿童学习语言的规律和育人规律。小学语文本来是最受学生欢迎的一门课，但近些年来，在种种因素的干扰下，语文教学逐渐远离学生的生活，远离语言学习应有的真情实感。学生学习语言的乐趣，体验课文中蕴藏的真善美意境的情趣，以及他们运用语言进行想象、表达、交往、创作的愿望和冲动，都统统淹没在大量的枯燥乏味的字、词、句、篇的机械释义、分析、讲授和训练中了。从一定意义上讲，语文教学已逐渐失去了它的本真，学生对于语言的真实感受、领悟和运用以及语言文字中所承载的文化因素、情感因素成为可有可无的东西。正是在这样一个背景下，情境教学出现了。它的出现，犹如一股扑面而来的清风，使我们见到语文教学的本意。

　　从总体上看，这一理论体系蕴涵的时代特色集中体现在三个方面。

（一）注重情感因素，通过"育人以情"，实现育人目标的有机整合

　　情境教学—情境教育的突出特点和重要贡献之一，就在于它突破和超越了理性至上、知识本位的教育传统，将长期被忽略的情感因素重新摆在教育的应有位置。它强调以情感活动统领整个教育教学过程，通过"育人以情"，沟通"育人以德"和"育人以智"，把德育、智育、美育融会于情境之中，从而在现实的教育教学过程中实现育人目标的有机整合，使学生在学会求知的同时学会做人，形成健康丰富的精神世界。情境教学—情境教育在情境领域的创造性探索，成功地解决了长期以来学生素质发展中认知与情感、逻辑思维与形象、动脑与动手等发展不协调、不平衡的问题，为素质教育的成功实施做出了可贵贡献。

（二）强调主动发展，通过情境创设，开辟学生生动活泼主动发展的现实途径

情境教学—情境教育的理论与实践的突破口是情境的创设，但它的基本着眼点却始终是学生身心的和谐发展。情境教学—情境教育的"情境"，实质上是人为优化了的环境，是促使学生能动地活动于其中的环境。情境教学与情境教育不是为创设情境而创设情境，而是站在人的活动和环境的和谐统一的哲学高度审视情境、创设情境。它力图将人的主动参与、主动发展置于核心地位，通过创设符合学生多方面发展需要的、充满美感和智慧的环境、氛围，使优化的环境与学生的情感、心理发生共鸣，促使学生在现实环境和主体活动的交互作用的统一和谐中获得生动活泼、主动的发展。由于情境的创设立足于学生的活动需要，具有主题明确、情感伴随、自主等鲜明特点，因而它极易使学生全身心地沉浸其中，通过自身的感悟、操作、体验、探究、发现，得到充分的、主动的发展。可以说，正是这种优化的情境，为学生主体地位的落实提供了坚实的基础，为学生的生动活泼、主动发展开辟了一条现实途径。从这一点来看，情境教育实质上是一种利用优化的环境，通过学生的主动活动，来促进学生人格素质全方面提高的教育。

（三）立足本土，注重实践，丰富了有中国特色的教育理论与实践

正如柳斌同志所指出的："情境教学—情境教育是在中国的大地上土生土长发展起来的，有中国特色，而且用于解决目前中国基础教育存在的一些问题是行之有效的。"的确如此，情境教学—情境教育不是舶来品，也不是关在书房里想出来的，而是古今中外优秀的教育理论与我们自己的教育实践相结合的产物，是近20年实践探索的产物。这一成果具有浓郁的本土气息和民族特色，因为它深深植根于民族文化的沃土中，从中获取了丰富的养料。反过来，它又为民族优秀文化的进一步弘扬做出了积极贡献。例如，语文情境教学最初就是从中国古代文论的有关论述中获得的灵感，它很好地把握住了汉语讲究情致意蕴、凸显情境修辞、文道人道合一的民族文化特点，在具有形真、情切、意远、理寓其中等独特个性的教学活动中，引导学生通过情境体验，掌握具有人文特性的民族语言，并通过语言的学习，受到中华民族优秀文化的熏陶，获得民族文化精神和民族审美感情。

这一成果又具有极强的实践针对性和现实指导意义。情境教学—情境教育的研究并不是一开始就提出要建立什么体系，它是从对传统教学弊端的批判与改造着手的，是在实践过程中逐步形成发展的。这一成果的创立者李吉林老师长期工作在教学第一线，她立足教学改革实践，以满腔的热情与赤诚投入其中，全身心地体验和感悟教育的真谛，在实践的过程中不断加深理性认识，在认识的过程中又不断推进实践，通过这种实践与认识的良性循环，取得了教育实践成效和教育研究成果的双重丰收。

情境教学—情境教育的贡献是多方面的，不仅其成果本身有效地丰富了有中国特色的教育理论与实践，而且其形成发展的历程，也给教育科研工作者以良多启示：如何走出一条有中国特色的教育科研路子，如何使教育科研在教育改革与发展中真正发挥作用，情境教学—情境教育的探索过程给我们提供了最有说服力的答案。我们衷心祝愿情境教学—情境教育在迈向 21 世纪的新征程中不断发展、不断完善，在教育改革和教育科研的百花园中开出更多绚丽多彩的花朵！

九、情境教育模式对建构教育原理的启示（摘录）

方展画

情境教育模式是李吉林在长期教学改革实验中逐步形成、发展、完善起来的一个在国内教育界有较大影响的教育模式。同时，情境教育模式也是一个取得较好教育效果并且颇具特色的教育模式。20 世纪 80 年代末，我在一篇探讨教学观念的论文中曾把李吉林当时所提的情境教学作为当时我国学校教育中出现的"由教学变（为）教育"这一观念嬗变的一个代表。多年过去了，原先的情境教学在实践中又取得了新的发展，现在看来，当时的理解显得简单了一些，肤浅了一些。

20 世纪 60 年代以来，人类对情感在教育中的作用的认识出现了极为深刻的变化，对情感的强调已成为一种共识。因为，人类的情感问题成为一个日益突出的社会问题。这一点从联合国教科文组织 20 世纪 70 年代提出"学会生存"到 20 世纪 80 年代提出"学会关心"这一认识基点的转化中也可以得到强有力的证明。强调生活质量、强调情感发展，这是社会发展到今天所提出的一个具有全球性的必然要求，这一要求是作为社会发展原动力之一的学校教育所必须正视并且要给予应答的。20

世纪 50 年代以后，科学家关于人类大脑两半球不同功能的重要发现给教育理论研究和教育实践探索以极大的启示，使人们能立足于科学的高度来反省传统的以认知为核心的教育理论及其实践的内在缺陷与弊端，从而在世界范围内引发了一场"情感教育"革命。已有诸多研究从不同的角度、不同的层面证实：人类的认知活动是大脑优势半球（通常为人脑的左半球）的功能，情感活动是大脑非优势半球（通常为右半球）的功能，并且更为重要的是，只有大脑两个半球协调活动才能最大限度地发挥出大脑的效率，开发出大脑的潜能。这些重要的新发现大大改变了人们对教育的传统认识，引发了众多以人的情感发展为特征的新的教育尝试。

在一定程度上，李吉林情境教育模式的出现与发展，与当代世界上述社会大背景与认识大背景是相吻合的。李吉林在新近的一本著作中写道："近一个世纪以来，中国的教育受凯洛夫教育思想的影响极深，注重认知，忽略情感，学校成为单一传授知识的场所。这就导致了教育的狭隘性、封闭性，影响了人才素质的全面提高，尤其是情感意志及创造性的培养和发展。历经十余年探索，情境教学则把儿童的认知活动与情感活动结合起来，开辟了一条促进儿童主动发展、学得生动活泼的有效途径。教育总是面向未来的事业。21 世纪人才活动的舞台是更加广阔、更加活跃、更加复杂的国际国内大时空。"将人才的培养放在未来社会这一大的时空背景中加以认识，强调对人的情感、意志和创造性的培养与发展，并且在教育思想上汲取了当代科学的新成果，在教育实践中探索把儿童的认知活动与情感活动结合起来（确切地说是用学生的情感活动来统领整个教育教学过程）的途径，并在此认识基础上形成一种新的教育、教学模式，这就是情境教育能获得旺盛的生命力并能在现实的土壤中得到发展的真谛所在。

不难看到，情境教育模式的整个认识与实践框架在本质上是情感型的。这种类型的教育教学活动十分强调过程，强调通过学生的情感活动或体验促进学生发展能力、增长知识。

在小学阶段，至少是在小学阶段的前期，我们应以"情感"为中心来组织教育教学，并以此作为教育教学的基本指导思想来开发学生的能力，给予学生各种知识。李吉林无论是在建构情境教育的理论时还是在从事情境教育的实践时，都没有去刻意考虑其间必然会发生的学生的"认知活动（过程）"，更没有刻意地在其情境教育理论与实践中去安排特定的"认知"环节。我认为，李吉林的情境教育之所以取得成功并得到社会的承认，学生认知水平的显著提高是一个必然的指标或者检验标准，但学生认知水平的显著提高不是李吉林着意去追求的东西，也不是情境教育的出发点。换言之，它是学生情感水平提高的一种自然的产物。这也是我们认识情感型教育之本质的一个基本点。

十、从情境教学看中国教学流派（摘录）

董远骞

有人说，国外有不少的教学流派，而我国没有教学流派。中国究竟有没有教学流派，这是需要认真探讨的问题。

流派是学术、文艺上的派别。不同流派的争论和发展是学术和文艺繁荣的表现，各种教学流派的产生和发展也是教育科学和教学艺术繁荣的标志。我国教学研究的蓬勃发展，不可避免地要出现教学流派。李吉林的情境教学就是一个教学流派。如果我国教育理论工作者在重视介绍国外教学流派的同时，能充分关注国内对教学流派的探讨，将有利于促使我国教学流派的进一步发展。

国外近几十年来形成了种种教学流派，它们的共同点是以探讨教学内容和方法的改革为主，教学改革主要是教学内容和方法的改革，内容与方法犹如飞鸟之双翼，缺一就不能飞翔。但是，在理论探讨中是允许有所侧重的。各教学流派探讨的侧重点也是有所不同的，主要有四种情况：①以侧重教法探讨为特色的教学流派。如沙塔洛夫"纲要信号"教学法及其思想、马赫穆托夫问题教学理论、布鲁姆掌握学习、奥苏贝尔先行组织者教学、罗杰斯非指导性教学，还有程序教学、暗示教学等。②以侧重教学内容的探讨为特色的教学流派。如斯卡特金的教养内容理论及其他、布鲁纳结构主义课程论及其他等。③以教学理论体系为特色的流派，如巴班斯基教学最优化、赞科夫小学生的教学和发展理论。④以教学理论某一方面为特色的流派，如休金娜培养认识兴趣的理论。这些都是普通教学论流派。

李吉林的情境教学是从小学语文教学论流派发展到普通教学论流派的典型。1990年，她的专著《情境教学实验与研究》出版。该书论述了情境教学的特点及理论依据、情境教学促进儿童发展的要素、情境教学的类型及教学原则以及情境教学

在识字、阅读、作文教学中的运用等。情境教学已能有效地解决小学语文教学的理论与实际问题，标志着小学语文教学论的一个流派已经建立起来了。

作为小学语文教学论与教学论流派的情境教学，既是科学，又是艺术，是生长在中国改革开放的大潮中，具有中国特色的教学流派。它与国外一些侧重教法的教学流派相比较，也是毫不逊色的。不仅如此，它还回答了认识与情感结合的难题，在培养学生情感和发展儿童素质中，显示出旺盛的生命力。

教学论和各科教学论的研究不是单纯凭思辨，而是凭对教师先进经验的概括以及观察和实验来揭示教学现象的规律性的，如果能对教学经验、教学实例等进行长期的系统积累和研究，是能升华为新的理论或自成体系形成某种教学流派的。情境教学就是最好的例证。

很显然，急功近利式的"教学实验"不能找到教学的新理论，更不能形成教学流派。李吉林是在改革开放的大潮的推动下，怀着对教育事业的赤诚，经过锲而不舍、脚踏实地的教学实验与研究，在实践的过程中积极学习教育科学的新成果，虚心求教，在领导的关心与支持下，团结全校教师共同奋斗，才取得了卓越的研究成果，形成了教学流派。

十一、一辈子成长

——我心目中的李吉林老师

南通市教科所　冯卫东

年近古稀，李吉林老师依然像中青年教师一样，每天都正常上班。不仅如此，她比一般教师工作的时间更长、强度更大、效率更高、思路也更新，她用半年时间完成了 40 余万字的著作《情境教育的诗篇》，全面回顾了 26 年来自己在"情境教学—情境教育—情境课程"的实践中所走过的一段不平凡的历程，全面总结了在这一历程中自己所体悟、形成、积累并不断丰富的教育经验和教育智慧。这本书一经出版，便好评如潮，随后在中国教育学会第五届科研成果评比中获一等奖。

本该是颐养天年、尽享天伦的时候，李老师却攀登不止，努力向心中的教育

"珠峰"迈进。她所取得的丰硕成果足以使她在新人辈出、名流纷涌的当今基础教育界，依然闪烁着毫不逊色、十分耀眼的"星光"。"满目青山夕照明"，对李老师而言，这"夕照"有如满天的朝霞。因为，她不仅老而有为，而且老而更坚、老而弥新。跟她在一起，听她讲教育、谈人生，或者读她的著作，我们时时感受到生命的蓬勃生长。甚至可以说，我们清晰地听到了一阵阵清脆的拔节声。正所谓，"生命不息，成长不止"。她与儿童一起成长，她在儿童的成长中把自己的童心"修炼"到至真至纯的境界，也把她所钟情的、这辈子须臾都离不开的教育事业"修炼"到炉火纯青的境界。

一个人在一段时期内成长不难，难就难在一辈子都在成长。李老师为什么能够"一辈子成长"？依我个人对她的理解，"警惕自己"正是一个非常关键的原因。

在《情境教育的诗篇》第一部分里，李老师说："我警惕着女人的脆弱和碌碌无为。""文化大革命"开始时，她恰好从教十载，这对于一位素质全面、潜力巨大并且渴求进步的青年教师来说，本该是黄金般的季节，可她却被打成"白专典型"，饱受别人的冷眼，长期"靠边站"。不能说她没有一点胆怯、畏惧。"沉默是金"，她以沉默，更以沉默中对信念的坚守、对事业的执着、对未来的准备，承受着巨大的压力，化解着脆弱的心理。最终，她挺过来了，倔强地站成一尊坚定不移、独立思考、富于尊严的形象。"文化大革命"结束后，知识分子扬眉吐气，李老师当然不必怕这怕那。她不是英雄，却有藐视诸多困难和逆境的勇气，把背影留给了脆弱，日益放大着自己在事业上的成功。

1978 年，她被评为首批特级教师。此时，她年届不惑，按理说，可以功成身退，可以把精力专注于子女的培养、家庭的建设，可以以此为资本，谋个职位，从而顺应一般社会心理，转变"孩儿王"的角色，在"领导"的岗位上"潇洒走一回"；也可以做做年轻人的"导师"，以一种热情的目光"旁观"他们的进步和成功……她没有这样做，而是几乎以全部的心力投身于情境教学的实验和研究中，在教育和教育科学的天地里勤耕不辍，实现着普通女性所难以企及的事业高度。进入 20 世纪 80 年代以后，她的成果一项接一项，她的影响力与日俱增，在国内享有很高的知名度。可以说，如果她在其中任何一个时候放慢乃至停下脚步，都不会撼动她"名师"的地位。始终关爱着她的一些亲朋好友也劝她"见好就收"，而她真是"开弓没有回头箭"，不仅不放慢、停下脚步，而且踩着更为强劲的鼓点，大步流星

地往前赶……女性自有她的脆弱，相比男性，女性更容易碌碌无为，李老师对这些"天性"始终保持着高度的"警惕"，她的确是在不断地战胜自我、超越自我！

还是在这本书中，我注意到，李老师又一次提到"警惕"这个字眼。她说："我十分警惕，千万不要因为害怕情境教学不能在教学中得到拓展而牵强附会。"这是在"情境教学"向"情境教育"跨越阶段她的一个想法。一字之差，境界迥异。原来起步于语文学科的实验要在小学各科教学中推广，对于一位从未有过其他学科教学经历和经验的一线教师来说，当然不是一件容易的事。特别是在向数学教学拓展的过程中，她遭遇到的困难比其他学科更大一些。因为，"数学与有着丰富形象、蕴含着情感的语文相比，显得抽象多了"，所以照搬语文教学中的方法未必能够奏效。有一位老师上《认识长方形和正方形》一课时，他根据情境教学的一般原理，用图画创设了"小兔子盖房子"的情景，黑板挂图上画着的一座房子以及窗户是正方形的、砌房子的砖块和屋顶上的烟囱是长方形的……老师力求让孩子在童话的情趣中认识长方形和正方形，结果这种情趣却淹没了数学教学应有的感知目标。李老师当然想以跨学科的顺利拓展来证明情境教育思想的正确，但她更清醒地告诫自己，不要违背规律，不要急功近利，而要深入到学科本质层面，找准突破口、探索新路径。她最终成功了。她经过不断的探索与思考，认识到数学源于生活，并初步理出操作要领：一是引导学生在生活中发现数学，让数学与生活结合，在真实的或模拟的生活情境中学习数学、运用数学；二是数学是思维的"体操"，通过创设探究的情境，让儿童伴随着快乐的情绪，积极进行思维活动，把认知活动与情感活动结合起来、把形象思维与逻辑思维结合起来，启迪儿童的数学智慧；三是将生活展现、实物演示和艺术手段结合起来，重演、再现人类发明数学公式的情境，感受数学的文化性和美感性，来实现数学教育中数学知识的获取、数学技艺的掌握与数学文化、数学美感的熏陶三重功能，从而丰富儿童的精神世界。不仅在数学，而且在其他任何一个学科领域，科学求真、严谨扎实的精神为她铺就了一条新的成功之路。

李老师是一位感情充沛、富有理想色彩和浪漫气质的儿童教育家，她的语言、思想和行为中时时流淌着诗歌和音乐一般美妙的智慧泉。但仅有这一点是远远不够的，在她火一般的热情之中也蕴涵着冷静严肃的理智和理性。也可以说，是理智与情意的交融才赋予了她作为一个永远的思想者的独特的禀质！

人到老年，"从心所欲不逾矩"，警惕之心无妨有所放松，然而李老师却不，她说："我十分警惕老人的封闭，封闭就停滞，停滞就萎缩。"我们应该感谢她的这份警惕之心。没有它，李老师就不会馈赠给我们关于"情境课程"的丰富实践经验，特别是完整的理论构架（这些基本上是她年过花甲之后的成果），就不会馈赠给我们《情境教育的诗篇》这样一部足以在中国当代教育理论史上占有一席重要位置的著作。成功的人生都有它的黄金季节，李老师的黄金季节是什么呢？是人到中年？是作为全国人大代表和主席团成员的那段岁月？是初创江苏情境教育研究所之际？还是国内许多一流专家云集南通，为她举行专题学术研讨会的时候？都是。它还是目前和今后一段相当长的时期。因为在这样的时期，她又（将）不断刷新人生和事业的新高。正如她自己所说的那样："新的高度在前面。"我们毋宁说，老年时代就是李老师一生中的"白金时代"！

白金的品质更高贵。李老师是用进取不息的意志、敏于感知的触角、永不保守的思维、悦纳万方的心智铸造出如此高贵之品质的。和她在一起，我常常有一种"跟不上趟"的紧迫感、有一种"时不我待"的压力感、有一种"老人更比新人新"的敬佩感、有一种"箭在弦上"的振奋感……她在《我，长大的儿童》一文中说："我……怀着强烈的求知欲望，什么都想知道，什么都想学。'学习的革命''建构主义'的丛书，科学精神与人文主义结合的新论，有关课程的书、脑科学的书，我都想学。即使中国神舟号上天了，神舟4号、5号什么时候载人，我都关心。美国哥伦比亚号为什么会失事？俄罗斯太平号又怎么能准确地在预定地点解体、降落？世界这么大，新知识像浪潮一样向我涌来，我永远只能抓一点芝麻，大西瓜是搬不动了。但能抓一点芝麻，总比两手空空要好得多。……只要像孩子那样，憧憬着未来，敞开自己的心怀，便能不断地呼吸到新的空气，吮吸到新的营养，而这一切都是教孩子所必需的。"

警惕自己。李吉林老师警惕女人的脆弱和碌碌无为，警惕教育实验中的削足适履，警惕封闭、停滞和萎缩——人的一生值得警惕的东西太多了。以李老师为一面镜子，我们也能唤醒和强化自己的警惕之心。有了这种警惕之心，我们也许还成就不了显赫的事业，却一定能拥有充实的人生！

附　录

专 著

1. 《训练语言与发展智力》，江苏人民出版社，1984年1月。
   （获江苏省哲学社会科学优秀成果二等奖）
2. 《情境教学实验与研究》，四川教育出版社，1988年2月。
   （获教育部首届教育科学优秀成果一等奖，全国教育优秀图书一等奖）
3. 《李吉林情境教学详案精选》，福建教育出版社，1990年8月。
4. 《课文重点的教学》，上海教育出版社，1988年6月。
5. 《情境教学理论与实践》，人民日报出版社，1996年1月。
6. 《小学语文情境教学》，江苏教育出版社，1996年9月。
   （获教育部全国第二届教育科学优秀成果一等奖，全国教育优秀图书二等奖）
7. 《李吉林小学语文情境教学—情境教育》，山东教育出版社，2000年4月。
8. 《情境教育的诗篇》，高等教育出版社，2004年9月。
   （获"中国教育学会奖"一等奖）

论 文

1. 《一年级口头作文初探》，《人民教育》，1980年第4期。
2. 《语文教学上的创设情境》，《教育研究》，1981年第8期。
3. 《小学阅读教学中的思想教育》，《光明日报》，1982年3月26日。
4. 《试谈小学阅读教学中的思想教育与情感陶冶》，《教育研究》，1982年第4期。
5. 《做好小学作文的起步工作》，《光明日报》，1982年11月5日。
6. 《孩子的眼睛》，《人民日报》，1983年1月17日。
7. 《从审美教育着手发展儿童的情感》，《光明日报》，1983年2月25日。
8. 《由张海迪的自学想到教学改革》，《中国教育报》，1983年7月7日。
9. 《我是播种者》，《中国教育报》，1984年1月14日。

10. 《彩翼》，《中国教育报》，1984 年 5 月 19 日。

11. 《从整体出发着眼儿童发展》，《教育研究》，1985 年第 1 期。

12. 《从整体出发着眼儿童发展》，《光明日报》，1985 年 4 月 1 日。

13. 《是教师，也是诗人》，《光明日报》，1985 年 4 月 4 日。

14. 《情境教学特点浅说》，《课程·教材·教法》，1987 年第 4 期。

15. 《值得憧憬的美好事业》，《人民教育》，1987 年第 9 期。

16. 《让儿童迈好认识阶梯的第一级》，《中国教育报》，1987 年 9 月 3 日。

17. 《创设情境优化结构——"识字·阅读·作文"三线同时起步初探》，《人民教育》，1987 年第 11 期。

18. 《小学高年级归类识字尝试》，《中国教育报》，1988 年 4 月 12 日。

19. 《改革结构　提高小学语文教学的功效》，《人民教育》，1989 年第 9 期。

20. 《对学生的爱　对祖国的情》，《人民教育》，1989 年第 12 期。

21. 《明天，充满希望》，《光明日报》，1990 年 2 月 15 日。

22. 《我用孩子的眼睛去看呀》，《人民教育》，1990 年第 10 期。

23. 《情境教学的理论与实践》，《人民教育》，1991 年第 5 期。

24. 《教育科研的成功之路——理论与实践的结合》，《教育研究》，1991 年第 6 期。

25. 《我心中神圣的日子》，《人民教育》，1991 年第 7、8 期。

26. 《情境教学：学得生动活泼的有效途径》，《教育研究》，1991 年第 11 期。

27. 《优化结构提高语文教学效率》，《光明日报》，1992 年 6 月 24 日。

28. 《如诗如画》，《人民教育》，1993 年第 6 期。

29. 《"情境教育"的探索与思考》，《教育研究》，1994 年第 1 期。

30. 《拓宽教育空间》，《光明日报》，1994 年 3 月 17 日。

31. 《缩短心理距离》，《光明日报》，1994 年 10 月 20 日。

32. 《创设情境　教好童话》，《课程·教材·教法》，1995 年第 3 期。

33. 《角色效应》，《光明日报》，1995 年 4 月 10 日。

34. 《创设情境　教好寓言》，《课程·教材·教法》，1995 年第 5 期。

35. 《微妙的工程——致恩师》，《人民教育》，1995 年第 9 期。

36. 《优化教材结构　进行"四结合"大单元教学》，《课程·教材·教法》，1995 年第 12 期。

37. 《以训练代替分析》，《人民教育》，1996 年第 1 期。

38. 《让艺术走进语文教学》，《人民教育》，1996 年第 2 期。

39. 《教学成功的诀窍：情感为纽带》，《人民教育》，1996 年第 4 期。

40. 《教学的特殊任务：把孩子教聪明》，《人民教育》，1996 年第 9 期。

41. 《情境教育与应用操作》，《光明日报》，1996 年 3 月 5 日。

42. 《在散文的情境中教散文》，《课程·教材·教法》，1996 年第 4 期。

43. 《优化情境　促进儿童素质全面发展》，《中国教育报》，1996 年 12 月 3 日。

44. 《崇高的使命：教文，也要教做人》，《人民教育》，1997 年第 1 期。

45. 《不断塑造自我，提高自身素质》，《中国教育报》，1997 年 1 月 27 日。

46. 《为全面提高儿童素质探索一条有效途径（上）》，《教育研究》，1997 年第 3 期。

47. 《为全面提高儿童素质探索一条有效途径（下）》，《教育研究》，1997 年第 4 期。

48. 《情境教学的操作体系》，《课程·教材·教法》，1997 年第 3 期。

49. 《重要的观念：在教学过程中让学生充分活动》，《人民教育》，1997 年第 5 期。

50. 《情境课程的开发》，《课程·教材·教法》，1997 年第 6 期。

51. 《搬掉语文园地中的"两座山"》，《光明日报》，1998 年 4 月 1 日。

52. 《一个值得倡导的教学原则：美感性》，《人民教育》，1998 年第 4 期。

53. 《沃野与花草》，《人民教育》，1998 年第 4 期。

54. 《创造的启示》，《光明日报》，1999 年 1 月 20 日。

55. 《情境教学怎样设计情境》，《人民教育》，1999 年第 2 期。

56. 《师范院校的生存价值》，《中国教育报》，1999 年 4 月 8 日。

57. 《孩子的笔　孩子的话》，《光明日报》，1999 年 12 月 8 日。

58. 《目标与执著》，《光明日报》，2000 年 12 月 28 日。

59. 《教育的灵魂：培养学生的创新精神（上）》，《人民教育》，2001 年第 9 期。

60. 《教育的灵魂：培养学生的创新精神（下）》，《人民教育》，2001 年第 10 期。

61. 《早播种才能早生根》，《光明日报》，2001 年 11 月 26 日。

62. 《脚踏实地　追求卓越》，《教育研究》，2001 年第 12 期。

63. 《谈情境教育的课堂操作要义》，《教育研究》，2002 年第 3 期。

64. 《花圃边的童话——我又迎来了一年级的新生》，《人民教育》，2002 年第 8 期。

65. 《秋叶的故事》，《人民教育》，2002 年第 10 期。

66.《情境教育：儿童—知识—社会》，《中国教育报》，2003 年 3 月 21 日。

67.《我，长大的儿童》，《人民教育》，2003 年第 17 期。

68.《情境数学探索的故事》，《人民教育》，2004 年第 20 期。

69.《斯霞吾师》，《中国教育报》，2004 年 1 月 19 日。

70.《想象力：儿童的巨大财富》，《中国教育报》，2004 年 5 月 11 日。